辽宁省教育厅哲学社会科学重大基础理论项目（ZW2013003）

国家社会科学基金重大项目（11&ZD146）阶段性成果

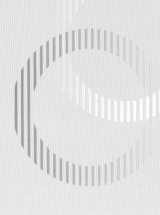

二元经济转型中

收入分配演变研究

THE EVOLUTION OF
INCOME DISTRIBUTION
IN THE DUAL ECONOMIC
TRANSFORMATION

张桂文 吴亮 等 著

社会科学文献出版社
SOCIAL SCIENCES ACADEMIC PRESS (CHINA)

前　言

收入分配一直是经济学研究中历久弥新的热点问题，也是经济学研究领域中最具争议性问题之一。但长期以来学术界多是从经济增长与收入分配关系的角度对收入分配格局演变问题进行研究。尽管库兹涅茨本人是基于农业人口向非农业产业转移来分析倒 U 形假说存在的原因，但后来的研究把注意力放到了对倒 U 形假说的实证检验上，经济结构转型与收入分配互动演进问题被长期漠视。罗宾逊①、陈宗胜②等少数学者对这一问题的尝试也未得到学术界应有的重视。这一研究缺憾导致收入分配领域中重经验实证、轻理论实证的现象十分突出，众多的研究成果与相互对立的研究结论形成了耐人寻味的鲜明对比；即使 20 世纪 90 年代以后，学者们开始重视对经济增长与收入分配的互动机制研究，由于忽视了结构转型对收入分配的影响，不同学术观点的理论解释力不强，也很难兼容不同理论分析的长处，无法很好地解释经济发展中收入分配动态演变的理论框架。

经过改革开放以来 40 年的发展，我国二元经济转型进入关键阶段——刘易斯转折区间；我国收入分配差距从 20 世纪 80 年代中期开始持续扩大，到 2008 年基尼系数达到最大值 0.491，在之后几年逐步回落。上述收入分配格局的变化究竟是契合了倒 U 形假说，还是统计误差所致？基尼系数的回落究竟是短期波动，还是长期变动趋势？如果是长期趋势，政府如何顺应这一趋势，处理好二元转型中公平与效率的关系？如果只是短期波动，

---

① 〔英〕琼·罗宾逊等：《美英经济学家评凯恩斯主义》，商务印书馆，1975。
② 陈宗胜：《经济发展中的收入分配》，上海三联书店、上海人民出版社，1994。

政府又该如何加快推动收入分配差距缩小的长期趋势到来？显然由于现有的收入分配理论忽略了结构转型的因素，不可能对上述问题给出现成的答案。

无论是弥补现有理论的不足，还是解释我国收入分配差距的演变都需要把结构转型、经济增长与收入分配纳入一个理论框架进行研究。对于发展中国家来说，把三者结合起来最合适的理论框架莫过于二元经济转型。因此，研究二元经济转型中收入分配的动态演变，不仅对于收入分配理论和二元经济转型理论的创新发展具有重要的理论意义，而且对于促进中国二元经济转型、跨越"中等收入陷阱"也具有重要的现实意义。

本书以马克思主义政治经济学为指导，根据马克思生产力与生产关系的辩证关系理论，结合二元经济转型不同发展阶段，运用逻辑推演的方法论证了二元经济转型中收入分配呈倒 U 形演变的机理及实现这种演变所应具备的制度条件。运用描述性统计、计量分析等方法考察了英、法、德等先行工业化国家，日本、韩国和中国台湾这些后起工业化国家和地区，巴西、墨西哥两个拉美国家二元经济转型中收入分配的演变情况，并研究了这些国家和地区二元经济转型中缩小收入分配差距的经验教训。重点研究了中国二元经济转型中收入分配的变化情况，运用时间序列数据对农业就业比重和全国基尼系数、城乡差值基尼系数进行了二次曲线拟合，从而验证了中国二元经济转型中收入分配也存在倒 U 形演变的趋势；深入分析了中国二元经济转型的特殊性及其对收入分配演变的影响，从而对于二元经济转型中收入分配的演变趋势给出既符合一般规律，又符合中国具体国情的理论解释。在上述研究的基础上，借鉴典型经济体二元经济转型中缩小收入分配差距的经验教训，结合中国二元经济转型与收入分配演变的实际，从加快农民工市民化进程、深化土地制度改革促进农业规模经营、深化财政与金融体制改革优化城乡资源配置，以及加强劳动力市场建设促进劳资合作四个方面，论证了促进二元经济转型、缩小收入分配差距的对策措施。

本书是辽宁省教育厅哲学社会科学重大基础理论项目的最终成果，也是国家社会科学基金重大项目的阶段性成果。本书由张桂文教授提出写作提纲，由项目组成员讨论确定。第一章由张桂文教授执笔，第二章由李刚博士执笔，第三章由张颖、郭晓庆博士执笔，第四章、第七章由吴亮副教授执笔，第五章由孙亚南博士执笔，第六章由张桂文教授、贾晓华副教授执笔，全书由张桂文教授总纂定稿，吴亮副教授参与了书稿的修改与定稿工作。

本书在写作过程中参阅了大量国内外文献，从中得到诸多启迪与借鉴，在此谨对相关作者表示谢忱。此外本书的责任编辑为本书的出版做了大量的工作，使本书增色颇多，也一并在此表示感谢。

由于作者学识水平有限，疏漏乃至错讹在所难免，恳请专家、学者斧正！

2018 年 10 月

目　录

第一章　绪论

第一节　理论与现实意义

收入分配一直是经济学研究中历久弥新的热点问题，也是经济学研究领域中最具争议性问题之一。古典经济学的威廉·配第、亚当·斯密和大卫·李嘉图从劳动价值论出发，最先对收入分配问题进行了开创性研究。特别是李嘉图在斯密研究的基础上，把收入分配作为政治经济学的研究主题，研究了工资、利润、地租之间的相互关系，初步论证了资本主义发展初期矛盾对立的功能性收入分配关系。

马克思批判地继承了古典经济学的科学成分，创立了马克思主义政治经济学，依据生产力与生产关系的辩证关系，以其创立的科学劳动价值论为基础，深入系统地研究了资本主义生产方式下功能性收入分配关系及其两极分化的变化趋势，揭示了工资与利润对立的制度根源。

新古典经济学摒弃了从古典学派到马克思所遵循的"社会关系"分析，仅从"技术关系"分析的角度，在萨伊"三位一体分配"公式的基础上，[①]创立了边际生产力分配理论，即工人的工资来自劳动的边际生产力，资本

---

① 18世纪末，萨伊以其生产三要素为基础，提出了"劳动－工资，资本－利息，土地－地租"的"三位一体分配"公式。19世纪末20世纪初，克拉克受萨伊"三位一体"分配理论的影响，将土地报酬递减规律拓展到各种生产要素，论证了每种生产要素都要根据自身的边际生产力获得相应的收入，即工人的工资来自劳动的边际生产力，资本家的利润源于资本的边际生产力，土地所有者的地租源于土地的边际生产力。

家的利润源于资本的边际生产力，土地所有者的地租源于土地的边际生产力。尽管后来斯拉法等新剑桥学派遵循古典经济学传统来研究收入分配问题，但由于新古典的主流经济学地位，在既有的社会制度框架下，从资源配置的技术关系出发研究收入分配问题，一直是西方经济学研究的主线。

自库兹涅茨①提出倒 U 形假说以来，收入分配格局演变问题就成为学术研究的重点。20 世纪 90 年代之前，学者主要是对倒 U 形假说进行实证检验。多国截面数据检验支持这一假说，② 但时间序列数据检验的结论分歧较大，Lindert 和 Williamson 利用欧洲国家和美国的长期数据，研究跨时不平等变化问题，结论支持倒 U 形假说，③ 而 Feilds 对亚洲四个新兴工业化国家和地区的研究则对倒 U 形假说的有效性提出了质疑。④ 20 世纪 90 年代以来，由于引入异质性假设⑤和内生增长理论，⑥ 学者们开始注重对经济增长与收入分配互动关系的研究。

20 世纪 70 年代以后，虽然也有学者研究了二元经济转型对收入分配的影响、收入分配对二元经济转型的影响，但二元经济转型中收入分配的动态演变机理，以及二元经济转型中收入分配演变的经验实证检验，仍然是理论研究的薄弱环节。

总之，经过古典、新古典、凯恩斯主义，特别是 20 世纪 90 年代以来新

① Kuznets, S., "Economic Growth and Income Inequality", *American Economic Review* 45 (1), 1955, pp. 1 – 28.

② I. Adelman, C. T. Morris, *Economic Growth and Social Equity in Developing Countries* (Stanford, CA, US: Stanford University Press, 1973), p. 311; Ahluwalia, M. S., "Income Distribution and Development: Some Stylized Facts", *American Economic Review* 66 (2), 1976, pp. 128 – 135; Felix Paukert, "Income Distribution at Different Levels of Development: A Survey of Evidence", *International Labour Review* 108, 1973, pp. 97 – 125.

③ Peter H. Lindert, Jeffrey G. Williamson, "English Workers' Living Standards During the Industrial Revolution: A New Look", *Economic History Review*, 1983, pp. 17 – 25.

④ Fields, G. S., "A Welfare Economic Analysis of Growth and Distribution in the Dual Economy", *Quarterly Journal of Economy* 93 (3), 1979, pp. 325 – 353.

⑤ Bertola, G., Foellmi, R., and Zweimuller, J., "Income Distribution in Macroeconomic Models", *Journal of Economics* 89 (2), 2006, pp. 187 – 190.

⑥ Robert E. Lucas, "On Efficiency and Distribution", *The Economic Journal* 102 (411), 1992, pp. 233 – 247; Aghion, P., E. Caroli, and C. García – Peñalosa, "Inequality and Growth in the New Growth Theories", *Journal of Economic Literature* (37), 1999, pp. 1615 – 1669.

理论与新方法的引入，收入分配研究取得了诸多有价值的学术成果。但长期以来学术界多是从经济增长与收入分配关系的角度对收入分配格局演变问题进行研究，并把注意力放到了对倒 U 形假说的检验上，收入分配研究领域重经验实证、轻理论实证的现象十分突出，众多研究成果与相互对立的研究结论形成了颇为耐人寻味的鲜明对比。即使 20 世纪 90 年代以后，人们开始重视对经济增长与收入分配的互动关系研究，但由于忽视了结构因素的影响，从而难以形成兼容不同理论、很好解释收入分配动态演变的理论框架。

经过改革开放以来 40 年的发展，我国二元经济转型进入关键阶段——刘易斯转折区间；我国收入分配差距从 20 世纪 80 年代中期开始持续扩大，到 2008 年基尼系数达到最大值 0.491，在之后几年逐步回落。上述收入分配格局的变化究竟是契合了倒 U 形假说，还是统计误差所致？基尼系数的回落究竟是短期波动，还是长期变动趋势？如果是长期变动趋势，政府如何顺应这一趋势，处理好二元经济转型中公平与效率的关系？如果只是短期波动，政府又该如何加快推动收入分配差距缩小的长期趋势到来？显然现有的收入分配理论由于忽略了结构转型的因素，不可能对上述问题给出现成的答案。

无论是弥补现有理论的不足，还是解释我国收入分配差距的演变都需要把结构转型、经济增长与收入分配纳入一个理论框架进行研究。对于发展中国家来说，把三者结合起来最合适的理论框架莫过于二元经济转型。因此，研究二元经济转型中收入分配的动态演变，不仅对于收入分配理论和二元经济转型理论的创新发展具有重要的理论意义，而且对于促进中国二元经济转型、跨越"中等收入陷阱"也具有重要的现实意义。

第二节 马克思主义政治经济学的研究视角

自 1776 年斯密的《国富论》发表以来，经济学经历了古典学派、马克思主义经济学、新古典理论、凯恩斯主义经济学等各理论体系的变革。回顾两个世纪以来经济学的发展和演变，就研究视角而言，各个不同的理论体系，总体上隶属于两种传统，即"社会关系"分析和"技术关系"分析。其中，从斯密、李嘉图等古典学派到马克思及后来的新剑桥学派大体上可归类于"社会关系"分析的视角，而从马歇尔综合到边际革命所形成的新古典经济，以及后来新古典综合则隶属于"技术关系"分析的视角。①

马克思批判地继承了古典经济学"社会分析"的视角，把其研究对象界定为资本主义的生产方式，马克思对资本主义生产方式研究的侧重点虽然也是生产关系，但这种研究并未脱离"技术关系"分析，而是在生产力与生产关系的矛盾运动中研究资本主义生产方式产生、发展及演变的规律。本书的研究遵循马克思主义政治经济学的研究视角，在生产力与生产关系的矛盾运动中研究二元经济转型中收入分配的动态演变。遵循这一研究视角，结合二元经济转型的不同发展阶段，我们的结论是：二元经济转型中收入分配的动态演变源于生产力与生产关系的矛盾运动。

现代经济学中最早研究收入分配演变趋势的是美国经济学家西蒙·库兹涅茨。他认为"收入分配不平等的长期趋势可以假设为：在前工业文明向工业文明过渡的经济增长早期阶段迅速扩大，尔后是短暂的稳定，然后在增长的后期阶段逐渐缩小"。② 二元经济转型过程也就是一个国家从前工业文明向工业文明过渡的历史过程。因此，倒 U 形曲线也应是二元经济转型中收入分配的演变轨迹。

从生产力角度看，收入分配倒 U 形演变的根本原因在于二元经济转型不同阶段的生产力发展水平不同。在二元经济转型初期，在农业劳动生产率十分低下和劳动力无限供给的条件下，工资只能维持劳动力再生产，且长期不变，随着农业劳动力转移和资本积累规模的扩大，工人与资本家间的收入差距不断拉大，从而形成倒 U 形曲线的前半段轨迹。当边际生产率

---

① 吴易风等：《马克思主义经济学与西方经济学比较研究》，中国人民大学出版社，2010，第487页。在这部著作中，作者对马克思分配理论与西方经济学分配理论进行了比较分析，认为斯密、李嘉图等古典学派到马克思及后来的新剑桥学派遵循"社会关系"分析的传统，而从马歇尔综合到边际革命所形成的新古典经济，以及后来新古典综合则隶属于"技术关系"分析的传统。我们认为，上述两种传统，实际上是两类不同的分析视角。

② Kuznets, S., "Economic Growth and Income Inequality", *American Economic Review* 45 (1), 1955, pp. 1–28.

为零的农业剩余劳动力全部转移到城市非农产业后，二元经济转型就进入了刘易斯转折区间。由于劳动边际生产率大于零，农业劳动力的进一步转移，一方面会通过农业产出的减少，带动农产品价格上升；另一方面又会通过平均劳动生产率的提高，带动生存工资水平上涨。工资水平上涨的压力会促使企业通过技术创新来降低单位产品的用工成本，从而使资方有可能在利润率不变或有所提高的条件下，提高工人的工资水平。在这一阶段，只要工资水平上涨幅度等于或超过利润率上涨幅度，劳动者与资本所有者间的收入差距就不再继续扩大甚至有所缩小。当边际生产率小于制度工资的劳动力全部转移到城市非农产业后，农业劳动边际生产率已高于生存水平，工农两大部门的工资水平不再受制于生存工资，而转由劳动边际生产率决定。由于进入刘易斯第二转折点，资本与劳动要素的相对稀缺程度发生了有利于劳动者的变化，资本边际产出相对减少，劳动边际产出相对增加，从而导致劳动要素所有者与资本要素所有者间的收入分配差距趋于缩小，从而形成倒 U 形曲线的后半段轨迹。这一阶段，为了降低用工成本上涨的压力，工农两大部门生产函数中技术进步的作用都会进一步加强。

从生产关系角度看，二元经济转型中收入分配倒 U 形演变则取决于劳资双方博弈力量对比的变化，以及政府制度安排与政策选择的调整。

在现实经济生活中，劳资关系表现为契约关系，劳动报酬是劳资双方讨价还价的结果，讨价还价的能力取决于由劳动力供求关系决定的劳资双方博弈力量对比。在二元经济转型初期，劳动力供给远大于经济增长对劳动力的需求，这使得工人在劳动报酬博弈中处于绝对劣势地位。农业最低生存工资决定劳动者不可能在闲暇与就业之间进行选择，同时，这一生存工资水平也意味着劳动力迁移的机会成本很低。在就业及生存压力下，工人的工资也只能维持在生存工资水平。这一阶段劳资双方博弈的结果是资本家获得全部经济发展成果，劳动者只能通过生存工资维持劳动力再生产。

当二元经济转型进入刘易斯转折区间，劳动力供求关系的变化与务农收入的提高都会在某种程度上增强工人与资本家讨价还价的能力。但是由于农业部门还存在边际生产率低于生存工资水平的剩余劳动力，劳动力市场的供给压力仍然较为严重。上述两方面因素共同作用的结果是工农两大部门的工资水平都会有所提高，但提高的幅度不大。因此，当二元经济转型进入刘易斯转折区间后，收入分配差距扩大的现象得到缓解，但并未出现根本改观。

随着二元经济转型进入刘易斯第二转折点，边际生产率低于制度工资的剩余劳动力全部转移到城市工业部门，劳动力供求关系的变化进一步增强了工人在劳动报酬博弈中的力量对比。伴随劳动力供求关系变化所带来的劳动报酬的提高，工人的博弈力量还会进一步加强。这是因为高于生存工资水平的劳动报酬使劳动者有可能进行储蓄，由于储蓄的存在，工人就可以在一定期间内在劳动与闲暇间进行选择，并有可能更好地组织起来与资本家抗争。因此，进入刘易斯第二转折点后，工人的工资水平会出现较大幅度的增长，劳资双方的收入分配差距会缩小。

劳资双方收入分配差距的大小，不仅取决于双方的博弈力量对比，还取决于政府的制度安排与政策选择。根据新政治经济学的国家理论，政府与企业一样也要实现自身利益的最大化。政府的利益诉求主要有两方面：一是政治支持最大化；二是税收收入最大化。要实现政治支持最大化，政府必须考虑不同利益集团博弈力量的对比；要实现税收收入最大化，政府必须促进经济增长以求得社会产出最大化。由于二元经济转型不同阶段劳资双方的博弈力量对比不同、实现社会产出最大化所面临的约束条件或主要任务不同，政府的制度安排与政策选择也有所不同。

在二元经济转型初期，劳动者在劳资双方博弈力量对比中处于绝对劣势地位；实现社会产出最大化的主要约束条件是资本短缺，经济发展的主要任务是通过资本积累实现对劳动力资源的有效利用与合理配置。因此，在二元经济转型初期，各国政府的制度安排与政策选择都会把促进资本积累作为首要任务。而这种制度安排与政策选择又会增强资本所有者的博弈力量，从而使二元经济转型初期的劳动者只能通过生存工资实现劳动力再生产，无法分享经济发展成果。当二元经济转型进入刘易斯转折区间，劳动者的博弈力量有所增强，特别是二元经济转型初期收入差距的持续扩大，使经济增长的需求约束日益严重，社会矛盾的长期积累也通过危及社会稳定来影响经济增长。同时，农业弱质性制约体现为粮食"短缺点"的出现，使农业成为国民经济发展的瓶颈。由于上述原因，政府的制度安排与政策选择通常会发生有利于劳动者和有利于农业部门的调整。当二元经济转型进入刘易斯第二转折点，劳动力从无限供给变为相对短缺，劳动者的博弈力量进一步增强。上述两方面的变化会使政府的制度安排与政策选择发生重大调整，这突出地表现为保护劳动者权益的制度体系基本完善、政府对收入再分配的调节力度和对农业部门的支持力度进一步增强。

完成二元经济转型的发达国家和新兴工业化国家大多发生过上述制度安排与政策选择的调整。

从生产力与生产关系辩证关系的角度分析，二元经济转型中收入分配的演变机理有三个方面。

第一，二元经济转型不同阶段生产力发展水平是决定二元经济转型中收入分配演变的根本原因，这是因为无论是劳动力供求关系，还是经济增长约束条件的变化，都是二元经济转型不同阶段资源禀赋与劳动生产率变化的结果。

第二，劳资双方博弈力量对比的变化，以及政府制度安排与政策选择的调整是二元经济转型中收入分配演变的直接原因，并对二元经济转型具有十分重要的作用。从生产力角度看，功能收入分配问题实质上是按要素贡献分配产出的问题。在生产力发展水平低下、劳动边际生产率低于生存水平的条件下，劳动者的工资水平由其平均产出来决定，高于最低生存工资的经济剩余完全归资本所有者；在劳动边际生产率大于生存水平的条件下，劳动者的工资水平取决于劳动边际生产率，与此相对应地，资本所有者也只能根据资本的边际产出获得利润。问题在于上述分析是单纯地用经济运行中的物质技术关系来说明要素收入分配问题，实质上是用总量生产函数的投入产出关系来研究收入分配问题。由于分配关系本身是外在于物质生产过程的，经济运行中的物质技术关系只能提供不同要素所有者竞争均衡时的客观标准，现实经济生活中不同要素所有者的实际收入分配情况，则直接取决于各方的博弈力量对比和政府的制度安排与政策选择。当然，现实经济生活中的收入分配关系如果与生产力发展的要求相一致，则会更好地促进生产力发展，如果背离生产力发展水平就会对二元经济转型产生不利影响。

第三，产业结构升级以及与之相适应的人力资本投资和固定资本比重的上升对收入分配演变具有重要作用。在现实生活中大规模的技术创新总是表现为产业结构升级，而产业结构升级又往往伴随着人力资本投资和固定资本比重的增大。无论是人力资本投资还是固定资本比重的增大都会对收入分配产生重要影响。

二元经济转型初期的产业结构通常是以劳动密集型产业为主导。劳动密集型产业有两大特点：一是对劳动者的知识与技能要求不高；二是企业总资本中固定资本的比重较少，流动资本比重较大。前者决定了在二元经济转型初期人力资本的投资力度不大，生存工资中的劳动者教育与培训费用几乎可以忽略不计；后者则使劳动者处于更加不利的地位。这是因为企业总资本中固定资本比重越小，企业停产对资本所有者造成的损失就越小。在这一条件下，若劳动者退出博弈，其在失去就业机会的同时又难以对资方造成实质性伤害。当二元经济转型进入刘易斯转折区间，特别是进入刘易斯第二转折点后，劳动力成本上升和资本积累规模的扩大会导致利润率下降，进而会逼迫企业进行技术创新，从而带动产业结构由劳动密集型为主升级为资本密集型为主。与劳动密集型产业相比，资本密集型产业对劳动者的知识与技能提出了较高要求；企业总资产中固定资本的比重较大，流动资本比重较小。产业结构升级对劳动者知识与技能的要求，使二元经济转型后期人力资本的投资力度大幅度增加。这不仅增加了工资收入中的培训与教育费用，而且由于人力资本投资可以提高劳动生产率，并加大资本对劳动的替代难度，会有利于增加劳动者的工资收入。由于总资本中固定资本比重的增大，劳动者退出博弈的停产损失对资方构成了强有力的威胁，从而加强了劳动者的博弈力量，有利于劳动者权益的保护。

第三节　主要研究方法

在新的国内外经济环境下，影响中国二元经济转型中收入分配演变的因素十分复杂，采用时间序列数据对中国二元经济转型中收入分配的演变进行经验实证，也需要大量的数据资料。特别是要把握二元经济转型中收入分配的演变规律，不仅要重点研究中国二元经济转型中收入分配的变化，还需研究其他国家二元经济转型中收入分配的演变。实现上述研究目的，需要综合运用科学的研究方法。以马克思主义唯物辩证法为指导，坚持从实际出发和矛盾分析的方法，是本书研究的基本方法论原则。对这一原则的运用主要表现在以下具体的研究方法上。

一 实证分析与规范分析相结合

实证分析是研究客观现象本身"是什么"的问题，是对实际发生的经济现象和经济过程进行描述、解释，并对其未来发展变化趋势进行预测的一种方法。规范分析是以一定的价值判断为基础，研究经济现象"应该是什么"的问题。研究二元经济转型中收入分配的演变，实证分析与规范分析都是必要的，只有通过实证分析才能从总体上把握二元经济转型中收入分配的演变趋势，清楚地了解中国二元经济转型中收入分配的变化情况，揭示二元经济转型中收入分配的演变规律；只有通过规范分析才能针对中国二元经济转型中收入分配演变所面临的实际问题，提出解决的总体思路与具体对策。在本书的研究中，把实证分析与规范分析有机结合的关键是以实证分析为主。这是因为，只有清楚地了解二元经济转型中收入分配是如何演变的、这种演变已经带来并且还会带来什么结果，明确中国二元经济转型中收入分配演变面临的主要问题，才能在这一基础上提出应该通过哪些对策与措施推进二元经济转型中收入分配的演变。本书前七章的内容均属于实证分析，第八章则主要运用了规范分析的方法。

二 理论实证与经验实证相结合

本书的研究主题决定了本书的研究方法要以实证分析为主。实证分析又可分为理论实证与经验实证，前者是根据经济学基本原理，运用逻辑推演、数理分析等方法，分析变量之间的相互关系；后者则是运用统计学、计量经济学、案例分析等研究方法对理论实证的结论进行经验检验。本书理论实证的研究主要体现在对二元经济转型中收入分配的动态演变及其实现机制的理论分析上。本书首先根据马克思生产力与生产关系的辩证关系理论，结合二元经济转型不同发展阶段，运用逻辑推演的方法论证了二元经济转型中收入分配呈倒 U 形演变的机理，然后分析了实现这种演变所应具备的制度条件。

本书还运用描述性统计、计量分析等方法考察了英、法、德等先行工业化国家，日本、韩国和中国台湾这些后起工业化国家和地区，巴西、墨西哥两个拉美国家二元经济转型中收入分配的演变情况，并研究了这些国家和地区二元经济转型中缩小收入分配差距的经验教训；分析了中国二元经济转型中收入分配的变化情况，采用二次曲线拟合的方法，验证了中国二元经济转型中收入分配也呈现倒 U 形演变趋势；深入分析了中国二元经济转型的特殊性及其对收入分配演变的影响。显然，这些研究都具有经验实证的特点。

三 逻辑与历史相统一

逻辑的方法是在研究社会经济现象时采用了逻辑推演的方法，即依照经济现象和经济范畴的逻辑关系，分析经济现象与经济运行的发展进程和演变趋势；历史的方法则是在研究社会经济问题时，按照它历史发展的实际进程进行研究。显然，二元经济转型中收入分配的动态演变的研究主题，要求我们的研究必须采取逻辑与历史相统一的方法。本书对二元经济转型中收入分配的演变机理的分析采用了逻辑推演的方法。我们把二元经济转型划分为三个阶段，并根据二元经济转型初期、刘易斯转折区间、二元经济转型后期经济发展的不同特点和主要矛盾，重点研究了收入分配在这三个阶段的不同特征，揭示了二元经济转型中收入分配动态演变的内在机理，较好地实现了理论思维对历史过程的抽象。本书大量的经验实证内容，无论是对典型国家还是对我国的二元经济转型中收入分配演变的分析，均以二元经济转型不同阶段为主线，按照不同国家和地区二元经济转型的实际进程进行研究。

四　国内分析与国际比较相结合

二元经济结构是指城市现代工业部门与农村传统农业部门并存的经济结构，二元经济转型就是指发展中国家由这种相对落后的异质的二元经济结构转型为同质的现代化的一元经济结构。发达国家已经完成了这一转型过程，发展中国家则正在经历这一艰难而重要的历史转型。研究二元经济转型中收入分配的动态演变，我们不仅需要了解和掌握我国二元经济转型及收入分配的实际情况，还需了解和把握世界主要国家二元经济转型中收入分配的演变情况。因此，在本书的研究中我们采取了国内分析与国际比较相结合的研究方法，重点研究了中国二元经济转型中收入分配的变化情况，并结合中国二元经济转型的实际，分析了中国二元经济转型的特殊性及其对收入分配演变的影响；运用类型学的方法把二元经济转型国家划分为三种类型，考察了英、法、德等先行工业化国家，日本、韩国和中国台湾等后起工业化国家和地区，巴西、墨西哥两个拉美国家二元经济转型中收入分配的演变情况，以及这些国家和地区二元经济转型中缩小收入分配差距的经验教训。采用这种研究方法的好处是既可以全面考察二元经济转型中收入分配的演变情况，有利于认识二元经济转型中收入分配的演变规律，又可以重点分析我国二元经济转型与收入分配变化的实际，借鉴其他经济体二元经济转型中缩小收入分配差距的经验教训，在推进二元经济转型的过程中处理好公平与效率的关系。

第四节　逻辑结构与主要内容

从马克思主义政治经济学的视角研究二元经济转型中收入分配的演变规律，了解和把握中国二元经济转型与收入分配演变的实际情况，借鉴其他经济体二元经济转型中缩小收入分配差距的经验教训，提出我国促进二元经济转型及缩小收入分配的对策措施，是本书的研究主题与根本任务。尽管当代多数国人都同马克思时代的法国人差不多，"总是急于追求结论，渴望知道一般原则同他们直接关心的问题的联系"①，但我们的研究还是要按照二元经济转型中诸因素间的内在联系，本着逻辑与历史统一的原则来进行。

本书的逻辑结构包括三大部分，第一部分是理论基础，包括本书第二章和第三章的内容。

第二章是对收入分配理论、收入分配与经济增长的关系、二元经济转型与收入分配演变的国内外研究文献的系统梳理与客观评价。现有相关理论为本书的研究提供了知识积淀和参考借鉴，现有理论研究的不足则构成了本书的研究重点。

第三章根据马克思生产力与生产关系矛盾运动的理论，研究了二元经济转型中收入分配动态演变机理及其实现机制。从生产力与生产关系相互作用的角度分析，收入分配倒 U 形演变的根本原因在于二元经济转型不同阶段的生产力发展水平不同；直接原因则在于劳资双方博弈力量对比的变化，以及政府制度安排与政策选择的调整；产业结构升级以及与此相适应的人力资本投资和固定资本比重的提高促进了收入分配格局的演变。根据上述演变机理，二元经济转型中收入分配演变的实现机制包括三方面的内容：部门间劳动生产率的变化，劳资双方博弈力量变化和政府对制度安排与政策选择的调整，技术进步引导下的产业结构升级与人力资本投资。这一部分的研究为本书的后续研究奠定了理论基础。

本书的第二大部分是经验实证的内容，包括第四章、第五章、第六章和第七章。这部分是通过对典型经济体和我国二元经济转型中收入分配的演变实际情况的考察，运用描述性统计和计量经济学的方法来检验本书理论实证的结论。

第四章运用类型学的方法把二元经济转型经济体划分为三种类型，考察了英、法、德等先行工业化国家，日本、韩国和中国台湾等后起工业化国家和地区，以及巴西、墨西哥两个拉美国家二元经济转型中收入分配的

① 〔德〕马克思：《资本论（第一卷）》，中共中央马克思恩格斯列宁斯大林著作编译局译，人民出版社，1975，第 31 页。

演变情况，并对其进行计量检验。虽然各国的二元转型与二元经济转型中收入分配演变的具体情况不尽相同，但总的来说，对于已完成二元经济转型的国家和地区，收入分配都在不同程度上呈现倒 U 形演变趋势。巴西、墨西哥两个拉美国家虽然在二元经济转型过程中都出现了严重的收入分配不公，但随着二元经济转型推进过程中国家政策的调整，收入分配差距也经历了由扩大到趋于缩小的演变。

第五章在对我国刘易斯转折点进行判断的基础上，运用描述性统计方法考察了我国二元经济转型中收入分配的变化情况，运行时间序列数据对农业就业比重和全国基尼系数、城乡差值基尼系数进行了二次曲线拟合，从而验证了二元经济转型中收入分配存在倒 U 形演变的趋势。

第六章分析了我国二元经济转型的特殊性及其对收入分配的影响。中国作为一个发展中国家，生产力与生产关系的相互作用，决定了中国二元经济转型不同发展阶段的收入分配呈现不同的特点。但中国的二元经济转型既不同于发达国家曾经完成的转型，也不同其他发展中国家正在进行的转型。中国的二元经济转型以体制转轨为背景并受体制转轨进程的制约，因此，中国的二元经济转型具有两大突出特点：一是在非均衡制度变迁下的二元经济转型；二是农业劳动力转移具有非城市化与半城市化的明显特点。受二元经济转型特殊性的影响，虽然伴随着刘易斯转折区间的到来，库兹涅茨拐点已经出现，但收入分配差距仍然很大，基尼系数仍在国际警戒线以上。

第七章探讨了英、法、德等先行工业化国家，日本、韩国和中国台湾这些后起工业化国家和地区，巴西、墨西哥两个拉美国家二元经济转型中缩小收入分配差距的经验教训及其对我国的启示借鉴。结论是上述这些国家和地区在二元经济转型进入刘易斯转折区间之后都主动或被动地调节了收入分配失衡现象，从而在不同程度上出现了收入分配差距缩小的趋势。其中日本、韩国和中国台湾这些后起的工业化国家和地区，在二元经济转型中吸取了先行工业化国家的经验教训，通过制定符合本国和本地区要素禀赋的发展战略，重视教育、农业和社会保障体系的建设，较好地处理了二元经济转型中公平与效率的关系，较快地实现了工业化和二元经济转型，同时避免了收入分配差距过大所带来的社会动荡。与此相对应的是，巴西、墨西哥两个拉美国家在进入刘易斯转折区间后收入分配差距虽然也出现了缩小的趋势，但在二元经济转型过程中收入分配差距过大严重影响了其经济发展和社会稳定。

最后一部分是规范分析的内容。本书的最后一章在上述理论实证与经验实证的基础上，借鉴典型国家二元经济转型中缩小收入分配的经验教训，结合中国二元经济转型与收入分配演变的实际，从加快农民工市民化进程、深化土地制度改革促进农业规模经营、深化财政与金融体制改革优化城乡资源配置，以及加强劳动力市场建设促进劳资合作四个方面，论证了促进二元经济转型、缩小收入分配差距的对策措施。

第五节　主要创新与不足

一　主要创新

第一，以马克思主义政治经济学为指导，深入分析了二元经济转型中收入分配的动态演变机理及实现条件。长期以来学术界对收入分配格局演变问题多是从经济增长与收入分配关系的角度进行研究，并把注意力放到了对倒 U 形假说的检验上，收入分配研究领域重经验实证、轻理论实证的现象十分突出。20 世纪 70 年代后期以来，一些学者开始把收入分配与二元经济转型联系起来进行研究，但二元经济转型中收入分配的动态演变机理仍然是学术界研究的薄弱环节。本书根据生产力与生产关系辩证关系的基本原理，把结构转型、经济增长与收入分配演变结合起来进行研究，综合考量了利益博弈、技术变革、制度创新、人力资本投资等因素对收入分配演变的影响，深入系统地分析了二元经济转型中收入分配的演变机理及实现条件，弥补了现有理论研究的不足，有利于收入分配理论与二元经济转型理论的创新和发展。

第二，论证并检验了二元经济转型中收入分配的倒 U 形演变趋势。由于学术界对收入分配演变问题的研究多是从经济增长与收入分配关系的角度进行分析，因此，对二元经济转型中收入分配演变趋势进行理论实证的研究成果很少，作者还未能检索到对此进行经验实证的研究成果。本书运用描述性统计和计量经济学的方法，在研究二元经济转型中收入分配动态演变机理的基础上，考察了英、法、德等先行工业化国家，日本、韩国和中国台湾这些后起工业化国家和地区，巴西、墨西哥两个拉美国家，以及我国二元经济转型中收入分配的变化情况，验证了二元经济转型中收入分配的倒 U 形演变趋势，不仅使经验实证的结论更加客观，而且弥补了这一领域研究经验实证文献的严重欠缺。

第三，深入分析了中国二元经济转型中收入分配的动态演变。目前学界对中国二元经济转型中刘易斯转折点与库兹涅茨转折点契合性的争论还局限于现象描述的层面。本书运用时间序列数据对农业就业比重和全国基尼系数、城乡差值基尼系数进行二次曲线拟合，结论是中国刘易斯转折点与库兹涅茨转折点存在契合关系，从而验证了中国二元经济转型中收入分配也存在倒 U 形演变的趋势。

在上述研究的基础上，深入分析了中国二元经济转型的特殊性及其对收入分配的影响，对我国收入分配的演变给出了既符合一般规律，又符合具体国情的理论解释。以上两方面的研究内容作者也未能检索到。

第四，考察了三类国家二元经济转型中收入分配的演变，并从中得出适合我国的经验借鉴。受数据可得性与文献资料不足的制约，二元经济转型国际比较一直是理论研究的薄弱环节，对二元经济转型中收入分配演变问题的国际比较研究我们还未能检索到。本书运用类型学的研究方法，考察了英、法、德等先行工业化国家，日本、韩国和中国台湾这些后起工业化国家和地区，以及巴西、墨西哥两个拉美国家二元经济转型中收入分配的演变情况，并探讨了上述三类国家和地区二元经济转型中缩小收入分配差距的经验教训及其对我国的启示借鉴。

二 主要不足

在本书的研究中，运用类型学的方法考察了英、法、德等先行工业化国家，日本、韩国和中国台湾这些后起工业化国家和地区，巴西、墨西哥两个拉美国家二元经济转型中收入分配的演变情况，以及这些国家和地区二元经济转型中缩小收入分配差距的经验教训。但受到文献与数据资料不足的限制，我们对上述国家和地区刘易斯转折点和库兹涅茨转折点契合关系的估计无法做到十分准确，只能大体上符合上述国家和地区的转型实际；对其二元经济转型中缩小收入分配差距的经验教训的研究还不够深入和具体。

第二章　文献综述

第一节　国外文献综述

一　一般收入分配理论及其演进

（一）古典经济学家对收入分配的论述

1. 亚当·斯密对收入分配的论述

古典经济学奠基人亚当·斯密"总结和协调了18世纪的分配理论"，在其巨著《国富论》的第八章到第十一章中对工资、利润和地租进行了分析，这构成了他的三个阶级之间的"系统而全面的"收入分配理论。他指出，国民财富主要以地租、利润和劳动工资的形式在地主、资本家和工人三大阶级之间进行分配。"每一个国家土地和劳动的全年产物……的全部价格自然而然把它自身分成三个部分……土地的地租、劳动的工资和资金的利润。从而构成三个不同阶层人民的收入：靠地租收入生活的人，靠工资收入生活的人和靠利润收入生活的人。这是每一个文明社会三个大的原始的组成阶层，任何一个其他的阶层的收入最终都是从他们的收入中剥离出来的。"①

斯密指出，劳动工资、利润和地租都是劳动的产物。在土地私有和资

---

① 〔英〕亚当·斯密：《国富论》，谢祖钧等译，中南大学出版社，2003，第173页。

本积累发生以前的原始状态下，劳动所得全部归劳动者。随着生产力发展，土地变成了私有财产，劳动者从土地上种植或采集的全部产物被地主索取一个份额构成地租，被资本家（雇主）分享一个份额构成利润，剩下的则为劳动工资。

（1）论劳动工资

对于劳动工资，斯密认为其是由利益不同的双方所订立的合同决定的。工人工资的高低往往取决于工人与资本家博弈力量的大小，而博弈力量的大小又往往取决于各自能否实现联合。但由于集体行动的困境、法律的限制以及维持生计的紧迫性，资本家往往比工人更易实现联合，即便这种联合经常是"缄默的心照不宣的"。"在通常的情况下，要预见双方中哪一方在这种争辩中占优势并迫使对方屈从他们的条件并不困难。雇主们人数较少，他们联合起来要容易得多；再者，法律允许他们，至少不禁止他们联合。反之，法律却禁止工人们联合。……而且在所有这种争辩中雇主总是能坚持得很久。……通常依靠他们已获得的资本也足以过上一两年。而许多工人则维持不了一个星期，能维持一个月的极少，没有工作能维持一年的更是无一人。"① 雇主们通过联合使劳动工资不高于其实际工资率，有时甚至把劳动工资降低到实际工资率以下。作为自卫性的抵抗，工人们也会联合起来，但最终"很少能从那些激愤的联合的暴力行动中获得什么好处"。即便如此，雇主不能无限制降低工人的工资，必须满足工人自身生产及再生产的需要，也就是存在"合乎普通的人性的"最低工资限制。但是，随着国家财富的增长，对工人的需求往往就会增加，工人需求增加也会导致工资成比例增长。高工资并不见得是在最富裕的国家发生的，而是发生在"正在最迅速变成富裕的国家"。即便是最富裕的国家，如果停滞不前，当工人供给大于需求的时候，劳动者之间的竞争和雇主的利益"很快就会使工资降低到合乎一般人性的最低水平"。② 斯密还指出，劳动工资的增长，可以促进人口的增长，促使一般人民积极、勤奋和敏捷，还可以提高产出，

---

① 〔英〕亚当·斯密：《国富论》，谢祖钧等译，中南大学出版社，2003，第54页。
② 〔英〕亚当·斯密：《国富论》，谢祖钧等译，中南大学出版社，2003，第55~58页。

提高劳动生产率，有利于机器设备等生产工具的改良。劳动者富裕象征国民财富的增加和国家的强大，劳动者贫困象征国家的落后。但是，由于劳动者本身"不能理解那个利益（社会利益），也不可能理解它与自身利益的联系。他的条件使他没有时间去接收必需的信息，即使他得到了充分的信息，他所受的教育和习惯通常也使他不善于判断。所以在公众审议中，听不到他们的声音，他们的声音也很少受到重视"。因此，"所有者阶层也许从社会的繁荣中所获得的东西可能多于劳动者阶层，但是没有哪一个阶层从社会的衰退中所遭受的痛苦比劳动者阶层更大"。①

（2）论资本利润

斯密认为，利润从根本来源上说是雇主或资本家从劳动者对原材料增加的价值中扣除的那一部分；从直接来源上说，是生产费用的一部分，是资本家的服务和资本的职能的回报，是他的"生活资料的正当资源"。总体而言，资本利润的增减取决于国民财富的增减。随着国家财富的增加，投资增加，同行业的资本就会形成竞争，进而降低资本利润。此外，资本增加，工资提高，也倾向于降低利润。而且，"利润是非常容易波动的。……利润不仅要受到他所经营的商品价格的每一变动的影响。而且要受到他的同行以及消费者的运气好坏以及商品在海陆运输中，甚至存放在仓库里可能发生的千百种意外事件的影响"。斯密还指出，投资城镇的资本利润率低于投资农村的资本利润率。因为，城镇积聚了大量的资本，但工人的数量有限，对工人的竞争提高了劳动工资，降低了资本利润；而在农村地区，资本缺乏，工人富余，工人的竞争压低了劳动工资，增加了资本利润。②

资本家或雇主的利益与社会总体利益的关系不同于地主和劳动者阶层。"他们的利益从来不与公众利益相一致。""利润率并不像地租和工资那样随同社会的繁荣而上升，随社会的衰退而下降。相反，它在富裕国家中相当的低，在穷困国家中自然而然的高，而且它总是在最快地走向毁灭的国家中最高。"因此，资本家阶层"在每种场合都可能是更多地偏向于他们的特

---

① 〔英〕亚当·斯密：《国富论》，谢祖钧等译，中南大学出版社，2003，第 173~174 页。

② 〔英〕亚当·斯密：《国富论》，谢祖钧等译，中南大学出版社，2003，第 68~74 页。

殊部分的利益",而不是社会利益。"而且他们通常热衷于欺骗,甚至压迫公众。在许多场合他们既欺骗了公众,又压迫了公众"。所以,斯密建议,"听取这个阶层提出的关于任何商业新法或法规的建议应当极为慎重。而且在没有经过长时期的认真考察后不应轻易接受;在考察时不仅应以最大的细心,甚至还应报以最大的怀疑"。①

对于货币工资和货币利润的不平等情况,斯密也进行了分析。他指出职业本身的某些情况以及阻碍事物完全自由发展的政策使货币工资和货币利润不平等。首先,职业性质的差别,主要包括:"职业本身的惬意性或不惬意性;职业本身的易学性和廉价性,或职业学习困难,而且需要费用;职业的长期不变性或易变性;担负工作的人所负责任的大小;从事该种职业的成功的可能性或不可能性。"一般而言,从事乏味、易变、担负责任大、成功可能性小以及需要学习费用的职业的工人,收入一般较为丰厚。而资本利润往往只受职业本身的惬意性或不惬意性以及从事的工作的危险性与安全感影响。风险越高,利润一般也相应提高。其次,阻碍事物完全自由发展的政策,主要包括:"通过限制参与某些职业竞争的人数,使有些愿意参与竞争的人进不来;在另外一些职业中增加参与的人数,使其超过自然的限度;通过阻碍劳动和资本的自由流动,使他们不能由一个职业任意转换到另一职业,从一个地方任意转移到另一个地方。"②

(3)论地租

对于地租,斯密认为,其是承租人使用土地而支付的价格。地主在索取地租时总是依据农场主所能够支付的多少,尽可能使之达到最高。"在调整租借的条件时,地主总是竭力使承租人除了留有足够的资金购买种子、支付劳动工资、购买和维持牲畜以及其他农具的费用再加上农业资金在邻近地区的平均利润外,从其产品中得不到更多的东西。"③ 地主阶层的利益是"严格地和不可分割地"与社会整体利益联系着。真实地租会随着社会

① 〔英〕亚当·斯密:《国富论》,谢祖钧等译,中南大学出版社,2003,第173~174页。
② 〔英〕亚当·斯密:《国富论》,谢祖钧等译,中南大学出版社,2003,第88页。
③ 〔英〕亚当·斯密:《国富论》,谢祖钧等译,中南大学出版社,2003,第105页。

状况的改良而得以提升，地主的财富得以增加，对劳动或他人劳动产品的购买力也增加。但是，由于怠惰、无知，他们在影响社会利益的政策制定方面往往表现得能力不足。

2. 大卫·李嘉图对收入分配的论述

大卫·李嘉图对收入分配的看法批判地继承了斯密的观点，他也认为国民财富是以利润、工资和地租的形式在资本家、工人和地主间进行分配。他更加强调分配问题是经济学的主要问题，更加强调劳动作为价值创造源泉的唯一性。

（1）论地租

关于地租问题，李嘉图是把它当作解决整个分配问题的关键来研究的。他认为，"地租是为使用土地的原有的和不可摧毁的生产力而付给地主的那一部分土地产品"。① 在土地数量无限、质量无差异、土地供给大于需求的条件下，不需要支付地租。但如果土地数量有限，需求大于供给，土地在质量、位置等方面存在优劣，这样就会产生地租。"最肥沃和位置最适宜的土地将首先投入耕种，其产品的交换价值和其他一切商品的交换价值一样，是由从生产到送上市场这一整个过程中所必需的各种形式的劳动总量所决定的"，② 但是，"当土地最为丰富、生产力最大而又最为肥沃的时候，它并不会提供地租。只有在地力减退、劳动报酬减少的时候，较肥沃土地的原有产品中才有一部分被留下来成为地租"。③ 随着社会发展和人口增加，中等和劣等质量的土地开始被耕种。由于"一切商品，不论是工业制成品、矿产品还是土地产品，规定其交换价值的永远不是在极为有利，并为具有特种生产设施的人所独有的条件下进行生产时已感够用的较小量劳动，而是不享有这种便利的人进行生产时所必须投入的较大量劳动"，④ 所以，中

---

① 〔英〕大卫·李嘉图：《政治经济学及赋税原理》，郭大力、王亚南译，商务印书馆，1976，第 55 页。
② 〔英〕大卫·李嘉图：《政治经济学及赋税原理》，郭大力、王亚南译，商务印书馆，1976，第 60 页。
③ 〔英〕大卫·李嘉图：《政治经济学及赋税原理》，郭大力、王亚南译，商务印书馆，1976，第 62 页。
④ 〔英〕大卫·李嘉图：《政治经济学及赋税原理》，郭大力、王亚南译，商务印书馆，1976，第 62 页。

等地的耕种使优等地得以形成地租；劣等地的耕种又使中等地形成地租，并且提高了优等地的地租。也就是说，从劳动决定价值的角度出发，地租源于农业中的超额利润。只耕种优等地时，农产品的社会价值由优等地决定，不存在超额利润，也就没有地租。但当中等地和劣等地投入耕种时，农产品按劣等地所决定的社会价值出售，劣等地不存在超额利润，没有地租，而优等地和中等地上的农产品价值低于社会价值却按社会价值进行出售，这就会产生超额利润，也就形成地租。

而且，随着对农产品需求的增加，在优等地有限的条件下，资本不得不依次向劣等地转移，致使农业生产逐渐困难，劳动耗费逐渐增加，社会价值逐渐增大，地租就具备了逐渐增加的趋势。"地租上涨始终是一国财富增加以及为已增加的人口提供食物发生困难的结果。……在可用的土地的生产力减退的时候，地租增加得最为迅速。"① "（随着国家财富与人口的自然增长）每当我们有必要在土地上追加一份生产报酬较少的资本时，地租就会增加。……社会上任何条件如果使我们无须在土地上使用这份资本，从而使最后使用的一份资本生产力更大时，就会使地租降低。"② 此外，农业改良（增进土地生产力和改良机器）可以使获得土地产品的劳动量减少，农产品的相对价格就会跌落，也会出现较长时期地租绝对减少的现象。

（2）论工资

对于工资问题，李嘉图首先分析了劳动的自然价格和市场价格。劳动的自然价格是"让劳动者大体上能够生活下去并不增不减地延续其后裔所必需的价格"。③ 它往往受到人民的风俗习惯的影响。并且，在不存在农业改良和可供进口食物的条件下，劳动的自然价格有上涨的趋势。而劳动的

---

① 〔英〕大卫·李嘉图：《政治经济学及赋税原理》，郭大力、王亚南译，商务印书馆，1976，第62页。

② 〔英〕大卫·李嘉图：《政治经济学及赋税原理》，郭大力、王亚南译，商务印书馆，1976，第64页。

③ 〔英〕大卫·李嘉图：《政治经济学及赋税原理》，郭大力、王亚南译，商务印书馆，1976，第77页。

市场价格，即工资，是"根据供求比例的自然作用实际支付的价格。劳动稀少时就昂贵，丰裕时就便宜"。① 但市场价格有符合自然价格的倾向。而在一个状况日趋改善的社会里，资本逐渐而持续的增加将导致对劳动需求的增加，"市场工资率可能无限期地持续高于自然率"。② 货币工资除受货币价值变动影响外，主要受到劳动者的供给与需求以及用劳动工资购买的各种商品的价格两个因素影响。李嘉图同时指出，"在社会的自然发展中，劳动工资就其受供求关系调节的范围而言，将有下降的倾向。因为劳动者的供给继续按照相同的比率增加，而其需求的增加率则较慢"。③ 但是，工资还受到工资所购买的各种商品价格的调节，由于劳动者的供给增加，对必需品的需求也会增加，从而导致生产必需品的劳动量将增加，必需品的价格也会上涨。此时，如果工资下降，劳动者将遭受双重困难。所以，货币工资应该上涨，但"上涨的程度却不足以使劳动者购买商品涨价前那样多的享受品和必需品"。④ 劳动者报酬实际上已经恶化。而工资的这种增加，反而降低了资本家的利润。可见，"使地租提高的同一原因（即越来越难用同一比例的劳动量来提供商品的增加量）也会使工资提高"。⑤ 二者不同之处在于，地主所得的份额价值和数量都会提高，而工人所得部分的价值提高了，但实际份额将减少。在对工资问题进行分析的最后，李嘉图还特别强调要保证劳动力市场的自由竞争性，反对立法机关干涉。"工资正像所有其他契约一样，应当由市场上公平而自由的竞争决定，而绝不应当用立法机关的干涉加以统制。"⑥

---

① 〔英〕大卫·李嘉图：《政治经济学及赋税原理》，郭大力、王亚南译，商务印书馆，1976，第78页。
② 〔英〕大卫·李嘉图：《政治经济学及赋税原理》，郭大力、王亚南译，商务印书馆，1976，第78页。
③ 〔英〕大卫·李嘉图：《政治经济学及赋税原理》，郭大力、王亚南译，商务印书馆，1976，第84页。
④ 〔英〕大卫·李嘉图：《政治经济学及赋税原理》，郭大力、王亚南译，商务印书馆，1976，第84页。
⑤ 〔英〕大卫·李嘉图：《政治经济学及赋税原理》，郭大力、王亚南译，商务印书馆，1976，第85页。
⑥ 〔英〕大卫·李嘉图：《政治经济学及赋税原理》，郭大力、王亚南译，商务印书馆，1976，第88页。

（3）论利润

对于利润问题，李嘉图指出："土地产品在支付地主和劳动者的份额后，其余额必然归于农场主，成为资本的利润。"① 一般而言，利润与工资成反比例关系。随着谷物等农产品价格的上涨，劳动者的货币工资会增加，农场主的利润和制造业的利润就会减少。"如果农场主不能从他支付地租后剩下来的谷物中获得更多的价值，如果制造业者不能从他的制造品中获得更多的价值，如果两者都不得不支付更大价值的工资，那么工资上涨时利润就必然低落。"②

对于不同行业的资本利润问题，李嘉图也进行了分析。他指出，"不同行业的资本的利润互相保持一种比例，并且都朝同一方向按同一程度变动的趋势"。③ 一旦某一行业产品供不应求，市场价格会超过自然价格，进而形成高利润，而利润差异导致资本的流动。其他行业的资本就会被吸引到该行业，资本增加导致商品供给增加，商品价格就会下降，该行业的利润就会降到一般水平。"当工资上涨、新增人口必需品供应困难的增加使一般利润下降并逐渐稳定时，农场主的利润可能在一个短时期内超过原先的水平。……但是承认这种事实绝不会推翻下一理论，即利润取决于工资的高或低，工资取决于必需品的价格，而必需品的价格又主要取决于食物的价格。"④

此外，李嘉图还认为各阶级所得的比例关系在收入分配中是最重要的。但是，"在资本主义社会中，这种关系是相互对立的。工资与利润的变化是成反比例的，工资增加，利润就减少。地租同利润的增加也是反比例的，

---

① 〔英〕大卫·李嘉图：《政治经济学及赋税原理》，郭大力、王亚南译，商务印书馆，1976，第94页。
② 〔英〕大卫·李嘉图：《政治经济学及赋税原理》，郭大力、王亚南译，商务印书馆，1976，第97页。
③ 〔英〕大卫·李嘉图：《政治经济学及赋税原理》，郭大力、王亚南译，商务印书馆，1976，第92页。
④ 〔英〕大卫·李嘉图：《政治经济学及赋税原理》，郭大力、王亚南译，商务印书馆，1976，第101页。

地租的提高会影响到货币工资的提高，进而使利润下降"。①

3. 萨伊的分配理论

萨伊的分配理论是以他的生产三要素论为基础的，并且与他的价值论密切相关。他认为，财富由物品的价值构成，而价值源于效用。生产就是创造效用。"人们所给予物品的价值，是由物品的用途而产生的。……当人们承认某东西有价值时，所根据的总是它的有用性。……现在让我把物品满足人类需要的内在力量叫作效用。……创造具有任何效用的物品，就等于创造财富。……物品的效用就是物品价值的基础，而物品的价值就是由财富所构成的。……人力所创造的不是物品而是效用。……所谓生产不是创造物品，而是创造效用。"② 而生产有三个"不可缺少的"要素——劳动、资本和自然力，它们在自己职能范围内协同进行生产工作。"由于它们协同创造价值，因此它们的使用是有价值的，而且通常得有报酬。对借用劳动力所付的代价叫作工资；对借用资本所付的代价叫作利息；对借用土地所付的代价叫作地租。"③ 即财富（或者产品）是由劳动、资本和自然力共同创造的，这样创造出来的产品构成拥有这些生产手段的人的收入，即工人劳动得到工资，资本家付出资本得到利息，地主出租土地得到地租。

（1）论工资

对于劳动的收入，萨伊首先从"一般劳动的利润"进行分析，他指出，在劳动供不应求的时候，利润比率最高。"从劳动的利润比率和资本与土地的利润比率的比较，我们可以看到，在充足的资本引起大量的劳动力需求的地方，……劳动利润的比率最高。"④ 而不同生产部门的劳动力的利润又与工作的危险、困难或疲劳的程度，工作的定期性和不定期性，以及所需技巧和才干的程度等几个因素有关。而一般劳动利润不平均的最重要原因是劳动所需技巧的程度不同。因为高技巧的训练需要较长的时间和一定的

① 〔英〕大卫·李嘉图：《政治经济学及赋税原理》，郭大力、王亚南译，商务印书馆，1976，第15页。
② 〔法〕萨伊：《政治经济学概论》，陈福生、陈振骅译，商务印书馆，1997，第59页。
③ 〔法〕萨伊：《政治经济学概论》，陈福生、陈振骅译，商务印书馆，1997，第77页。
④ 〔法〕萨伊：《政治经济学概论》，陈福生、陈振骅译，商务印书馆，1997，第366页。

费用，"而这些费用的总和构成累计资本。这样，它的报酬，不但包括劳动的工资，而且包括在训练时所垫付的资本的利息"。① 所以，"所有需要长期教育和才能的工作即需要高等普通教育的工作，比不需要这么多教育的工作有更高的报酬。教育是资本，它应当产生和劳动的一般报酬没有关系的利息"。②

此外，他还特别分析了科学家的利润、冒险家的利润以及劳工的利润。他指出，科学家的劳动与其报酬不相称，他们给人类和企业带来了巨大利益，但他们只得到产品的极小部分，所以，应该"通过特殊恩典或通过使人喜悦的荣誉奖赏来增补科学家"。③ 而冒险家（应用既得的知识去创造供人类消费的产品的制造者、农民、商人等）凭借自身"高级劳动"往往获得较高劳动报酬。因为他们"通常必须自己供给所需资金"，而且"需要兼有那些往往不可兼得的质量与技能，即判断力、坚毅、常识和专业知识"，④ 这使投入流通的这种劳动的供给小于需求。劳工阶级（受雇于老板、经理或冒险家，为他们工作的人）一般供过于求，所以，"这种劳动的工资很少超过绝对必需的生活费用（维持自身及子女生存的费用，部分是看劳工所属国家的习惯而定）"。⑤ 但当普通劳动工资意外下降到劳工生活费水平以下时，如果工资下降是永久性的，政府应该"给失业工人发现新的或永久的职业，鼓励新产业部门的建立，着手在遥远的地方兴办企业、殖民等"；对于非永久性的工资下降，政府的临时性帮助"应当限于那些因波动而不幸遭受痛苦的人"。⑥ 萨伊还指出，应该"推动或促进劳工阶级节俭协会，鼓励劳工阶级把每天所储蓄的小额款项存到这些协会作为准备金，以备年老或发生意外灾难不能从劳动赚得利润时动用"。⑦ 为此，提高工资是值得做的。而且萨伊还主张，政府应该在不妨碍个人自由来往的范围内保护劳工

---

① 〔法〕萨伊：《政治经济学概论》，陈福生、陈振骅译，商务印书馆，1997，第368页。
② 〔法〕萨伊：《政治经济学概论》，陈福生、陈振骅译，商务印书馆，1997，第369页。
③ 〔法〕萨伊：《政治经济学概论》，陈福生、陈振骅译，商务印书馆，1997，第371页。
④ 〔法〕萨伊：《政治经济学概论》，陈福生、陈振骅译，商务印书馆，1997，第373页。
⑤ 〔法〕萨伊：《政治经济学概论》，陈福生、陈振骅译，商务印书馆，1997，第375页。
⑥ 〔法〕萨伊：《政治经济学概论》，陈福生、陈振骅译，商务印书馆，1997，第378页。
⑦ 〔法〕萨伊：《政治经济学概论》，陈福生、陈振骅译，商务印书馆，1997，第381页。

阶级的利益，因为他们在与雇主订立工资合同时，所处的地位一般不像雇主那么有利。

（2）论利润

对于资本的收入，萨伊指出，资本具有在生产中提供服务的功能，由此形成资本需求并使资本所有者凭借资本的服务索取报酬。对资本生产性服务的等值报酬称为"资本的利润"。资本所有者一般有两种方式处置资本：一是自己使用；二是出借他人。如果资本家自己将他的资本进行生产性使用，那么他获得的资本收入就包括"资本的利润"，这部分利润"附在他自己才能与劳动的收入上面，并往往和这个收入混在一起"。① 而资本家才能和劳动的收入是萨伊所称的"使用资本的劳动的利润"。也就是说，此时资本的收入为"资本的利润"加上"使用资本的劳动的利润"，而要明确区分这二者却是非常困难的，但是，他还是尽力地做出了尝试。他认为，总利润的平均和同行之间利润差额的平均二者的差额"似乎是所使用的技能与劳动的差异的正确指标"，可大体准确地估计总利润中"资本的利润"和"使用资本的劳动的利润"。他假定，"两家皮毛商行各以十万法郎为资本，一家每年平均得二万四千法郎利润，而另一家只得六千法郎。这两者之差是一万八千法郎，这可以说是由于不同技能与劳动。利润差额的平均是九千法郎，这可看作劳动的利得。从一万五千法郎即这行业的平均利润减去九千法郎，就得到六千法郎，即所投入的资本的利润"。② 如果资本家将资本借给另一个人进行生产性使用，那么，资本依然会产生"资本的利润"，只是这部分利润让给了借款人，此时，资本所有者所获得的资本的收入为利息。"利息由资本的租金与补偿资本家所冒全部地或局部地失去资本的风险的保险费组成，……分开或区别这两个组成部分是极其困难的事情。"③ 但是，保险费的比率往往在当中占更大部分，并要看借款人的安全来决定。安全主要依赖"借款用途的安全（包括借贷的期限）、借款人的才

① 〔法〕萨伊：《政治经济学概论》，陈福生、陈振骅译，商务印书馆，1997，第387页。
② 〔法〕萨伊：《政治经济学概论》，陈福生、陈振骅译，商务印书馆，1997，第401页。
③ 〔法〕萨伊：《政治经济学概论》，陈福生、陈振骅译，商务印书馆，1997，第400页。

能品德以及他所居住国家的贤明政府"。① 一般而言，在借款风险小、借贷时间短、借款人信用好、借贷国家法律保障完善的情况下，借贷利率一般较低。此外，可利用的资本增加越多，借贷资本的利息也就越低。对于资本的使用，萨伊指出，对于资本家而言，最有利的用法是在同样风险下能生成最大利润的用法，但未必对一般社会最有利。就一个国家的利益来说，将资本投在国内农业上是最有利的，其次是用于加强或增进天然生产力，随后就是投于制造业与国内商业。

（3）论地租

对于土地的收入，萨伊指出，土地凭借货物生产中所起的生产性服务作用获取报酬，这是地主得到利润的由来。土地具有竞争性，是"唯一的或几乎唯一的能由人占为己有以取得特殊或独占利益的自然力"。② 土地产品被需求，所以其生产力才具有价值。土地生产力价值随着需求的增加而增加，随着供给的增加而减少；不同性质的土地具有不同的需求和供给。此外，土地的利润还与投入的成本有关。如果土地的总产品中扣除所垫付的本金与该本金的利息、劳动的利润以及把产品运到市场或更换地点的费用外没有剩余，那么，土地本身就不产生利润，地主也得不到土地的租金。当农民租借土地时，他自己保留他劳动的工资以及他花费在耕作上的资本的利润后，把土地生产力所产生的利润交给地主，构成了地租。由于出价竞租的人较多、可耕种土地数量有限以及地主在财富声望等方面的优势，地主在与租户议租时往往占优势，并且地主可"独享任何可增加土地利润的情况的收益"，③ 因此，地租一般按土地利润的最高比率决定。

（二）新古典经济学家对收入分配的论述

1. 克拉克的收入分配理论

克拉克关于收入分配的论述集中在其著作《财富的分配》一书中，在此书开篇，克拉克就强调："对于实事求是的人和从事研究工作的人来说，

---

① 〔法〕萨伊：《政治经济学概论》，陈福生、陈振骅译，商务印书馆，1997，第390页。
② 〔法〕萨伊：《政治经济学概论》，陈福生、陈振骅译，商务印书馆，1997，第406页。
③ 〔法〕萨伊：《政治经济学概论》，陈福生、陈振骅译，商务印书馆，1997，第413页。

在各个要求获得应得权利的人中间分配财富的问题，是一个极其重要的经济问题。社会收入分为工资、利息和利润是不是有一个自然规律作根据？如果有的话，这个规律究竟是什么？这是需要解决的问题。"①

随后，克拉克指出："如果自然规律能够充分发挥作用，那么，从事任何生产职能所应当分配到的收入量，都将以它实际所生产的成果来衡量。"② 因此，这个分配的自然规律就是：协同生产财富的三个生产因素（劳动、资本和企业家职能）依据它们在生产过程中对共同生产的产品各自所贡献的份额获得相应的报酬。在这个自然规律的作用下，社会的总收入分为性质不同的三大份——工资总额（劳动的收入）、利息总额（资本的收入，包括地租）和利润总额（企业家职能的收入）。也就是说，劳动、资本和企业家职能共同参与价值的创造，每种生产要素按其贡献大小获得相应收入，但是分配是分三个不同阶段进行的。"第一次分配决定各个产业团体的收入，第二次分配决定各个小团体的收入，最后的分配是对产业系统内无数个小团体中的工资和利息进行调配。各个大团体和小团体所分到的份额，完全由物价来决定。"③

（1）工资论

克拉克认为，对于大多数依靠劳动获取工资的人说来，工资表现了一切经济力量发生作用的结果。工资规律的性质决定劳动人民生活水平的高低。"工资的多少，决定他们生活享受的舒适程度，以及他们能够给儿女们以多少教育、健康和幸福的保证。并且，由于世代相承，工资的高低对劳动阶级的福利还具有积累式的影响。"④ 工资高低表面上是由合约谈判中双方力量的大小和手段的高低决定，但是，这种讨价还价只能"局部地、在一个狭隘的幅度以内"影响劳动报酬的标准，而真正影响工资本身市场标准的是那个"深奥而活跃的"自然规律，即工资是由最后一单位劳动的边际生产力决定的。"我们生产多少，就能得到多少——这是人类生活的重要

---

① 〔美〕克拉克：《财富的分配》，陈福生、陈振骅译，商务印书馆，1997，第10页。
② 〔美〕克拉克：《财富的分配》，陈福生、陈振骅译，商务印书馆，1997，第10~11页。
③ 〔美〕克拉克：《财富的分配》，陈福生、陈振骅译，商务印书馆，1997，第21页。
④ 〔美〕克拉克：《财富的分配》，陈福生、陈振骅译，商务印书馆，1997，第9页。

原则。我们用劳动所能创造的产量，是由一个最后单位的纯粹劳动，对原有劳动的产量所增加的部分来决定的。最后生产力支配工资。"[1] 这个规律是"像万有引力那样"客观存在的，而且是普遍的、永久的："无论什么地方，所有限制它起作用的局部的、容易变化的势力都没有它那样经久。"[2] 而且，如果工人的实际工资等于劳动的全部产物，那么这个社会就是公平的。"如果一个国家强迫工人将根据创造权原属于他自己的财富留给工厂主，那么这个国家一定要在严重的关头归于失败。现代国家对它的主义是否忠实，只要研究分配问题便可解决。"[3] 克拉克还认为，工资会随着静态标准的变化而变化。他指出，社会中有五个不断变化的现象[4]，这些变化都是合乎自然的，而且，"每个动态的大变化，一定会使静态的价值以及实际工资和利息所趋向的静态的工资和利息发生变化"。[5] 尤其是生产技术的进步，更有利于工资的上涨。"如果生产方法的改良……是连续不断地出现，……那么，工资标准必然不断上涨，而实际工资也不断随之提高，但是总要比标准落后一些。"[6]

（2）利润论

克拉克认为利润是企业家职能的报酬。"这种职能本身，既不包含劳动，也不包含拥有资本，它的职能完全在于建立和维持各个生产要素间的有效联系，并使它们发挥作用。"[7] 他认为，在静态社会中，由于竞争的原因，不存在企业家利润。"无论什么地方，如果存在着企业家的利润，某种商品在一定时间内便卖得比正常价格高些。竞争倾向于消灭利润，就是说，要把实际价格降低到普通经济学以及通常的经验所说的'自然'标准。……如果每一件物品的价格，都能立刻达到和生产成本相符的标准，那么，企业家

---

① 〔美〕克拉克：《财富的分配》，陈福生、陈振骅译，商务印书馆，1997，第163页。
② 〔美〕克拉克：《财富的分配》，陈福生、陈振骅译，商务印书馆，1997，第163页。
③ 〔美〕克拉克：《财富的分配》，陈福生、陈振骅译，商务印书馆，1997，第16页。
④ 五个不断变化的现象分别为：人口不断增加，资本不断增加，生产方法不断变更，劳动和资本的生产组织形式不断改变，人类的欲望不断增长和提高。
⑤ 〔美〕克拉克：《财富的分配》，陈福生、陈振骅译，商务印书馆，1997，第356页。
⑥ 〔美〕克拉克：《财富的分配》，陈福生、陈振骅译，商务印书馆，1997，第357页。
⑦ 〔美〕克拉克：《财富的分配》，陈福生、陈振骅译，商务印书馆，1997，第10页。

便毫无所得。"① 在克拉克看来，只有在动态社会中，通过技术进步，企业家才能获得利润，而且技术进步可以提高生产力水平，从而也有利于提高工资。"由于一种新的发明，某种东西的生产成本降低了。这首先给予企业家以利润。其次又按照我们所曾经叙述的方法提高了工资和利息。这就等于创造了新的财富，因为社会的收入增加了，而且从使用改良的方法的时候开始，静态的工资标准也随着提高了。工资所趋向的标准，不再是使用新方法以前的标准，而是新的、较高的标准了。现在工资接近于和工人现在所能生产的产量相等，而这个产量比以前多。当新的发明的收获分布于整个社会时，工人的收入就和新的标准工资相等。"② 企业家虽然可以从技术进步中获得利润，但这些利润都是暂时的。"（节省生产费用的发明）产生利润，……是不能经常保持的，企业家只能暂时占有它，而不能长久保持它，……过了一些时候，这个收入也必然离开企业家的手，分布到社会的全体成员中去。"③

2. 马歇尔收入分配理论

阿尔弗雷德·马歇尔是19世纪末20世纪初英国乃至世界著名的经济学家，是剑桥学派的创始人，其理论思想主要集中于其巨著《经济学原理》一书，此中，也包含了他关于收入分配的重要论述。首先，他在萨伊生产三要素论（劳动、资本和土地）的基础上，加入了组织（指工业组织，内容包括分工、机器改良、生产规模、企业管理等，他特别重视资本家的"管理才能"）要素，构成了他的生产四要素论。他认为这四种要素共同协作创造了国民收入（可供分配的各种享受的新来源的总和中算作个人收入的部分），因此，国民收入被分解为四种要素的报酬进行分配，分别对应为工资、利息、地租和利润。"换言之，国民收益是一个国家内所有生产要素的纯产品总量，同时又是支付这些要素价格的唯一源泉：它分为劳动工资、资本利息和土地在生产上具有级差优势的生产者剩余或地租。工资、利息

---

① 〔美〕克拉克：《财富的分配》，陈福生、陈振骅译，商务印书馆，1997，第105页。

② 〔美〕克拉克：《财富的分配》，陈福生、陈振骅译，商务印书馆，1997，第356页。

③ 〔美〕克拉克：《财富的分配》，陈福生、陈振骅译，商务印书馆，1997，第356页。

和地租或生产者剩余构成了全部国民收益，在其他条件不变的情况下，国民收益越大，他们各自贡献的份额也就越大。"① 其次，他运用均衡价格理论分析各要素均衡价格的决定，形成生产要素价格论。他认为，生产要素也是一种商品，它们价格的决定不仅取决于边际生产力之类的需求方面的因素，也取决于供给成本之类的供给方面的因素（"影响生产要素供给的诸原因和影响需求的诸原因对分配有着同等的影响"②）。供需两方面共同决定了各生产要素的均衡价格，而均衡价格则决定了它们各自在国民收入分配中所得的份额。可见，马歇尔的生产要素价格论实质上就是他的收入分配理论。

（1）工资理论

马歇尔认为，工资是劳动的报酬，是劳动需求和劳动供给均衡时劳动的价格；劳动的需求价格是由劳动的边际生产力决定的，因为企业家使用生产要素遵循这样的原则："在此要素的边际运用上，因为此要素的使用而使其成本与增加的纯产品成比例。""我们必须把这个普遍原则运用到对劳动的雇用上。"③ 因此，"各类劳动者的工资倾向于等于该类边际劳动者的追加劳动所提供的纯产品"。④ 所以，边际劳动生产力是决定劳动工资的一个重要方面。而供给价格取决于培养、训练和保持有效率的劳动的精力所用的成本。"工资既有等于劳动纯产品的趋势，使劳动边际生产力决定劳动的需求价格；另一方面，工资又有同培养、训练和保持有效率的劳动的精力所用的成本有密切关系（虽然是间接而复杂的）的趋势。这个问题中的各种因素都相互制约着，它们偶尔使供给价格和需求价格相等：工资既不是由需求价格也不是由供给价格决定的，而是由支配供给和需求的一系列的原因决定的。"⑤ 此外，马歇尔还分析了劳动需求和供给的五个重要特点，⑥

---

① 〔英〕阿尔弗雷德·马歇尔：《经济学原理》，廉运杰译，华夏出版社，2004，第429页。
② 〔英〕阿尔弗雷德·马歇尔：《经济学原理》，廉运杰译，华夏出版社，2004，第421页。
③ 〔英〕阿尔弗雷德·马歇尔：《经济学原理》，廉运杰译，华夏出版社，2004，第412~413页。
④ 〔英〕阿尔弗雷德·马歇尔：《经济学原理》，廉运杰译，华夏出版社，2004，第415页。
⑤ 〔英〕阿尔弗雷德·马歇尔：《经济学原理》，廉运杰译，华夏出版社，2004，第426页。
⑥ 特点一是工人出卖的是劳动，而不是工人本身，对工人的投资受限于他父母的资产、见识和无私，出身及道德力量具有重要影响；特点二是工人和他的工作是分不开的；特点三是劳动力具有可毁坏性；特点四是劳动力的卖主在议价中往往处于不利地位；特点五是提供专业能力所需的训练时间很长。

他认为，这些特点"不仅影响供求力量发生作用的形式，而且影响其本质，并在某种程度上限制和阻挠供求力量自由发生作用"。①

（2）利息理论

马歇尔指出，利息是资本要素的均衡价格，由资本的需求价格和供给价格决定。"既然利息是任何市场上使用资本的代价，那么利息常常趋向于一个均衡点，使得该市场在利率下对资本的需求总量恰好等于在该利率下即将来到的资本的总供给量。"② 当局部市场资本需求增加时，可以通过抽调邻近地区的资本来增加供给。但从整个资本市场来看，利率的增加并不会引起资本供给总量的快速大幅增加，因为"资本的一般来源是劳动和等待的结果"，利率的提高"可以引诱人做额外劳动和额外等待"，但这个量相对而言比较少。所以，当资本短期需求大幅增加时，利率上涨，资本会从边际效率最低的用途中逐渐转移出来，"供给的增加要比利率上涨大得多"。利率的提高只能"慢慢地、逐渐地增加资本的总供给量"。③ 此外，马歇尔还对纯息和毛息进行了区分，所谓纯息"只是资本的报酬，或者只是等待的报酬"，而毛息，也就是一般所指的利息，"除了纯息之外，还包括其他因素（风险保险费和管理报酬）"。④ 纯息有相等的趋势，而毛息则不然，即便在存在竞争的条件下。

（3）利润理论

按照马歇尔的观点，利润可以认为是企业家才能的报酬。他认为，使用资本的经营能力的供给由三种因素构成："一是资本的供给；二是使用资本的经营能力的供给；三是把前两个因素有效地结合起来进行生产组合的供给。"其中，后两个因素的报酬，就是管理上的总报酬。⑤ 马歇尔认为，利润的大小取决于企业家才能的需求和供给。企业家才能需求增加，导致收入增加，会"使某些力量发生作用，而这些力量能使获得该收入的人的

---

① 〔英〕阿尔弗雷德·马歇尔：《经济学原理》，廉运杰译，华夏出版社，2004，第446～460页。
② 〔英〕阿尔弗雷德·马歇尔：《经济学原理》，廉运杰译，华夏出版社，2004，第427页。
③ 〔英〕阿尔弗雷德·马歇尔：《经济学原理》，廉运杰译，华夏出版社，2004，第426～427页。
④ 〔英〕阿尔弗雷德·马歇尔：《经济学原理》，廉运杰译，华夏出版社，2004，第466页。
⑤ 〔英〕阿尔弗雷德·马歇尔：《经济学原理》，廉运杰译，华夏出版社，2004，第472页。

供给趋于增加"。① 企业家才能在长期中有使自己适应需求的趋势。同时，他还把均衡时间因素考虑进来。在短期，利润是一种"剩余"而不计入成本，就长期而言，利润是产品正常费用的一部分，即"全部正常利润都列入真正或长期的供给价格之中"。② 而且，"企业家的利润受到他的资本（包括企业组织）、他的劳动和雇工的劳动产品的价格变动的影响"。③ 产品价格的上涨，可能使利润大幅增加，也会使工资趋于增加，但工资的增幅远远不及利润的增幅。

（4）地租理论

马歇尔指出，土地不同于人本身、人制造出来的生产要素以及人对土地进行的改良，土地的总供给是固定的，不像其他要素那样可以按不同方式在不同程度上与它们服务的需求相适应。一方面，土地的收入有等于其边际纯产品价值的趋势，短期收入由总供给量和对土地服务的需求量来决定；另一方面，由于土地存量的固定性，土地收入的提高只是导致部分农场主土地要素的增加、相应土地要素收入转移，但并没有增加国民收益。④

（三）马克思对收入分配的论述

马克思关于收入分配理论的论述主要集中在巨著《资本论》中，《政治经济学批判导言》、《哥达纲领批判》以及《共产党宣言》等著述也有涉及。从这些著作中可以看出，马克思的收入分配理论是建立在两个前提基础上的。一是生产力决定论，即生产力决定生产关系，而生产关系决定分配关系。二是劳动价值论，即劳动是一切价值创造的源泉。具体劳动创造使用价值，抽象劳动创造价值。在这两个基础之上，马克思对资本主义及社会主义（共产主义）的分配问题进行了分析。

1. 资本主义制度的收入分配

马克思对资本主义制度收入分配的分析是以剩余价值理论为核心的。根据马克思的论述，劳动力是一种"独特的使用价值，即它是价值的源泉，

---

① 〔英〕阿尔弗雷德·马歇尔：《经济学原理》，廉运杰译，华夏出版社，2004，第480页。
② 〔英〕阿尔弗雷德·马歇尔：《经济学原理》，廉运杰译，华夏出版社，2004，第488页。
③ 〔英〕阿尔弗雷德·马歇尔：《经济学原理》，廉运杰译，华夏出版社，2004，第489页。
④ 〔英〕阿尔弗雷德·马歇尔：《经济学原理》，廉运杰译，华夏出版社，2004，第428~429页。

能够创造出比自身价值大的价值"。① 劳动力创造的总价值中一部分成为劳动力价值，一部分成为剩余价值。劳动力价值表现为工资，是劳动者获得的在必要劳动时间内创造的价值，取决于再生产这一劳动力所必需的社会必要劳动，也就是生产工人获取必要生活资料所需的劳动。"劳动力的价值可以归结为一定量生活资料的价值。因此，它也随着这些生活资料的价值即生产这些生活资料所需要的劳动时间量的改变而改变。"② 这些生活资料的价值包括维持劳动者所需要的生活资料的价值，以及作为工人的补充者即工人子女的生活资料的价值和以提高劳动力素质为目的的教育与训练所需生活资料的价值。同时，劳动力价值的规定还受历史和道德因素影响。"所谓必不可少的需要的范围，和满足这些需要的方式一样，本身是历史的产物，因此多半取决于一个国家的文化水平，其中主要取决于自由工人阶级是在什么条件下形成的，从而它有哪些习惯和生活要求。因此，和其他商品不同，劳动力的价值规定包含着一个历史的和道德的因素。"③ 而剩余价值是资本家无偿占有的雇用工人剩余劳动创造的价值，并被进一步分解为利润、利息和地租，以利润和地租的形式赋予资本和地产的所有者。因此，资本家获得利润、地主获得地租只是收入分配的表现形式，其实质是他们对雇用工人创造的剩余价值的瓜分。而且，资本家为了获得更多的剩余价值，总是极力延长工人的劳动时间，而相对压低工人的工资。"我们的资本家不仅懂得用劳动力的低价值去换取劳动力创造的高价值，而且更懂得用延长的劳动过程去换取更多的价值。"④ 工人也会为了提高相对工资以及"把工作日限制在一定的正常量内"与资本家展开斗争。"资本家要坚持他作为买者的权利，他会尽量延长工作日，如果可能的话，他甚至会把一个工作日变成两个工作日。虽然已卖出商品的特殊性质给它的买者规定一

① 〔德〕马克思：《资本论》，朱登译，南海出版社，2010，第39页。
② 〔德〕马克思：《资本论（第一卷）》，中共中央马克思恩格斯列宁斯大林著作编译局译，人民出版社，1975，第105页。
③ 中共中央马克思恩格斯列宁斯大林著作编译局编《马克思恩格斯全集（第二十三卷）》，人民出版社，1972，第194页。
④ 〔德〕马克思：《资本论》，朱登译，南海出版社，2010，第39页。

定的消费界限，但是工人也要求坚持他作为卖者的权利，要求把工作日限制在一定的正常量内。……在平等的权利之间，团结就是力量，力量将会起决定作用。"① 随着资本主义的发展，资本有机构成会不断提高，利润的绝对量增加，相对量下降；地租的绝对量和相对量都上升；而工资总是被限制在维持劳动力再生产所必需的生存水平上，从而造成无产阶级的相对甚至是绝对贫困越来越严重。

此外，马克思还指出，资本主义的生产方式、劳动力市场的变化和国家干预的不同性质也会影响到资本和劳动力在生产中的地位，进而影响资本主义制度的分配。

2. 共产主义制度的分配

马克思在《哥达纲领批判》中将共产主义社会区分为两个阶段：共产主义社会第一阶段和共产主义高级阶段。第一阶段脱胎于资本主义社会，在经济、道德和精神方面带有资本主义的痕迹，对消费品的分配只能按照等价交换的原则进行按劳分配。"每一个生产者，在作了各项扣除以后，从社会领回的，正好是他给予社会的。他给予社会的，就是他个人的劳动量。例如，社会劳动日是由全部个人劳动小时构成的；各个生产者的个人劳动时间就是社会劳动日中他所提供的部分，就是社会劳动日中他的一份。他从社会领得一张凭证，证明他提供了多少劳动（扣除他为公共基金而进行的劳动），他根据这张凭证从社会储存中领得一份耗费同等劳动量的消费资料。他以一种形式给予社会的劳动量，又以另一种形式领回来。"② 而在共产主义高级阶段，"迫使个人奴隶般地服从分工的情形已经消失，从而脑力劳动和体力劳动的对立也随之消失""劳动已经不仅仅是谋生的手段，而且本身成了生活的第一需要""随着个人的全面发展，他们的生产力也增长起来，而集体财富的一切源泉都充分涌流"，社会才能完全超出资产阶级权利的狭隘眼界，实行"各尽所能，按需分配"。③

---

① 〔德〕马克思：《资本论》，朱登译，南海出版社，2010，第47页。
② 〔德〕马克思：《哥达纲领批判》，何思敬、徐冰译，人民出版社，1997，第13～15页。
③ 〔德〕马克思：《哥达纲领批判》，何思敬、徐冰译，人民出版社，1997，第16页。

二　经济增长对收入分配演变的影响

20 世纪 50 ~ 60 年代，随着经济增长理论的发展，经济增长与收入分配的研究如火如荼。其中，库兹涅茨的研究具有奠基性，对后来的研究影响较大。库兹涅茨通过对英国、美国、德国等不同经济发展阶段国家有限统计数据的分析，指出长期中收入分配不平等和经济发展间存在倒 U 形关系，即"在前工业文明向工业文明过渡的经济增长早期收入不平等扩大，经短暂稳定时期后，在增长的后期不平等差距逐渐消失"。他认为导致收入分配不平等扩大的因素主要有两个：一是储蓄集中的集聚效应，富裕阶层更有能力和意愿进行储蓄，而储蓄导致更多的收入，进而导致贫富差距拉大；二是收入分配的产业结构差异（城乡差异），由于农村的人均收入明显低于城市以及城市存在更大的收入不平等，伴随经济增长出现的城市化和工业化进程，整体的收入不平等状况就会恶化。但随着收入差距的扩大，法律和国家政策干预、富裕阶层因低生育倾向而占总人口的比重降低、技术进步与新兴产业出现而引起的产业结构调整等会削弱储蓄集中的聚集效应，进而导致收入差距随经济增长而缩小。[①] 在此之后倒 U 形假说在理论上得到了 Lewis 两部门劳动力转移模型的论证，[②] 并经由 Fei 和 Ranis 发展成为严密的逻辑体系。[③] Robinson 通过数学推导证明了库兹涅茨假说。[④] Paukert 的实证分析在一定程度上支持了库兹涅茨的倒 U 形假说。他将 56 个国家（其中包括 40 个发展中国家）收入分配数据按照人均国民收入进行分组并计算每组内各个国家基尼系数的平均值，发现当人均国民收入从 100 美元以下增加到 101 ~ 200 美元以及更高水平时，收入分配不平等增加了，当人均国民收

① Kuznets, S., "Economic Growth and Income Inequality", *American Economic Review* 45 (1), 1955, pp. 1 – 28.

② W. A. Lewis, "Economic Development with Unlimited Supplied of Labor", *The Manchester School of Economicand Social Studies* 2 (22), 1954, pp. 139 – 191.

③ 〔美〕费景汉、拉尼斯：《增长和发展：演进的观点》，洪银兴译，商务印书馆，2004，第 91 页。

④ Robinson, S., "A Note on the U Hypothesis Relating Income Inequality and Economic Development", *The American Economic Review* 66 (3), 1976, pp. 437 – 440.

入位于 200～500 美元时，收入分配不平等程度达到峰值。之后，随着人均国民收入水平的提高，收入分配不平等的程度开始减小。也就是说，人均 GDP 越低的国家，收入分配不平等越严重，而人均 GDP 越高的国家，收入分配不平等程度越低。[①] Adelman 和 Morris 利用 43 个发展中国家的跨国数据支持了库兹涅茨假说。[②] Ahluwalia 利用 60 个国家的跨国数据（包括 40 个发展中国家、14 个发达国家以及 6 个社会主义国家）进行多元回归分析，实证结果强烈支持库兹涅茨的倒 U 形假说。[③]

当然，并不是所有关于该问题的研究都支持库兹涅茨倒 U 形假说。比如，Fei 等对中国台湾地区 20 世纪 50 年代到 20 世纪 70 年代经济发展起飞阶段的经济发展实践进行实证分析，结果表明在经济飞速发展的同时，基尼系数不仅没有增加反而下降了，也就是说经济增长导致收入分配差距缩小。[④] 尤其是 20 世纪 80 年代以来，许多经济学家利用不同国家的样本数据进行定量分析，统计检验的结果要么认为经济增长和收入分配不存在系统性联系，要么认为经济增长和收入分配的关系远比库兹涅茨倒 U 形假说复杂。总之，库兹涅茨倒 U 形假说并不被相关实证分析所支持。这方面相关研究文献较多，其中，Anand 和 Kanbur 利用 60 个发达及发展中国家的数据验证了六个描述不平等的指标与经济增长的关系，结果表明，随着经济发展，不平等程度并没有由低向高演进，而是始终保持不变，这与之前的研究结论相反，也否定了库兹涅茨倒 U 形假说。[⑤] Deininger 和 Squire 通过引入一个新的、质量更高的、覆盖范围更大的测量收入分配不平等的数据集（包括 108 个国家），对收入分配不平等与经济增长的关系进行了研究，并

---

① Felix Paukert, "Income Distribution at Different Levels of Development: A Survey of Evidence", *International Labour Review*, 108, 1973, pp. 97 – 125.

② I. Adelman, C. T. Morris, *Economic Growth and Social Equity in Developing Countries* (Stanford, CA, US: Stanford University Press, 1973), p. 311.

③ Ahluwalia, M, S., "Income Distribution and Development: Some Stylized Facts", *American Economic Review* 66 (2), 1976, pp. 128 – 135.

④ Fei, Ranis and Kuo, *Growth with Equity: The Taiwan Case* (New York, US: Oxford University Press, 1979), p. 213.

⑤ Anand, S. and Kanbur, S. M. R., "The Kuznets Process and the Inequality – Development Relationship", *Journal of Development Economics* 40, 1993, pp. 25 – 52.

没有发现总体收入分配不平等的变化与经济增长存在系统性联系，但是，经济增长与消除贫困之间存在着较强的正相关性。[①] Barro 利用 84 个国家的面板数据对收入分配不平等与经济增长及投资增长率的关系进行了研究，结果表明二者总体相关性比较微弱。对于贫穷国家而言，较高的收入分配不平等阻碍经济增长，而对于较为富裕的国家而言则有利于促进经济增长。作为经验规律的库兹涅茨曲线所描述的收入分配不平等起初随经济增长而增加随后随经济增长而下降的现象并不能解释不同国家、不同时期的收入分配变化情况。[②] Banerjee 和 Duflo 通过利用非参数方法，利用选取自 Deininger 和 Squire 研究中的 45 个国家高质量的数据以及 Barro 研究中的 50 个国家样本对收入不平等与经济增长的关系进行了研究，进一步指出，两个变量之间的关系可能远非线性，收入分配不平等不管是向哪个方向变化，都阻碍经济增长。对于收入分配不平等和经济增长关系的研究往往会由于使用数据样本、数据标准以及测量方法的不同而产生不同的结论。[③] Grimalda 和 Vivarelli 通过一个演化的两部门模型研究了偏向技能的技术进步对中等收入国家经济增长与收入不平等变化路径关系的影响。实证分析表明，工资收入的不平等既不是经济增长的必要条件，也不是充分条件。经济增长和收入分配不平等的关系远非库兹涅茨假说描述的那么简单。[④] Hasanov 和 Izraeli 利用美国州级数据的实证分析表明，经济增长和收入分配不平等是非线性的，降低或增加不平等都将大大阻碍经济增长，而保持稳定的不平等状态可能有利于经济增长。教育和完善劳动力市场对促进经济增长和提高穷人收入至关重要。[⑤] Gal-

① Deininger, K., Squire, L., "A New Data Set Measuring Income Inequality", *World Bank Economic Review* 10 (3), 1996, pp. 565 – 591.

② Barro, R. J., "Inequality and Growth in a Panel of Countries", *Journal of Economic Growth* 5, 2000, pp. 5 – 32.

③ Banerjee, A. V., Duflo, E., "Inequality and Growth: What can the Data Say?" *Journal of Economic Growth* 8, 2003, pp. 267 – 299.

④ Grimalda, G., Vivarelli, M., "Is Inequality the Price to Pay for Higher Growth in Middle – Income Countries? Revisiting the Kuznets Hypothesis in the Event of Skill – Biased Technological Change", *Journal of Evolutionary Economics* 20 (2), 2010, pp. 265 – 306.

⑤ Hasanov, F., Izraeli, O., "Income Inequality, Economic Growth, and the Distribution of Income Gains: Evidence from the U. S. States", *Journal of Regional Science* 51 (3), 2011, pp. 518 – 539.

lup 利用 87 个国家的面板数据对库兹涅茨假说进行验证，结果表明，库兹涅茨假说并不被支持，而且他利用固定效应模型发现，收入分配不平等与经济增长之间存在 U 形关系，即低收入国家的收入分配不平等在减弱，而高收入国家的收入分配不平等在加剧。[①] Kiatrungwilaikun 和 Suriya 利用 91 个国家 2000~2012 年的数据对收入分配不平等与经济增长的关系进行了实证分析，结果表明，经济增长与收入分配不平等之间是 U 形关系而不是倒 U 形关系。他们指出，千禧年之初劳动力非农转移带来了高速经济增长和低水平的收入不平等；而近几年，由于数字经济的兴起，大量的高技术人才流入该部门，结果扩大了收入分配不平等的程度。[②]

此外，Garcia - Penalosa 和 Turnovsky 设计了一个具有弹性劳动力供给的内生增长模型。在该模型中，代理人实物资本初始禀赋不同，经济增长和收入分配同时被决定，均衡取决于劳动力供给的平衡。结果表明，更快的经济增长往往导致更加不平等的收入分配。[③]

三 二元经济转型视角下的收入分配演变

20 世纪 50 年代，刘易斯提出了针对发展中国家经济发展的二元经济结构理论模型，考察了二元经济向一元经济转化的条件及过程。随后，费景汉、拉尼斯、乔根森、托达罗、拉克西特等一大批经济学家开始研究发展中国家的二元经济结构。二元经济结构是指城市的现代工业部门与农村的传统农业部门并存的经济结构。而二元经济结构转型就是使异质的二元经济结构转换为同质的现代化的一元经济结构。其中，收入分配的二元结构向一元结构转换是至关重要的一个方面，即传统部门的收入水平会逐渐提高，趋向于与现代部门同等的收入水平。

---

① Gallup, J. L., "Is There a Kuznets Curve?" http://www2. dse. unibo. it/ardeni/ESI_2014/Gallup_ 2012. pdf.

② Kiatrungwilaikun, N. and Suriya, K., "Rethinking Inequality and Growth: The Kuznets Curve after the Millennium", *International Journal of Intelligent Technologies and Applied Statistics* 8 (2), 2015, pp. 159 – 169.

③ Garcia - Penalosa, C., Turnovsky, S. J., "Growth and Income Inequality: A Canonical Model", *Economic Theory* 28, 2006, pp. 25 – 49.

（一） 传统二元经济理论

1. 刘易斯模型

刘易斯最早认识到欠发达国家的经济发展条件不同于发达经济体，更类似于发达国家工业化初期阶段。[①] 因此，他在研究的时候遵循了古典范式（"支付维持生活的最低工资就可以获得无限的劳动力供给"[②]），提出了著名的劳动力无限供给条件下的两部门模型（刘易斯，1954）。刘易斯首先分析了封闭经济条件下的劳动力无限供给问题。他指出，劳动力无限供给并非适用于世界上一切地区，但对埃及或印度等国来说，"相对于资本和自然资源来说人口如此众多，以至于在这种经济的较大的部门里，劳动的边际生产率很小或等于零，甚至为负数……劳动力的无限供给是存在的"。[③] 或者说，只要按最低工资提供的劳动力超过需求，劳动力供给就是无限的。如果可以得到无限的劳动力，而资本是稀缺的，那么，不应该把资本分散地用在所有劳动力上，而应使资本的应用达到"劳动力边际生产率等于现行工资的程度"。[④] 维持生计部门（传统农业部门，不使用再生产性资本的那一部分）人均产量比资本主义部门（现代工业部门，"使用再生产性资本，并由于这种使用而向资本家支付报酬那一部分"[⑤]）低，"由于可得到的资本更多，就有更多的工人能从维持生计部门被吸收到资本主义部门，同时他们的人均产量也因从一个部门转向另一个部门而增加"。[⑥] 他们的收入水平也往往因为这种转移而增加。因为，虽然"维持生计部门的收入决定资本主义部门工资的下限，但是，实际上，工资必须高于这一水平，而且，资本主义工资与维持生存的收入之间的差额通常是30%左右"。[⑦] 产生这种差额的原因，可能是资本主义部门所集中的城镇房租和交通费等生活费用比农村高；农业劳动者进入城市现代工业部门，便置身于一

---

① 张桂文等：《统筹城乡就业促进东北地区二元经济结构转换》，经济科学出版社，2011，第11页。

② 〔美〕威廉·阿瑟·刘易斯：《二元经济论》，施炜等译，北京经济学院出版社，1989，第1页。

③ 〔美〕威廉·阿瑟·刘易斯：《二元经济论》，施炜等译，北京经济学院出版社，1989，第3页。

④ 〔美〕威廉·阿瑟·刘易斯：《二元经济论》，施炜等译，北京经济学院出版社，1989，第7页。

⑤ 〔美〕威廉·阿瑟·刘易斯：《二元经济论》，施炜等译，北京经济学院出版社，1989，第7页。

⑥ 〔美〕威廉·阿瑟·刘易斯：《二元经济论》，施炜等译，北京经济学院出版社，1989，第8页。

⑦ 〔美〕威廉·阿瑟·刘易斯：《二元经济论》，施炜等译，北京经济学院出版社，1989，第10页。

个"比较严密而都市化"的环境中，因此，应有一部分收入弥补心理成本；为了吸引农村劳动力进入城市工业部门，还必须有一部分额外的净收入作为刺激因素；资本主义部门的工人组织工会，竭力保护或提高他们的差别等。

在上述假设或条件下，"经济发展的关键是了解资本剩余的使用。资本主义部门由于把剩余再投资于创造新资本而扩大，并吸收更多的人从维持生计部门到资本主义部门就业。资本越来越多，资本形成也越来越大，而且这个过程要一直持续到剩余劳动力消失为止"。① 在这个过程中，经济不断发展，国民收入也会发生相应的变化，尤其是收入分配会变得有利于储蓄阶级，即资本家和地主，因为，"实际上所有储蓄都是由获得利润和地租的人进行的，工人的储蓄非常少"。② 从整个国民收入来看，资本家的收入在其中的比例会逐步提高。"开始，国民收入几乎完全由维持生计部门的收入所组成。撇开人口的增长并假定劳动的边际产品是零，那么，在整个发展中这种生产部门的收入保持不变，因为根据定义，在不减少农业产量的条件下，劳动力的产生可以足以保证资本主义部门的扩大。因此，这个过程总是增加了资本的剩余和资本家的收入在国民收入中的比例。实际上，这个模型说明，如果按不变的实际工资可以得到无限的劳动力供给，同时如果任何一部分的利润都再投资于生产能力，那么，相对于国民收入来说，利润就要一直增加，资本的形成也要增加。"③ 资本主义部门的增长，加剧了资本家和其他人之间收入的不平等，但这个过程是不能永远继续下去的。"当资本积累赶上人口，以致不再有剩余劳动力时，这个过程就必然停止。但它也可能在此之前停止。……虽然仍然有剩余劳动力，然而实际工资可能提得这样高，④ 以至于资本家的利

---

① 〔美〕威廉·阿瑟·刘易斯：《二元经济论》，施炜等译，北京经济学院出版社，1989，第12页。

② 〔美〕威廉·阿瑟·刘易斯：《二元经济论》，施炜等译，北京经济学院出版社，1989，第16页。

③ 〔美〕威廉·阿瑟·刘易斯：《二元经济论》，施炜等译，北京经济学院出版社，1989，第17~18页。

④ 实际工资的提高，往往有可能在于以下几个原因：一是资本积累快于人口增长，维持生计部门的人数绝对减少，农业人口平均产品自动增加，由于资本主义部门的工资取决于维持生计部门的收入，农民收入增加导致资本主义工资被迫上升；二是资本主义部门的规模增加恶化了该部门的贸易条件，迫使资本家把更多部分的产品支付给工人以维持其实际收入不变；三是维持生计部门的劳动生产率提高了，进而提高资本主义部门的实际工资；四是工人要求更高的生活水平，并通过工会施压来实现。

润下降到被全部消费掉而没有纯投资的水平。"① 如果资本积累没有被迫停止，资本主义部门会一直扩大到没有剩余劳动力为止。这样，维持生计部门的劳动生产率和收入水平会逐步提高，维持生活的工资水平也会逐步提高，而资本主义部门的利润会较之前有所下降，收入分配不平等的状况会逐步改善。

2. 费景汉—拉尼斯模型

费景汉—拉尼斯模型是在刘易斯模型的基础上改进而来的，该模型强调了二元经济结构转换中劳动力转移的不同阶段及其特点，以及工农两大部门平衡发展的问题。

根据费景汉—拉尼斯模型，在二元经济结构转换过程中，当落后的农业部门内的剩余劳动力的劳动边际生产率为零，多余劳动力向城市工业部门转移时，农业总产量不会被影响，粮食短缺不会产生，现行工资也不会受影响。当多余劳动力转移完成之后，剩下的剩余劳动力的劳动边际生产率大于零，但低于不变工资（产生所谓的"伪装失业者"），这部分"伪装失业者"向城市工业部门转移，会导致农业部门的总产品减少，引起粮食短缺，而粮食短缺则可能导致粮食价格和工业工资水平上升，进而减少工业利润。如果这一阶段农业劳动生产率的提高可以补偿农业劳动力转移所带来的总产出损失，那么工业部门扩张就会继续吸纳农村剩余劳动力。而当农业剩余劳动力已被工业部门吸收完毕，劳动边际生产率大于不变制度工资部分的农业劳动力继续向现代工业部门转移时，农业劳动者工资就不再由习惯、道德等制度因素决定，而是由市场力量所决定，工资水平也不再等于不变制度工资，而是等于劳动边际生产率。工业部门要吸收更多的农业劳动力，就必须使工资水平提高到至少等于农业劳动边际生产率的水平。这时，农业部门和工业部门的工资收入都会提高。

此外，托达罗模型分析了二元经济结构转型中预期收入差距的变化情况。托达罗认为，在二元经济转型过程中，劳动力向城市迁移，不仅取决

① 〔美〕威廉·阿瑟·刘易斯：《二元经济论》，施炜等译，北京经济学院出版社，1989，第29页。

于城乡实际收入差距，而且取决于城乡预期收入差距（城乡预期收入差距等于城乡实际收入差距与城市就业概率的乘积）。在工业化初期，现代工业部门所占的比重很小，绝大多数人都生活在农村，收入水平较低。这时由于城市收入水平高，工业部门迅速扩张使城市就业需求的增长幅度远远超过了城市人口增长率，结果，较大的城乡实际收入差距和较高的就业概率，吸引了越来越多的农业劳动力流入城市。只要预期收入仍大于劳动力在农村就业的工资收入和迁移成本，劳动力由农村到城市的迁移行为就会发生。这样，随着农村劳动力向城市非农产业转移以及城市自身劳动力供给的增长，当劳动力供给增长超过劳动力需求增长时，城市失业人口就会增加，就业概率下降，城市收入水平下降，从而导致预期收入差距下降。

（二）二元经济转型与收入分配研究

20 世纪 70 年代后期，随着刘易斯的二元经济模型经过费景汉、拉尼斯等人的发展逐渐严密和完善，一些学者开始把收入分配与二元经济转型联系起来进行研究。

1. 二元经济转型对收入分配的影响

Robinson 基于不同收入分配的两部门经济、部门内部收入分配保持不变以及其中一个部门相对人口份额持续增加的简单假设对倒 U 形假说进行了数理验证，并指出，如果发展中国家所奉行的两部门模型是有效的，如果这些国家没有出台明确有效的应对部门不平等的政策，那么，发展中国家的不平等程度将在相当长的时期内保持不变甚至增加。[①] Fields 对二元经济体经济增长的收入分配效应进行了福利经济学分析。他指出，二元经济体的总收入可以看成现代部门工资率乘以该部门劳动力份额与传统部门工资率乘以该部门劳动力份额之和，相应地，每个部门收入的增长分成两部分：一个是该部门劳动力份额提升了；一个是该部门工人更富裕了。而如果二元经济转型比较成功的话，那么，现代部门工人比重上升、现代部门的收入水平更高以及留在传统部门的工人收入提升这三种情况当中至少有一个

---

① Robinson, S., "A Note on the U Hypothesis Relating Income Inequality and Economic Development", *The American Economic Review* 66 (3), 1976, pp. 437 – 440.

必然发生。因此，可以将二元经济转型分成三个不同的类别：现代部门规模扩大式增长（现代部门规模扩大，两部门工资收入不变）、现代部门收入增加式增长（现代部门从业人数固定，传统部门规模和工资不变）以及传统部门收入增加式增长（两部门劳动力份额不变，现代部门收入不变）。其中，传统部门收入增加式增长会使收入分配更加平等，使贫穷更少；现代部门收入增加式增长使收入分配较不平等，对贫穷没有影响；现代部门规模扩大式增长会使绝对收入增加，使绝对贫困减少，相对不平等指数会呈现"先增长后下降"的倒 U 形模式。所以，收入不平等变化的时间路径取决于二元经济发展类型及其水平。[①] Bourguigeon 和 Morrisson 研究表明，与资本产出率和平均入学率相比，二元经济结构是导致发展中国家收入分配差距的主要变量，这里的二元经济以农业与非农产业的劳动生产率差别为特征。当其他条件不变时，农业经济增长比工业经济增长更能缩小收入分配差距。发展中国家应重视改造传统农业对调整收入分配差距的意义。但该文没有回答为何平均入学率不能有效解释发展中国家的收入分配差距问题。[②] 对此，Eicher 和 Penalosa 利用一个均衡模型来展示技术供求和收入分配之间的关系。他们的主要思想是：人力资本供给增加会直接降低相对工资的不平等性，但人力资本积累会间接地导致对创新和技术工人的更多需求，这又可能拉大收入分配差距，教育收益和平等性之间存在多种均衡。[③]

　　Gautam 认为城乡劳动力市场存在明显分割，理解二元经济结构转型的关键是思考城乡劳动力市场的内在关系。在农业工人长期效率对现行工资具有敏感性、工业工资水平高于农业、存在劳动力迁移成本、农业工人不能获得信用贷款的条件下，工业部门的工资变化会影响农业部门工资。尽

---

① Fields, G. S., "A Welfare Economic Analysis of Growth and Distribution in the Dual Economy", *Quarterly Journal of Economy* 93 (3), 1979, pp. 325 – 353.

② Bourguigeon, F., C. Morrisson, "Inequality and Development: The Role of Dualism", *Journal of Development Economics* 57 (2), 1998, pp. 233 – 257.

③ Eicher, T. S, C. Penalosa, "Inequality and Growth: The Dual Role of Human Capital in Development Countries", *Journal of Development Economics* 66 (1), 2001, pp. 173 – 197.

管农业部门的高工资可以使农业雇工增加储蓄和加快非农化转移，但这会影响到农业雇主的长期收益，所以当城市工资上升和劳动力向城市非农产业转移更富有吸引力时，农业雇主的理性选择就是降低工资水平，这反过来又促使农业剩余劳动力的转移。①

Somanathan 分析了二元经济转型过程中劳动力供给与工资增长、劳资利益冲突的关系。他指出，在二元经济转型过程中，维持生计部门的剩余劳动力需要向现代部门进行转移，在转移完毕之前，工资水平基本保持不变或者缓慢增长，这样使现代部门的资本积累快速增加，经济增长速度也较快，但是经济增长并未明显提高现代部门的工人工资，现代部门的劳资利益冲突开始加剧，民主政体下组织起来的工人形成利益集团，利用自己的政治力量影响收入再分配政策，使利益分配更加倾向于工人。这样，工人工资会增加，资本积累就会减少，影响经济发展，甚至影响维持生计部门劳动力的进一步转移。而当剩余劳动力转移完成之后，工资会随着产出增长而逐步增长，劳资利益冲突缓和，投资和经济稳步增长。所以，二元经济模型本身暗含着经济增速开始时较快，在剩余劳动力转移完成之后就会逐渐下降的特征，这与低收入国家和高收入国家经济增长缓慢而中等收入国家增速较快的实践吻合。② Basu 研究了发展中国家工业部门效率工资导致的内生工资扭曲，认为发展中国家城市工业部门的效率工资促进了乡城移民。由于工资扭曲的内生性质，乡城移民通过创造更多的就业和减少工农两部门的实际工资差别，降低了工资扭曲的严重性。③ Belad 等构建一个两部门三要素的哈里斯－托达罗模型，对二元结构经济体中工资收入不平等与国际要素流动的关系进行了分析，结果表明，传统的劳工输出政策并不见得能提高非技术工人的相对工资。要素跨国流动能否有效降低发展中国

① Gautam Bose, "Agrarian Efficiency Wages in a Dual Economy", *Journal of Development Economics* 49 (2), 1996, pp. 371 – 386.

② Somanathan, E., "Can Growth Ease Class Conflict?", *Economics and Politics* 14 (1), 2002, pp. 65 – 81.

③ Basu, B., "Another Look at Wage Distortion in a Developing Dual Economy", *Australian Economic Papers* 43 (2), 2004, pp. 208 – 227.

家工资不平等程度关键取决于要素密集度。[1] Gamaut 指出当存在无限的劳动力供给时，维持实际工资不变，城镇部门就可以快速扩张，相应的资本回报率和储蓄率都会提高，总收入中的工资比重会降低，收入分配不公的状况逐步恶化。而高速的经济增长又有利于吸收农村剩余劳动力，直至农村剩余劳动力消失，随后两部门的工资水平都会上涨，工资收入在总收入中的比重就会提高，收入分配逐渐趋向公平。[2]

2. 收入分配对二元经济转型的影响。

二元经济转型过程会伴随收入分配的演变，同时，收入分配状况也会对二元经济转型产生影响。Deininger 和 Squire 利用收入和资产（土地）分配的跨国数据对收入分配不平等与经济增长的关系进行了实证分析，结果指出，如果考虑工农业部门劳动生产率以及内生人力资本对人口转移的作用，则财富分配不均等与长期经济增长不但没有正相关关系，反而有明显的负相关性，历史数据仅能为库兹涅茨倒 U 形假设提供微弱的支持。由此出发，他们指出，发展中国家必须增加总投资，必须努力提高低收入者的财富获取能力，以此缩小城乡居民收入的过大差距，实现结构转变，促进经济发展并走出贫困境地。[3] Yuki 设计了一个动态二元经济模型，并检验了二元经济转型对财富的初始分配和部门生产率的依赖程度。结论表明，要实现二元经济转型，一个国家的初始分配应该保证极端贫困的人尽量少，这样可以使更多的人有条件接受初等教育以获得基本的劳动技能，同时，还应确保足够规模的"中产阶级"，以保证他们可接受高等教育以获得先进技术。这两个条件在一些正在成功转型的东亚国家中都是满足的，这些国家高技术工人的比重大幅提升，工人与其他群体间的不平等逐渐下降。相反，如果前一个条件满足而后一个不满足，就会像许多拉美国家那样陷入"中等收入陷阱"，初

---

[1] Belad Hamidi, Chaudhuri Sarbajit, and Yabuuchi Shigemi, "Can International Factor Mobility Reduce Wage inequality in a Dual Economy?", *Review of International Economics* 6 (5), 2008, pp. 893 – 903.

[2] Gamaut, R., "Macroeconomic Implications of the Turning Point", *China Economic Journal* 3 (2), 2010, pp. 181 – 190.

[3] Deininger, K., Squire, L., "New Ways of Looking at Old Issues: Inequality and Growth", *The Journal of Development Economics* 57 (2), 1998, p. 259.

级工人的比重和现代部门的份额提高，但是，高级工人和初级工人之间的收入不平等恶化了，传统部门长期固化。如果前一个条件都满足不了的话，正像那些最贫穷的国家一样，那么二元结构和高度不平等将长期存在。[①]

第二节　国内文献综述

一　收入分配一般理论研究

（一）收入分配的变化趋势研究

1. 总体收入分配差距拉大

李实等使用中国社会科学院经济研究所收入分配课题组 1995 年和 2002 年的调查数据，分析得出，中国居民的财产分布差距出现了快速而且明显扩大的趋势，两次调查之间全国的财产分布的基尼系数上升了 38%，由于城镇公有住房的私有化等原因，城乡之间差距急剧拉大。[②] 徐现祥和王海港研究发现，在 1978～2002 年，我国初次分配中的收入分布不断向右平移，逐渐呈现双峰分布。居民的要素所得普遍增长，但是低收入居民的增长速度明显低于高收入居民的增长速度，两极分化倾向明显。[③] 王弟海认为我国收入分配格局主要呈现以下三个特点："第一，全国总体收入不平等程度非常大，目前基尼系数达到 0.5，超过国际警戒线；第二，收入差距的扩大表现在各个领域，包括城乡之间、地区之间、行业之间、城镇内部和农村内部等居民收入差距，以及资本劳动收入之比的持续扩大；第三，城镇内部和农村内部的收入差距虽然也一直在扩大，但都仍处于国际警戒线（0.4）之内。"[④] 周红利对 1978～2013 年中国居民总体收入状况进行分析指出，中国从世界

[①] Yuki Kazuhiro, "Education, Inequality, and Development in a Dual Economy", *Macroeconomic Dynamics* 20 (1), 2016, pp. 27–69.

[②] 李实、魏众、丁赛：《中国居民财产分布不均等及其原因的经验分析》，《经济研究》2007 年第 6 期。

[③] 徐现祥、王海港：《我国初次分配中的两极分化及成因》，《经济研究》2008 年第 2 期。

[④] 王弟海：《我国收入分配格局的变迁和现状：原因、影响及其对策》，《社会科学辑刊》2012 年第 3 期。

居民收入分配最平等的国家演变成最不平等的国家之一，2013 年我国居民收入分配的基尼系数达到 0.473。根据数据分解，城乡居民收入差距占到了总差距的 70%，近几年城乡差距有所缩小。[①]

2. 劳动收入份额不断下降

李扬和殷剑峰以国家统计局公布的 1992～2003 年中国资金流量表为基础，计算分析发现，自 20 世纪 90 年代以来我国劳动收入份额呈现不断下降的变化趋势。[②] 李稻葵等研究发现，在世界各国的经济发展过程中，劳动份额在初次分配中的变化趋势呈现 U 形规律，即经济发展初期劳动收入份额先下降，经济发展后期劳动收入份额不断提高，转折点约为人均 GDP 6000 美元（2000 年购买力平价）。之所以产生这样的规律，主要是因为经济发展过程中劳动力在不同部门间转移的摩擦力大于资本的运动所面临的阻力，致使劳动力转移速度低于资本的运动速度。[③] 白重恩和钱震杰利用 GDP 收入法核算数据，计算发现，1978～1995 年我国国民收入中的劳动收入份额基本保持不变，但自 1995 年以来下降了约 10 个百分点，主要是因为产业结构转型，而非单纯意义的资本对劳动的侵占。[④] 白重恩和钱震杰利用中国省际面板数据进一步分析了劳动收入份额的决定因素，他们指出，1996～2003 年，产业结构转型、国有经济比重下降、银行部门的扩张以及税负水平上升使劳动收入份额下降，开放程度的变化则使劳动收入份额有所上升，技术变化对这一时期劳动收入份额无明显贡献。[⑤] 李晓宁和马启民指出，企业利润严重侵蚀工资使我国收入分配格局呈现"富资贫劳"格局，劳资关系则出现"强资弱劳"状态。[⑥]

① 周红利：《中国居民收入分配的历史演变：1978～2013》，《中国流通经济》2014 年第 7 期。

② 李扬、殷剑峰：《中国高储蓄率问题探究——1992～2003 年中国资金流量表的分析》，《经济研究》2005 年第 6 期。

③ 李稻葵、刘霖林、王红领：《GDP 中劳动份额演变的 U 型规律》，《经济研究》2009 年第 1 期。

④ 白重恩、钱震杰：《国民收入的要素分配：统计数据背后的故事》，《经济研究》2009 年第 3 期。

⑤ 白重恩、钱震杰：《劳动收入份额决定因素：来自中国省际面板数据的证据》，《世界经济》2010 年第 12 期。

⑥ 李晓宁、马启民：《中国劳资收入分配差距与关系失衡研究》，《马克思主义研究》2012 第 6 期。

（二）收入分配差距扩大的原因研究

1. 制度因素对收入分配差距的影响

第一，民主权利的不足导致收入差距扩大。刘志国和刘吉恒指出，从西方发达国家的历史来看，政治上民主权利的扩大对收入分配改善往往是决定性的。民主的发生与权利的扩大客观上改变了收入分配的决策规则，使多数人的利益得到体现，有利于抑制富豪与精英的攫取行为，进而缩小收入差距。[①] 安体富和蒋震指出，现行农村土地产权制度、国有资本经营收益分配制度、矿产资源产权制度的缺陷是引起我国收入分配不公平和贫富差距的重要根源。[②]

第二，最低工资制度导致收入分配不平等。翁杰和徐圣利用 2002 ~ 2012 年中国工业部门的省级面板数据，研究了最低工资制度影响收入分配的实际效应。结果发现，最低工资标准的提高对劳动收入份额有明显的降低作用，但效应比较小。[③] 付文林将调整成本纳入劳动力需求模型，并利用省级分行业数据对最低工资制度的就业效应与工资性收入分配效应进行了分析。结果表明，最低工资制度虽减少了低工资部门就业，但对缩小工资收入分配差距并未有明显作用。[④]

第三，所有制结构变迁导致收入差距扩大。陈斌开等发现所有制结构变迁和工资结构变革是导致 1990 ~ 2005 年城镇工资收入差距扩大的重要原因。[⑤] 岳希明等也发现国有垄断企业造成职工收入差距扩大。[⑥] 陆正飞等从企业层面深入考察股权性质对职工工资的影响，根据 1999 ~ 2009 年上市公

[①] 刘志国、刘吉恒：《政治进程与收入分配关系的国际比较研究》，《经济问题探索》2014 年第 10 期。

[②] 安体富、蒋震：《影响我国收入分配不公平的若干产权制度问题研究》，《财贸经济》2012 年第 4 期。

[③] 翁杰、徐圣：《最低工资制度的收入分配效应研究——以中国工业部门为例》，《中国人口科学》2015 年第 3 期。

[④] 付文林：《最低工资、调整成本与收入分配效应的结构差异》，《中国社会科学》2014 年第 1 期。

[⑤] 陈斌开、杨依山、许伟：《中国城镇居民劳动收入差距演变及其原因：1990 ~ 2005》，《经济研究》2009 年第 12 期。

[⑥] 岳希明、李实、史泰丽：《垄断行业高收入问题探讨》，《中国社会科学》2010 年第 3 期。

司数据，发现国有企业的职工工资高于非国有企业，并且在控制行政垄断、职工教育背景和企业规模等因素之后结论依然成立。[①] 夏庆杰等考察国有单位工资结构及其就业规模变化的收入分配效应，指出国有企业就业份额大幅度下降导致中国城镇工资收入差距显著下降；然而国有企业减员增效改革完成以后，国有企业工资高于非国有企业的幅度及其不合理部分大幅度上升，其结果是城镇工资收入差距扩大。[②]

第四，税收导致收入差距拉大。税收与收入分配的关系研究主要表现在两个方面：一个是流转税、增值税对收入差距的影响；另一个是个人所得税对收入分配的影响。其中，流转税、增值税等税种一般而言扩大了收入差距，学者们对此的共识性较强。王剑锋提出了流转税影响个人收入分配调节的理论模型，并利用我国各收入阶层城镇居民的消费支出数据，对我国流转税影响个人收入分配调节的作用进行了实证分析，指出，在我国的城镇居民中，低收入阶层居民的流转税税负水平明显高于高收入阶层居民，流转税对缩小收入差距具有负面影响。[③] 刘怡和聂海峰利用城市住户调查资料考察了中国增值税、消费税和营业税这三项主要的间接税在不同收入群体的负担情况，指出间接税恶化了收入分配，但并不显著。[④] 李绍荣和耿莹通过实证分析指出，在中国现阶段的经济制度和税收结构下，流转税类、所得税类、资源税类和财产税类份额的增加会扩大资本所有者和劳动所有者市场收入的分配差距。[⑤] 王乔和汪柱旺也指出，增值税和消费税对居民的收入差距具有扩大作用，但个人所得税具有良好的缩小居民收入差距的作用，我国以流转税为主体的现行税制结构对居民收入分配差距的影响不甚显著。[⑥] 刘怡和聂海峰的研究指出，1995～2006年流转税扩大了收入分

① 陆正飞、王维元、张鹏：《国有企业支付了更高的职工工资吗?》，《经济研究》2012年第3期。

② 夏庆杰等：《国有单位工资结构及其就业规模变化的收入分配效应：1988～2007》，《经济研究》2012年第6期。

③ 王剑锋：《流转税影响个人收入分配调节的分析研究——以我国城镇居民支出结构为考察基础》，《财经研究》2004年第7期。

④ 刘怡、聂海峰：《间接税负担对收入分配的影响分析》，《经济研究》2004年第5期。

⑤ 李绍荣、耿莹：《中国的税收结构、经济增长与收入分配》，《经济研究》2005年第5期。

⑥ 王乔、汪柱旺：《我国现行税制结构影响居民收入分配差距的实证分析》，《当代财经》2008年第2期。

配差距，但是近年来影响有所下降。① 樊勇和王蔚运用 1995～2010 年的全国城乡居民面板数据，基于微观模拟还原法全面考察增值税对城乡居民收入分配的影响，计算居民内部及城乡之间的增值税税负归宿，通过 Suit 指数论证增值税的累退性，并比较 MT 指数发现，增值税加剧了城镇居民收入分配差距。② 聂海峰和岳希明使用全国城乡家庭消费和收入微观数据考察间接税对城乡收入差距和收入分配的影响，研究发现，间接税增加了城乡内部不平等，降低了城乡之间的不平等。间接税主要对低收入群体影响较大，略微恶化了整体收入不平等。③ 有的学者认为，流转税适当调整课税对象等可以起到缩小收入差距的作用。比如，万莹对 2002～2009 年我国增值税、消费税和营业税在不同收入家庭的城镇居民间的分布及其对收入分配的影响进行综合分析，指出通过恰当选择课税对象和实施差别税率，特定流转税完全有可能缩小收入分配差距。④

而个人所得税在一定程度上有利于缩小收入差距。有的学者认为效果不明显。比如，张文春分析指出，我国个人所得税并不能有效调节收入分配。⑤ 岳希明和徐静对个人所得税的再分配效应进行了分析，指出，由于平均税率过低（而不是个税累进性较弱），个人所得税降低居民收入不平等的效果很小，甚至可以忽略不计。⑥ 刘扬等的研究发现，2000～2010 年，我国个人所得税平均降低不平等程度仅为 0.4%；我国个人所得税税收—收入份额比系数接近 1，呈现比例性，低收入群体承担不低于其收入份额的税收；我国分类征收模式下不同来源的相同收入税负不同，导致工薪收入者成为主要税负者；我国税收汲取模式下个税的非主体税地位严重制约其再分配功能发挥。整个税制结构问题和个人所得税设计缺陷限制了我国个税对收

---

① 刘怡、聂海峰：《增值税和营业税对收入分配的不同影响研究》，《财贸经济》2009 年第 6 期。

② 樊勇、王蔚：《增值税与城乡居民收入分配的关联度：1995～2010 年》，《改革》2012 年第 11 期。

③ 聂海峰、岳希明：《间接税归宿对城乡居民收入分配影响研究》，《经济学（季刊）》2012 年第 1 期。

④ 万莹：《我国流转税收入分配效应的实证分析》，《当代财经》2012 年第 7 期。

⑤ 张文春：《个人所得税与收入再分配》，《税务研究》2005 年第 11 期。

⑥ 岳希明、徐静：《我国个人所得税的居民收入分配效应》，《经济学动态》2012 年第 6 期。

入分配的调节作用。① 而有学者则认为个人所得税还是能有效调节收入分配的。比如，王乔和汪柱旺分析指出，个人所得税具有良好的缩小居民收入差距的作用。② 蔡秀云和周晓君研究表明，我国个人所得税发挥了一定的收入分配效应，但收入规模和平均税率等较低，收入分配效应和累进性都有进一步加强的空间。③ 高亚军运用中国健康和营养调查数据，对我国个人所得税调节居民收入分配的有效性进行微观模拟分析。研究结果表明，分别在九级累进税率、七级累进税率和综合个人所得税的假设条件下，我国的个人所得税都可以在一定程度上缩小居民的收入分配差距，综合征收的个人所得税对于居民收入分配的调节效果最为显著。④ 此外，刘元生等建立了一个包含人力资本投资和政府税收的两阶段世代交替模型，讨论了个人所得税免征额和税率对收入和财富分配的影响，并采用中国的数据对模型中的主要参数进行校准，数值模拟发现，个人所得税免征额与收入的基尼系数呈 U 形曲线关系。⑤

第五，财政分权和财政支出导致收入分配差距拉大。一是财政分权导致收入差距拉大。马万里等指出，中国式财政分权是导致收入分配差距的体制根源。政治激励扭曲引致地方政府行为选择异化，使收入分配向企业和政府倾斜而劳动报酬下降；财政激励使收入差距进一步扩大，成为收入差距的强化机制；政治激励与财政激励的叠加，使中国收入差距处于循环累积状态，陷入不断僵化的失衡陷阱。⑥ 二是财政支出导致收入差距拉大。王莉对财政支出的公平效应进行测度，结果表明，财政支出规模变量扩大了基尼系数和城乡收入差距，而且值得注意是教育投入的增加以及农业财

① 刘扬、冉美丽、王忠丽：《个人所得税、居民收入分配与公平——基于中美个人所得税实证比较》，《经济学动态》2014 年第 1 期。
② 王乔、汪柱旺：《我国现行税制结构影响居民收入分配差距的实证分析》，《当代财经》2008 年第 2 期。
③ 蔡秀云、周晓君：《我国个人所得税调节收入分配效应研析》，《税务研究》2014 年第 7 期。
④ 高亚军：《我国个人所得税调节居民收入分配的有效性研究》，《税务研究》2015 年第 3 期。
⑤ 刘元生、杨澄宇、袁强：《个人所得税的收入分配效应》，《经济研究》2013 年第 1 期。
⑥ 马万里、李齐云、张晓雯：《收入分配差距的财政分权因素：一个分析框架》，《经济学家》2013 年第 4 期。

政支出增加也都引起了社会不公平程度的提高。[1] 冉光和与潘辉利用 1978 ~ 2007 年数据，对政府公共支出与全国居民收入分配差距、城乡居民收入分配差距以及东西部地区居民收入分配差距的关系进行实证研究，结果表明政府公共支出与全国居民基尼系数、城乡收入差距比、东西部地区人均 GDP 之比都呈正相关关系，政府公共支出并未起到缩小收入差距的作用。[2] 莫亚琳和张志超利用全国 1995 ~ 2006 年的省际数据进行动态面板 GMM 计量实证分析，结果表明，财政支出的增加将提高社会的基尼系数，恶化收入分配的公平性。[3] 贾俊雪和宁静以中国居民营养和健康调查数据为基础，实证分析了地方政府支出规模与结构的居民收入分配效应，结果表明，地方政府支出规模与结构总体上加剧了我国各省份居民收入分配差距，其中经济性支出比重增加带来的不利影响更为突出。[4]

葛成通过向量自回归模型与脉冲响应分析验证了我国财政支出与居民收入分配之间的关系，指出，财政支出对收入分配调节效果并不显著，尤其是财政支出对城乡差距的调节未能通过检验。[5] 李香菊和刘浩利用 1997 ~ 2011 年全国 30 个省、自治区及直辖市的面板数据，对财政支出与收入差距的关系进行了研究，结果表明，财政支出结构不合理、城乡公共服务不均等加大了城乡间的收入差距。[6] 有的学者对财政支出进行分类，不同支出项目对收入差距影响不同。比如，冉光和与唐文运用 1978 ~ 2004 年的省级面板数据进行财政支出结构与城乡居民收入差距的实证分析，结果表明，在财政支出中，基本建设支出等支出项目比重增加有利于缩小城乡居民收入

---

① 王莉：《财政支出公平效应的测度》，《统计与决策》2007 年第 7 期。
② 冉光和、潘辉：《政府公共支出的收入分配效应研究——基于 VAR 模型的检验》，《重庆大学学报》（社会科学版）2009 年第 2 期。
③ 莫亚琳、张志超：《城市化进程、公共财政支出与社会收入分配——基于城乡二元结构模型与面板数据计量的分析》，《数量经济技术经济研究》2011 年第 3 期。
④ 贾俊雪、宁静：《地方政府支出规模与结构的居民收入分配效应及制度根源》，《经济理论与经济管理》2011 年第 8 期。
⑤ 葛成：《财政支出缩减收入分配差距的经验研究——基于向量自回归模型》，《广东社会科学》2013 年第 6 期。
⑥ 李香菊、刘浩：《税制、公共服务对收入分配的影响机制与实证分析》，《财经科学》2014 年第 3 期。

差距，而行政管理费用等支出项目比重增加则拉大了城乡居民收入差距。①
当然了，也有学者认为财政支出促进了社会公平。比如，孙文祥和张志超
对财政支出结构与社会公平的关系进行了实证分析，结果表明，中央财政
支出可以明显改善社会公平程度，尤其是文教、科学、卫生事业费支出。②

2. 贸易因素对收入分配的影响

首先，对外贸易导致收入分配差距扩大。万广华和张茵的实证分析表
明，贸易虽然在 1988～1992 年帮助减小了内地与沿海的贫困差异，但在
1993～2001 年成为增大贫困差异的因素之一。③ 张汉林和袁佳的实证研究表
明，中国参与贸易全球化过程短期内会加剧国内的收入分配差距。④ 夏晶和
李波运用时间序列方法对改革开放以来我国居民收入差距和对外贸易发展
水平的关系进行实证分析。研究结果表明：我国的收入差距和对外贸易之
间具有长期协整关系和短期动态调整机制。⑤ 范志勇和宋佳音的研究发现，
20 世纪 90 年代中期以来汇率改革和总需求结构扭曲所造成的出口品（劳动
密集型产品）相对价格下降和进口品价格相对上涨很大程度上降低了劳动
要素收入份额。⑥ 曹博采用中国 1985～2012 年的时间序列数据样本，对贸
易开放度与中国收入分配的关系进行了实证分析，结果表明，基于不同的
收入不平等测度方法，贸易开放与中国的收入不平等程度表现出显著的正
相关关系。⑦

其次，FDI 一定程度上拉大收入差距。沈桂龙和宋方钊的研究表明，
FDI 对城乡人均收入差距、东中西部收入差距以及行业收入差距等存在较大

① 冉光和、唐文：《财政支出结构与城乡居民收入差距的实证分析》，《统计与决策》2007 年
第 4 期。
② 孙文祥、张志超：《财政支出结构对经济增长与社会公平的影响》，《上海财经大学学报》
2004 年第 6 期。
③ 万广华、张茵：《中国沿海与内地贫困差异之解析：基于回归的分解方法》，《经济研究》
2008 年第 12 期。
④ 张汉林、袁佳：《经济全球化、中国收入分配与"人口红利陷阱"》，《财经研究》2011 年
第 6 期。
⑤ 夏晶、李波：《对外贸易发展与我国居民收入分配关系研究》，《统计与决策》2013 年第 1 期。
⑥ 范志勇、宋佳音：《产品相对价格、要素禀赋与要素收入分配》，《浙江社会科学》2015 年
第 2 期。
⑦ 曹博：《贸易开放度、FDI、财政分权对收入分配的影响》，《经济问题探索》2015 年第 1 期。

影响，而对全国整体收入分配差距影响并不显著。[①] 沈桂龙探讨了 FDI 影响收入分配的微观机理与宏观传导机制，指出，在微观方面，FDI 劳动生产力和商品边际收益较高，高技能劳动力的报酬较高，导致外资企业员工的收入高于内资企业。这种企业层面的收入差距，在宏观层面通过投资、净出口和就业的传导和扩散，形成了区域间、城乡间和产业间的收入不平衡。[②] 曹博采用 DOLS 对收入分配的宏观影响因素进行回归后发现，FDI 流入对中国收入不平等程度的影响具有双重性，主要取决于测度指标和条件。[③]

3. 技术因素对收入分配的影响

首先，教育水平差异导致收入差距拉大。陈斌开等利用夏普里值分解方法，定量考察了 1990~2005 年性别、教育、经验和地区等因素对城镇居民劳动收入差距及其演变的贡献，结果发现，教育对劳动收入差距的贡献总体趋于增大。[④] 赵勇和张杨的研究发现，高学历劳动力的相对增加不利于缩小整体贫富差距。[⑤] 宋善炎利用湖南省的数据（2005~2008 年）进行的实证研究表明教育不平等对城乡收入差距作用显著。[⑥] 张淑翠基于我国 2001~2008 年的省级面板数据研究发现，教育对收入分配差距的影响具有门槛效应，教育年限对收入不平等的门槛值为 7.7294，没有达到门槛值的地区的教育年限增加会缩小收入分配差距，超过门槛值地区的教育年限的增加会扩大收入差距。[⑦]

其次，技术进步导致收入差距拉大。黄先海和徐圣基于劳动节约型技术进步的视角对中国劳动收入比重下降成因进行了实证分析，结果表明，

[①] 沈桂龙、宋方钊：《FDI 对中国收入分配差距的影响及对策——基于多维变量基础上的实证研究》，《世界经济研究》2011 年第 10 期。

[②] 沈桂龙：《FDI 影响收入分配的微观机理与宏观传导机制》，《学习与探索》2012 年第 8 期。

[③] 曹博：《关于收入分配影响因素的 DOLS 实证分析》，《管理现代化》2014 年第 5 期。

[④] 陈斌开、杨依山、许伟：《中国城镇居民劳动收入差距演变及其原因：1990~2005》，《经济研究》2009 年第 12 期。

[⑤] 赵勇、张杨：《"收入分配效应"的理论与实证分析——基于"特定要素理论"》，《经济经纬》2011 年第 4 期。

[⑥] 宋善炎：《城乡教育不平等对收入分配影响的实证分析——以湖南省为例》，《湖南师范大学社会科学学报》2012 年第 5 期。

[⑦] 张淑翠：《教育及经济增长对收入分配的门槛效应研究》，《商业研究》2012 年第 2 期。

劳动节约型技术进步是劳动密集型部门和资本密集型部门劳动收入比重下降的最主要原因。[1] 陈斌开等发现在经济增长过程中技术进步是1990~2005年城镇居民劳动收入差距演变的重要原因。[2] 李斌等对全要素生产率与基尼系数之间的关系进行实证研究，结果表明，技术进步将拉大收入分配差距，TDP每提高1%，基尼系数就提高0.4%。[3] 陈宇峰等构建了一个综合考虑技术偏向、垄断利润等因素的生产决策模型，对转型期中国劳动收入份额的影响与决定机制进行了考察，结果表明，就单个产业而言，垄断利润率是劳动收入份额短期变动的主要原因，而技术偏向性是决定劳动收入份额长期运行水平的关键因素。中国劳动收入份额长期低位运行的主要原因是占有大量资源的国有企业选择了资本偏向型技术。[4] 董直庆等测算了技术进步方向及其收入分配效应，结果发现，1978~2010年，技术进步偏向水平不断强化并不断降低劳动收入占比。[5] 王林辉和赵景采用面板数据的分位数回归方法对技术进步的收入分配效应进行分析，技术进步偏向性对劳动收入份额存在明显的抑制作用，即技术进步越偏向于资本，越有助于提升资本的收入份额、降低劳动在收入中的地位。同时，在劳动收入的不同分位点，技术进步偏向性的收入分配效应不同，在到达50%分位点之前，劳动收入份额较低，技术进步偏向性对劳动收入分配的抑制效应较强，而伴随着劳动收入水平的上升，其作用将不断减弱。[6]

4. 金融发展对收入分配的影响

关于金融发展对收入差距的影响，争论比较大，难以形成一致意见。

---

[1] 黄先海、徐圣：《中国劳动收入比重下降成因分析——基于劳动节约型技术进步的视角》，《经济研究》2009年第7期。

[2] 陈斌开、杨依山、许伟：《中国城镇居民劳动收入差距演变及其原因：1990~2005》，《经济研究》2009年第12期。

[3] 李斌、陈超凡、万大艳：《中国技术进步贡献率的估算及其与收入分配差距研究》，《湖南大学学报》（社会科学版）2012年第1期。

[4] 陈宇峰、贵斌威、陈启清：《技术偏向与中国劳动收入份额的再考察》，《经济研究》2013年第6期。

[5] 董直庆、戴杰、陈锐：《技术进步方向及其劳动收入分配效应检验》，《上海财经大学学报》2013年第5期。

[6] 王林辉、赵景：《技术进步偏向性及其收入分配效应：来自地区面板数据的分位数回归》，《求是学刊》2015年第4期。

很多学者认为金融发展拉大了收入差距。比如，张立军和湛泳利用中国省级 1978～2004 年的相关数据对农村金融发展与城乡收入差距之间的关系进行实证检验，结果显示：农村金融发展扩大了城乡收入差距，究其原因主要是农村资金的不断外流和非正规金融的不规范发展。[①] 张宏彦等运用中国 1983～2009 年相关数据，得出了相同的结论。[②] 杨俊等利用 1978～2003 年的时序数据对我国金融发展与全国、城镇、农村以及城乡居民收入分配的关系进行实证探讨，研究表明：我国金融发展显著扩大了全国、农村以及城乡居民的收入不平等程度，这与我国金融发展滞后密切相关。[③] 李志阳和刘振中运用中国 1978～2010 年的时间序列数据对金融发展与收入分配差距的关系进行实证检验，其研究结果表明：金融规模扩大，不论长短期都拉大了城乡收入分配差距；而金融效率的提高短期内拉大了城乡收入差距，长期则有利于缩小城乡收入分配差距。[④] 王征、鲁钊阳运用我国 1993～2009 年 28 个省级单位面板数据，对农村金融发展与城乡收入差距的关系进行实证分析。结果发现，在控制其他变量的情况下，农村金融发展的规模、结构和效率与城乡收入差距呈正相关关系，农村金融的发展扩大了城乡收入差距。[⑤] 王修华和邱兆祥运用 1978～2008 年的时间序列数据，对中国农村金融发展与城乡收入差距之间的关系进行了实证研究。结果显示：农村金融规模的扩大在一定程度上拉大了城乡收入差距，而农村金融效率的提高有助于缩小城乡收入差距。因此，要缩小收入差距就应创建普惠性金融体系。[⑥] 张汉林、袁佳的实证研究也表明，金融深化程度的加深拉大了中国的

① 张立军、湛泳：《中国农村金融发展对城乡收入差距的影响——基于 1978～2004 年数据的检验》，《中央财经大学学报》2006 年第 5 期。
② 张宏彦、何清、余谦：《中国农村金融发展对城乡收入差距影响的实证研究》，《中南财经政法大学学报》2013 年第 1 期。
③ 杨俊、李晓羽、张宗益：《中国金融发展水平与居民收入分配的实证分析》，《经济科学》2006 年第 2 期。
④ 李志阳、刘振中：《中国金融发展与城乡收入不平等：理论和经验解释》，《经济科学》2011 年第 6 期。
⑤ 王征、鲁钊阳：《农村金融发展与城乡收入差距——基于我国省级动态面板数据模型的实证研究》，《财贸经济》2011 年第 7 期。
⑥ 王修华、邱兆祥：《农村金融发展对城乡收入差距的影响机理与实证研究》，《经济学动态》2011 年第 2 期。

收入分配不均。而且，金融发展对收入差距的影响存在一定的门槛效应。[①]
余玲铮和魏下海利用中国 1996～2009 年省际面板数据和 Hansen 门槛模型，
对金融发展的收入分配效应进行了估计，研究结果表明：在样本期间内金
融发展显著加剧了中国城乡收入分配差距，金融发展的收入分配效应表现
出鲜明的门槛特征，跨越门槛的省份的金融发展对城乡收入分配差距的影
响更大。[②] 还有学者指出，金融发展与收入差距之间存在倒 U 形关系。比
如，李志军和奚君羊的实证研究表明中国金融发展与收入差距之间确实存
在倒 U 形关系，并且在目前阶段，金融发展总体上对收入差距仍然具有扩
大效应。[③]

　　而认为金融发展有利于缩小收入差距的文献也不少。陈立泰和王明基
于 1978～2005 年数据对中国农村金融发展与城乡收入差距的关系进行了实
证分析，结果表明，总体上农村金融规模的扩大有利于城乡差距的缩小。[④]
苏基溶和廖进中运用 2001～2007 年中国省级面板数据和系统的广义矩
（GMM）估计方法，对金融发展与收入分配和贫困的关系进行实证研究，结
果发现，中国的金融发展更有利于贫困家庭收入水平的提高，减少收入分
配不平等。另外，没有证据表明金融发展与收入分配存在倒 U 形关系。[⑤] 张
文等运用我国宏观数据对金融发展水平与收入分配不平等程度进行了实证
检验。研究结果发现：在长期，我国金融发展水平的提高有助于缩小我国
城乡收入差距。金融发展并不是我国收入分配差距扩大的原因，其真正原
因可能在于现行经济增长模式。[⑥] 许平祥基于省际数据的动态面板 GMM 分析

---

① 张汉林、袁佳：《经济全球化、中国收入分配与"人口红利陷阱"》，《财经研究》2011 年
第 6 期。

② 余玲铮、魏下海：《金融发展加剧了中国收入不平等吗？——基于门槛回归模型的证据》，
《财经研究》2012 年第 3 期。

③ 李志军、奚君羊：《中国金融发展与收入差距的倒 U 关系分析》，《上海经济研究》2012 年
第 9 期。

④ 陈立泰、王明：《中国农村金融发展对城乡收入差距的影响分析——基于 1978～2005 年数
据的协整检验》，《广东金融学院学报》2007 年第 6 期。

⑤ 苏基溶、廖进中：《中国金融发展与收入分配、贫困关系的经验分析》，《财经科学》2009
年第 12 期。

⑥ 张文、许林：《金融发展与收入分配不平等：回到 G－ZG 假说》，《当代财经》2010 年第 11 期。

表明，我国的金融发展缩小了收入分配差距。^① 徐汝峰利用 1978~2009 年省际动态面板数据对农村金融发展与城乡收入差距的关系进行了实证分析。结果表明，以金融规模和金融效率衡量的农村金融发展水平的提高对缩小城乡收入差距具有积极作用。^② 肖晶和粟勤指出，单纯的金融深度发展并不能够保证贫困阶层和弱势群体获得公平的金融服务，甚至会加深收入分配不公，因此，还应该努力实现金融包容，以使金融服务的覆盖面扩大到贫困阶层和弱势群体，才能更有利于促进收入分配的公平。^③ 王红云等采用 2000~2012 年中国 31 个省份的金融发展与城乡收入分配数据进行实证研究，结果表明：金融发展对城乡收入分配的作用确实存在地区异质性和空间相关性；从全国整体看，当前金融发展正在对城乡收入分配差距起缩小作用。^④

此外，还有学者认为市场化因素导致收入差距扩大。陈宗胜等研究指出，市场化程度每提高 1 个百分点，基尼系数将增加 0.1211 个百分点。^⑤ 但其他学者对此持反对意见。比如，王小鲁和樊纲的研究表明，市场化有助于缩小收入差距，虽然实证结果不显著。他们同时也指出，市场化过程中原有公有财产所有权部分转变为私人财产所有权，导致财产向少数人集中，会进一步引起收入分配不均。^⑥ 田卫民对中国市场化进程对收入分配的影响进行实证分析，结果表明，1978~2010 年中国的经验数据显示：市场化显著缩小了收入差距，市场化指数每提高 1 个百分点，基尼系数将缩小 0.1 个百分点。^⑦

---

① 许平祥：《金融控制是收入分配库兹涅茨效应的原因吗？——基于省际数据的动态面板 GMM 分析》，《上海经济研究》2011 年第 5 期。

② 徐汝峰：《农村金融发展与城乡收入差距的因应：1978~2009》，《金融发展研究》2013 年第 4 期。

③ 肖晶、粟勤：《金融包容、金融发展及其对收入分配的影响：研究评述与展望》，《金融理论与实践》2014 年第 5 期。

④ 王红云、吕志鹏、赵彦云：《金融发展对城乡收入分配作用的地区异质性和相关性分析》，《现代财经》2015 年第 3 期。

⑤ 陈宗胜、周云波：《再论改革与发展中的收入分配——中国发生两极分化了吗?》，经济科学出版社，2002。

⑥ 王小鲁、樊纲：《中国收入差距的走势和影响因素分析》，《经济研究》2005 年第 10 期。

⑦ 田卫民：《中国市场化进程对收入分配影响的实证分析》，《当代财经》2012 年第 10 期。

（三） 收入分配差距扩大的影响研究

1. 收入分配差距过大对经济发展的影响

关于收入分配不平等对经济增长的影响，有学者认为收入分配不平等不利于经济增长，而有学者则认为收入分配不平等有利于经济增长。

一方面，收入分配不平等不利于经济增长。杨俊等利用我国 20 个省份 1995～2000 年和 1998～2003 年两个样本区间的横截面数据，对中国居民收入分配不平等对经济增长的影响进行了实证分析，结果表明收入分配的不平等不利于经济增长，初期收入分配的不平等阻碍后期的经济增长。[①] 陆铭等对收入差距、投资、教育和经济增长的相互影响进行了实证研究，指出长期中收入差距对投资的累积影响始终为负，进而导致对经济增长的累积影响也为负。[②] 廖云珊指出收入分配差距的扩大，在一定程度上削弱了居民的购买力，这使低收入人群的消费需求因为缺乏购买力而得不到满足，而高收入人群的资本因为消费需求不足而无法转化为投资，从而在长期上不利于社会需求的增加、影响经济增长的潜力。[③] 刘振彪和尹剑锋的研究指出收入不平等对中国经济增长的影响具有时期差别，在我国实行改革开放后的短时期内，收入不平等对中国经济增长起正面作用，但是随着时间的推移，其正面作用越来越小，甚至转化为较弱的负面作用。[④] 钞小静等通过对中国经济转型期 1978～2005 年省级面板数据的实证分析，指出无论是从长期还是短期来看，收入分配不平等通过有效需求机制阻碍经济增长的作用都非常显著。[⑤] 袁霓通过实证分析也得出了中国收入分配不平等程度与经济

[①] 杨俊、张宗益、李晓羽：《收入分配、人力资本与经济增长：来自中国的经验年第 1995～2003 期》，《经济科学》2005 年第 5 期。

[②] 陆铭、陈钊、万广华：《因患寡，而患不均——中国的收入差距、投资、教育和增长的相互影响》，《经济研究》2005 年第 12 期。

[③] 廖云珊：《关于我国当前收入分配差距扩大的分析及其影响》，《商品储运与养护》2008 年第 4 期。

[④] 刘振彪、尹剑锋：《收入分配差距影响中国经济增长的实证分析》，《深圳大学学报》（人文社会科学版）2005 年第 9 期。

[⑤] 钞小静、任保平、惠康：《收入分配不平等、有效需求与经济增长——一个基于中国经济转型期的实证研究》，《当代经济科学》2009 年第 5 期。

增长之间存在显著的负向关系的结论，即收入差距的扩大严重阻碍了经济增长。①

对于收入分配影响经济增长的机制也有学者进行了研究。潘成夫认为收入分配差距扩大对经济具有不利影响，影响渠道主要包括政治经济机制、社会冲突机制、金融市场不完全机制、宏观经济稳定机制等。② 陆万军指出，收入分配对经济增长的影响并不是一成不变的，合理的收入差距有利于促进经济增长，但当收入差距过大就会通过影响财政政策、社会稳定、人力资本和经济结构对经济增长产生负面影响。③

另一方面，收入分配不平等有利于经济增长。刘霖和秦宛顺采用 Granger 方法对中国的收入分配差距与经济增长之间的因果关系进行实证研究，结果表明收入分配差距的适度扩大有利于经济增长。④ 汪同三和蔡跃洲利用中国 1978 年以来的相关数据进行分析，发现城镇居民收入差距的扩大容易导致投资结构重化倾向产生，投资增加有利于提高经济增长速度。⑤ 任燕燕和姜明惠利用 42 个国家 1966～2005 年高质量面板数据，对收入分配不平等对经济增长的影响进行了时间和截面二维角度面板数据模型分析，结果表明在短期和中期内收入分配不平等有利于经济增长。⑥ 杨飞虎和黄寒燕的实证分析结果也表明收入差距的扩大促进了经济增长，但收入差距的扩大并非由经济增长所引起。⑦ 陈安平利用 1980～2004 年的省级面板数据，估计了一个新古典增长方程，结果发现城乡收入差距的扩大对经济增长有一定的促进作用，但只是短期效应。⑧ 陈安平利用各省 GDP 增长率和以城乡收入

---

① 袁霓：《居民收入分配与经济增长关系实证研究》，《商业时代》2012 年第 8 期。
② 潘成夫：《收入分配不平等与经济增长：理论分析及对我国的启示》，《学术论坛》2006 年第 10 期。
③ 陆万军：《收入分配对经济增长的影响机理与传导机制》，《经济学家》2012 年第 5 期。
④ 刘霖、秦宛顺：《收入分配差距与经济增长之因果关系研究》，《福建论坛》（人文社会科学版）2005 年第 7 期。
⑤ 汪同三、蔡跃洲：《改革开放以来收入分配对资本积累和投资结构的影响》，《中国社会科学》2006 年第 1 期。
⑥ 任燕燕、姜明惠：《收入分配不平等对经济增长的影响》，《统计与决策》2008 第 6 期。
⑦ 杨飞虎、黄寒燕：《基于新剑桥增长模型的我国收入分配与经济增长问题探讨》，《统计与决策》2008 年第 23 期。
⑧ 陈安平：《城乡收入差距与经济增长的关系研究》，《中央财经大学学报》2009 年第 6 期。

比为观测点的面板数据，对收入差距扩大与经济增长的关系进行研究，结果表明不论是在短期还是在长期，收入差距的扩大都是引起经济增长的Granger 原因。[①]

此外，王少平、欧阳志刚使用泰尔指数对我国收入差距进行度量，并利用非线性阈值协整模型对收入差距与经济增长的关系进行研究。结果表明，二者是非线性阈值协整关系，即城乡收入差距对实际增长的长期效应，因城乡收入差距水平和实际经济水平的变化而发生非线性的转换与演变，由起初（1978～1991 年）的城乡收入差距对实际经济增长的正效应逐步转变为负效应（1999 年以后），且负效应呈逐年增加趋势。[②] 黄潇和杨俊利用门槛效应模型和中国 1996～2007 年的省级面板数据，探讨了收入分配差距与经济增长是否存在非线性关系。结果表明，收入分配差距对经济增长的影响存在人力资本门槛（8.97 年），当人力资本存量小于 8.97 年时，收入分配差距表现为有利于经济增长，而当人力资本存量大于 8.97 年、跨越门槛后，则转变为不利于经济增长。[③] 李子联和朱江丽从供给结构的角度分析了收入分配不平等对经济增长的影响，指出，收入不平等与经济增长呈倒 U 形关系，虽然适度的不平等有利于中国经济的增长，但其进一步恶化则对经济增长产生负面影响。[④]

2. 收入分配差距对消费的影响

关于收入分配对消费的影响，大多数学者认为收入分配差距扩大降低总体消费水平。比如，程磊基于中国 1978～2009 年的时间序列数据进行实证分析，结果表明，收入差距引起消费需求不足，城镇基尼系数、农村基尼系数和城乡居民收入比值分别可以解释居民消费率下降幅度的 33.3%、

---

① 陈安平：《中国经济增长与收入差距关系的经验研究》，《经济问题》2010 年第 4 期。
② 王少平、欧阳志刚：《中国城乡收入差距对实际经济增长的阈值效应》，《中国社会科学》2008 年第 2 期。
③ 黄潇、杨俊：《收入分配差距与经济增长的非线性关系再检验》，《山西财经大学学报》2011 年第 7 期。
④ 李子联、朱江丽：《收入分配与经济增长：中国经济增长模式的再解读》，《上海财经大学学报》2015 年第 4 期。

18.3% 和 42.8%。① 陈斌开则利用 1978~2008 年 28 个省份的面板数据对收入分配与消费的关系进行实证分析,表明城乡收入差距持续扩大是中国居民消费不足的重要影响因素。城乡收入差距扩大 1 单位,居民消费率下降 6.5 个百分点;2000~2008 年,城乡收入差距扩大导致居民消费率下降了 3.42 个百分点,这一期间中国居民消费率下降的 30.8% 可由此解释。② 王宋涛和吴超林也认为收入不平等对消费有负面影响,并通过实证分析表明,1996~2010 年,中国居民收入不平等导致的绝对消费损失年均为 1383.56 亿元(1996 年价),损失率为 2.68%;基尼系数增大导致居民总消费下降 510.9 亿元。③ 郭毅和朱鹤应用 LMD 方法对全国 2005~2011 年 31 个省份居民总消费的增量进行了结构分解,实证结果表明,城乡收入差距的扩大对居民总消费的增加起到了抑制作用。④ 高帆采用 1992~2012 年中国 31 个省份的面板数据对收入差距与消费率之间的关系进行研究,实证结果表明,城乡收入差距拉大会降低居民消费率,具体而言,城乡收入差距提高 1 个百分点,居民消费率会下降 0.0612 个百分点。⑤ 方臻旻和徐冰清基于凯恩斯的消费理论,对当前收入分配和居民消费之间的联系进行实证分析,结果表明,收入分配差距的扩大降低了居民平均消费倾向和边际消费倾向。⑥ 但改善收入分配差距是否一定有利于扩大消费。杨汝岱和朱诗娥指出,当收入分配呈正态分布且边际消费倾向与收入水平呈倒 U 形关系时,缩小收入差距能提高总消费需求。他们利用中国社科院经济研究所收入分配课题组分别于 1995 年和 2002 年进行的城乡家庭与个人调查的微观数据,对我国居

① 程磊:《收入差距扩大与中国内需不足:理论机制与实证检验》,《经济科学》2011 年第 1 期。
② 陈斌开:《收入分配与中国居民消费——理论和基于中国的实证研究》,《南开经济研究》2012 年第 1 期。
③ 王宋涛、吴超林:《中国居民收入不平等的宏观消费效应研究:模型、方法与数据》,《经济评论》2013 年第 6 期。
④ 郭毅、朱鹤:《基于 LMDI 方法的城乡收入差距变化对居民总消费影响研究》,《中国软科学》2013 年第 8 期。
⑤ 高帆:《劳动者报酬占比、城乡收入分配与中国居民消费率——基于省际面板数据的实证研究》,《学术月刊》2014 年第 11 期。
⑥ 方臻旻、徐冰清:《我国居民收入分配差距对居民消费倾向影响的研究》,《江西财经大学学报》2014 年第 4 期。

民边际消费倾向与收入水平之间的关系进行了实证检验，结果表明缩小收入差距有利于扩大消费需求，拉动经济持续增长，同时实现公平与效率两大目标。① 但是，有学者指出收入分配状况的改善对于提高消费水平是有条件的。王宋涛和吴超林通过建立离散模型，证明"当且仅当"边际消费倾向递减时，缩小收入差距才能提高总消费。② 当然，也有学者认为收入分配对消费影响不显著。比如，吴忠群和王虎峰使用格兰杰因果检验方法对收入差距和平均消费倾向之间的因果性进行了检验，结果表明二者之间不存在显著的因果性，即中国的低消费率与收入差距不存在直接关系，如果只是单纯调整收入差距，居民消费率很难提高。③

二 经济增长对收入分配演变的影响

（一）关于库兹涅茨假说验证的研究

关于库兹涅茨假说验证的研究并无定论，大体分为两派：支持派与否定派。

支持库兹涅茨假说的研究。尹恒等运用政治经济模型对收入分配不平等与经济增长的关系进行研究，指出在经济均衡时，增长率与税率呈倒 U 形关系，由于收入分配不平等与实际资本税率存在正相关性，所以，收入分配不平等与经济增长间存在一定程度的库兹涅茨倒 U 形关系。④ 杨飞虎和黄寒燕利用我国 1989 ~ 2005 年的实际数据，对基尼系数与经济增长的关系进行了实证分析，结果表明，基尼系数与经济增长率正相关，其弹性系数为 0.9454，说明在经济增长初期，为了促进资本积累将不可避免地出现收入差距扩大的现象，符合库兹涅茨倒 U 形假设。⑤ 高宏伟和王素莲利用中国 1978 ~

① 杨汝岱、朱诗娥：《公平与效率不可兼得吗？——基于居民边际消费倾向的研究》，《经济研究》2007 年第 12 期。
② 王宋涛、吴超林：《中国居民收入不平等的宏观消费效应研究：模型、方法与数据》，《经济评论》2013 年第 6 期。
③ 吴忠群、王虎峰：《单纯调整收入差距能提高消费率吗——基于因果检验的分析》，《经济理论与经济管理》2013 年第 1 期。
④ 尹恒、龚六堂、邹恒甫：《收入分配不平等与经济增长：回到库兹涅茨假说》，《经济研究》2005 年第 4 期。
⑤ 杨飞虎、黄寒燕：《基于新剑桥增长模型的我国收入分配与经济增长问题探讨》，《统计与决策》2008 年第 23 期。

2008 年的数据对人均 GDP 与基尼系数同经济增长与收入分配的相关性进行实证研究，结果表明，关于收入分配的库兹涅茨倒 U 形曲线在我国是存在的，并且具有较好的适用性，目前基本处于倒 U 形曲线的左侧部分，而且从基尼系数上看，一个小的拐点出现在 2006 年，若不采取相应措施，收入差距还会进一步反弹。[①] 刘生龙基于拉姆齐模型从理论上证明了收入不平等对长期经济增长的倒 U 形影响，并利用跨国横截面数据，分别运用 OLS 方法和 GMM 方法从实证角度证实了库兹涅茨倒 U 形曲线的存在。同时表明，在其他条件不变的前提下，基尼系数的最优值应为 0.37 ~ 0.40，低于最优值时，提高不平等程度可以促进经济增长，反之降低不平等程度才能促进经济增长。[②]

否定库兹涅茨假说的研究。颜鹏飞和唐铁昂的研究指出，倒 U 形假说不能科学解释我国收入分配差距拉大的现象。[③] 李实和李婷利用中国 2005 年全国 1% 人口抽样调查数据对不同城市的收入差距和收入水平进行估计，估计结果不支持库兹涅茨假说。[④] 很多学者对我国收入分配的演变与库兹涅茨假说不相一致的原因给出了解释。丁任重等认为收入差距的影响因素不是单一的，而是包括经济体制、经济发展、政府政策和对外开放四个主要因素，它们共同导致改革开放以来中国收入差距演变没有出现倒 U 形趋势。[⑤] 王韧利用 1978 ~ 1998 年全国各省份的面板数据进行研究，结果表明，倒 U 形假说在中国"失效"的主要原因，一是中国特有的地区管理体制和经济发展模式，二是长期以来的制度改革和赶超战略的实施。[⑥]

（二）关于经济增长对收入分配影响的研究

经济增长导致收入差距扩大的研究。周文兴以 1978 ~ 1995 年的数据为

① 高宏伟、王素莲：《经济增长与收入分配关系的实证分析》，《当代经济研究》2009 年第 12 期。

② 刘生龙：《收入不平等对经济增长的倒 U 型影响：理论和实证》，《财经研究》2009 年第 2 期。

③ 颜鹏飞、唐铁昂：《我国居民收入分配差距研究——兼评库兹涅茨的"倒 U"理论》，《福建论坛》2002 年第 3 期。

④ 李实、李婷：《库兹涅茨假说可以解释中国的收入差距变化吗？》，《经济理论与经济管理》2010 年第 3 期。

⑤ 丁任重、陈志舟、顾文军：《"倒 U"假说与我国转型期收入差距》，《经济学家》2003 年第 6 期。

⑥ 王韧：《中国城乡收入差距变动的成因分析：兼论"倒 U"假说的适用性》，《统计研究》2006 年第 4 期。

基础，利用非经典时间序列方法分析了城镇居民收入分配与经济增长之间的关系，指出，在长期关系中，经济增长与收入不平等之间呈正相关关系。[①] 但他没有分析二者之间的因果关系。冉光和等利用1978~2010年的国内生产总值和城乡居民人均可支配收入之比作为分析数据，通过平稳性检验、协整检验和格兰杰因果检验，考察了改革开放以来经济增长与收入分配变动之间的关系，结果表明，经济增长与收入分配变动之间呈现长期的均衡关系。并且，城乡居民收入差距扩大不是经济增长的原因，而经济增长却是城乡居民收入差距扩大的原因。[②] 刘松林利用1991~2010年的相关数据对收入分配与经济增长的关系进行研究得出，收入分配状况与经济增长之间存在双向因果关系。而且根据二者长期协整关系，"我国GDP每增长1个百分点，收入分配状况会恶化0.16个百分点"。[③]

经济增长有利于降低收入差距。陆铭等的研究表明经济增长有利于降低收入差距。[④] 王小鲁和樊纲通过面板数据模型方法，利用我国30个省、直辖市、自治区1996~2002年的基尼系数和人均GDP年度数据，对收入差距走势及其影响因素进行检验。结果表明："城镇和乡村基尼系数的变动趋势在数学意义上具有库兹涅茨曲线的特征，而城乡收入差距变动曲线只近似具有其上升段的特征。但从现实角度出发，它们的下降阶段都不能确证，说明中国的收入差距并不必然随着经济发展水平上升而无条件下降。"[⑤] 陈安平利用以各省份GDP增长率和城乡收入比为观测点的面板数据，对收入差距扩大与经济增长的关系进行研究，表明经济增长在短期会引起收入差距的扩大，但从长期看，有助于收入差距的缩小。[⑥] 但是，周晓和刘建华对我国1990~2013年的人均国内生产总值和基尼系数的时间序列数据进行脉

---

① 周文兴：《中国城镇居民收入分配与经济增长关系实证研究》，《经济科学》2002年第1期。

② 冉光和、潘辉、吴利：《中国经济增长与收入分配变动趋势：1978~2010》，《统计与决策》2012年第3期。

③ 刘松林：《收入分配与经济增长关系研究》，《统计与决策》2012年第11期。

④ 陆铭、陈钊、万广华：《因患寡，而患不均——中国的收入差距、投资、教育和增长的相互影响》，《经济研究》2005年第12期。

⑤ 王小鲁、樊纲：《中国收入差距的走势和影响因素分析》，《经济研究》2005年第10期。

⑥ 陈安平：《中国经济增长与收入差距关系的经验研究》，《经济问题》2010年第4期。

冲响应分析，结果表明，经济增长对收入分配差距的影响较小。[①] 此外，权衡指出，从总体上说中国经济增长所产生的收入分配恶化效应强于增长所带来的收入分配改善效应，并且具有内生性，其内生机制主要包括非均衡经济中的结构刚性矛盾、非公经济发展和国有经济改革的异步性、城乡二元结构刚性、双发展战略倾斜、体制转轨中的"制度真空"和非规范化收入迅速膨胀。[②] 张少杰等利用 1990~2005 年中国经济的相关数据对经济增长与收入分配关系进行了实证研究，指出经济增长对收入差距的影响取决于经济结构的变动，尤其是城乡二元结构的变动。[③] 乔榛从历史视角分析了经济增长影响收入分配的机制，指出经济增长影响收入分配的性质是由经济发展的不同水平决定的，不是一成不变的，是一个历史性变迁过程。[④]

三　二元经济转型与收入分配演变

国内关于二元经济转型与收入分配的研究大体可以分为两方面：一是二元经济转型导致收入分配状况恶化；二是二元经济转型与收入分配存在倒 U 形关系。

（一）二元经济转型导致收入分配恶化

周云波利用 1978~2001 年数据对农村居民收入的基尼系数和二元反差指数进行了计量分析，结果表明，以二元反差指数衡量的二元经济转型对拉大农村居民收入差别的影响是显著的。也就是说我国农村地区劳动力从传统农业部门向非农业部门的流动拉大了农村居民之间收入差别。[⑤] 高帆认为："二元经济结构转化迟缓导致了城乡居民收入差距拉大。"[⑥] 张桂文和王

---

① 周晓、刘建华：《收入分配差距与经济增长关系的演化研究：1990~2013》，《人文杂志》2014 年第 9 期。

② 权衡：《转型时期中国经济增长的收入分配效应及其机理分析》，《上海经济研究》2002 年第 2 期。

③ 张少杰、董碧松、郭雅娴：《经济增长对收入分配的影响——来自中国的实践验证》，《中国地质大学学报》（社会科学版）2007 年第 1 期。

④ 乔榛：《经济增长影响收入分配的机制：一个历时视角的分析》，《当代经济研究》2008 年第 3 期。

⑤ 周云波：《我国农村二元经济转换及其对居民收入差别的影响》，《经济学家》2004 年第 1 期。

⑥ 高帆：《中国二元经济结构转化：轨迹、特征与效应》，《学习与探索》2007 年第 6 期。

旭升指出，二元经济结构转换可以通过提高资源配置效率、增加人力资本投资、扩大消费需求以及加强农村居民对收入分配的政策影响力等缩小城乡收入差距。但在我国，由于劳动力市场的制度分割、工业化进程中资本劳动比上升及城乡人力资本差异等因素影响，城乡收入差距并没有随着二元结构强度的减弱而缩小，反而呈现扩大趋势。[①] 张桂文进一步指出："在二元经济国家中，城乡收入差距对全社会收入分配状况具有较大影响，城乡收入差距越大，全社会的收入分配差距也就越大。"[②] 所以，"二元经济转型滞后，导致我国收入分配差距过大"。[③] 陈纯谨和李实基于 1989～2009 年进行的 8 次全国性城镇住户抽样调查数据，利用夏普里值分解方法，定量考察了城镇劳动力市场结构变迁如何导致劳动收入不平等的变化。研究结果显示，在经济转型过程中，中国城镇劳动收入不平等扩大了。所有制、户籍、性别、经验和地区因素对收入不平等的相对贡献率趋于下降，教育和职业对收入不平等的贡献总体上呈上升趋势。[④] 陈宇峰等指出，在二元经济结构转型的背景下，"逆资源禀赋"的技术偏向降低了经济增长的就业吸纳能力，使劳动力工资长期处于低增长状态，进一步恶化了劳动收入份额状况。[⑤] 付文林和赵永辉考察了分省份的劳动收入占比影响因素，发现二元经济分割导致沿海地区的工业部门劳动力供给相对过剩，工资增长远落后于经济增长，从而在总量上我国的劳动者整体报酬率呈现不断下降的态势。[⑥]

（二）二元经济转型与收入分配存在倒 U 形关系

陈宗胜和武洁是国内较早研究二元经济转型与收入分配关系的学者，他们采用收入差别因素分解的方法，考察了二元经济发展中各种因素对收

① 张桂文、王旭升：《二元经济结构转换的收入分配效应》，《经济学动态》2008 年第 9 期。
② 张桂文：《二元经济结构与我国现阶段宏观调控》，《当代经济研究》2008 年第 9 期。
③ 张桂文等：《二元经济转型、收入分配与宏观经济运行》，《经济研究参考》2013 年第 33 期。
④ 陈纯谨、李实：《城镇劳动力市场结构变迁与收入不平等：1989～2009》，《管理世界》2013 年第 1 期。
⑤ 陈宇峰、贵斌威、陈启清：《技术偏向与中国劳动收入份额的再考察》，《经济研究》2013 年第 6 期。
⑥ 付文林、赵永辉：《价值链分工、劳动力市场分割与国民收入分配结构》，《财经研究》2014 年第 1 期。

入分配差别的影响。[①] 1994 年，陈宗胜又在上述研究的基础上，运用数理方法验证了二元经济转型中收入分配存在倒 U 形轨迹，然后引入体制改革因素，论证了中国公有制经济发展中收入分配演变可能呈阶梯形倒 U 形曲线。[②] 袁志刚和朱国林从技术创新对二元经济转型发展的重要作用和收入分配对二元经济转型的重要影响两个方面，揭示了二元经济转型中收入分配存在着倒 U 形演变。[③] 曾国平和王韧通过构建一个四部门的双二元递推理论模型，对中国收入差距变动的总体特征和基本趋势进行了分析，并利用我国 27 个省份的面板数据对收入分配与二元经济及对外开放的关系进行了实证分析，结果表明，过大的城乡差距决定了中国收入差距总体上的倒 U 形趋势，同时，经济开放和城镇化进程对中国城乡收入差距变动也有倒 U 形影响，农村和城镇经济的市场化改革以及农村金融支持和农产品价格支持都有利于缩小城乡收入差距。[④] 龚刚和杨光利用一个具有"凯恩斯 - 哈罗德"特征的非均衡宏观动态模型，对二元经济结构下工资性收入占国民收入比例的演变规律进行了研究，结果表明，在二元经济结构下，工资性收入占国民收入的比例呈现不断降低的趋势。主要原因在于劳动力的无限供给导致劳动者在劳动力市场的供求双方中不具备谈判优势，工资增长缓慢。但经济进一步增长，对劳动力的需求将提高，剩余劳动力逐步消失，工资率将较大幅度提升，进而提高工资性收入占国民收入比例，整个过程如同一条正 U 形曲线。因此，要缩小中国的收入差距，最根本的就是要保持经济高速增长，加快二元经济结构转型，尽快吸收农村剩余劳动力。[⑤] 张桂文和孙亚南指出，"二元经济转型中收入分配存在着倒 U 形演变趋势"，并从生产力与生产关系相互作用的角度分析了二元经济转型中收入分配演变的

---

① 陈宗胜、武洁：《收入分配差别与二元经济发展》，《经济学家》1990 年第 3 期。
② 陈宗胜：《倒 U 曲线的"阶梯型"变异》，《经济研究》1994 年第 5 期。
③ 袁志刚、朱国林：《技术创新、收入分配和我国二元经济转型》，《天津社会科学》2001 年第 6 期。
④ 曾国平、王韧：《二元结构、经济开放与中国收入差距的变动趋势》，《数量经济技术经济研究》2006 年第 10 期。
⑤ 龚刚、杨光：《论工资性收入占国民收入比例的演变》，《管理世界》2010 年第 5 期。

原因。[①] 杨继军利用 1996 ~ 2012 年中国省际层面的面板数据研究发现，在刘易斯转折点到来之前，无限供给的劳动力压制了工资的增长，造成国民收入分配偏向于企业和政府部门，而刘易斯转折点到来之后，工资上涨，企业生产成本增加，利润减少，劳动报酬占国民收入的比重提高。[②]

第三节　述评

综上可以看出，收入分配问题自古典经济学以来一直是经济学领域关注的重要问题，形成的理论包括要素分配理论、边际生产力理论、要素均衡价格理论以及剩余价值分配理论等。

1955 年，库兹涅茨提出了经济增长与收入分配的倒 U 形关系假说——"在前工业文明向工业文明过渡的经济增长早期收入不平等扩大，经短暂稳定时期后，在增长的后期不平等差距逐渐消失"。随后，Lewis 两部门劳动力转移模型使之得到理论论证，Fei 和 Ranis 的研究使之逻辑更为严密，Robinson 的研究为之提供了数学推导证明，Paukert、Adelman 和 Morris、Ahluwalia 等的实证研究也支持了该假说。但随着计量方法的发展、研究样本数量的扩大，很多实证研究对该假说提出了质疑，尤其是 20 世纪 80 年代以后，相关研究文献包括 Anand 和 Kanbur、Deininger 和 Squire、Barro、Banerjee 和 Duflo、Grimalda 和 Vivarelli 等。可见，库兹涅茨倒 U 形假说提出以后，吸引了很多学者的关注，在相当长的时间内，学者们把研究的重点放到了经济增长与收入分配的关系上面，长达半个多世纪的学术争论虽然未形成基本学术共识，但是为后续研究提供了很多重要的研究文献和宝贵资料。

20 世纪 70 年代中后期，刘易斯二元经济理论模型在费景汉、拉尼斯、托达罗等人的发展下逐渐趋于严谨完善，一些学者们开始把二元经济转型与收入分配联系起来进行研究。Robinson、Fields、Bourguignon 和 Morrisson、

---

① 张桂文、孙亚南：《二元经济转型中收入分配的演变》，《中国人口科学》2012 年第 4 期。
② 杨继军：《刘易斯转折点、国民收入分配结构与中国经济内外再平衡》，《财贸经济》2015 年第 10 期。

Gautam、Somanathan、Basu 等学者重点研究二元经济转型对收入分配的影响，发现二元经济结构是导致发展中国家收入分配差距的主要变量，而且收入不平等变化的时间路径取决于二元经济发展类型及其水平等。此外，Deininger 和 Squrie、Yuki 等学者研究了收入分配对二元经济转型的影响，证明了二元经济转型初期财富分配越不公平越不利于二元经济转型，并提出应努力提高低收入者的财富获取能力。可见，现有研究较详细地阐明了二元经济转型与收入分配的相互关系，但二元经济转型中收入分配的演变机理、二元经济转型中收入分配演变的经验实证，仍然是理论研究的薄弱环节。①

总之，长期以来学术界对收入分配格局演变问题的研究大多把注意力放到了对倒 U 形假说的实证检验上，这一研究领域重经验实证、轻理论实证的现象十分突出。库兹涅茨虽然提出倒 U 形假说，却没能为这一假说提供充分的理论说明。无论是支持还是否定这一假说的学者也都没有做出具有说服力的理论解释。② 无论是经验实证还是理论实证，学术界对收入分配动态演变问题多是从经济增长与收入分配关系的角度进行研究，结构转型因素被长期漠视。从国内来看，绝大多数学者都从经济增长与收入分配关系入手研究收入分配的演变问题，极少研究二元经济转型中收入分配差距演变的问题。

由于大多数学者忽视了结构转型与收入分配互动演进的问题，不仅使不同理论模型的研究结论相互矛盾，也导致在数据选取上忽视结构转型的因素，从而使经验实证结论缺乏可比性。经过改革开放 40 年的发展，中国二元经济转型进入了刘易斯转折区间；收入分配差距从 20 世纪 80 年代中期开始持续扩大，到 2008 年基尼系数达到最大值，在之后几年逐步回落。上述收入分配格局的变化究竟是契合了倒 U 形假说，还是只是短期现象？显然由于现有收入分配理论忽略了结构转型的因素，不可能对上述问题给出

---

① 以上学者的研究成果及参考文献参见本章相关脚注说明。

② 郭熙保：《从发展经济学观点看待库兹涅茨假设——兼论中国收入不平等扩大的原因》，《管理世界》2002 年第 3 期。

现成的答案。本书试图以二元经济转型为研究框架，剖析收入分配格局演变的原因，并在此基础上对中国二元经济转型中收入分配演变进行实证检验。①

---

① 张桂文、孙亚南：《二元经济转型中收入分配的演变》，《中国人口科学》2012 年第 4 期。

第三章　二元经济转型中收入分配
动态演变及其实现机制[①]

第一节　二元经济转型及其阶段性划分

二元经济结构主要指传统农业部门与现代非农业部门共存的经济结构，二元经济转型指的是二元经济结构向一元经济结构的转型，它是传统农业经济向现代经济增长阶段的转变，也是发展中国家完成向发达国家跨越的必经过程。[②] 多年来，关于二元经济转型问题，大多数学者都是从生产力的角度来进行分析的，认为工农两部门的差距主要体现在生产力方面，即以农业为代表的传统部门在生产力发展水平上明显低于以工业为代表的现代部门，实现结构转型的主要任务在于使农业发展水平赶上工业部门。然而，马克思主义政治经济学基本理论指出，任何社会再生产都是物质资料再生产与生产关系再生产的统一。单从生产力角度看待二元经济转型的观点明显忽略了两大部门在生产关系（组织制度）上呈现的二元结构特征。海拉·明特（Hyla Myint）最早使用"组织二元结构"，深入系统地研究了发展中国家组织或制度的二元性，他在论文《组织二元结构和经济发展》中明确指出：二元结构作为不发达经济的一个显著特征，集中反映在欠发达

---

① 本部分主要参考张桂文，《二元转型及其动态演进下刘易斯转折点的讨论》，《中国人口科学》2012 年第 4 期；张桂文、孙亚南，《二元经济转型中收入分配的演变》，《中国人口科学》2012 年第 4 期。

② 〔美〕费景汉、拉尼斯：《增长和发展：演进的观点》，洪银兴译，商务印书馆，2004，第 4 页。

经济的组织制度框架上，其他二元结构在一定程度上是派生于组织或制度二元结构的。① 张桂文也从生产力和生产关系的辩证关系角度出发得出结论，认为二元经济转型是生产技术和组织制度二元性双重转换的统一。②

二元经济的典型特征主要表现为以下两个方面：一方面，二元经济具有生产上的非对称性，传统农业部门主要使用土地与劳动要素，生产技术水平和劳动生产率低下；而现代工业生产则主要使用劳动和资本要素，具有较高的生产技术水平和劳动生产率。另一方面，二元经济具有生产关系上的非对称性，以分配关系为例，传统农业部门以产量最大化为目标，遵循自给自足的生存导向以及由血缘关系和分享制所决定的非商品化分配原则，而现代工业部门则以利润最大化为原则，遵循市场交易导向以及由边际生产力所决定的商品化分配原则。传统农业部门与现代工业部门生产力发展水平的差距，决定了工业部门的收入要高于农业部门，从而诱导农业部门的剩余劳动力不断流向城市非农产业。农业剩余劳动力的非农化乡城流动，一方面为工业部门的扩张提供了劳动力，推进了工业化与城镇化进程；另一方面增加了农业的劳均耕地的占有量，通过农业规模经营促进了农业现代化。因此，二元经济转型的核心问题在于农业剩余劳动力向现代工业部门的转移。③ 针对这一问题，刘易斯、费景汉与拉尼斯先后展开了分析，并构建了著名的二元经济发展模型。

刘易斯④首先提出了劳动力无限供给条件下的两部门模型，并将二元经济转型分为两个不同阶段。在二元经济转型的第一阶段中，传统农业部门存在边际劳动生产率为零的剩余劳动力，生产力发展水平十分低下，这决定了农业工资只能是维持最低生活水平的制度工资。现代工业部门与传统

---

① 张桂文：《从古典二元论到理论综合基础上的转型增长——二元经济理论演进与发展》，《当代经济研究》2011 年第 8 期。

② 张桂文：《二元转型及其动态演进下刘易斯转折点的讨论》，《中国人口科学》2012 年第 4 期。

③ 虽然欠发达国家从起始条件上可以划分为劳动力过剩二元经济与土地过剩二元经济两种类型，但劳动力过剩经济是人口增长、在固定土地供给条件下提高劳动力参与度以及最初的土地过剩过程中的最后阶段。所以，关于 "二元经济转型的关键问题是农村剩余劳动力的非农化转移" 的论断对于所有类型的二元经济都是成立的。参见〔美〕费景汉、拉尼斯，《增长和发展：演进的观点》，洪银兴译，商务印书馆，2004，第 91 页。

④ 〔美〕威廉·阿瑟·刘易斯：《二元经济论》，施炜等译，北京经济学院出版社，1989，第 1 页。

农业部门相比具有较高的劳动生产率，工农两大部门之间的工资差别吸引劳动力由农业部门向工业部门转移。也就是说，只要这种工资差距存在，工业部门就会得到源源不断的劳动力供给。从这个意义上来讲，刘易斯把劳动力供给看作无限的。剩余劳动力不断转移所带来的结果是，工业部门由于获得廉价的劳动力供给而加速扩张，农业部门由于剩余劳动力的流出而提高了劳动生产率，当边际生产率为零的农业剩余劳动力全部转移到工业部门时，二元经济转型迎来了刘易斯转折点。刘易斯转折点的到来表明一个经济体进入了现代发展阶段，在该阶段下，农业劳动边际生产率逐渐提高，工业部门需要提高工资才能雇用到更多的劳动力，此时，劳动力表现为有限供给。根据刘易斯模型，越过刘易斯转折点就意味着二元经济转型结束。

费景汉和拉尼斯秉承着刘易斯的基本假设与分析思路，提出了"隐性失业"的概念与工农两大部门平衡发展的观点，从而补充和发展了刘易斯模型。[①] 费景汉、拉尼斯认为在刘易斯所述的"零边际生产率"的剩余劳动力之外还存在"隐性失业"的劳动力（或者称为"伪装失业者"），这部分劳动力的边际生产率大于零但小于制度性工资，只有当处于"隐性失业"状态的这部分剩余劳动力也全部转移到非农业部门以后，二元经济转型才宣告结束。由于该模型是对刘易斯模型的扩展，所以又被称为"刘易斯—费景汉—拉尼斯模型"（下文简称"刘—费—拉模型"）。与刘易斯模型不同，"刘—费—拉模型"提出了两个转折点概念，从而将二元经济转型分成了三个不同阶段。在第一阶段，"零边际生产率"的剩余劳动力向工业部门转移，此时，农业总产出不变，工业部门如果工资水平略高于农业部门就能获得无限劳动力供给。直到这部分剩余劳动力转移完毕，二元经济转型便迎来了第一个转折点，该转折点也被学者们称为刘易斯第一转折点。在此之后，边际生产率大于零但小于制度工资的这部分剩余劳动力开始非农化转移。此时，在其他条件不变的情况下，由于"隐性失业"者的边际劳动生产率为正，因此，这部分农业劳动力的非农化转移，将引起农业总产出的下降，农业剩余不足以按制度工资水平供养全部城市人口，粮食出现

---

① 〔美〕费景汉、拉尼斯：《增长和发展：演进的观点》，洪银兴译，商务印书馆，2004，第91页。

短缺。所以从第一阶段到第二阶段的转折点又被命名为"粮食短缺点"。当边际劳动生产率大于零但小于制度工资的那部分剩余劳动力也转移完毕，经济便发展到了第三阶段。此时，农业部门工资不再受制度工资约束，而是由劳动边际生产率决定，这标志着农业商业化的来临，因此从第二阶段到第三阶段的转折点被称为"商业化点"。在"刘—费—拉模型"下，工农两大部门通过城乡之间的商品、劳动力与金融市场实现平衡发展并为剩余劳动力的顺利转移创造条件，劳动力转移过程表现为农业部门的劳动力释放与工业部门的劳动力吸引两个方面共同作用的结果，前者必须依赖农业部门劳动生产率的不断提高，后者则必须依靠工业部门的技术变迁与资本积累。

从目前研究二元经济转型的成果来看，大部分专家学者都认为剩余劳动力转移过程一旦进入"商业化点"，就意味着农业剩余劳动力全部被现代部门吸收完毕，农业劳动力转移结束，这也标志着一个国家或地区二元经济转型的完成。但从理论上来看，只要工农两大部门由边际劳动生产率所决定的工资差距存在，农业劳动力的非农化转移就会继续。从发达国家二元经济转型的实际来看，也确实如此。辽宁大学张桂文教授认为，从动态演进的角度分析二元经济转型，超过"商业化点"这一临界水平，只是意味着工农两大部门劳动者的工资均由各自的劳动边际生产率决定，但这两大部门的劳动边际生产率并不相等，主要原因在于工业部门的聚集效应和规模效应能够降低生产成本与交易成本，而且工业部门生产的产品需求弹性大；而农业部门经营分散，效率低下，自然风险与市场风险都要大于工业部门，从而其工资水平要低于工业部门。因此，虽然刘易斯第二转折点到来了，但工农两大部门的劳动边际生产率并不相等，因而农业劳动力的乡城迁移也远未结束，农业劳动力转移会一直持续到农业现代化完成、工农两大部门劳动边际生产率大致相等时，此时该国家或地区也就进入了高收入国家或地区行列，二元经济转型才真正结束。因此，刘易斯转折点准确讲是一个时间区段、一个过程或一种状态，而非一个时点。[1] 本书据此在

---

① 张桂文：《从古典二元论到理论综合基础上的转型增长——二元经理论演进与发展》，《当代经济研究》2011 年第 8 期。

"刘－费－拉模型"的基础上将一个经济体的二元经济转型过程划分为三个阶段：将"粮食短缺点"（学界又称为"刘易斯第一转折点"）之前的发展阶段界定为二元经济转型初期，将"粮食短缺点"和"商业化点"之间的时间间隔界定为刘易斯转折阶段，将"商业化点"（学界又称为"刘易斯第二转折点"）到一国进入高收入阶段之间界定为二元经济转型后期（见图3－1）。

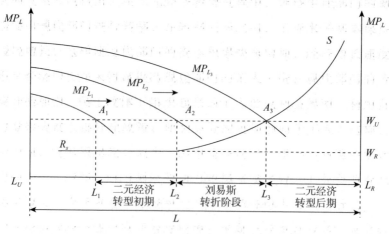

图3－1　二元经济转型的三阶段模型

本书用图3－1来阐述三阶段的二元经济转型理论。横轴表示经济体中所有的劳动力数量 L，由 L_R 沿着横轴向左表示农业部门的劳动力数量，由 L_U 沿着横轴向右表示工业部门的劳动力数量；纵轴表示工资水平及工业部门的边际产出（MP_L），R_S 表示农村劳动力的供给，W_R 代表农业部门的制度工资，W_U 代表工业部门的制度工资。二元经济转型过程划分为三个阶段。第一阶段为 A_1A_2 阶段，在这个过程中，从农业转移出来的均为边际劳动生产率为零的剩余劳动力，两个部门的劳动力工资都依然保持在生存工资水平。随着工业生产率的提高，资本积累使现代工业部门进一步扩张，进入第二阶段，即 A_2A_3 阶段，此时农村劳动力从无限供给转变为有限供给。随着工业部门的资本和生产进入循环扩张时期，一直持续到下一个均衡点 A_3，这部分的劳动力全部转移完毕，便进入了第三阶段，即 A_3 至右轴阶段，此时继续转移的劳动力的边际生产率已大于制度工资水平，两部门的工资水平均由各自的边际劳动生产率决定，并开始同步上升。

在上述三个阶段中，实现二元经济转型的关键在于如何渡过刘易斯转折阶段，即 A_2A_3 时段。主要原因在于，在刘易斯第一转折点之前，劳动边际生产率为零的农业剩余劳动力转移不会影响农业总产出水平，一国的粮食短缺、粮食安全未受到威胁，从而不会影响工业部门的现行工资；进入刘易斯第二转折点之后，"粮食短缺点"与"商业化点"相重合，一国不会出现因粮食短缺而停止转型的情况。但当经济转型刚刚越过刘易斯第一转折点从而进入刘易斯转折阶段时，由于劳动边际生产率大于零且小于不变制度工资的劳动力转移会减少农业总产出，平均农业剩余会低于制度工资，这意味着将出现粮食供给不足以按制度工资水平满足工人生活需要的情况。如果这时农业生产率没有大幅度提高，那么经济发展中就会出现由于食品短缺而引致的通货膨胀问题，非农部门工资可能出现超常上涨，结果导致在"商业化点"到来之前，工业部门的扩张就会停止，二元经济转型中止。因此，当二元经济转型进入到刘易斯第一转折点以后，由粮食短缺所引发的经济发展难题可能有：一国粮食安全受到威胁、劳动力成本进入上升区间、严重的就业压力等。换言之，转型进入刘易斯转折阶段，意味着经济发展面临诸多不易解决的问题，若解决得好，二元经济转型便会顺利完成，否则一国将会陷入"中等收入陷阱"。因此，刘易斯转折阶段是整个二元经济转型的关键阶段。

第二节　二元经济转型不同阶段的收入分配及其演变趋势

在传统的农业社会时期，绝大多数人口在农村从事农业生产，劳动生产率极低，给定土地上持续的人口压力导致农业劳动边际生产率低于农业平均产出，农业产出仅能维持生存，传统农业便具有了"生存农业"的特点。这种情况一方面决定了传统农业高度自给自足，农业生产的目标函数是为自己及家庭提供赖以生存的生活资料，因此产量最大化成为其遵循的行为准则；另一方面决定了农业部门的实际工资不能由农业劳动边际生产率决定，只能由农业平均产出水平决定，这种由农业平均产出水平决定的工资被称为生存工资或制度工资，称为生存工资是因为这种工资水平仅够其维持生存，称为制度工资是因为这种工资不是按商业化原则分配，而是在农户家庭内部按分享制原则进行分配。在这一阶段，传统农业经济实际上已经处于一种停滞状态，经济增长主要源于现代工业部门的扩张，二元经济转型正是在这种经济条件下展开的。

在二元经济转型初期，在"生存农业"特征的作用下，农业部门按照血缘关系和分享制原则进行分配，其工资水平等于不变制度工资并且长期固定；农村剩余劳动力的转移因现代工业部门的扩张得以实现，而现代工业部门的扩张则主要取决于资本所有者利用劳动力无限供给的压力以维持生计或略高一些的低工资使用劳动，从而使资本积累规模不断扩大。换言之，经济增长是资本积累的函数，积累的结果是劳动者获得仅能维持生存的工资水平，①而资本所有者的利润水平却逐步提高。正如刘易斯所说，"经济发展的中心事实是迅速的资本积累"，是"一个由原先其储蓄和投资占国民收入不足4%或5%的社会转变为一个自愿储蓄增加到国民收入12%至15%以上的经济过程"。但是，由于"实际上所有的储蓄都是由获得利润和地租的人们进行，工人的储蓄非常少……很少成为生产投资"，所以，"经济发展的中心事实"又转变为如何使"收入分配变得有利于储蓄阶级"。刘易斯认为，解决的办法就是"使资本积累的全部收益都归剩余"，即归资本家所有。这一方法之所以能够行得通，"是因为实际工资是不变的"，工人在资本积累中得到的全部好处只是他们之中有更多的人按生存工资水平实现就业。②

上述分析表明，在二元经济转型初期收入分配差距不断扩大。这一阶段实际上包括两种收入差别：一种是资本所有者与劳动者之间的收入差别，这一差别会随着资本积累规模的扩大而越来越大，这是导致全社会收入差

---

① 事实上，在二元经济转型初期，工人工资只能处于维持生存的水平，原因在于，一方面，劳动力具有无限供给特征，只要工人工资能够补偿农业部门生存工资与乡城迁移成本就会有源源不断的劳动力从农业部门输出，资本所有者从自身利益最大化角度出发必然不会提供高于生存水平的工资；另一方面，生存工资是劳动力供给价格的下限，如果工人实际工资低于这一水平，劳动力再生产就无法正常进行。因此，工业部门工资水平也不能低于生存工资，否则它将雇用不到劳动力。

② 〔美〕威廉·阿瑟·刘易斯：《二元经济论》，施炜等译，北京经济学院出版社，1989，第15~17页。

距扩大的主要方面;[1] 另一种是劳动者内部的收入差别,即现代工业部门工人工资水平要高于传统农业部门农民的收入,原因在于工人在城市生活需要支付较高的生活成本,同时为了激励剩余劳动力的转移(或弥补劳动力迁移成本),工人工资要高于农业制度工资。但由于农业平均产出不变,工业部门又总是能获得经济增长所需的全部劳动力,所以工农两部门工资都维持在其各自的生存水平而长期保持不变,这便导致劳动者内部的收入差别变动不大。

这种经济增长伴以收入差别扩大的格局只是二元经济转型初期的变动趋势,当现代部门吸收的劳动力越来越多,以至于农业部门劳动边际生产率不再为零时,二元经济转型就进入了转折阶段,经济发展会面临诸多可能的问题,收入分配状况也会发生相应的改变。当劳动力转移过程跨过刘易斯第一转折点,随着农业部门劳动边际生产率大于零但小于制度性生存工资的那部分剩余劳动力向现代部门的转移,农业部门的总产量会下降,供给现代部门工人的粮食数量就会降低,由此便会导致粮食价格上升,工人工资水平将由于劳动力生存成本的提高而逐步上涨。工资的上涨意味着资本家的利润水平可能受到影响,当工业部门劳动生产率上涨幅度等于(或低于)工资上涨幅度时,资本所有者的利润份额则会趋于不变(或绝对减少),此时劳资之间的收入差别则会稳定下来(或趋于缩小)。但是,值得提出的是,上涨后的工人工资仍然只是维持在生存水平,原因是在刘易斯转折阶段上剩余劳动力依然存在,资本所有者仍然可以用生存工资获得足够的劳动力供给。

现在的问题是,粮食短缺状况只是暂时的,或者说并不是绝对的。原因是随着剩余劳动力从农业部门迁移出来,农业劳动边际生产率与平均农业产出得以提高,当平均农业产出提高到足以供养所有劳动人口时,粮食短缺的问题就会消失。然而,即使在这种情况下,工农两部门生存工资也

---

[1]　虽然二元经济转型中收入分配动态演变不仅包括资本所有者与劳动要素所有者之间的收入差距问题,还包括工农两部门劳动者之间的收入差距问题,但考虑到功能性收入分配在二元经济转型中对收入分配演变起到主要的影响作用,本书在接下来的篇幅中舍去了对两大部门劳动者之间收入差距问题的分析,但这并不影响研究结论。

会上涨，原因在于随着劳动生产率的提高，人们的生活水平会提高。由此可以推论，在二元经济转型的刘易斯转折阶段，工农两部门的工资虽仍然保持在维持生存的水平，但都会有所上涨，这便导致资本所有者与劳动者之间的收入差别不再继续扩大，甚至会有所缩小。①

随着经济发展继续向前推进，农业劳动力进一步减少，当农业劳动边际生产率上升到等于习俗性工资水平时，农业中的潜在剩余劳动力消失，二元经济转型也就进入了后期阶段。在这一阶段，农业劳动者工资将由习俗决定变为由劳动边际生产率决定，这意味着市场化分配原则在工农两大部门实现了统一，两部门工资水平都会脱离生存工资的束缚，随着劳动边际生产率水平的提高而实现不断上涨。与此同时，劳动由无限供给变为稀缺要素，资本则相对地变为较充裕的生产要素，随着资本边际产出的相对减少，归资本家所有的利润份额会不断下降。总之，在二元经济转型后期，经济增长将伴随着收入差别的缩小。

综上所述，二元经济转型过程中的收入分配动态演变具有倒 U 形曲线特征（见图 3-2）。在二元经济转型初期，由于劳动力无限供给条件的存在，工资仅能维持在生计水平并且长期保持不变，资本收益却随着资本积累规模的扩大而不断上升，这导致社会收入分配差距不断拉大，从而形成倒 U 形曲线的前半段轨迹。到了刘易斯转折阶段，"隐性失业"劳动力的非农化转移带来了劳动力成本与生存工资水平的上升，资本家利润份额会受到影响，收入分配差距便具有了停止扩大的可能，收入差别顶点很可能就出现在这一阶段（如图 3-2 中的实曲线 I 所示），当然也有可能出现在"商业化点"上（如图 3-2 中的虚曲线 II 所示），这取决于不同经济体的非熟练劳动力剩余程度、自然和人力资源情况以及政府政策调整效果等多方

---

① 当资本家的利润率上涨幅度大于生存工资上涨幅度时，工人与资本家间的收入分配差距还会继续扩大。可见，这一阶段劳动生产率的提高只是为缩小工人与资本家的收入差距提供了可能，并不能据此断定进入刘易斯转折区间工人与资本家间的收入差距一定会缩小。但通过后文的分析可以看到进入刘易斯转折区间后工人与资本家博弈力量的对比变化和政府制度安排与政策选择的调整，我们有理由相信在二元经济转型的这一阶段，工人与资本家间收入差距不再扩大甚至缩小这一趋势具有较高的概率。

面因素。进入二元经济转型后期，劳动力实现了竞争性供给，工农两部门工资水平都会在市场规律的作用下实现增长，与此同时，资本所有者利润水平却会不断下降，从而导致收入分配差距趋于缩小，这便构成了倒 U 形曲线的后半段轨迹。

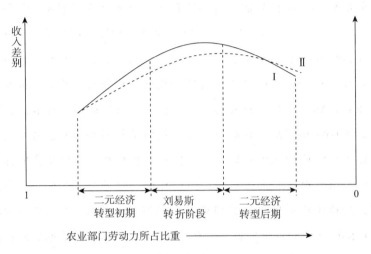

图 3 - 2　二元经济转型中收入分配动态演变长期趋势

第三节　二元经济转型中收入分配演变的实现机制

作为生产力发展的必然结果，二元经济转型过程中随着劳动力从传统农业部门向现代工业部门的转移，社会收入分配差距会呈现先扩大后缩小的倒 U 形曲线特征，这是二元经济转型中收入分配动态演变的长期趋势。这一趋势并不会自发实现，而是有其实现机制。

从生产力角度看，收入分配的倒 U 形演变原因在于二元经济转型不同阶段的生产力发展水平不同，问题在于仅从生产力角度来研究收入分配，实质上是用总量生产函数的投入产出关系来研究收入分配状况。从生产力与生产关系相互作用的角度来考察，经济运行中的物质技术关系只能提供不同要素所有者竞争均衡时的客观标准，现实经济生活中不同要素所有者的实际收入分配情况，则直接取决于各方的博弈力量对比和政府的制度安排与政策选择，同时还要受到产业结构演变的影响。①

一 劳资博弈力量变动及其影响

二元经济转型的主要内容是传统农业部门与现代工业部门并存的二元经济向现代化一元经济转变。在这一过程中，构成收入分配差距的主要方面在于资本所有者与劳动者之间的收入差距。在现实的经济生活中，劳资之间的收入分配主要是通过劳资契约关系得以实现的。而劳资契约由于劳动力商品的特殊性、劳资交易内容的复杂性、团队生产活动的特点以及劳资双方严重的信息非对称性等因素而具有突出的不完全性，② 导致劳动报酬往往表现为劳资双方讨价还价的结果，而其讨价还价的能力则取决于劳资双方博弈力量对比。在二元经济转型过程中，劳动力供求关系与劳动特征的变化不断带来劳动者博弈力量的变动，从而对收入分配状况产生影响。

在二元经济转型初期，劳动力供给远大于经济增长对劳动力的需求，从农业部门转移出来的剩余劳动力带有同质性与分散化两个方面特征。其中，同质性特征指的是这部分剩余劳动力主要是非熟练的简单劳动力，原因在于在经济转型初期，传统农业经济仍占主导地位，劳动者所从事的经济活动通常都具有很大的相似性，劳动者一般都是简单的体力劳动者，他们具有相当高的同质性；分散化特征指的是这部分剩余劳动力在转移到现代部门以后很难组成紧密的工人组织与资本家集团抗争，原因在于，在劳动力供过于求的状态下，工人面临巨大的生存压力，就业对于他们来讲是生死攸关的大事，远重要于其他劳动权益的实现。依此推理，在二元经济转型初期，劳动力处于无限供给状态，劳动者提供的主要是非熟练的简单劳动，生产效率低下，他们彼此之间具有极高的替代性，为了获得就业与

---

① 产业结构的演变虽是生产力发展的结果，但由于其演变过程伴随着人力资本作用的增强与固定资本比重的增加，这两方面均会对劳动生产率与劳资博弈力量对比产生影响，更加突出了生产力与生产关系的相互作用过程。因此，为了分析方便，本书将产业结构演变放在实现机制这里加以阐述。

② 张颖：《不完全契约视角下中国劳资关系的政府干预研究》，辽宁大学博士学位论文，2015。

生存机会，他们彼此竞争，不存在团结起来组成工会的可能。这便导致工人在劳动报酬博弈中处于绝对劣势地位，这一阶段劳资双方博弈的结果是资本家获得全部经济发展成果，劳动者只能通过生存工资维持劳动力再生产，收入分配差距由此扩大。

当二元经济转型进入刘易斯转折阶段，零边际生产率的剩余劳动力已经从农业部门转移完毕，劳动力供求关系与劳动特征都发生了有利于劳动者的变化。从劳动力供求上来看，由于转型初期阶段的资本积累过程已经吸纳了部分剩余劳动力，同时在新一轮的资本积累中经济进一步增长又会带来更大的劳动力需求，劳动者的就业压力有所减缓。从劳动特征上来看，随着工业化的不断推进，分工与专业化不断深入与强化，与转型初期相比，劳动者所提供的不再仅仅是简单劳动，而是开始表现出熟练性与技术性特征的复杂劳动，劳动效率水平不断提高。这种劳动特征的转变降低了劳动者之间的竞争性，不同分工背景下的工人因为生产协作而具有了团结的可能。此外，在刘易斯转折阶段生产力处在发展的状态下，务农收入的提高会加大劳动力进一步转移的机会成本，粮食价格上涨会带来劳动力成本的上升，技术改进会使工人劳动生产率得以提高，这些情况都会推动工人工资水平上涨，而工资上涨意味着工人的生存压力得以缓解。上述这些方面的变化在某种程度上都会增强工人与资本家讨价还价的能力。但是，由于农业部门还存在着边际生产率低于生存工资水平的剩余劳动力，劳动力市场的就业压力仍然存在，这一阶段经济发展的结果是工人的工资水平由于劳动者博弈力量的增强而有所提高，但提高的幅度并不大。因此，当二元经济转型进入刘易斯转折区间时，收入分配差距扩大的程度得以缓解，但并未出现根本改观。

随着二元经济转型进入刘易斯第二转折点，劳动边际生产率低于制度工资的剩余劳动力全部转移到城市工业部门，劳动力由无限供给转变为稀缺要素，工人在劳动报酬博弈中的力量得到进一步提高。同时，随着现代经济逐步占据主导地位，劳动者所提供的劳动更多地表现出熟练化与复杂化特征，劳动效率大大提高。上述两方面都会增强劳动者的博弈力量，带来劳动报酬水平的提高。而劳动报酬的提高又会进一步强化工人已经改善了的博弈力量。这是因为在二元经济转型后期阶段，工人工资已经高于生存水平，而这一高于生存工资水平的劳动报酬使劳动者具有了进行储蓄的可能，由于储蓄的存在，工人就可以在一定期间内在劳动与闲暇之间进行选择，并有可能更好地组织起来与资本家抗争。因此进入刘易斯第二转折点后，工人的工资水平会出现较大幅度的增长，劳资双方的收入分配差距趋于缩小。

二 产业结构演变及其影响

二元经济转型是传统部门向现代增长形式转变、农业剩余劳动力向城市非农产业转移的过程，在这一过程中，经济增长与发展主要通过现代工业部门的扩张来实现，生产要素与资源将由劳动生产率低的部门流向劳动生产率高的部门，产业结构也会从以劳动密集型产业为主向以资本、技术密集型产业为主转化。因此，二元经济转型的过程与产业结构的转型升级过程大体上是相对应的。产业结构优化升级又往往伴随着人力资本投资和固定资本比重的增大，而无论是人力资本作用的增强，还是固定资本比重的增大都会对收入分配产生重要影响。所以，产业结构的优化与升级构成了二元经济转型过程中收入分配动态演变的又一实现机制。

（一）二元经济转型中产业结构演变

二元经济转型不仅是一个国家的工业化、城镇化和农业现代化过程，也是其产业结构的优化与升级过程。

在二元经济转型初期，现代工业部门弱小，农业劳动生产率和居民收入水平低下，社会有效需求集中于满足生存需要的农业和其他日用品产业上；同时，该时期的劳动力供给十分丰富，资本要素高度稀缺，企业使用劳动力相对于资本更加有利可图。因此，在二元经济转型初期，产业结构表现出以农业、轻纺工业为主导的劳动密集型特点。随着农业剩余劳动力不断向城市非农产业转移，二元经济转型进入刘易斯转折阶段，一方面，工资水平上涨使居民收入水平提高，温饱问题得以解决，人们的需求重点转向了非生活必需品，特别是耐用消费品；另一方面，劳动力供求关系变化导致用工成本上升，也使企业倾向投资于资本—劳动力比率高的产业，或采用劳动节约型的技术；加之城镇人口的大幅度增长，城镇基础设施建设也成为这一阶段投资需求的重点。基于上述原因，二元经济转型进入刘易斯转折阶段，产业发展的重点转向使用工业原料的资本品和耐用消费品的生产，这一阶段产业结构表现为以重化工业为主导的资本密集型特点。当一个国家或地区进入二元经济转型后期，随着社会进入高收入阶段，人们对精神生活、生活质量和生活环境的需求大为提高，消费需求的高层次性和多样性，促使高加工度产业、高新技术产业和现代服务业快速发展。同时，由于资源环境约束的增强、用工成本的进一步上升，企业也倾向于通过技术创新获利。因此，进入二元经济转型后期，产业结构呈现以高加工度工业、高新技术产业和现代服务业为表征的技术知识密集型特点。

（二）产业结构演变对收入分配的影响机制

产业结构的演变过程从本质上看，不外乎人力资本和物质资本在不同产业间的动态匹配过程。从要素密集使用程度的角度看，产业结构优化升级过程表现为从以劳动密集型产业为主向以资本、技术密集型产业为主的转型，这一转型过程会带来两个方面变化：一方面，产业升级对技术水平、技术手段及生产工艺提出较高要求，从而提高了对高技能劳动者的需求，导致人力资本投资伴随产业结构升级不断增加；另一方面，升级过程本身就是资本、技术要素在生产中被高度密集使用，其主要表现形式为资本、技术要素在生产投入量中所占比例提高，对生产活动影响程度加强，所以，固定资本比重会伴随产业结构升级不断增大。上述两方面变化既能通过影响劳资博弈力量对比来影响收入分配，又能通过提高劳动生产率从而为提高劳动者的收入水平奠定物质技术基础。

第一，产业结构演变影响了劳资博弈力量对比，进而影响收入分配。

在二元经济转型初期，以传统农业、轻纺工业为代表的劳动密集型产业占主导地位，生产力发展水平低，产业技术含量低。劳动密集型产业有两大特点，一是对劳动者的知识与技能要求不高；二是企业总资本中固定资本所占比重较小，流动资本所占比重较大。前者决定了在二元经济转型初期，劳动者主要从事的是不需要太多知识技能就足以应付的简单劳动，生产在没有高技能劳动者参与的情况下，大多可以顺利进行。所以，一方面，劳动者本身没有进行人力资本投资的动力；另一方面，企业也不会对劳动者进行投资、培训等，从而导致人力资本投资力度不大。生存工资中用于劳动者教育与培训的费用几乎可以忽略不计，资本对劳动的替代难度较低，劳动力所有者的博弈力量较弱。后者则使劳动者处于更加不利的地位，这是因为企业总资本中固定资本比重越小，企业停产对资本所有者造成的损失就越小，在这一条件下，劳动者退出博弈在失去就业机会的同时又很难对资本所有者形成实质性威胁，由此导致资本所有者在此时具有绝对的博弈优势，而劳动者则处于博弈弱势地位。也就是说，在二元经济转型初期，产业结构以劳动密集型为主，企业中固定资本比重较小与人力资本投资力度不大等特点形成了资强劳弱型的博弈力量格局，从而导致劳动者只能获得最低生存工资，随着资本积累规模的扩大，大部分经济发展的成果都被资本所有者们分享，劳资双方之间的收入分配差距不断拉大。

二元经济转型进入刘易斯转折阶段后，重化工业快速发展，产业的技术含量大幅度提升，产业结构以资本密集型为主。资本密集型产业一方面对劳动者的知识与技能提出了较高要求，人力资本投资力度增大；另一方面又导致企业总资产中固定资本所占比重不断增大。在这一阶段，随着人力资本投资的增加，劳动力中高技能劳动者的比例增加，资本对劳动的替代难度逐渐加大，劳动者的博弈力量也逐渐增强；而企业中固定资本比重增加，劳动者退出博弈会对资本所有者构成较强威胁。在上述两方面共同影响下，劳资博弈力量对比发生变化，劳资收入上涨的幅度会有所不同。当工资上涨幅度低于利润率上涨幅度时，劳资双方收入分配差距还会继续扩大，但当劳动者博弈力量的增强使工资上涨幅度等于或高于利润率上涨幅度时，劳资双方的收入分配差距就会停止扩大，甚至有所减小。

在二元经济转型后期，产业结构类型通常以资本密集型为主并逐步向技术密集型转变，或已升级为以技术密集型产业为主导。产业结构进一步升级对劳动者的知识与技能提出了更高的要求，使二元经济转型后期人力资本投资力度大幅度增加。这不仅增加了工资收入中用于培训与教育的费用，更重要的是人力资本投资加大了资本对劳动的替代难度，使劳动与资本更多地表现出互补的一面，从而进一步增强劳动者博弈力量，有利于增加劳动者的工资收入。同时，产业结构的继续升级还会使企业总资产中固定资产的比重进一步加大，这会使劳动者退出博弈所造成的停产损失对资方构成强有力的威胁，从而加强劳动者的博弈力量，有利于劳动者的权益保护。这样一来，到了二元经济转型后期，工人工资的上涨幅度会超过资本家利润的上涨幅度，劳资之间收入分配差距逐步呈现缩小趋势。

第二，在产业结构演变过程中，劳动生产率的变化影响收入分配。

随着产业结构的升级，人力资本投资的力度逐步加大，劳动生产率提高，劳动者的收入水平也随之提高。这是因为人力资本投资可以提高劳动者的知识与技能水平，提高劳动生产率，从而为劳动者收入水平的提高提供基础保障。在生产过程中所投入的劳动本质上是劳动者体力与智力消耗的组合。人力资本投资可以提高劳动者的认知能力，使劳动者的学习能力、工作能力、创新能力更强；人力资本投资还可以改善劳动者身体素质，使劳动力再生产得以顺利进行。所以，随着人力资本投资的增加与人力资本作用的增强，劳动生产率会不断提高。对于收入分配而言，无论采取何种分配原则，工人工资水平的提高都要以劳动生产率为基础，人力资本投资的增加便为劳动者收入水平的提高奠定了生产率基础。

在二元经济转型初期，劳动者主要从事的是不需要太多知识技能就足以应付的简单劳动，生产力水平极其低下，劳动生产率很低，从理论上讲，低劳动生产率意味着低收益，劳动者收入水平低下，再加上这一阶段的劳弱资强博弈格局，劳动者收入只能维持在生存工资水平。

当二元经济转型进入刘易斯转折阶段后，农业剩余劳动力进一步转移，由于此时转移的为边际生产率大于零但小于制度工资的那部分劳动力，所以，在其他条件不变的情况下，农业的总产出水平会有所下降，农业剩余减少，但需要供养的城市人口增加了，因此农产品会出现短缺，从而使农产品价格上升，带动劳动者的生存成本上升；农业剩余劳动力转移后，农业的平均劳动生产率会有所提高，农业的生存工资水平会有所增长，这就使工业工资必须有所上涨才能保证持续的劳动力供给，工业部门工资在这两方面动力的作用下会有所增加，而这种工资上涨的态势也给资本所有者带来压力，资方若想使利润率在原有的基础上保持不变或有所提高，就必须通过技术进步来降低单位产品成本，以弥补因工资上涨造成的利润损失。一方面，技术创新提高了对高技能劳动者的需求；另一方面，新技术、新工艺的传播和使用也提高了对劳动者知识技能的要求。这就使企业和劳动者本人都被激励着进行人力资本投资。人力资本投资促使劳动生产率提高，进而增加产出，提高利润率，提高劳动者收入水平，因此这一阶段劳动者收入增长速度较快，劳资双方收入差距加大的趋势得以缓解。

在二元经济转型后期，资本、技术密集型产业在国民经济中的地位进一步提高，使社会对高技能劳动者的需求进一步加大。与转折时期相比，人力资本投资力度更大，高技能劳动者所占比重更高。人力资本投资使劳动生产率更高、社会总产出更高，这是收入水平进一步提高的前提和基础。一方面，根据人力资本理论，[①] 人力资本的劳动边际生产率不会递减，而是可能增加，所以人力资本水平高的劳动者的工资水平会随人力资本投资量的增加不断提高；另一方面，物质资本的边际产出减少，所以在这一时期，物质资本所有者的收入增长幅度要小于人力资本所有者的工资增长幅度；劳资双方收入差距逐步缩小。

第三，在产业结构演进中，人力资本投资成本与投资风险的变化影响收入分配。

在产业结构演变的不同阶段，人力资本的投资成本和投资风险的大小也不相同。人力资本投资成本包括直接成本、机会成本和心理成本，其中进行人力资本投资所放弃的工资性报酬是其主要构成部分。与物质资本投资相比，人力资本形成的时间更长，可能需要几十年，甚至伴随人的一生。这意味着人力资本投资与物质资本投资相比，风险性更大。人力资本投资的风险因素大致可分为两个方面，一是生命意外风险，二是市场风险。就生命意外风险而言，由于人力资本蕴含于人体之中，而人的生命过程具有不确定性，一旦发生伤亡意外事件，所积累的人力资本就会全部消失。就市场风险而言，市场运行的过程也具有不确定性，比如现期对短缺人力资

---

① 〔美〕西奥多·W. 舒尔茨：《论人力资本投资》，吴珠华等译，北京经济学院出版社，1990，第9~13页。

本进行投资，将来这种人力资本可能过剩，这种市场对于人力资本供给反应的滞后性会经常性地造成人力资本供求不平衡或职位匹配性差的问题。这些风险一旦发生就会为人力资本投资者带来损失，尤其是对于那些流动性较差的专用性人力资本投资者，其遭遇风险时的损失会更大。根据贝克尔的分析，只有预期收益率大于无风险资产的利息率及相应风险升水再加上流动性便利的总和时，理性经济人才会进行人力资本投资。所以，人力资本投资收益中需要包含风险升水因素，人力资本投资者应获得更高的收益。人力资本投资成本需要补偿，并包含风险升水因素，所以人力资本投资收益率应高于物质资本投资收益率。在二元经济转型初期，以劳动密集型产业为主导的经济中，劳动者几乎没有进行人力资本投资，也不需要成本补偿，所以，劳动者的制度工资中几乎不包含教育与培训费用，工资水平十分低下。进入刘易斯转折阶段后，随着劳动力转移到工业部门，工业部门对劳动者的人力资本水平要求较高，高层次人力资本的需求增大，人力资本投资的力度加大，人力资本投资成本需要得到补偿且包含风险升水的因素，所以这一时期劳动者收入水平有所提高，提高幅度应大于物资资本所有者。在二元经济转型后期，技术密集型产业对人力资本存量的要求更高，市场对高技能劳动者的需求更大，劳动者继续增加人力资本投资，增加的这部分投资成本需要补偿，工资中包含更多风险升水因素，劳动者收入更高。工资水平的提高也使劳动者可支配收入更多，从而有能力加大对人力资本的投资力度，进而使得资本与劳动的互补性更强，高技能劳动者供求关系变化，劳动者收入增长速度更快，人力资本所有者与物质资本所有者的投资收益差距缩小，而这一阶段的劳动者中高技能劳动者比重大，所以劳动双方收入差距呈现缩小态势。

三　政府政策选择及其影响

政府的政策选择是由政府所追求的利益或其目标决定的，根据新政治经济学的国家理论，政府与企业一样也要实现自身利益的最大化。政府的利益诉求主要表现在两方面：一是政治支持最大化；二是税收收入最大化。要实现政治支持最大化，政府必须考虑不同利益集团的博弈力量对比；要实现税收收入最大化，政府必须促进经济增长以求得社会产出最大化。在二元经济转型的过程中，由于劳资之间的博弈力量对比不同，经济增长所面临的约束条件或主要矛盾不同，政府的制度安排与政策选择就会存在差异。政府政策会根据二元经济转型的发展而适时进行调整，从而会影响二元经济转型中收入分配的变化。

在二元经济转型初期，社会发展所面临的客观条件是：农业部门存在大量的劳动边际生产率为零的剩余劳动力，劳动力供给呈现无限性的特征，资本极度稀缺，生产技术水平低下。带来的结果是，劳动者在劳资双方博弈力量对比中处于绝对劣势地位。实现社会产出最大化的主要约束条件是资本短缺，经济发展的主要任务是通过资本积累实现对丰裕劳动力资源的有效利用与合理配置。在这种情况下，各国政府的制度安排与政策选择都会把促进资本积累作为首要任务。原因是显而易见的，首先，二元经济转型初期资本稀缺、劳动丰裕的要素禀赋特点决定了政府要获得税收收入的最大化就必须实行促进资本积累的政策，推动经济的增长。其次，从获得政治支持最大化的角度考虑，政府也需要实行促进资本积累的政策，这是因为，一方面，劳动力无限供给的状态使资本所有者处于博弈强势地位，而促进资本积累政策能够使资本所有者的利益诉求得到更好实现，这便导致政府的制度安排能够得到博弈强势集团的政治支持；另一方面，对于劳动力所有者而言，在二元经济转型初期，劳动力无限供给状态不仅决定了劳动者处于博弈弱势地位从而只能获得生存工资，而且决定了此时劳动者的利益诉求表现在对就业机会（也是生存机会）的争取上，还谈不上追求更高权益的实现。如果政府在这一阶段出台了旨在提高劳动者权益的政策安排，只能使资本积累过程因为劳动力成本的上升而面临困境，从而使劳动力所有者因为劳动力需求的下降而面临更大的就业与生存压力。所以此时，政府实行促进资本积累的政策安排是保证劳动者基本生存权利的理性选择，也正因如此，政府才能获得最广大劳动者的政治支持，并最终实现政治支持的最大化。

由此可见，在二元经济转型初期，各国政府的制度安排与政策选择都会把促进资本积累作为首要任务。而这种制度安排与政策选择又会增强资本所有者的博弈力量，从而使二元经济转型初期的劳动者只能通过生存工资实现劳动力再生产，却无法分享经济发展成果，劳资之间的收入分配差距由此扩大。

当二元经济转型进入刘易斯转折阶段，伴随着农村"隐性失业"者向工业部门的转移以及工业资本积累规模的扩大，社会发展的客观条件发生了较大变化，政府的制度安排与政策选择也会发生相应调整，主要表现为如下几点。

第一，劳动力就业压力有所缓解，劳动者因为分工的不同而具有了团结的可能，务农收入的提高、劳动力成本的上升与平均劳动生产率的上涨导致工人工资水平增加，这些都会导致劳动者在劳资博弈格局中的地位得以提升。在这种情况下，面对虽然提高了但仍摆脱不了生存水平限制的工资收入，劳动者势必会团结起来与资本家集团进行谈判，以追求更高的生活质量和更好的工作条件。然而，在二元经济转折阶段，资本家的强势地位依然明显，原因是农业部门还存在劳动边际生产率低于生存工资水平的剩余劳动力。因此，劳资谈判的结果往往以劳动者的失败而告终，劳动者的利益诉求不能得到满足，由此便难以避免地导致劳资冲突事件的发生、带来劳资关系的不平衡。而劳资关系失衡会在不同程度上影响劳动过程的顺利进行，甚至使劳动过程陷入瘫痪，不仅损害企业与劳动者的经济利益，而且会给社会带来一定损失，影响经济增长速度，降低经济发展水平，并影响社会的和谐与稳定。由此推论，在二元经济转折阶段，在劳动者博弈力量有所提高的状态下，政府不仅会为了获得政治支持的最大化而加大对劳动者利益诉求的关注，还会出于降低劳资关系失衡对经济与社会产生的负面影响的考虑而倾向于保护劳动者的权益。

第二，"粮食短缺点"的出现使农业部门成为国民经济发展的"瓶颈"。在二元经济转型过程中，劳动力的再配置建立在农业与非农业两大部门通过部门间商品、金融与劳动力市场进行相互作用的基础上，这种相互作用过程一方面是对劳动力的吸引，另一方面是劳动力的释放。前者注重工业部门对劳动力的吸收，即通过资本积累和（或）技术变化提供就业机会；后者则强调传统农业部门的作用，即生产充足食物以供养由农业部门释放而形成的新增城市人口。当二元经济转型进入刘易斯转折阶段，劳动边际生产率大于零的农村剩余劳动力的非农化转移会带来农业产出的下降，由此导致的粮食短缺容易使工业部门的劳动力再生产受阻，二元经济转型过程就会面临中止的风险，解决这一问题的出路则在于实现农业的现代化。因此，在这一阶段，政府的制度安排与政策选择会向农业部门倾斜，帮助农业部门加快迈入现代化增长阶段。

第三，二元经济转型初期收入差距的持续扩大，使经济增长的需求约束日益严重。经济增长在一定程度上取决于本国需求的增长，而需求的增长在收入分配差距扩大的条件下会受到抑制。这是因为，在边际消费倾向递减规律的作用下，富人的边际消费倾向通常低于穷人的边际消费倾向。穷人的消费是最基本的消费，穷人之所以穷，是因为在穷人的收入中基本生活资料花费占了相当大的比重，而富人之所以富，在于富人早已超越了基本需求层次，基本生活资料消费在其收入中所占比例不大。因此，贫富差距越大，全社会边际消费倾向就会越小，总的消费量就会不足。从这一点出发，政府在这一阶段的政策选择会倾向于缩小收入分配的差距。这既包括在初次分配领域注重促进农民与工人收入水平的提高，还包括在再分配领域对收入分配差距进行调节。

总之，当二元经济转型进入刘易斯转折区间，在劳动者的博弈力量有所增强，特别是在"粮食短缺点"出现以及转型初期收入差距扩大的后续影响下，经济增长的需求约束与农业弱质性约束不断出现并加强，政府的制度安排与政策选择会开始发生有利于劳动者和农业部门的调整，这便导致全社会收入分配差距具有了平稳下来的可能。

到了二元经济转型后期，劳动力从无限供给变为相对短缺，劳动者在劳资博弈中的力量进一步提高，技术进步与创新成为推动经济增长与发展的主要力量，劳动力素质随着人力资本投资的增加而不断加强，收入分配差距扩大所带来的社会矛盾给经济增长造成的负面效应进一步恶化，经济增长的需求约束和农业弱质性制约更加突出。上述这些方面的变化使政府的制度安排与政策选择发生重大调整，突出表现在：第一，加大对劳动者基本权益的保护力度，逐步建立起劳工基准制度、集体协商与集体谈判制度以及劳动争议处理制度，劳资关系调整制度逐步完善；第二，进一步缩小劳资双方之间与工农之间的收入分配差距，逐步完善收入再分配政策，收入分配调节体系更加健全；第三，不断提高对农业部门的支持力度，实施农业现代化政策，推进农业生产的机械化进程，从资金、知识与技术等多个方面加大对农业部门的支持。完成了二元经济转型的发达国家大多都经历了上述政策选择的调整。由此可见，二元经济转型进入后期阶段后，在政府制度安排与政策选择调整的作用下，社会收入分配差距必然会出现逐步缩小的趋势。

第四章 二元经济转型中收入分配
演变的经验实证

　　本章主要考察典型国家和地区在二元经济转型中收入分配的动态演变，分析的思路是，首先判断各典型国家和地区二元转型的转折点和刘易斯区间，再分析各国家和地区在二元经济转型中的收入分配演变。我们选择典型国家和地区考虑的是，虽然最初的二元经济理论主要研究的是发展中国家经济，但历史地考察，当今的发达国家和地区也经历过不发达时期，因此我们考察的范围也涵盖了成功完成二元经济转型的发达国家和地区。这就正如金德尔伯格（Kindleberger）所说，刘易斯的理论本来是以发展中国家为对象展开的，但对欧洲大陆的发达国家更具有适用性。[①] 我们将所选择的典型国家和地区分为三大类：先行工业化中完成二元转型国家、后起工业化中完成二元转型的国家和地区以及拉美国家。其中在先行工业化中完成二元转型的国家中选择了一批最先开启并完成二元经济转型的国家，包括英国、法国和德国。这些国家转型的初始条件、转型道路等并不完全相同，但作为先行者，为后起国家提供了转型的经验、教训和启示。

　　针对后起工业化中完成二元经济转型的国家和地区我们选择了日本、韩国和中国台湾地区。20世纪50~70年代，这些国家和地区创造了持续20多年的经济高速增长奇迹，成为继先行工业化国家之后，第二批完成二元经济转型的国家和地区。这几个后起工业化国家和地区普遍具有劳动力过剩、自然资源匮乏、转型发展速度快等特征，这对于地缘与文化价值取向

---

　　① 〔日〕南亮进：《日本的经济发展》，景文学译，对外贸易教育出版社，1992，第11页。

相近国家的二元经济转型具有很强的借鉴意义。

拉美地区是世界上最大的发展中国家聚集区，由于地缘的相对独立，该区域各国经济发展表现出强烈的内部一致性和与其他区域发展中国家高度的外部区别性并存的特点。本书选取了巴西和墨西哥这两个最大的拉美经济体进行考察，选择的理由是，这两个国家是拉美地区人口最多、实力最强且发展潜力巨大的两个国家，而且根据世界银行统计，巴西和墨西哥已经进入中高等收入水平国家行列，在发展阶段上也与我国相似。因此巴西和墨西哥在二元经济转型中的经验和教训，对我国也有较强的参考和借鉴意义。

第一节　先行工业化国家二元经济转型与收入分配演变

英国、法国、德国等先行工业化国家，是世界上最早开启并实现二元经济转型的国家，但是各国转型的初始条件、转型路径和特点不尽相同，英国作为先驱者，其二元经济转型由最初的对抗冲突到引导疏解，再到完成二元经济转型的探索，为其他国家的二元经济转型提供了宝贵的经验。法国艰难、缓慢而持续性地从农业国过渡到工业化国家，其二元经济转型的基本特点是缓慢性、渐进性和区域异质性。相对于英国和法国，德国[①]的工业化进程和二元经济转型虽然开始得较晚，但进展迅速。

一　先行工业化国家刘易斯转折点的判断

对一国二元经济转折区间的判断，也就是对刘易斯第一转折点和刘易斯第二转折点出现时间的判断。依据日本经济学者南亮进提出的判断准则[②]

---

① 若没有特别强调，本书所指的德国，1834～1871年为普鲁士王朝，1871～1949年为德意志帝国，包括1871～1918年的德意志第二帝国、1918～1933年的魏玛共和国和1933～1945年的德意志第三帝国，1949～1990年为联邦德国，不包含民主德国，1990年以后为东西德统一之后的德意志联邦共和国。

② 南亮进提出的判断转折点的准则包括：一是农业部门工资与劳动边际生产力的比较；二是农业部门工资和边际生产力之间的相关关系；三是农业部门实际工资的动向；四是工资差别的变化；五是农业部门对工业部门劳动供给的弹性。参见〔日〕南亮进《经济发展的转折点：日本经验》，景文学译，社会科学文献出版社，2008，第45～47页。

三——以农业部门实际工资的动向作为判断标准，即农业部门的实际工资开始缓慢上升，说明到达了刘易斯第一转折点；结合判断准则三和判断准则五——农业部门对工业部门劳动供给的弹性，即当农业部门和工业部门实际工资加速上升时，农业剩余劳动力供给速度减慢，流出规模变小，说明到达了刘易斯第二转折点。因此对农业部门实际工资水平的判断，是考察刘易斯第一转折点的重要依据，而对农业劳动力比重变化的判断，则是考察刘易斯第二转折点的重要依据。

1. 英、法、德刘易斯第一转折点的判断

（1）英国刘易斯第一转折点的判断

按照刘易斯的研究，从工业革命至 1820 年的 50 多年的时间里，英国农业剩余劳动力大量向工业部门转移，而产业工人工资水平却保持了相对稳定，刘易斯以此作为英国存在大量劳动边际生产率为零的农业剩余劳动的证据。[①] 根据 B. R. 米切尔的统计[②]，考虑到经济因素和货币因素对实际工资水平的影响，本书把 1900 年的消费价格指数作为 100，重新估算了英国 1785～1900 年的农业部门实际工资指数，得出图 4－1。

图 4－1 反映了从 1855 年开始英国农业部门实际工资指数开始持续地缓慢上升，根据南亮进的判断准则三，英国刘易斯第一转折点出现时间是在 19 世纪 50 年代中期。

（2）法国刘易斯第一转折点的判断

1815 年之后，法国逐渐从战争状态恢复到和平状态，1830 年法国开始启动工业化，二元经济转型进程正式拉开帷幕。由于数据可得性限制，无法直接考察法国农业部门实际工资指数的发展变化，本书以 B. R. 米切尔[③] 的统计为依据，通过考察非熟练工人比重较大的法国工人实际工资指数的

---

① W. A. Lewis, "Economic Development with Unlimited Supplied of Labor", *The Manchester School of Economic and Social Studies* 2 (22), 1954, pp. 139 – 191.

② 〔英〕B. R. 米切尔：《帕尔格雷夫世界历史统计：欧洲卷 1750～1993》，贺力平译，经济科学出版社，2002，第 76～83 页。

③ 〔英〕B. R. 米切尔：《帕尔格雷夫世界历史统计：欧洲卷 1750～1993》，贺力平译，经济科学出版社，2002，第 116～125 页。

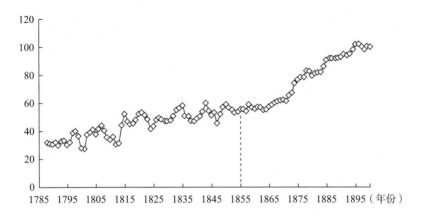

图 4 - 1　1785 ~ 1900 年英国农业部门实际工资指数

资料来源：〔英〕B. R. 米切尔：《帕尔格雷夫世界历史统计：欧洲卷 1750 ~ 1993》，贺力平译，经济科学出版社，2002，第 76 ~ 83 页。

变化情况，来估计法国刘易斯第一转折点出现的时间。经过整理，并把 1900 年的消费价格指数作为 100，剔除价格因素变动的影响，得到反映 1840 ~ 1913 年法国工人实际工资指数变化情况的图 4 - 2。

图 4 - 2 表明，1840 ~ 1860 年，法国工人实际工资指数一直很低，处于震荡波动的状态。1860 年以后，工人实际工资指数开始有了小幅上升，1870 年以后开始加快上升。马胜祥的研究结论表明，1860 年以后法国城市工人的名义工资不断增加，而生活必需品的价格不断下降，所以工人实际工资是上升的。[①] B. R. 米切尔的统计数据也表明，1860 ~ 1910 年，法国吸纳非熟练劳动力人数最多、最大的纺织中心城市——里昂的工人名义工资上涨了 10%，而物价指数平均只上涨 0.9%，因此里昂工人的实际工资确实是上涨了。根据法国工人实际工资指数的变化，可以初步判断，法国刘易斯第一转折点出现在 1860 年左右。

（3）德国刘易斯第一转折点的判断

19 世纪 30 年代以前的德国是一个典型意义上的农业国家，1834 年关税联盟的建立，标志着产业革命起步，由此开启了德国从农业国向工业国转变的

[①]　马胜祥：《法国现代化（下册）》，河北人民出版社，2004，第 35 ~ 42 页。

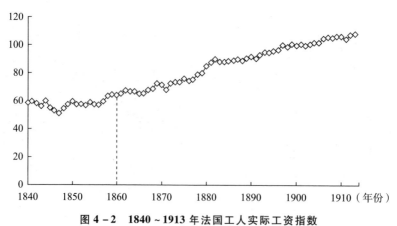

图 4 - 2　1840～1913 年法国工人实际工资指数

资料来源:〔英〕B.R. 米切尔:《帕尔格雷夫世界历史统计（欧洲卷）1750～1993 年》,贺力平译,经济科学出版社,2002,第 116～125 页。

二元经济转型进程。对德国农业部门实际工资变化情况的考察数据来自 B.R. 米切尔[①]的统计,并以"1900 = 100"的消费物价指数剔除掉价格因素变动的影响,可以得到反映 1850～1914 年德国农业部门实际工资指数变化的图 4 - 3。

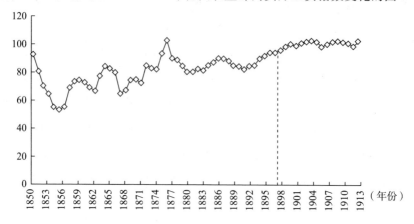

图 4 - 3　1850～1914 年德国农业部门实际工资指数

资料来源:〔英〕B.R. 米切尔:《帕尔格雷夫世界历史统计（欧洲卷）1750～1993 年》,贺力平译,经济科学出版社,2002,第 211～228 页。

根据图 4 - 3,1898 年之前,德国农业部门工人实际工资指数波动幅度

---

① 〔英〕B.R. 米切尔:《帕尔格雷夫世界历史统计（欧洲卷）1750～1993 年》,贺力平译,经济科学出版社,2002,第 211～228 页。

较大。1898 年以后，德国农业部门工人实际工资指数出现了明显的持续稳定上升，这意味着德国在 1898 年到达刘易斯第一转折点。

2. 英、法、德刘易斯第二转折点的判断[①]

刘易斯第一转折点之后，工农两大部门实际工资均会逐渐提高，工业部门较高的工资会吸引农业剩余劳动力进一步流入。随着农业剩余劳动力总量不断下降，转移速度逐渐趋缓，农业劳动力占比下降速度减缓时，就到达刘易斯第二转折点。所以，可以结合南亮进的判断准则五——农业部门对工业部门劳动供给的弹性，来判断刘易斯第二转折点出现的时间。

（1）模型设定

为了考察随着经济发展农业劳动力占比的变动，建立人均国民生产总值与农业劳动力比重的模型，模型设定为：

$$Lp_t = \beta_0 + \beta_1 \times lgdp_t + \beta_2 \times lgdp_t^2 + \beta_3 \times lgdp_t^3 + \mu_t \qquad (4-1)$$

其中 Lp_t 是被解释变量，代表一国历年农业劳动力比重；gdp_t 代表一国历年人均国内生产总值，$lgdp_t$ 代表对 gdp_t 取对数，μ_t 为随机误差项。另外，为体现农业劳动力转移先加速后减速的规律特点，设定参数 $\beta_1 > 0$，$\beta_2 < 0$，$\beta_3 > 0$。随着经济增长，一国农业劳动力比重变化体现了该国农业劳动力的转移速度，为 $dLp_t/d\ lgdp_t = \beta_1 + 2\beta_2 \times lgdp_t + 3\beta_3 \times lgdp_t^2$，刘易斯第二转折点是满足随着经济增长，该国农业劳动力转移速度的变化程度为零的点，即模型对 $lgdp_t$ 的二阶导数等于零的点，即满足 $lgdp_t = -\beta_2/3\beta_3$。

（2）数据来源及说明

英国的农业劳动力比重（Lp_{et}）数据根据迪恩和科尔（Deane P.，Cole W. A.）的著作中的数据计算得到，人均国内生产总值（gdp_{et}）源于麦迪森的《世界经济千年统计》。选取麦迪森数据的原因在于其数据在较长时间具有的相对一致口径，并且本书用 1990 年国际元[②]处理了通货膨胀与汇率问

---

① 孙亚南：《二元经济转型国际比较研究》，辽宁大学博士学位论文，2015。

② 国际元，又称吉尔里 - 哈米斯元（Geary - Khamisdollar），是在特定时间与美元有相同购买力的假设通货单位，通常以 1990 年或 2000 年作为基准，本书数据以 1990 年国际元计。国际元是基于通货购买力平价（PPP）与日常用品国际平均价格的双生概念，国际元和国际汇率皆可用于比较各国人均国内生产总值，不过在比较各地生活水平时，国际元比国际汇率要更准确。

题以及边界和人口问题，使数据具有横向和纵向的可比性。数据跨度为1801~1911年，中间间隔10年。法国农业劳动力比重（Lp_{ft}）是根据弗朗索瓦·卡龙等文献资料整理得到[①]，人均国内生产总值（gdp_{ft}）根据麦迪森数据获得。数据跨度为1861~1972年，选取数据的中间间隔大约为5年。德国的农业劳动力比重（Lp_{gt}）是从王章辉等文献资料中整理得到[②]，人均国内生产总值（gdp_{gt}）根据麦迪森数据获得。数据跨度为1852~1966年，选取数据的中间间隔大约为5年，其中两次世界大战期间数据不详。先行工业化国家各变量的统计性描述如表4-1所示。

表4-1 先行工业化国家各变量的统计性描述

国家	变量	平均数	最大值	最小值	标准差
英国	Lp_{et}	0.2014	0.3540	0.0860	0.0916
	gdp_{et}	2824.33	4709.00	1482.00	1162.50
法国	Lp_{ft}	0.3571	0.5100	0.1200	0.1284
	gdp_{ft}	4804.20	12539.00	1769.00	3228.25
德国	Lp_{gt}	0.3603	0.5500	0.1020	0.1247
	gdp_{gt}	3537.32	9388.00	1426.00	2047.51

[①] 具体根据以下文献整理得到：中国科学院中国现代化研究中心：《世界现代化进程的关键点》，科学出版社，2010，第110页；〔美〕西里尔·E. 布莱克：《比较现代化》，杨豫译，上海译文出版社，1996，第117、130、145~152页；〔英〕彼得·马赛厄斯、M.M. 博斯坦：《剑桥欧洲经济史（第七卷：上册）》，徐强译，经济科学出版社，2004，第345~358页；〔法〕弗朗索瓦·卡龙：《现代法国经济史》，吴健良等译，商务印书馆，1991，第229~238页；滕淑娜、顾銮斋：《法国农业经济政策的历史考察》，《史学集刊》2011年第4期；王章辉、孙娴：《工业社会的勃兴：欧美五国工业革命比较研究》，人民出版社，1995，第109~113页；王章辉、黄柯可：《欧美农村劳动力的转移与城市化》，社会科学文献出版社，1999，第203~215页。

[②] 具体根据以下文献整理得到：王章辉、黄柯可：《欧美农村劳动力的转移与城市化》，社会科学文献出版社，1999，第58、78~84、113~178页；罗莹：《德国现代化进程研究》，中国市场出版社，2004，第126~150页；戎殿新等：《各国农业劳动力转移问题研究》，经济日报出版社，1989，第117~138页；李工真：《德意志道路——现代化进程研究》，武汉大学出版社，1997，第115~138、256~289、315~355页；谭崇台：《发达国家发展初期与当今发展中国家经济发展比较研究》，武汉大学出版社，2008，第135~158、278~328页；〔英〕彼得·马赛厄斯、M.M. 波斯坦：《剑桥欧洲经济史（第七卷：上册）》，徐强译，经济科学出版社，2004，第108~147页。

（3）模型估计结果及分析

利用 Eviews 6.0 软件分别对三国模型进行估计。通过一阶差分消除自相关后得到英国模型为：

$$Lp_{et} = -176.5337 + 65.6576 \times lgdp_{et} - 8.1329 \times lgdp_{et}^2 + 0.3356 \times lgdp_{et}^3$$

$$(-3.33) \qquad (3.30) \qquad (-3.28) \qquad (3.25)$$

$$\overline{R}^2 = 0.99,\ F = 508.11,\ DW = 2.09 \qquad\qquad (4-2)$$

从模型回归结果看，该模型的拟合优度较高，方程总体通过显著性检验，$lgdp_{et}$、$lgdp_{et}^2$、$lgdp_{et}^3$ 在 5% 的显著性水平下通过 t 检验，显著不为零。$lgdp_{et}$ 的系数 65.6576 > 0，$lgdp_{et}^2$ 的系数 -8.1329 < 0，$lgdp_{et}^3$ 的系数 0.3356 > 0，满足设定模型的理论预期。英国农业劳动力转移的刘易斯第二转折点出现在 $lgdp_{et} = -\beta_2/3\beta_3 = 8.08$，即 $gdp_{et} = e^{8.08} = 3229.23$ 国际元处，根据英国人均国内生产总值的数据，其人均国内生产总值 1869 年开始超过 3000 国际元，为 3031 国际元，1870 年为 3190 国际元，1871 年为 3332 国际元，[1] 因此，我们大致估算英国刘易斯第二转折点出现在 19 世纪 70 年代初左右。

通过二阶差分消除自相关后得到法国模型为：

$$Lp_{ft} = -19.1983 + 7.2285 \times lgdp_{ft} - 0.8638 \times lgdp_{ft}^2 + 0.0334 \times lgdp_{ft}^3$$

$$(1.8172) \qquad (-1.8282) \qquad (1.7876)$$

$$\overline{R}^2 = 0.99,\ F = 356.32,\ DW = 2.02 \qquad\qquad (4-3)$$

从模型回归结果看，该模型拟合优度较高，方程总体通过显著性检验，$lgdp_{ft}$、$lgdp_{ft}^2$、$lgdp_{ft}^3$ 在 10% 的显著性水平下通过 t 检验，显著不为零。$lgdp_{ft}$ 的系数 7.2285 > 0，$lgdp_{ft}^2$ 的系数 -0.8638 < 0，$lgdp_{ft}^3$ 的系数 0.0334 > 0，满足模型的理论预期。法国刘易斯第二转折点出现在 $lgdp_{ft} = -\beta_2/3\beta_3 = 8.62$，即 $gdp_{ft} = e^{8.62} = 5541.39$ 国际元处，根据法国人均国内生产总值的历史数据，其人均国内生产总值 1950 年开始超过 5000 国际元，为 5271 国际

---

[1] 〔英〕安格斯·麦迪森：《世界经济千年统计》，伍晓鹰译，北京大学出版社，2009，第 89 ~ 118 页。

元，1951 年为 5553 国际元，1962 年为 5659 国际元，[①] 因此，大致估算法国的刘易斯第二转折点出现在 20 世纪 50 年代初左右。

通过二阶差分消除自相关后所得德国模型为：

$$Lp_{gt} = -40.1870 + 15.5854 \times lgdp_{gt} - 1.9571 \times lgdp_{gt}^2 + 0.0803 \times lgdp_{gt}^3$$

$$(1.83) \qquad\qquad (-1.79) \qquad\qquad (1.81)$$

$$\overline{R}^2 = 0.95, \ F = 76.07, \ DW = 2.02 \qquad\qquad\qquad (4-4)$$

从模型回归结果看，该模型拟合优度较高，方程总体通过显著性检验，$lgdp_{gt}$、$lgdp_{gt}^2$、$lgdp_{gt}^3$ 在 10% 的显著性水平下通过 t 检验，显著不为零。$lgdp_{gt}$ 的系数 15.5854 > 0，$lgdp_{gt}^2$ 的系数 -1.9571 < 0，$lgdp_{gt}^3$ 的系数 0.0803 > 0，满足模型的理论预期。德国刘易斯第二转折点出现在 $lgdp_{gt} = -\beta_2/3\beta_3 = 8.1241$，即 $gdp_{gt} = e^{8.1241} = 3374.83$ 国际元处，根据德国人均 GDP 的历史数据，德国 1910 年时人均 GDP 达到了 3348 国际元，1911 年时为 3408 国际元。因此，大致判断德国的刘易斯第二转折点出现在 20 世纪头十年初左右。

二 先行工业化国家二元经济转型中收入分配的演变

二元经济转型中推动各国收入分配演变的根本动力是生产力发展，研究表明，[②] 在转型初期，农业劳动生产率十分低下，农业剩余劳动力无限供给，农业部门和工业部门都实行的是制度工资，其中，农业部门的工资由平均劳动生产率决定，是一种仅够维持劳动力再生产的生存工资。城市工业部门的工资水平取决于工业部门的劳动边际生产率，但在农业部门劳动力无限供给压力下，工业部门的工资也是维持在生存的水平，其下限等于农业部门的生存工资。考虑到城市较高的生活成本、劳动力的乡城迁移成本和吸引劳动力转移的激励性因素，工业部门与农业部门之间的工资差额通常是 30% 左右。[③] 随着农业劳动力非农转移和资本积累规模的扩大，

---

① 〔英〕安格斯·麦迪森：《世界经济千年统计》，伍晓鹰译，北京大学出版社，2009，第 89 ~ 118 页。

② 张桂文、孙亚南：《二元经济转型中收入分配的演变》，《中国人口科学》2012 年第 4 期。

③ 〔美〕威廉·阿瑟·刘易斯：《二元经济论》，施炜等译，北京经济学院出版社，1989，第 115 页。

工人与资本家间的收入差距不断拉大，从而形成倒 U 形曲线的前半段轨迹。当边际生产率为零的农业剩余劳动力全部转移到城市工业部门时，二元经济转型到达刘易斯第一转折点。跨入刘易斯转折区间以后，农业劳动边际生产率大于零，进一步转移农业劳动力一方面会通过农业产出的减少带动农产品价格上升；另一方面又会提高平均劳动生产率，使工农业部门生存工资出现上涨。从这一阶段开始，工业资本家为了化解工资上涨压力，首选手段是推行技术创新，以降低用工成本，从而使资方有可能在利润率不变或有所提高的条件下提高工人的工资水平。另外，工人不断增多，工会组织出现，代表工人与资本家进行博弈的力量增强，工人工资水平上涨幅度会等于或超过利润率上涨幅度，劳动者与资本家之间的收入差距就不再继续扩大甚至有所缩小。当农业剩余劳动力全部转移到工业部门之后，二元经济转型就到达了刘易斯第二转折点。此时由于劳动力短缺，农业部门的劳动边际生产率加快上升并超过生存水平，由劳动边际生产率决定的工资水平快速上升。在工业部门，由于劳动相对于资本更为稀缺，劳动边际产出相对增加，工人工资水平加快上升，导致劳动者与资本家之间的收入分配差距趋于缩小，从而形成倒 U 形曲线的后半段轨迹。

值得注意的是，进入刘易斯转折区间以后，随着劳动力成本上升和资本积累规模扩大，企业利润率出现的下降趋势会逼迫企业进行技术创新，逐步实现资本对劳动的替代，产业结构逐步由劳动密集型主导升级为资本密集型主导。与劳动密集型产业相比，一方面，资本密集型产业对劳动者的知识与技能要求较高，这就要求大幅度增加人力资本投资。增加人力资本投资不仅增加了工资收入中的培训与教育费用，而且可以提高劳动生产率，加大资本对劳动的替代难度，从而有利于增加劳动者的工资收入。另一方面，资本密集型产业的企业固定资本比重较大，在劳资博弈中，劳动者退出博弈所造成的停产损失对资方是强有力的威胁，因此劳动者的博弈力量增强有利于劳动者保护自身权益。另外，进入刘易斯转折区间之后，劳动力从无限供给变为相对短缺，经济增长的需求约束、资源约束和农业弱质性制约更加突出，社会收入分配差距过大会使社会矛盾日益加剧，政府必须对有关的制度安排与政策选择进行重大调整，如建立和完善保护劳动者权益的制度体系、加大收入再分配的调节力度、加大对农业部门的支持力度等。完成二元经济转型的发达国家和后起工业化经济体大多发生过上述制度安排与政策选择的调整。

由于资料限制，我们没有对先行工业化国家的城乡收入分配状况、工农收入状况进行详细的分析，分析的主要依据是工人工资水平变化、消费状况，以及反映贫富差距的基尼系数。

1. 英国二元经济转型中收入分配的演变

在18世纪中期工业革命之前，农业一直是英国的基础产业，农业人口约占全国人口的3/4，18世纪中叶开始的工业革命迅速改变了传统的农业社会，生产力迅速解放，经济迅猛增长，社会财富快速增加。19世纪50年代，即英国工业革命基本结束时，英国生产的煤占世界总产量的2/3，铁产量等于其他国家的总和，棉布也占到世界产量的一半以上。[1] 英国成为当时世界上最富裕的国家，但与之相伴随的是贫困现象的加剧，基尼系数也不断攀升，从工业革命开始的0.52上升到19世纪初的0.59。[2] 从收入分配格局和基尼系数看，英国的国民收入分配差距在1750~1803年出现了严重恶化，1803年以后逐渐出现了改善势头，19世纪50年代进入刘易斯转折区间以后，继续保持着持续改善的势头。英国早期收入分配估计见表4-2。

表4-2　英国早期收入分配估计（1688~1911年）

时间	名义收入分配			真实收入分配	
	收入最高5%的家庭（%）	收入最高20%的家庭（%）	名义基尼系数×100	收入最高5%的家庭（%）	收入最高20%的家庭（%）
1688	35.6	58.1	55.6		
1759	35.4	57.5	52.2	21.1	46.4
1803	39.2	63.2	59.3	27.9	55.9

---

[1] 王章辉、孙娴：《工业社会的勃兴：欧美五国工业革命比较研究》，人民出版社，1995，第109~113页。

[2] Peter, H., Lindert, Jeffrey, G., Williamson, "English Workers' Living Standards During the Industrial Revolution: A New Look", *Economic History Review*, 1983, pp.17-25.

续表

时间	名义收入分配			真实收入分配	
	收入最高5% 的家庭（%）	收入最高20% 的家庭（%）	名义基尼 系数×100	收入最高5% 的家庭（%）	收入最高20% 的家庭（%）
1867	41.1	57.7	50.6	37.3	56.0
1911	38.7	55.2	48.3	38.7	55.2

资料来源：Peter，H.，Lindert，"Three centuries of Inequality in Britain and America"，*Handbook of Income Distribution*，*Elsevier B. V.* 1，2000，pp. 167－216。

具体分析，英国在刘易斯转折区间（1855～1870年）及其前后的收入分配格局有以下几个演变特征。

第一，财富分配极不合理，贫富悬殊。

在包括刘易斯转折区间（1855～1870年）的整个工业革命期间，英国社会财富迅速向贵族、工矿企业主和金融新贵等阶层集中，1803年，英国最富裕的1.4%的家庭取得国民总收入的15.7%，到1867年，0.07%的家庭就取得16.2%的国民总收入，这表明在60多年时间里，财富高度聚敛了20倍还不止。1803年，收入最多的2%的人占有国家财富的1/5，1867年则是2/5；1867年，占家庭总数约3/4的劳动者家庭在国民总收入中只占有不到40%的份额，而约占总数1/4的中、上阶层家庭则占有国民总收入的60%以上，其中，不到家庭总数1/200的上层收入者的收入总额超过了国民总收入的1/4。[1]

第二，生活水平悬殊，广大工人生活悲惨。

在工业革命中获益最大、拥有极大财富的贵族、工矿企业主和金融新贵等新兴中产阶级，最低年收入在300英镑以上，过着奢华的生活。与此形成鲜明对比的是，广大工人长期生活在贫困线以下，过着悲惨的生活。其中，农业劳动力是处境最糟糕、工资最低的一个阶层。1850年农业工人的平均周工资是9先令6便士，仅相当于同期城市工人的一半，他们的主食是面包、土豆以及少量的牛奶，偶尔才会吃上一点奶酪、培根，很长时间才

---

[1]　钱乘旦：《英国工业革命中的人文灾难及其解决》，《中国与世界观察》2007年第1期。

能罕见地吃上一次肉，生活十分艰辛。[①] 而纺织工人的状况也极为艰辛，1844 年，对全国织袜工所做的一项调查表明，平均每台织机每周收入 10 先令，扣除租机费后只有 6 先令，勉强仅够糊口。[②] 所以假如持续失业两三个星期，他们就真的要饿肚子了。[③] 工人们的居住情况更是糟糕，许多贫民居住区的一所房屋住 18~20 人，从地下室到角楼都住满了人。这些房子极易被水淹，拥挤而潮湿，没有下水道，也没有厕所，容易感染伤寒等传染病。据估计，19 世纪 40 年代初期，英国 22% 的工人居住在这样的房屋里。[④] 此外，体力劳动者受工业革命排挤而失去工作，也是一种十分普遍的现象。据 19 世纪中叶英国记者亨利·梅休的调查，整个工业化时期英国仅有 1/3 的工人能充分就业，另 1/3 的工人只能半就业，剩下 1/3 的工人则完全失业。[⑤] 到 19 世纪 50 年代左右，兰开郡与约克郡有 30%~75% 的工人失业，波尔顿有 60% 的人找不到工作。[⑥] 对于这种状况，历史学家哈孟德夫妇曾经说："工业革命带来了物质力量的极大发展，也带来了物质力量相伴着的无穷机遇。……然而，工业革命使千百万群众身价倍落，而迅速发展出一种一切都为利润牺牲的城市生活方式。"[⑦]

巨大的贫富差距和悲惨的生活状况，促使英国工人阶级开始政治与经济斗争，要求取得选举权，他们认为，工人阶级只要拥有选举权，就能得到多数选票，迫使议会制定符合工人利益的法律，从而改变工人悲惨的生

---

① Harold Perkin, *The Origins of Modern English Society*, 1780 – 1880 (London, UK: Routledge & Kegan Paul, 1969), pp. 147, 165, 169.

② 1840 年曼彻斯特的一项调查表明，2000 个家庭每周生活费平均为 5 先令 3 又 1/4 便士，或人均 1 先令 2 又 1/4 便士。参见 W. Felkin, *An Account of the Machine Wrought Hosiery Trade* (London, 1845, Facsimile reprint, New York, 1972), pp. 24 – 29。

③ Harold Perkin, *The Origins of Modern English Society*, 1780 – 1880 (London, UK: Routledge & Kegan Paul, 1969), pp. 147, 165, 169.

④ R. Rodger, *Housing in Urban Britain* 1780 – 1914 (London, UK: Cambridge University Press, 1995), pp. 31 – 32.

⑤ 〔英〕爱德华·帕尔默·汤普森：《英国工人阶级的形成》，钱乘旦译，译林出版社，2001，第 213~256 页。

⑥ 〔英〕阿萨·布里格斯：《英国社会史》，陈叔平等译，中国人民大学出版社，1991，第 237~255 页。

⑦ 〔英〕哈孟德夫妇：《近代工业的兴起》，韦国栋译，商务印书馆，1959，第 311~323 页。

活和命运。为此，工人们组织工会、合作社、发动罢工，举行声势浩大的群众运动，要求缩短工作时间、改善劳动环境、保护童工女工、提高工资待遇等。工人阶级的长期抗争使一部分中等阶级和上层阶级中的人深受震撼，他们利用自己的社会影响和政治地位组织了许多官方委员会进行社会调查，关注贫穷问题。这些调查所揭示的社会严重的贫穷问题和工人阶级经受的苦难引起了社会强烈震动，统治阶级终于意识到：一个贫富分化的社会、工人阶级在体制外的长期抗争以及社会主义思想的蔓延，最终对统治者自己是不利的，解决贫困问题绝对是有必要的。从 19 世纪中期以后，英国政府开始采取措施，试图改善工人阶级的工作和生活状况。

第三，工人工资水平有所提高，但难以缓解大众贫困。

在整个工业革命期间，英国工人实际工资的变化走势可以分为三个阶段：1755～1797 年基本持平；1797～1810 年下降；1810 年以后则不断地增长。[①] 扣除物价因素的影响，[②] 与工业革命初期的 1755 年相比，1851 年农业工人的实际工资增长了约 52.8%，非熟练工人同比增长了约 110.3%，熟练工人同比增长了约 77.7%，这三类工人群体之和的蓝领阶层同比增长约 77%，白领阶层同比增长约 178%。所有工人同比增长约 134%。[③] 进入刘易斯转折区间以后，工人工资继续保持上升的势头，从名义工资方面看，1850～1886 年，英国棉纺织工业中几乎完全无组织的女工工资增长幅度为 59%～98%，毛纺织工业中组织更加松散的女工工资增长幅度为 62%～98%，诺森伯兰瓦完全无组织的农业女工工资的增长幅度则是 67%～100%。[④] 因此，在 1851～1886 年，一个人如果不换职业，其名义工资就有了大约 30%

① Jole Mokyr, *The Economics of the Industrial Revolution*（Lanham：Rowman & Littlefield Publishers, 1985），pp. 69 - 74.

② 英国在这一时期的物价水平大致呈这样的走势：18 世纪 50～80 年代末，可视为工业革命前和工业革命初期阶段，物价在上下波动中略有攀升；18 世纪 80 年代至 1820 年，呈起伏较大的上扬之势；1820～1850 年，呈波动不太大的下降走势；1850～1880 年价格水平大多低于或接近 1750 年的水平。参见〔美〕托马斯·K. 麦格劳《现代资本主义——三次工业革命的成功者》，赵文书等译，江苏人民出版社，1999，第 175～183 页。

③ Jole Mokyr, *The British Industrial Revolution - An Economic Perspective*（Boulder, Colorado：Westview, 1993），pp. 311 - 315.

④ 〔英〕克拉潘：《现代英国经济史：第二卷》，姚曾廙译，商务印书馆，1975，第 69～71 页。

的上升。① 再考察同期的物价水平，1849 年，英国大量从加州和澳大利亚进口黄金，国内商品价格上涨，出现了通货膨胀。但是进入刘易斯转折区间以后，英国物价不断回落，特别是农产品和食品价格出现了明显下降，结果工人实际工资出现了上升。② 但这并没有完全缓解工人的贫困状态，或者说，相对于日益加大的贫富差距，这种改善仍是微不足道的。

第四，政府公共福利改善迟缓，支出费用缓慢增长。

在 19 世纪中期前，英国各级政府基本不关注工人的精神生活，认为他们只需要"吃饭、睡觉和工作三件事"。③ 19 世纪中期进入刘易斯转折区间以后，英国各级政府将公园、图书馆、博物馆和美术馆等项目正式列入城市预算，其与教育支出、济贫法开支、道路建设拨款和保健拨款共同组成了民用预算。这种改善公共福利的民用预算从 1857～1858 年的 1014.7 万英镑增长到 1897～1898 年的 2344.6 万英镑，仅略高于军费的一半。④ 尽管在近半个世纪中其增长缓慢，但也反映了英国政府意识到了救济贫民和提高低收入阶层民众生活水平的必要性和迫切性。

客观来讲，彻底解决工业革命时期日益加剧的贫穷问题，需要经历较长的时间，因为问题涉及许多方面，除了要解决工人的失业、医疗、养老问题外（这些是贫穷的主要原因），还要解决工作环境问题、劳动安全问题、工作时间问题、工资待遇问题等，还需要调节劳资关系、规范工资收入、化解劳资冲突等。议会从 19 世纪三四十年代开始制定法律，包括《工厂法》《工会法》《劳资关系法》等；到 20 世纪初，又制定了《国民保险法》《养老金法》《工伤赔偿法》。所有上述立法都有意识地把法律的天平倾向弱势群体，使他们多少能在不平等的社会关系中维护一点自己的权利。此外，19 世纪 60 年代以后，英国工人逐渐取得选举权，这为提高工人工资

① 〔英〕克拉潘：《现代英国经济史：第二卷》，姚曾廙译，商务印书馆，1975，第 69～71 页。

② 李雅菁：《英国工业革命以来低收入阶层的生存状况》，《安徽商贸职业技术学院学报》（社会科学版），2009 年第 6 期。

③ 〔英〕哈孟德夫妇：《近代工业的兴起》，韦国栋译，商务印书馆，1959，第 311～323 页。

④ 〔英〕考特：《简明英国经济史：1750 年至 1939 年》，方廷钰译，商务印书馆，1992，第 11、123、169～173 页。

水平、缩小贫富差距、改善工作和生活条件提供了保障。但是据库兹涅茨估计，英国的收入差距倒 U 形曲线从上升到下降大约经历了 100 年。①

2. 法国②在二元经济转型中收入分配的演变

法国工业革命在 1830 年以后才有较大的进展，到 1860 年进入刘易斯转折区间之前，通过国家的干预，法国"工商业扩展到极大的规模"，采矿业增产 226%，冶金增加 280%，机械工业增加 240%，生铁与钢产量增加了 8 倍多，仅次于英国，居世界第二。随着钢铁工业的发展，机器制造业也同步发展，蒸汽机从 1830 年的 625 台增长到 1870 年的 24787 台，纺织业的机械化程度明显提高，1856 年浮日省自动纺纱的纱锭只占总数的 9%，到 1868 年已提高到 80%。交通业尤其是铁路的发展令人瞩目，从 1851 年的 3558 公里增加到 1869 年的 16994 公里，增加了 4 倍以上，铁路货运量猛增近 10 倍，巴黎成为世界上最大的交通枢纽之一。铁路的发展又推动了工业革命的高涨，法国工业总产值开始超过农业总产值，农民在全国就业人口中的比例 1851 年为 61.5%，1870 年降为 49%。③接替第二帝国的法兰西第三共和国继续推进和完成了法国的工业革命，工业、农业、商业和交通运输业各方面都得到了进一步的发展，例如煤的产量从 1831 年的 176 万吨增加到 1880 年的 1930 万吨，并进一步上升到 1913 年的 4080 万吨；生铁产量从 172.5 万吨增至 502.7 万吨；钢的产量从 38.2 万吨增至 465.7 万吨；蒸汽机从 41772 台增至 81740 台。④电力的应用使工业化程度又向前跨进了一步。

---

① 黎煦：《刘易斯转折点与劳动力保护——国际经验比较与借鉴》，《中国劳动经济学》2007 年第 1 期。

② 法国在历史上是一个政权变更频繁的国家，从 1792 年的法兰西第一共和国到 1958 年成立至今的法兰西第五共和国，在短短 166 年时间里，法兰西经历了第一共和国（1792～1804 年）、第一帝国（1804～1815 年）、波旁王朝复辟（1815～1830 年）、七月王朝（1830～1848 年）、第二共和国（1848～1852 年）、第二帝国（1852～1870 年）、第三共和国（1870～1940 年）、维希政权（1940～1945 年）、第四共和国（1945～1958 年）和第五共和国（1958 年至今）等阶段。因此法国的刘易斯转折区间跨越了第二共和国、第二帝国、第三共和国三个阶段。

③ 陈新田、蔡玉霞：《法国第二帝国时期农业发展的特点与原因》，《湖北师范学院学报》2005 年第 3 期。

④ 〔法〕弗朗索瓦·卡龙：《现代法国经济史》，吴良健等译，商务印书馆，1991，第 57 页。

工商业的迅速发展使法国农业也取得了显著成绩，这一时期被人们称之为"农业的黄金时节"①。农业进步为工商业发展提供了原料和市场，城市化进程显著加快，大量的农村劳动力涌入城市，法国逐步由农业国向工业国转变。1860年进入刘易斯转折区间以后，法国收入分配格局表现出以下几个特点。

第一，整体工资水平上涨，但是涨幅低于全国平均水平，且存在地域、行业、性别差别。

在七月王朝（1830～1848年）和法兰西第二共和国（1848～1852年）时期，法国工人的工资水平很低，工人不仅没有储蓄，而且一直为生存而挣扎，一旦失业就沦为饥民。② 研究表明，从19世纪中期进入法兰西第二帝国以后一直到第一次世界大战前，亦即在刘易斯转折区间，法国工人的名义工资虽不稳定，但在渐进地、明显地上升。Daumas认为，"1860～1870年工人工资上涨幅度达20%，是有史以来增长最快的时期"。③ 罗杰·普莱斯说："19世纪下半叶，由于经济增长导致工人实际工资和生活水平的不断提高。"④ 斯塔夫里阿诺斯认为，"从19世纪40年代以后，西欧的工人享受了普遍的繁荣和不断上升的生活水平，直到一战前"。⑤ 不过在1905～1913年，物价上涨超过了工资的上涨，工人实际工资有所下降。总的来说，工人的收入水平的确有了较大上升。

---

① 张芝联：《法国通史》，北京大学出版社，1989，第193～197页。

② 1830年通过"七月革命"获得统治地位的奥尔良王朝，以金融大资产阶级为支柱，始终维护银行家、交易所大王、铁路大王、煤铁矿和森林所有者，以及一部分大土地所有者的利益，其统治期间所获得的工业发展和资本增都是以牺牲农民、工人阶级和城市小资产阶级的利益为代价的。此外1845年，欧洲霜霉病的流行使土豆歉收，引发了1845～1849年的大饥荒，给占当时法国人口75%的农民造成巨大伤害，数十万名农村人口被迫节衣缩食，社会消费锐减，羊毛与棉麻纺织业生产过剩，各类工厂，特别是中小型工厂，纷纷倒闭，国民经济濒临崩溃。参见中共中央马克思恩格斯列宁斯大林著作编译局编《马克思恩格斯全集（第7卷）》，人民出版社，1974，第159～168、271～288页；刘纵一：《法国1848年革命前夜的阶级关系和各阶级的政治态度》，《河北大学学报》（哲学社会科学版）1962年第12期。

③ 〔法〕弗朗索瓦·卡龙：《现代法国经济史》，吴良健等译，商务印书馆，1991，第37页。

④ Roger Price, *A Social History of Nineteenth - Century France* (London: Hutchinson, 1987), pp. 63–77.

⑤ 〔美〕斯塔夫里阿诺斯：《全球通史》，吴象婴、梁赤民译，上海社会科学院出版社，2002，第233～247页。

但是与全国工资涨幅相比，工人工资上涨幅度明显低于平均水平。1870～1914年，法国工资几乎增长了两倍，但工人工资只翻了一番。[①] 工人工资涨幅没有资本家利润的涨幅大，甚至不及中小学老师工资的增长速度。19世纪60年代，大多数老师的年薪为400～700法郎，1875年他们的年薪增加到900～1200法郎。

工人工资的地区、行业和性别差异很明显，总的来说巴黎工人工资高于外省工人，其人均收入和工资是全国的两倍。[②] 1860年巴黎职业收入中最高的机修工年收入已经达到1500法郎，最低的挖土工也达到每年700法郎。而就全国来看，平均一个男性工人的年收入为250～300法郎。[③] 据伊夫·勒坎统计，里昂男性工人的日工资1881年为4.85法郎，1896年为5.08法郎，1911年为6.04法郎，普里瓦地区同期的平均工资分别为3.05法郎、3.43法郎和3.94法郎；同行业工人中技术工人工资高于无技术工人，生产豪华消费品的工匠工资高于工厂工人，纺织业工人的工资处于低工资行列。此外，还有一种较为普遍的现象，即女工和童工的工资是各行业中最低的，基本上女工工资是男工的一半，而童工工资又是女工的一半左右，如1884年在富热尔靴鞋业，男工12个小时工作量的报酬是4.10法郎，女工则只有2.10法郎。[④]

第二，工人生活成本上升，积蓄很少。

尽管工人的工资水平上升了，但是生活成本，尤其是住房租金上升速度更快，导致工人收入主要用于生活消费，没什么积蓄，一旦发生疾病或重大灾难，立刻会陷入贫困状态。从第二帝国时期开始，法国工业加速发展，大批农民从农村涌向城市，城市人口迅速膨胀，导致城市住房紧张。

[①] 张庆海：《法兰西第三共和国前期的人口和社会》，《华南师范大学学报》（社会科学版）1998年第6期。

[②] 莫翠鸾：《法兰西第三共和国早期工人阶级生活状态研究》，华南师范大学硕士学位论文，2005。

[③] C. Boyer, *The city of Collective Memory*: *Its Historical Imagery and Architectural Entertainments* (Cambridge: MIT Press, 1996), p. 132.

[④] Roger Price, *A Social History of Nineteenth - Century France* (London : Hutchinson, 1987), p. 132.

巴黎的人口从 1800 年的 50 万人增加到 1879 年的 200 万人，其他城市的人口增长也极为可观，如米卢斯（Mulhouse）人口在 25 年内翻了一番，圣太田人口在 1801～1866 年增长了 6 倍。而 1851 年开始的改造巴黎城市规划的奥斯曼工程，严格控制建筑住房用地面积，1850～1914 年，巴黎只有 3000 公顷土地被允许用来建居民住房，而 20 世纪 20 年代政府允许 15000 公顷土地用于此目的。以上原因造成城市住房租金迅速上涨，早在 1855 年，列昂·赛就指出全巴黎市的房租上涨了 20%～30%。科尔邦认为 1862 年工人阶级的房租比 1848 年之前高出了 70%，托马斯则认为第二帝国时期的住宅成本每 10 年就增加 50%。房租上涨迫使依靠固定收入的人提高了住宅的预算支出比例，1860 年，工人收入中有 1/7 花在住宅上，在此之前则只有 1/10，而到了 1870 年，甚至达到 1/3。为了减轻房租压力，人们尽可能利用空间，出租公寓的一两个房间里通常住着一家几代人或者几户。这些房屋采光和通风都很差，没有照明和取暖设施，也没有室内供水排水系统，一层楼甚至整个大厦只有一个供水水源和一个厕所。拥挤、潮湿、肮脏导致工人居住的贫民区疾病流行，甚至在 19 世纪上半叶，工人居住的贫民区一度是霍乱的重灾区。[1] 1892 年的一项调查披露：在 1000 户工人家庭中，871 户根本没有积蓄，许多家庭都不能逃脱负债的境况。[2]

第三，收入差距经历了从不断扩大到逐步缩小的发展历程。

在进入刘易斯转折区间前后，法国社会分配状况不断恶化，1820～1850 年，由于资本严重短缺，法国劳动收入在国民收入中所占的比重从 70% 下降为 56.3%，同期基尼系数也从 0.49 上升到 0.55，这种状况一直持续了近半个世纪。费雷－保罗·科达斯瓦尼的研究成果表明，1850 年以后的半个多世纪，法国国民财富飞速增长，但是收入分配的不公平状况日益严重，这种状况可以从各阶级死者留下财产数量的变化中得到验证。1856～1875

---

[1] 〔法〕弗朗索瓦·卡龙：《现代法国经济史》，吴良健等译，商务印书馆，1991，第 53 页；Roger Price, *A Social History of Nineteenth – Century France* (London: Hutchinson, 1987), pp. 63 – 77。

[2] Roger Price, *A Social History of Nineteenth – Century France* (London : Hutchinson, 1987), p. 217.

年，里尔市遗嘱留下的平均财富增长了135%，同时留下遗嘱的成年人从32%下降到25%，不同社会阶级的成年人在遗嘱中留下的平均财富有明显差别，1856～1858年，里尔市统治阶级（工业家、大财主、自由职业者）占死亡者的8.1%，占遗产财富的89.9%；中产阶级（工匠、白领工人、公务员）占死者的32.4%，占遗产财富的9.5%；工人占死亡人数的59.4%，只占遗产财富的0.4%，一个工业家的遗产相当于1万个工人的遗产。1873～1875年，工人阶级占死亡人数的67.6%，但只占财富的0.2%，一个工业家的遗产相当于2万多名工人的遗产。①

1905～1913年的法国第三次工业化高潮加快了资本积累速度，也使工人实际工资快速增长，1913年法国劳动收入占国民收入的比重回升到65.2%，基尼系数也逐渐回落，1919年的基尼系数为0.488。② 此后随着工业化和二元转型持续推进，法国国民收入保持了快速稳定增长，劳动收入比重继续保持上升势头，在第二次世界大战初期的1940年，已经达到了历史最高水平的86.7%，基尼系数回落到0.387。二战期间，法国遭受了战争重创，劳动收入占比回落到77.8%，基尼系数再次升到0.422。二战结束后法国不仅发展吸收劳动力多、资本需求少的一般机械行业和服务性行业，同时还通过逐步推进农业机械化、电气化、化学化和现代生物技术化，大大提高了农业劳动生产率，到20世纪50年代刘易斯转折区间结束时，法国劳动收入占GDP比重在78%左右，基尼系数下降为0.323。③

第四，不断完善的社会福利和保障制度有效减少了贫困化现象。

20世纪初期之前，由于担心救助穷人会形成懒惰风气，法国政府并不愿意建立统一的制度化的社会福利体系，社会救济主要由地方私人机构负责，所需费用也主要源于私人捐赠，政府只提供一点补助，发挥的作用有限。1873年，在法国36000个社区中，有23000个社区缺少福利局，仅有

---

① 张庆海：《法兰西第三共和国前期的人口和社会》，《华南师范大学学报》（社会科学版）1998年第6期。
② 〔法〕托马斯·皮凯蒂：《21世纪资本论》，巴曙松等译，中信出版社，2014，第39页。
③ 吴国庆：《列国志·法国》，社会科学文献出版社，2003，第177～183页。

1130 个社区建有医院，其中只有 432 个社区医院能得到政府给予的补助金。[1] 1885 年，法国中央只提供全国总的社会救助费用的 4%，省和社区提供 45%，私人资助则占 52%。[2] 直到第一次世界大战前，社区医院的经费主要来自捐赠、遗赠和对不动产与养老金的投资，来自中央政府的资金不到 1/4。[3] 20 世纪初第一次世界大战以后，传统救济方式难以为继，加之战后的低出生率以及阿尔萨斯和洛林的回归，为恢复和重建经济，政府提高税收，开征新税种，着手建立统一的社会福利和保障制度，逐渐加大对工伤、儿童、疑难杂症患者、老人和孕妇的救助力度，扩大社会保险覆盖范围，为工资低于一定水平的劳工提供预防疾病、孕产、残疾、退休和死亡的社会保障。第二次世界大战以后，法国在 1946 年宪法中明确了法国公民享有退休权和缴纳社保分摊金等权利，进一步扩大养老保险制度覆盖面和提高养老金替代率，逐渐形成了在保障全民基本生活的基础上、由相关阶层职业化自我管理的社会保险与社会保障体系，这套体系适应了越来越发达的工业社会的需要，也对解决社会分配不公起到了积极作用。[4]

显然，法国在刘易斯转折区间工业化发展迅速，国民收入快速增长，资本积累不断上升，加之推进农业现代化大幅度提高了农业生产效率，生活消费品价格下降，工人实际工资不断提高。但由于法国政府不能正确认识农业剩余劳动力大量流入城市的影响，城市住房、社会保障和救助制度建设滞后，使工人住房、医疗等方面的支出比重过大，反而出现了相对贫困不断深化的局面。第一次世界大战以后，法国政府改革了传统社会救助和福利体系，建立了多层次的社会保障和保险制度，扩大了社会保障覆盖范围，逐渐形成了具有"全民性、民主性、互助性和一致性"的社会保障

---

① Roger Price, *A Social History of Nineteenth - Century France* (London：Hutchinson, 1987)，p. 239.

② Timothy B. Smith, *Creating the Welfare State in France*, 1880 - 1940 (Kingston, Ontario：McGill Queen's University Press, 2003)，p. 151.

③ Timothy B. Smith, *Creating the Welfare State in France*, 1880 - 1940 (Kingston, Ontario：McGill Queen's University Press, 2003)，p. 203.

④ 1950～1980 年，法国劳动收入保持在 78% 左右，而资本收入则在 22% 左右波动，1950 年、1961 年、1974 年法国基尼系数分别为 0.323、0.318 和 0.282，这是法国社会贫富差距缩小最明显的时期。

制度。这种被称为"从摇篮到坟墓"的社会保障制度对缩小贫富差距、缓解社会矛盾、促进社会和谐与稳定起着不可或缺的作用。[①]

3. 德国二元经济转型中收入分配的演变

德国[②]1871 年完成了政治统一，在建立统一的市场、制定各种经济法规发展经济的同时，也开始推行社会保障立法，建立了世界上最早的工人养老金、健康和医疗保险制度，因此德国的二元经济转型过程中遭遇到的社会动荡、贫富分化现象要远低于先行的英国和法国。

19 世纪 70 年代开始的第二次工业革命为德国带来了强劲的发展动力，大量科技创新成果被广泛应用于工业和农业部门，不仅催生了新兴行业，而且还使钢铁、煤炭等传统行业焕发了生机与活力，1870～1913 年，德国的农产品生产总量几乎增长了两倍，但是它占国民生产总值的比重从 41%下降为 23%。1870 年德国的工业、采矿业和交通运输业的生产总值占了国民生产总值的 52%。工业产值占世界工业总产值的 13%，德意志工业年均增长率 1860～1870 年为 2.7%，1870～1880 年为 4.1%，1880～1890 年为 6.4%，1890～1900 年为 6.1%，增长速度比当时的英法两国快 3 倍，德国成为仅次于英国和美国的世界第三大工业强国。[③]普法战争后法国 50 亿法郎的赔款，使德国免于经济发展所必需的资金匮乏之虞，而且来自法国阿尔萨斯和洛林的矿藏，为工业发展补充了重要的资源。德国产业的资本密集度不断上升，工业竞争力不断增强。

在工业革命带动钢铁、煤炭、化工等产业飞速发展的背景下，德国于 1890 年到达刘易斯第一转折点。在 1890～1910 年的刘易斯转折区间，德国

---

① 近年来，随着社会保障水平的日益提高，社会福利支出不断加大，法国经济增长速度日趋缓慢，就业机会严重不足，财政赤字不断扩大，社会保障制度的有效性、稳定性和持久性面临越来越大的挑战。

② 这时期的德国是指德意志第二帝国（第一帝国为神圣罗马帝国），是指从 1871 年 1 月 18 日德意志统一（普鲁士王国统一一除奥地利帝国以外的日耳曼地区）到 1918 年 11 月霍亨索伦王朝末任皇帝威廉二世退位为止的德国。之后德国依次经历了魏玛共和国（1918～1933 年）、德意志第三帝国（1933～1945 年），1945 年分裂为德意志联邦共和国（西德）和德意志民主共和国（东德）两部分。1990 年 10 月德意志民主共和国正式加入德意志联邦共和国，实现两德统一。

③ 樊亢、宋则行：《外国经济史（近代现代）》，人民出版社，1981，第 127 页。

工业高速发展，推动农业剩余人口不断涌入城市，1871 年德国城市人口和农村人口的比重是 36.1:63.9，到了 1910 年，这一比重已变为 60:40，城市化率达到 60% 的德国，已经超越了城市化率为 43% 的法国和 33% 的美国，紧随英国之后。① 这一时期德国强化了技术创新，加大了电气、化学工业的投资，工业乃至整个国民经济均保持了飞速发展态势，工业生产规模增长 4 倍多②，到 20 世纪头十年刘易斯转折区间结束时，德国已建立起比较完整的工业体系，其工业产值超过了英国、法国，仅次于美国，居世界第二位③。这一时期德国社会收入分配呈现以下特点。

第一，工资上涨幅度超过物价水平，实际收入上升。

在工业迅猛发展的同时，德国全社会各行业收入水平上升。1900 年之前，除从事管理、服务行业的工人和印刷、铁路、采矿、盐业部门工人年均收入超过 1000 马克外，绝大多数的行业工人年均收入低于 1000 马克。进入 20 世纪后，人们的年均收入普遍超过 1000 马克。总的来看，19 世纪末 20 世纪初德国大部分行业收入指数上涨的幅度达到 300，而物价指数上涨的幅度大部分低于 200，人们实际收入水平有所增加，1871～1913 年劳动者平均实际工资增长了 50%。④ 美国学者认为："物价虽涨未尝尽蚀增长工资之余资……近年工资大增，超过生活之需，德民与国家同享丰盛之利。"⑤

第二，消费结构明显改善，贫困化程度较轻。

1890～1910 年，德国民众的食品支出比重从 39.9% 降到 39.2%，健康和教育方面的支出比重则从 3.7% 上升到 4.7%，住房和家庭生活方面的支出比重从 19.7% 上升为 23.1%。⑥ 消费结构的变化，尤其是食品支出比重的下降，从一个侧面也能反映出德国民众生活消费水平的提升。美国学者哈渥对德国这一时期生活状况进行考察后，描述道："柏林全市，无类美国之

① 孙炳辉、邓寅达：《德国史纲》，华东师范大学出版社，1995，第 89 页。
② 李仲生：《发达国家的人口变动与经济发展》，清华大学出版社，2011，第 103 页。
③ 李工真：《德意志道路——现代化进程研究》，武汉大学出版社，2005，第 78 页。
④〔德〕哈渥：《德国实业发达史》，吴之椿译，商务印书馆，1925，第 59 页。
⑤〔德〕哈渥：《德国实业发达史》，吴之椿译，商务印书馆，1925，第 163 页。
⑥〔德〕卡尔·哈达赫：《二十世纪德国经济史》，杨绪译，商务印书馆，1984，第 101 页。

贫民窟者，初以为此必市政之功，使柏林清洁严整，甲于天下，然犹未能深信，以为贫民窟虽未见于外，彼平檐相属，白垣一色之中，望之如时式之家如登堡街者，必有贫民窟情形在焉。美客来游者，以为其人必贫，而儿童相逐于市也，夫贫征未尝无之，然为一种森肃如死之状，与美国可憎贫民窟之情形大异。至如英褴褛污秽之醉汉，以利物浦、孟加斯德称最者，则未曾有也。初以为是必德政府以大宗济贫款免民于极贫，苟一经考详，则知德政府所用济贫之款少于英，而德丐类亦较英为少，司木勒教授Prof. Schmoller 谓英之济贫款二倍于德也。"[1] 德国人日常消费花在生活必需品之外的费用比英美国家要少，因而能将更多的费用花在生活必需品方面，由此在收入相同的情况下，德国人的生活水平相对要高。德国人往往能够"以小入款而注其全力以利用之，至于其极，实为不可思议之事"。[2]

第三，改善民生举措得力，未出现明显的贫困化。

德国具有悠久的君主社会主义历史传统，普鲁士时期的弗里德里希二世留下的"国王要对他的臣民的幸福负责"观念在德意志第二帝国时代被保留并强化下来了。19 世纪末 20 世纪初，随着德国工人运动和社会民主党蓬勃发展、社会改良学说流行以及工业革命浪潮迅速推进，首相俾斯麦主动地放弃了镇压策略，转而采用温和的政策手段，强力推行改善民生的一些举措，比如：在农村剩余劳动力大量进入城市伊始，德国政府就着手制定购买征用土地用于住宅建筑的法律，为工人住宅建筑的生活污水处理、公立医院、公共娱乐设施、学校、图书馆等基础设施提供大量资金；以 19 世纪 80 年代到 20 世纪初连续颁布的一系列劳工、军人和雇员保险立法为基础，编纂形成了《德意志帝国社会保险法典》，构成了德国近现代社会保障制度的基本框架，到 1914 年，几乎所有的工人和大部分的职员参加了强制性的国家社会保险制度。

综上所述，德国在 19 世纪末 20 世纪初的刘易斯转折区间，社会整体收入上升幅度高于物价水平上升幅度，人们消费能力明显提高，生活水平有

---

① 〔德〕哈渥:《德国实业发达史》，吴之椿译，商务印书馆，1925 年，第 219 页。
② 〔德〕哈渥:《德国实业发达史》，吴之椿译，商务印书馆，1925 年，第 233 页。

所改善。① 受资料所限，本研究未能以翔实的数据证明德国社会收入分配出现的持续改善的局面，但是现有的资料和数据亦可以表明，德国在刘易斯转折区间的社会收入分配状况并未像英国、法国那样，即先出现社会收入差距极大、贫困化程度较高的局面，再逐渐改善。究其原因，一方面德国的二元经济转型和工业化进程晚于英法，对英法两国出现的社会经济困境能做出提前的预防；另一方面也与德国传统上有注重改善国民幸福程度的执政理念有关。德国二元经济转型中的收入分配经验表明，一个注重民生的政府，如果能未雨绸缪，吸收借鉴他国的教训和经验，完全可以减轻二元经济转型中收入分配恶化和贫困化现象造成的社会冲击与影响。

三　小结

先行工业化国家进入刘易斯转折区间时均出现了农业劳动力工资收入水平上升的现象，这是符合刘易斯等学者的经典观点的，但是由于各个国家政府执政理念、价格政策、税收政策、社会福利与社会保障政策的差别，各国在社会收入差距和人民生活水平等方面又表现出明显不同。②

先行国家在刘易斯转折区间后期，均出现了社会收入分配状况改善的局面，贫富差距不断缩小，社会贫困化程度不断下降，一方面，工业革命的成功推动了社会生产力极大发展，社会财富规模迅速扩张，客观上各生产要素报酬也应随之提高，才能使工业社会保持持续稳定的增长；另一方面，政府执政理念的改变，是推动社会收入分配改善的根本，政府只有看到巨大的贫富差距是造成社会动荡、国内市场需求不断萎缩的根源，才会将执政理念转到改善民生、提高广大工农收入水平、实现全民共享经济发展成果的轨道上，才能推出改善社会收入分配的各项政策措施，最终使贫

---

① 周建明：《第一次世界大战前后德国生活水平探析（1880～1939 年）》，《武汉大学学报》（人文科学版）2014 年第 6 期。

② 比如德国在刘易斯转折区间的物价水平相对于名义收入水平上升幅度要小，而且德国人相比较于英国人、美国人而言更为简朴，酗酒、赌博者比英美要少，所以德国人日常花在生活必需品之外的费用比英美国要少，而用于生活必需品、教育等方面的费用更多，即在相同收入水平条件下，德国人的生活水平相对要高，贫富差距也要比英国、法国要小。参见〔德〕哈渥《德国实业发达史》，吴之椿译，商务印书馆，1925 年，第 227 页。

富差距不断缩小。比如20世纪以后，英国政府执政理念从仅追求经济发展目标，忽视社会底层劳动者的利益诉求，向关怀人道、关注民生转化，劳资双方通过集体谈判和签订协议的方式协商解决劳工工资制定和调整问题，并以国家立法为补充，基尼系数才从1911年的0.483降到1959年的0.334，并进一步降到1977年的0.237[①]，此后英国的基尼系数一直在0.34附近小幅波动。法国也是在第一次世界大战以后，逐步认识到地方自治的社会救助体系的不足，加之人口低出生率影响到经济发展，执政理念逐渐转变为政府应承担更多的社会福利和救助义务，开始着手建立统一的社会保险和保障制度，不断提高劳动收入比重，社会分配不公问题缓解。[②]

第二节　后起工业化经济体二元经济转型与收入分配演变

一　后起工业化经济体刘易斯转折点的判断

日本、韩国和中国台湾是第二批开启二元经济转型进程，并顺利过渡到发达经济体行列的后起工业化国家和地区。其中，日本从1868年明治维新就启动了二元经济转型进程，到20世纪60年代初基本完成了二元经济转型。韩国和中国台湾地区在20世纪50年代启动了二元经济转型，通过"压缩式"转型方式，创造了速度快、效果好的转型奇迹，为其他地缘与文化价值取向相近的发展中国家和地区提供了宝贵的经验。

---

① 孙兆阳：《工会发展与工资不平等：美英工会的标准化工资率策略》，《浙江大学学报》2013年第11期。

② 法国社会收入的切实改善，是在二战以后的第五共和国时期，20世纪50年代以后，法国进入了近25年的高速发展时期，同时政府注重国民收入分配的公平与效率，努力调节收入分配差距，20世纪50~80年代是法国社会贫富差距缩小最明显的时期，1950年、1961年、1974年，法国基尼系数分别为0.323、0.318和0.282。20世纪80年代初，为了摆脱战后第五次经济危机，以密特朗为首的法国社会党政府实行了以凯恩斯经济理论为基础的"膨胀"政策，以期解决失业问题，结果却导致宏观经济近于失控。此后由于金融危机影响，法国的基尼系数从1974年的0.282上升到2011年的0.309，尽管仍在合理区间，但是已经达到了20世纪70年代以来的历史高位。参见董平《八十年代法国经济政策的调整》，《法国研究》1990年第2期；陈婧《贫富差距考验法国社会》，新闻晨报网，http://newspaper.jfdaily.com/xwcb/html/2015-06/24/content_106237.htm.2015-06-24。

1. 日本刘易斯转折区间的判断

按照南亮进的研究，日本从 1868 年明治维新就开始农业剩余劳动力转移，为了尽快追赶发达国家，19 世纪末，日本开始以纺织业为核心推进产业革命的进程，对劳动力的需求大量增加。在 1870 年以后，日本从事农林业的人员持续呈现减少趋势，而非农林从业者则呈现长足增长。[①] 虽然存在明显的劳动力需求，但是直到两次世界大战之间，农业部门实际工资仍处于稳定状态。[②] 根据 B. R. 米切尔的统计数据整理出 1930～1970 年日本农业部门实际工资指数的变化轨迹（见图 4-4），日本农业部门实际工资在二战后期至 20 世纪 50 年代初期出现了明显的波动，这主要是经济崩溃、粮食短缺、通货膨胀和战败人口遣返等因素所致。从 1951 年开始，日本农业部门实际工资呈现持续缓慢上升态势，并达到和超过了战前最高实际工资。根据判断准则三，日本刘易斯第一转折点出现。1964 年东京奥运会之后，日本农业部门实际工资出现快速上升，说明日本的刘易斯第二转折点已经到来。[③] 从以上分析可以得出，日本的刘易斯转折区间大致是从 1951 年到 1964 年。

2. 韩国刘易斯转折区间的判断

20 世纪 60 年代初期，韩国抓住美、日等发达国家大力发展资本密集型产业、将劳动密集型产业转移到发展中国家的有利时机，发展以轻纺工业为主的劳动密集型产业，农业剩余劳动力开始大规模向城市工业转移，韩国正式启动二元经济转型进程。根据 B. R. 米切尔统计的 1958～1991 年农业部门实际工资指数数据（见图 4-5），1960 年韩国农业部门实际工资下降了 0.7%，但是 1967 年以后，韩国农业部门实际工资指数出现持续缓慢上升的趋势，这标志着韩国刘易斯第一转折点出现。1967～1977 年，相对于 29.2% 的国内生产总值年均增长幅度，韩国农业部门实际工资年均增速

---

① 〔日〕南亮进：《经济发展的转折点：日本经验》，景文学译，社会科学文献出版社，2008，第 93 页。

② 〔日〕中村隆英：《日本经济》，东京大学出版会，1993，第 71 页。

③ 〔日〕南亮进：《经济发展的转折点：日本经验》，景文学译，社会科学文献出版社，2008，第 177 页。

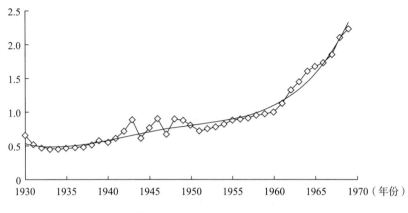

图 4 - 4　1930~1970 年日本农业部门实际工资指数

资料来源：〔英〕B. R. 米切尔：《帕尔格雷夫世界历史统计（亚洲、非洲和大洋洲卷）》，贺力平译，经济科学出版社，2002 年。

为 5.2% 左右。1977 年以后，韩国农业部门实际工资指数快速上升，1977~1981 年，韩国农业部门实际工资年均增速始终维持在 13.6% 左右的水平，比 20 世纪 80 年代的年均增速高出 8.6 个百分点[①]，根据判断准则三，韩国的刘易斯第二转折点出现在这个时期。因此，韩国的刘易斯转折区间出现的大致时间为 1967~1977 年。

3. 中国台湾刘易斯转折区间判断

在 20 世纪 40 年代末期国民党迁台之前，日本在中国台湾实行残酷的殖民掠夺政策，造成中国台湾农村和农业极其衰败的局面。[②] 1954 年开始，中国台湾省确立了以劳动密集型轻纺工业为主体的出口导向型战略，大力发展轻工业，鼓励岛内民间资本参与工业化。这种出口导向型工业具有投资少、技术含量低、劳动吸纳能力强等特点，大量农业剩余劳动力向出口工业部门转移，中国台湾省正式开启二元经济转型进程，农业劳动力比重持续下降。1952 年，中国台湾省农业劳动力占比为 56.1%，1956 年下降为

---

① 金三林：《对"刘易斯转折"阶段进程的判断》，《学习时报》，2012 年 7 月 2 日，第 3 版。

② 陈欣天：《台湾"国民住宅"建设的经验及其启示》，《上海城市管理职业技术学院学报》2009 年 7 期。

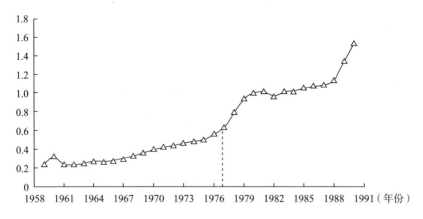

图 4 - 5 1958 ~ 1991 年韩国农业部门实际工资指数

资料来源：〔英〕B. R. 米切尔《帕尔格雷夫世界历史统计（亚洲、非洲和大洋洲卷）》，贺力平译，经济科学出版社，2002 年。

50%，到了 1968 年，农业劳动力比重仅为 37.5%。[1] 1968 年以后，中国台湾省农业劳动力绝对量开始下降，企业招聘人数开始超过应聘人数，劳动力供给出现短缺局面，农业部门实际工资出现上升，中国台湾省到达刘易斯第一转折点。

由于劳动力供给相对下降和工资水平上升，中国台湾省逐渐失去了廉价劳动力的成本优势，劳动密集型产业竞争力逐渐衰减。为此，政府调整了产业政策，以自动化改造传统产业，以知识、技术密集型产品带动经济增长，出口逐步转为以高级技术产品和优质低价传统产品为主，同时配合投资奖励政策，鼓励资本密集型工业发展。产业政策的调整，使中国台湾省劳动力供给在总量处于充分就业状态的同时[2]，出现了严重的结构性劳动力短缺现象，年轻、未婚与低生育水平的妇女劳工尤为短缺。1980 年之后这一现象恶化为劳动力普遍短缺[3]，而产业工人实际工资快速上升，以制造业的实际薪资增长率为例，1950 ~ 1964 年增长率为 4.3%，1965 ~ 1973 年

---

① 郭德宏：《中国国民党在台湾的土地改革》，《中国经济史研究》1992 年第 4 期。

② 于宗先、王金利：《台湾人口变动与经济发展》，联经出版社，2009，第 213 页。

③ 吴惠林：《台湾地区的劳力短缺问题研究》，中研院经济研究所，1990，第 53 页。

为 5.9%，1974～1983 年为 6.1%，1984～1989 年增长到 8.8%。① 显然，20 世纪 80 年代中期以后中国台湾地区出现劳动力供给的全面不足以及实际工资增速加快，都暗示中国台湾省到达了刘易斯第二转折点。综上分析，可以大致判断中国台湾地区刘易斯转折区间出现在 1968～1984 年。

二　后起工业化经济体二元经济转型中收入分配的演变

后起工业化经济体的二元经济转型有共同特征，就是以外向型劳动密集型产业的发展带动农村剩余劳动力转移，而且，为了保持劳动密集型产业的竞争优势，有意识地压制工人工资水平上涨。这种局面只有在国际国内经济环境发生根本性改变，迫使劳动密集型产业发生产业升级时，才会得到扭转。因此后起工业化经济体二元经济转型中的收入分配均带有这一特征。

1. 日本在二元经济转型中的收入分配演变

如前所述，日本在明治维新后就开始了农村剩余劳动力转移，但是直到 19 世纪末，日本在以纺织工业为核心的产业革命带动下，才出现了大规模的农村剩余劳动力转移。为了尽快实现工业化，缩短日本与发达国家之间的差距，日本政府重点扶持和发展重工业，并将农业基本税率提高到 91%，农民税负负担沉重，收入水平勉强维持温饱，城乡收入差距不断扩大，城乡收入比从 19 世纪 80 年代转型初期的 1.32 上升至 20 世纪 30 年代的峰值 3.13，1940 年的基尼系数甚至超过了 0.6，日本成为十分不平等的社会。第二次世界大战结束后，日本经济修复了战争创伤之后进入了刘易斯转折区间，这一时期日本社会收入分配呈现以下特点。

第一，社会收入分配差距经历了 V 形演变历程。

二战结束以后，在美国的扶持和主导下，日本政府在 1946～1949 年对土地制度、劳资关系和税收制度进行了改革，其中 1946～1947 年的土地制度改革，颁布了《粮食管理法》，公布了收入补偿政策，鼓励农民兼职化，由此农户家庭总体收入水平有了大幅提高，城乡收入的差距有显著改善；1946～

---

① 吴惠林：《台湾地区的劳力短缺问题研究》，中研院经济研究所，1990，第 58 页。

1951 年实施的对财产征收重税，以及对拥有资产的人没收资产的政策，有效缩小了贫富的差距；1946～1949 年先后颁布实施了《劳动关系调整法》、《劳动基准法》和《劳动组合法》，组建和发展劳工联盟，农民和工人工资水平不断上升，社会收入分配状况逐渐好转。城乡收入比也从 20 世纪 30 年代的 3.13 缩小到 1964 年的 1.21，1955 年农民收入仅为城市劳动者收入的 77%，1973 年上升到 94%。①

但是在 20 世纪 50 年代朝鲜战争爆发以后，为了保障战争供应，1953 年日本政府修改了《禁止垄断法》，放宽了对垄断企业的限制，一批大型垄断资本集团迅速出现，财富迅速聚集，1960 年日本 10 亿日元资本以上的企业有 1099 家，仅占企业总数的 0.13%。收入分配不公现象再度恶化，基尼系数又重新回升到接近 0.4 的警戒线。

为了在一个相对确定的较短时期内显著提升居民实际收入水平，1962 年日本政府推行了"国民收入倍增计划"，通过建立健全政府收入分配和社会保障机制等方式，于 1967 年就实现了国民收入翻一番的目标，此后日本经济增长速度和人均收入水平依然保持快速增长势头，无论是初次分配还是调整后收入分配的基尼系数均出现了稳定下降。② 1966 年日本最初所得的基尼系数为 0.2033，而经过纳税、社会保障调整后的基尼系数为 0.1933，③收入分配均等化的倾向逐渐加大。

第二，工人工资上升，但劳动报酬比始终较低。

对于急于推进工业化的日本政府和谋求在工业化进程中迅速发展的企业主来说，他们有很强的动力推进劳动力市场发展，也希望能够最大限度

---

① 张珺：《日本收入分配制度分析》，《当代亚太》2002 年第 4 期。

② 20 世纪 80 年代以后，日本政府面对经济不景气局面，改革了长期实行的"终身雇佣制"，将劳资关系从长期的年功序列制向能力及业绩效果转变，导致失业率急剧升高，贫富差距再次拉大。作为应对，政府整体下调了税率水平，使调整后收入的基尼系数增长幅度远远小于初次分配，维护了社会公平与稳定。据内阁府统计，日本 2005 年社会保障对基尼系数的改善度接近 25%，税收的改善度为 5% 左右。参见孙执中《战后日本税制》，世界知识出版社，1994，第 207 页；徐飞《重温〈国民收入倍增计划〉》，《中国西部科技》2008 年第 12 期。

③ 张珺：《日本收入分配制度分析》，《当代亚太》2002 年第 4 期。

地压低工人工资。根据山田盛太郎[①]、大内力[②]和向坂逸郎[③]的研究，日本农村存在大量的过剩劳动力，从而使工人在一个低劣的工资和生活条件下工作成为可能；当农村劳动力转移发展到一定程度，进而引发农村劳动力减少和农产品价格上升后，国家和工厂主强力介入劳务管理，在高压和强制下维持着一种低廉的工资水平和恶劣的劳动条件。

1951 年经济恢复进入刘易斯转折区间以后，随着技术水平和劳动生产率的提高，日本工资水平有了很大的提高。特别是在经济高速发展时期，工资水平提高的幅度更大，与其他发达国家的差距也迅速缩小。据统计，1955 年日本名义工资水平仅为美国的 13.1%、英国的 37.6%，1970 年日本名义工资水平已达到美国的 24%、英国的 63%。[④]

值得注意的是，日本在提高工资水平的前提下，并没有减少资本积累，也没有降低经济增长速度，1955 日本被雇佣者的工资总额占国内生产总值的比重（劳动报酬占比）为 37.4%。到 1965 年则下降到 35.9%，同一时期英国的这一比例为 63.9%，联邦德国为 41.2%，美国为 50.6%，[⑤] 另据统计，1952～1970 年，日本制造业的被雇佣者的工资总额占国内生产总值的比重平均每年下降 4.2%，而美国和西德同期只分别下降 1.5% 和 0.3%，至于英国则提高了 0.5%。[⑥] 由于日本被雇佣者的工资总额占国内生产总值的比重最低，所以日本就保持了发达资本主义国家中最高的资本积累率，从而保证了企业设备投资的资金来源，促进了企业设备投资的迅速增加，这就是日本在二元经济转型中既保持企业迅速发展和经济高速增长，又减缓了收入差距扩大、改善收入不公平现象的重要经验。

2. 韩国在二元经济转型中的收入分配演变

韩国在二元经济转型初期的经济基础很薄弱。在日本统治的殖民地年

---

① 〔日〕山田盛太郎：《日本资本主义分析》，岩波文库，1977，第 179 页。
② 〔日〕大内力：《日本资本主义的农业问题》，东京大学出版社，1952，第 217 页。
③ 〔日〕向坂逸郎：《日本资本主义诸问题》，黄土社，1947，第 229 页。
④ 〔日〕日本经济调查协议会：《赁金的国际比较》，东洋经济新报社，1964，第 119 页；
　〔日〕盐田庄兵卫：《劳俟问题讲义》，青林书院新社，1981，第 265 页。
⑤ 通产技术调查会编《劳动管理要览》，通产技术调查会，1974，第 832 页；〔日〕氏原正治郎等编《现代工资讲座（第四册）》，东京大学出版社，1977，第 183 页。
⑥ 〔日〕石田英夫：《日本の劳使关系と贷金决定》，东洋经济新报社，1976，第 103 页。

代，日本按照南农北工的计划开发朝鲜半岛，因此 20 世纪 50 年代初期建国时的韩国仍是一个农业国，几乎没有任何像样的工业体系。韩国在 20 世纪 60 年代开始大力发展工业化和二元经济转型，1964 年确定了重点发展出口劳动密集型轻纺工业的产业政策，① 之后在"二五"计划中延续了这一发展思路，一直到 20 世纪 80 年代中后期才将产业发展重心转移到资本密集型产业。这段时期也是韩国二元经济转型进入到刘易斯转折区间（1967～1977年）的阶段。在二元经济转型中，韩国社会收入分配表现出以下几个特点。

第一，初次分配格局中"重积累轻消费"。

发展劳动密集型轻纺工业这一出口导向产业，客观上要求加快资本积累比重、压缩消费比重，因此在二元经济转型中，韩国国民收入初次分配格局中，劳动报酬比重较低，徘徊在 32% 左右，而用于资本积累的比重远高于前者，基本是前者的两倍，达到 70% 左右。这一特征体现了国民收入分配"重积累轻消费"的趋势。

第二，工资水平偏低，由较慢增长到快速增长。

为了保持劳动力密集型产品的出口竞争力，韩国工人工资水平保持在较低的水平。据统计，在 20 世纪 60～70 年代韩国的工业日工资水平，最低时为 0.48 美元，最高时也只有 1.24 美元，这一水平不仅远远低于西方发达国家，而且也低于其他发展中国家。以半导体工业为例，1970 年，美国工资是韩国的 10.2 倍，即使同为发展中国家的墨西哥，其工人工资水平也要高出韩国工资 1.2 倍。② 但就韩国国内来看，1961～1966 年韩国制造业工人的年实际工资基本保持在 240 美元左右。1967 年之后，由于制造业的较快发展，外向型经济初见成效，就业显著增加，工资增速加快。1967 年、1968 年和 1969 年三年制造业工人的实际工资增长率分别达到 12.0%、

---

① 韩国在 20 世纪 60 年代初期的"一五"计划中首先提出了发展资本密集型的基础中间原材料工业的产业政策，但不久就发现这种资本、技术相对密集的基础中间原材料工业的发展，既受经济发展阶段和需求弹性制约，缺乏国内市场，又受资金、技术等要素状况的制约，缺乏发展能力。鉴于此，韩国不得不在 1964 年修改了"一五"计划，将产业政策的重点由资本密集型重化工业的进口替代转向了劳动密集型轻纺工业的出口导向。

② 张玉柯、马文秀：《比较优势原理与发展中国家的经济发展》，《太平洋学报》2001 年第 1 期。

15.8%和22.3％，大大超过了9.3%、6.5%和6.9%的劳动生产率的增长幅度，到1970年，年平均工资达到500美元左右，即4年增加了1倍。[①]

第三，农民收入水平上升，城乡差距经历了倒U形发展历程。

在20世纪60年代二元经济转型初期，韩国城乡收入差距处于相对较低水平，1962年的城乡收入比为1.42。1964年随着劳动密集型出口导向产业的快速发展，城乡收入差距快速拉大。1970年的城乡收入比达到历史最高水平，为1.64。[②] 20世纪70年代开始，韩国政府掀起了"新村运动"，对农村的发展给予了大量倾斜性政策，首先，投入大量资本，提供大量免费水泥和钢材，用于改变农村道路、水、电等基础设施；为农民提供大量优惠贷款，帮助农民改建住房。其次，政府还加强各级管理，实施"平衡工农"政策，鼓励农民发挥自主精神，创办和发展农民协会组织及其他合法民间组织。再次，重视农村人力资本开发，从1953年开始，政府曾先后开展了五次"扫盲教育计划"，大规模普及农民初等教育，1958年12岁以上人口文盲率大幅下降到4.1%，1976年韩国宣布六年义务教育已经完全普及，之后大力发展职业教育，使农民的文化和技能水平大幅提升。最后，政府加大对第二产业、第三产业的投入，鼓励农业人口为提高自身收入、获得新的机遇，向其他产业发展，同时允许农民根据自身的情况开展有利于收入提高的新项目。以上举措不仅极大地缩小了城乡生活和工作环境差别，而且也为农民提高收入提供了持续稳定的动力，农村家庭年均收入水平持续上升，城乡收入比从1970年的1.64持续下降，到刘易斯转折区间结束时，基本稳定在1左右。

第四，社会收入分配状况不断改善。

受统计资料所限，本书只能对1965年以后的韩国基尼系数进行分析，韩国的收入分配基尼系数以1970年为界，呈现出先下降后上升的趋势。[③] 根据

[①]　黄泰岩、康健：《韩国国民收入初次分配的演变》，经济科学出版社，2011，第93～99页。

[②]　张晖：《韩国收入分配制度对我国的启示》，《江海纵横》2006年第6期。

[③]　1976～1997年韩国基尼系数再次下降，1997～1998年又出现上升。但是从整体水平来看，韩国20世纪90年代以来的基尼系数较低，收入分配状况理想。参见洪丽《韩国居民收入差距的演变及影响因素分析》，转引自《"财富的生产和分配：中外理论与政策理论"研讨会暨中国经济规律研究会第22届年会论文集》，2012，第135～142页。

Fields（1989）的统计，韩国 1965 年基于家庭收入计算的基尼系数为 0.344，1970 年降为 0.333。进入 20 世纪 70 年代以后，韩国经济高速增长，收入不平等程度再次加大，1976 年上升为 0.391，6 年中上升了 5.8%。从城乡收入分配状况上看，韩国农村基尼系数在 1965 年为 0.289，1970 年略上升为 0.299，1976 年上升为 0.33。1977 年韩国刘易斯转折区间结束以后，韩国继续保持着经济和城乡收入水平的快速增长，① 整体仍处于相对公平状态。

3. 中国台湾地区二元经济转型中收入分配的演变

中国台湾地区在 20 世纪 50 年代初，受二战与内战等重创，政局动乱，经济凋敝，通货膨胀严重，收入分配恶化。国民党政权吸取在大陆统治时期两极分化极端严重的教训，把"均富"作为经济与社会发展的首要目标，推行以"三七五减租""公地放领""耕者有其田"为主要内容的土地改革后，农业快速发展，农民收入也不断提高，经济不断恢复，收入分配不公现象得到改善。从基尼系数与五等分差距倍数②这两个指标来看，1953 年中国台湾地区五等分差距倍数为 16.52，基尼系数也高达 0.558，处于收入悬殊状态。1959 年，中国台湾基尼系数降为 0.44，五等分差距倍数也降至 8.72。1968～1984 年是中国台湾二元经济转型的刘易斯转折区间，这一时期中国台湾当局抓住西方发达国家经济繁荣和国际产业转移的有利时机，选择以发展外向型经济和工农业均衡发展为基本策略，同步实现了经济快速增长与收入差距较小的目标，这一时期也是战后中国台湾"均富"指标最好的时期。总体来看，中国台湾省在二元经济转型中的社会收入分配演变有以下几个特点。

第一，社会贫富差距经历了 V 形演变历程。

---

① 在东南亚金融危机之后，特别是 2008 年金融海啸重创韩国经济之后，在城乡收入增速放缓的同时，城乡收入比再次加大，2012 年城乡家庭收入比达到了史无前例的 1.74。造成这一状况的原因主要有两个：第一，经济低迷时，低收入人群、小规模经营的企业等最先受到冲击，不仅生活无法得到保障，而且再求职、再经营困难增大，生存状况急剧恶化；第二，在国内市场处于垄断地位的大企业过度扩张，在经济危机时期，中小企业原本就很有限的生存空间再次受到挤压，纷纷破产。

② 五等分差距倍数是衡量最富有 20% 家庭与最贫穷 20% 家庭相比的可支配收入差距倍数，该数值越大，收入差距越大。由于五等分差距倍数略过 60% 的中间收入者，仅仅专注于社会收入的两个极端，其对社会收入的不公平性更加敏感些。

　　20 世纪 60～70 年代是中国台湾地区发展的"黄金时代",不仅实现了快速工业化,还保持着较高的经济增长率和收入分配持续均等化的状态,较好地体现了经济学上的"效率与公平兼顾",被称为"台湾奇迹",表 4-3 充分反映了从 1968～1984 年中国台湾地区在刘易斯转折区间的收入分配状况。

表 4-3　1968～1984 年中国台湾地区的基尼系数与家庭可支配收入五等分差距倍数

年份	1968	1970	1972	1974	1976	1978	1980	1981	1982	1984
基尼系数	0.326	0.294	0.291	0.287	0.280	0.287	0.277	0.281	0.283	0.287
五等分差距倍数（最高组/最低组）	5.28	4.58	4.49	4.37	4.18	4.18	4.17	4.21	4.29	4.40

　　资料来源:《"中华民国"台湾地区 1992 年家庭收支调查报告》,转引自《"中华民国"经济年鉴 2005 年》,第 174 页。

　　从表 4-3 中明显可以看到,1968～1980 年中国台湾地区收入分配出现了持续改善,这一时期中国台湾积极发展以中小企业为主体的劳动力密集型出口工业;进行农业深层次改革,加大农业就业力度,增加农业收入水平;加大教育投入,发展职业教育与训练,提升人力资本价值;建立健全社会保障制度,进行收入的再分配。中国台湾地区收入差距不断缩小,1980年,中国台湾地区的基尼系数和家庭可支配收入五等分差距倍数分别减至0.277 和 4.17,这是中国台湾地区收入分配相对平均程度最好的水平。

　　但是 1980 年以后,随着新台币升值、岛内土地、劳动力等生产成本上升,以及国际竞争的日趋激烈,中国台湾劳动密集型产业不断向外转移,长期实行的"均富型增长模式"呈现逆转趋势,高科技产业加速兴起,中国台湾地区经济结构迅速变迁,直接导致不同行业、群体收入差距的拉大。尤其是泡沫经济逐渐形成,房地产、股票等价格一度飙升,中国台湾地区贫富差距也进一步加剧。基尼系数和五等分差距倍数不断上升,1984 年基尼系数和五等分差距倍数分别为 0.287 和 4.40。[①]

　　————————

　　① 此后中国台湾地区的基尼系数和五等分差距倍数持续上升,1990 年的基尼系数和五等分差距倍数分别上升为 0.312 和 5.18,到了 2001 年分别达到 0.35 和 6.39。参见邓利娟、刘乐《转型期台湾收入差距的调节手段分析》,《台湾研究集刊》2012 年第 3 期。

第二，加大农业扶持力度，城乡收入差距不断缩小。

除了 20 世纪 50 年代初期的土地改革之外，中国台湾为了促进农业生产，还采取了以下措施：精耕细作；实行多种经营；鼓励农民从事非农活动的兼营或离田就业；改造和整顿协会，为农业发展提供协作和服务；对将土地分给佃农的地主，政府发给他们公营事业股票，使地主由经营土地转向经营工商业。上述改革和政策的推行直接提高了农民生产的积极性，佃农的平均收入增加了 81%。1968 年以后，当局对农业的政策取向从"以农补工"转向"工业反哺农业"，采取推广农业技术；对农业机械化进行补贴；加大对农村灌溉、交通、通信、电力等基础设施的投资；为农民提供金融服务，解决农民生产资金困难等措施，农村地区收入显著增加，城乡居民收入比从 1966 年的 60% 上升至 1976 年 70%。[①]

第三，大力发展中小企业，提高了就业率和收入水平。

中国台湾从 20 世纪 50 年代开始大力发展吸收劳力多、技术要求低的劳动密集型产业。当局营造了适宜劳动密集型中小企业生存和发展的有利环境；对中小企业的创立以及登记限制较少；对新创企业在资金、技术和租税等方面给予优待，对有发展前途而在经营管理上有困难的企业进行示范性辅导。这些扶持政策不仅使中国台湾奠定了出口导向的经济基础，而且吸收了大批较低熟练程度的劳动力，特别是大量从农业转移出来的劳动力的就业。劳动密集型的中小企业的充分发展，提高了中国台湾工资收入在国民收入结构中的比重，改善了社会收入分配状况。1951～1979 年，中国台湾工资收入份额在国民收入结构中的比例从 40.8% 增加到 60.8%。[②]

第四，建设社会福利政策体系，有助于缩小贫富差距。

社会福利政策主要是指通过政府转移支付或鼓励私人机构对弱势群体进行救助，包含社会救助、福利服务、"国民"就业、社会保险及医疗保健五项，涵盖了贫穷问题、福利服务、失业保障、全民健保等方面。20 世纪

---

① 邓利娟、刘乐：《转型期台湾收入差距的调节手段分析》，《台湾研究集刊》2012 年第 3 期。
② 孔繁荣：《台湾经济起飞过程中收入分配均衡化的经验及对大陆的启示》，《台湾研究集刊》2011 年第 1 期。

50 年代开始，中国台湾地区就建立了劳工保险（占社会保险参加者的比重为 31.8%）、公教人员保险（占社会保险参加者的比重为 2.7%）。进入 20 世纪 60 年代以后，中国台湾地区制定了一系列相关法律，鼓励社会福利事业快速发展，如有"社会福利三法"之称的"老人福利法"、"残障福利法"和"社会救助法"，以及"职业训练法""劳动基准法""就业保险法""儿童福利法""少年福利法""老人福利法""身心障碍者保护法""国民年金法"等，建立起了相对健全的社会福利法律体系，社会福利支出不断增加，对中国台湾社会减少贫穷、缩小贫富差距、维持社会公平发挥了重要的作用。①

4. 小结

后起工业化经济体的二元经济转型具有明显的共性特征，首先，这些经济体在转型前二元对立程度较深，都是典型的农业经济，农业在国民经济中占有绝对优势，工业体系脆弱。这些经济体的二元经济转型与工业化进程是紧密联系在一起的。其次，这些经济体在进入刘易斯转折区间之前都经历了战争或者被殖民掠夺的阶段，恢复战争创伤也和推进工业化联系在一起。可以讲，这些后起工业化经济体二元经济转型中除了面对发展中经济体所面临的农业剩余劳动力无限供给、工业体系发展不足的特点之外，还有在较短时间迅速加大资本积累和社会投资水平、推进农业现代化、缩短与工业强国之间的差距的压力，这些客观不利因素迫使后起工业化经济体均以加大劳动密集型出口产业作为突破口，以保持较低劳动报酬率、推进农村土地改革和强化基础与职业教育作为主要手段，以重新建立工业体系、追赶工业化进程、缩小收入差距、实现共同富裕的目的。随着这些经济体劳动密集型出口产业的不断发展，经济增长持续保持较快速度，这些经济体的工资水平都出现了快速提升的趋势，基尼系数和城乡收入比持续改善，社会分配日趋公平。

从后起工业化经济体在刘易斯转折区间的收入分配演变历程来看，存在一些共性的经验，主要包括：①推行土地改革，初始财富分配比较平均，

---

① 邓利娟、刘乐：《转型期台湾收入差距的调节手段分析》，《台湾研究集刊》2012 年第 3 期。

使国民在面对经济发展的机遇时拥有大致均等的机会；②实行出口导向型发展战略，带动产业结构快速升级，有助于提高劳动力从传统部门向现代部门转移的速度；③重视人力资本积累，劳动力供给能够适应产业结构不断升级的需要，加快了就业结构的转变；④重视农村地区发展，缩小了城乡收入差距。

不过在走出刘易斯转折区间以后，在 20 世纪 80 年代，由于劳动力成本上升引发了产业升级，劳动密集型产业向外迁移，高科技产业加速兴起，加上受房地产泡沫经济推动，这些经济体的收入差距再次加大。①

第三节　拉美国家二元经济转型与收入分配演变

拉美地区是世界上最大的发展中国家聚集区，拉美各国二元经济转型既有传统劳动力流动理论所揭示的共同特点，也有由于地缘的相对独立而表现出的强烈内部一致性特点。从总体看，这些特征主要包括以下方面。首先，拉美国家劳动力转移与就业主要集中在非正规部门。拉美国家利用借债方式实行的"非耐用消费品—耐用消费品—中间产品—资本品"逐级替代的跨越式发展，使投资更多倾向于资金密集型和技术密集型的行业，无益于吸纳剩余劳动力就业，那些找不到工作的非熟练劳动力，包括妇女和儿童，源源不断地涌向商业、服务业等非正规部门。因此拉美国家就业增长主要体现在非正规部门的快速发展上。其次，拉美国家二元经济转型普遍存在"超前城市化"现象。在拉美国家的农村地区，由于土地资源高度垄断和农业技术化进程加速，出现了大量农村剩余劳动力。但是城市工业发展不仅长期受到国内市场的抑制，而且资本和技术密集程度较高，加

---

① 日本的基尼系数从 20 世纪 80 年代后期以后持续上升，1993 年经过收入调整以后的基尼系数为 0.365，到 2005 年这一数据为 0.383；韩国 1990 年的基尼系数为 0.29，到 2002 年为 0.312；中国台湾 1988 年的基尼系数为 0.303，而 2009 年这一系数为 0.35。参见徐飞：《重温国民收入倍增计划》，《中国西部科技》2008 年第 12 期；洪丽：《韩国居民收入差距的演变及影响因素分析》，转引自《"财富的生产和分配：中外理论与政策"理论研讨会暨中国经济规律研究会第 22 届年会论文集》，2012，第 135～142 页；邓利娟、刘乐：《转型期台湾收入差距的调节手段分析》，《台湾研究集刊》2012 年第 3 期。

上政府对城市各类经营活动规定的"门槛"过高，使得大批进入城市的农村剩余劳动力纷纷寻找各种"自谋生计"的出路，其结果不仅导致非正规部门就业急剧膨胀，而且最终造成"贫民窟包围城市"的"超前城市化"恶果。再次，拉美国家的对外开放与发展模式并未带来明显的"就业创造"。20 世纪 90 年代拉美转向以消除贸易壁垒和开放资本市场为特征的出口导向增长模式，阿根廷、巴西、巴拉圭和乌拉圭建立了南方共同市场（Mercosur），而墨西哥加入了北美自由贸易协定（NAFTA）。但是这种开放贸易对拉美国家就业的带动作用并不明显，[①] 一些研究表明，在主要拉美国家中，只有墨西哥在 20 世纪 90 年代后半期，由于开放贸易制造业出现了出口和就业增长，而且主要是客户工业[②]的繁荣。但是，由于客户工业中的进口成分比重很高，与其他经济部门联系较少，并没有发生明显的"就业创造"[③]。最后，拉美国家劳动力向发达国家国际移民现象显著。由于贫困、失业、经济停滞和人口过多等原因，拉美各国已经成为向发达国家输出工人的"净出口国"。比如，受实际收入水平以及经济机遇方面存在的显著差异影响，墨西哥、中美洲和加勒比国家是向美国移民的主要国家和地区，而阿根廷、巴西向外移民的主要动机是本国经济持续衰退以及政局不稳。[④]

目前拉美国家均处于二元经济转型中，本书选取了巴西和墨西哥这两个最大的拉美经济体作为典型国家来进行考察，选择的理由是，这两个国

---

① 按照传统经济学观点，一旦采取了开放贸易战略，资本市场的扭曲程度会相应地降低，资本品的价格会接近国际价格，劳动力的价格会更加便宜，从而会刺激企业使用更多的劳动。其结果是劳动力的就业水平会大幅度提高。参见〔美〕安妮·克鲁格《发展中国家的贸易与就业》，李实译，上海世纪出版社，2015，第 167 ~ 174 页。

② 客户工业是指供出口的加工组装业，此类工业虽能创造一点外汇和就业机会，但严重依赖外国投资、外国技术、外国技术人员和外国市场。参见苏振兴《拉美国家关于新工业化道路的探索》，《拉丁美洲研究》2003 年第 3 期。

③ 阿根廷和巴西在开放经济中依然以出口初级或半初级加工产品为主，就业数量和质量不高，而且，经济开放以后，阿根廷和巴西新设立的企业很少，现存制造业企业存量重组的多，就业创造也不明显。参见 Christoph Emst，"Trade Liberalization, Export Orientation and Employment in Argentina, Brazil and Mexico"，*Employment Strategy Paper*，ILO，（15）2005，pp. 28 – 29。

④ Barry Chiswick，Timothy J. Hatton，*Globalization in Historical Perspective*（Chicago，US：University of Chicago Press，2003），p. 234.

家是拉美地区人口最多、实力最强且发展潜力巨大的两个国家，而且根据世界银行统计，巴西和墨西哥已经进入中高等收入水平国家行列，在发展阶段上也与我国相似。因此巴西和墨西哥在二元经济转型中的相关经验和教训，对我国也有较强的参考和借鉴意义。

一 巴西二元经济转型与收入分配演变

巴西在二元经济转型过程中，遵循"先增长后分配"的增长导向型模式，因此在创造经济奇迹、实现工业化和城市化高速发展的同时，国内收入差距也在不断拉大。目前巴西是世界上基尼系数最高的国家之一，在世界上141个国家中基尼系数处于高位。[①]

1. 巴西刘易斯转折区间的判断

由于数据获取困难，本书根据南亮进的判断准则四，即以非熟练劳动力和熟练劳动力之间的工资差别为标准，来判断巴西的刘易斯第一转折点。根据刘易斯等人的经典观点，在"粮食短缺点"之前，由于劳动力无限供给，工农两大部门均为制度工资水平，城市工业部门的熟练工人与农业部门的非熟练工人的工资差别相对稳定；在"粮食短缺点"到来后，由于农业剩余劳动力由无限供给转变为有限供给，工业部门要吸引劳动力，必须增加工资，城市工业部门的熟练工人与农业部门的非熟练工人的工资差别会拉大。"商业化点"到来之前，二者的差距趋于缩小。因此若城市工业部门的熟练工人与农业部门的非熟练工人的工资差别变动趋势再次处于稳定状态，则说明"商业化点"已经到来。但是在考察拉美国家的二元经济转型时，必须考虑到其农村剩余劳动力转移和就业的特殊性，一方面，在农村地区，由于土地高度垄断和农业技术进步，大量农业劳动力被排挤出来；另一方面，拉美国家的工业发展不仅长期受到国内市场的抑制，而且由于对外资的依赖程度过高，过早地呈现出资本密集与技术密集的特点，影响了提供就业的能力。那些找不到工作的人们，包括妇女和儿童，源源不断地涌向

---

① 〔美〕苏珊·斯托克斯：《增长、平等与治理：拉美的经验》，《经济社会体制比较》2005年第5期。

各式各样的商业和服务行业这些城市非正规部门，使之成为各种隐蔽性失业集中的场所，城市中非正规部门与正规部门并存，非熟练工人大多集中在非正规部门工作，而正规部门聚集着大量熟练劳动力。因此，拉美国家非熟练劳动力与熟练劳动力的工资差别就体现为城市正规部门与非正规部门的平均工资差距。图4-6表明，巴西的城市正规部门与非正规部门的平均工资水平之比在20世纪90年代之前较为平稳，1990年以后正规部门与非正规部门的平均工资水平之比不断拉大，在1996年前后达到了最大值，说明巴西的刘易斯第一转折点出现在1990年前后。1999年以后两种工资水平的差距出现下降趋势，但未趋于稳定，表明巴西的刘易斯第二转折点在2008年之前还未到来。

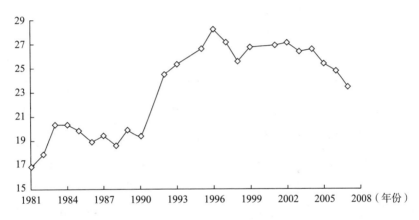

图4-6　巴西城市正规部门与非正规部门的平均工资水平之比的变动情况（1981～2008年）

资料来源：郑秉文：《拉丁美洲的城市化：经验与教训》，当代世界出版社，2011，第173页。

巴西自进入刘易斯第一转折点以后，在较长时期内受外债和通货膨胀困扰，经济发展陷于停滞。21世纪以来，卢拉政府利用世界经济整体增长、国际原材料价格上涨等良好外部因素，采取稳健务实的经济政策，推进财税改革，控制通胀和财政赤字，鼓励企业增加生产性投资和工农业发展，改革收入分配，关注社会问题，通过投资和刺激消费来拉动经济发展。2010年上台的罗塞夫总统延续卢拉政府的经济和社会政策，继续加快国民经济发展，缩小收入差距，二元经济结构得到改善，走上了稳定发展之路。1975

年巴西人均 GDP 突破 1000 美元，脱离了"低收入国家"行列；1995 年巴西人均 GDP 为 4827 美元，进入"中等偏上收入"行列；2011 年巴西人均 GDP 为 13039 美元，达到"高收入国家"标准。[①] 从产业结构上看，巴西服务业的产值和就业比重均达 50% 以上，农牧业已基本实现现代化，已接近发达国家水平；从农业劳动力非农化转移情况来看，2011 年巴西农业就业比重为 15% 左右，农业劳动力非农转移速度大大下降；从城市化率上看，巴西城市化率自 1999 年超过 80% 以后，一直维持着较高的水平，2011~2014 年持续保持在 85% 以上。综合以上数据，可以大致判断，在 2011 年左右，巴西已经到达了刘易斯第二转折点，这意味着巴西已经走出了刘易斯转折区间。[②]

2. 巴西二元经济转型中收入分配的演变

在进入刘易斯转折区间之前，巴西经历了 20 世纪 30 年代开始的内向型进口替代工业战略和 20 世纪 60 年代以后军人政府执行的"负债发展战略"，利用大规模、快速引进外资和举借外债来解决本国资金缺口，结果通货膨胀急剧攀升，收入分配不公现象十分严重。首先，从社会不同收入阶层的平均收入比较上看，1960 年 10% 的巴西最富有阶层的月平均收入为 842 克鲁赛罗（按 1970 年价值计算），10% 最贫困阶层的月平均收入为 39 克鲁赛罗，全国月平均收入为 213 克鲁赛罗，前者的月平均收入是后者的近 22 倍，后者的月平均收入与全国月平均收入之比为 1:5.46。到了 1980 年，10% 最富有阶层的月平均收入增加到 2006 克鲁赛罗，10% 最贫困者为 49 克鲁赛罗，全国月平均收入为 419 克鲁赛罗，前者月平均收入是后者月平均收入的近 41 倍，后者与全国月平均收入之比为 1:8.55[③]。其次，从农业部门和非农业部门的平均工资水平看，1990 年巴西从事传统农业活动的农户月平均收入是 264 雷亚尔，[④] 而在非农业部门工作的人月平均收入则为 543 雷亚

---

① 此后巴西人均 GDP 持续回落，2012 年为 12157 美元，2013 年为 12071 美元，2014 年为 11728 美元，2015 年为 8538 美元。数据来源于世界银行数据库。

② 孙亚南：《二元经济转型国际比较研究》，辽宁大学博士学位论文，2015。

③ 吴红英：《巴西现代化进程透视——历史与现实》，时事出版社，2001，第 257~264 页。

④ 1993 年巴西发行新货币克鲁塞罗雷亚尔，1 克鲁塞罗雷亚尔等于 1000 克鲁塞罗。但克鲁塞罗雷亚尔只流通了一年半的时间，巴西在 1994 年 7 月 1 日采用新货币雷亚尔，1 雷亚尔等于 2750 克鲁塞罗雷亚尔。

尔，农业部门的平均工资不及非农业部门工资水平的一半。最后，从基尼
系数上看，20 世纪六七十年代，巴西收入分配急剧恶化，基尼系数从 20 世
纪 60 年代初期的 0.50 左右飙升到 1976 年的 0.63。20 世纪 80 年代，巴西
基尼系数继续缓慢攀升，并在 1988~1990 年上升到 0.6 以上，收入分配呈
现较为稳定的贫富悬殊格局。

20 世纪 90 年代进入刘易斯转折区间以后，巴西的收入分配状况出现了
一定的改善态势，主要表现在如下几点。

第一，基尼系数出现回落。

巴西进入刘易斯转折区间以后，巴西收入分配出现了改善的趋势，基
尼系数逐渐出现了下降趋势，根据图 4-7 中引用的世界银行数据库资料，
巴西基尼系数 1995 年回落到 0.5957，2008 年下降到 0.5437，2008 年国际
金融危机也未对巴西基尼系数持续下降的走势造成影响，巴西基尼系数继
续保持持续回落态势，2014 年巴西基尼系数下降为 0.5148。由此可以看出，
巴西在刘易斯转折区间前后的收入分配演变历程印证了库兹涅茨的倒 U 形
假说，收入贫富差距总体出现了下降趋势，但按国际经验，巴西贫富差距
仍然处于较高的水平。

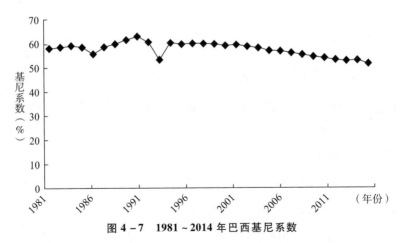

图 4-7　1981~2014 年巴西基尼系数

资料来源：世界银行数据库，http://data. worldbank. org. cn/country/brazil? view = chart。

第二，贫困状况持续改善。

进入刘易斯转折区间之前，巴西的贫困人口比重较高，人口营养不良现

象突出。按照每天生活费在 1.9 美元以下的标准，巴西 20 世纪 80 年代的贫困人口比重为 20%～30%，1983 年甚至高达 30.64%，1990 年到达刘易斯第一转折点以后，贫困人口和营养不良人口比重均出现了持续下降，其中贫困人口比重 1993 年为 19.92%，2005 年为 9.55%，到 2011 年走出刘易斯转折区间时，巴西贫困人口比重已经降为 5.5%。图 4-8 反映了巴西在刘易斯转折区间前后的贫困人口比重变化情况。而营养不良人口比重从 1991 年的14.8% 持续缓慢下降为 1999 年的 12.9%，8 年下降了不足 2 个百分点，但是进入 21 世纪以后，巴西营养不良人口比重从 2000 年的 12.3% 快速下降到2005 年的 5%，并持续保持这一水平。图 4-9 反映了巴西在 1991～2015 年的营养不良人口比重变化情况。显然，进入刘易斯转折区间以后，巴西采取的各项消除贫困、改善民生的政策取得了较好的效果。

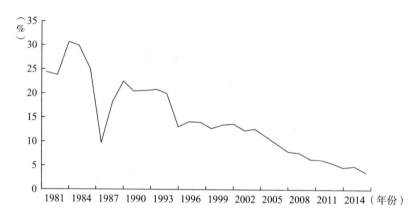

图 4-8　1981～2014 年巴西贫困人口比重（按每天 1.90 美元衡量，2011 PPP）

资料来源：世界银行数据库，http://data.worldbank.org.cn/country/brazil? view = chart。

第三，贫困者收入改善，贫富差距出现缓和。

根据收入五等分划分方法，将巴西最穷 40% 的人收入份额与最富 10%的人收入份额进行比较，可以得到图 4-10。

从中可以看到，①巴西最富 10% 的人收入份额稳定在 40% 以上，而最穷 40% 的人收入份额长期徘徊在 10% 左右。这表明巴西的收入分配贫富分化较为悬殊的局面存在已久。②20 世纪 80 年代后期，最富 10% 的人收入份额出现了明显的下降，从 1989 年 51.15% 下降为 1992 年的 39.69%，与此

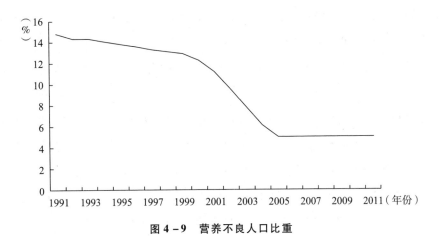

图 4 - 9　营养不良人口比重

资料来源：世界银行数据库，http://data.worldbank.org.cn/country/brazil? view = chart。

同时，最穷 40% 的人收入份额从 6.95% 上升到 9.9%。③1993 年这两个比例都出现了反弹，其中最富 10% 的人收入份额迅速回升为 48.44%，上升幅度为 8.75 个百分点，而最穷 40% 的人收入份额下降了 1.74 个百分点，为 8.16%。④1995 年以后，最富 10% 的人收入份额出现了缓慢持续下降，而最穷 40% 的人收入份额则缓慢上升，贫富差距出现缓和。

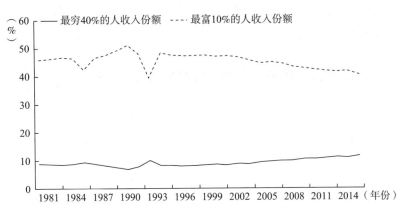

图 4 - 10　巴西最穷 40% 的人收入份额与最富 10% 的人收入份额对比

资料来源：世界银行数据库，http://data.worldbank.org.cn/country/brazil? view = chart。

巴西在二元经济转型中贫富分化现象较为突出，这与巴西土地高度集中的历史与现实密切相关。在殖民地时期形成的农业大地主占据主要耕地的格局，在数个世纪的社会变迁中并没有发生根本改变，20 世纪 30 年代巴西开始二元经济转型和工业化以后，农业劳动力转移并没有改变农村地区土地高度集中的现实，1950 年，巴西共有 206.4 万个农业经营单位，其中 71.1 万个占地不到 10 公顷，1611 个则是巨型的大庄园，每个占地达 1 万公顷以上，37 个最大的地主所占有的土地相当于 97.1 万个小农户占有的土地数量总和，以农业为生的人中有 81% 是无地的农业工人。① 由于土地高度集中，巴西在工业化初期走上重型工业化道路，这加剧了失业，导致社会贫富悬殊。20 世纪 90 年代初期，债务危机"后遗症"和劳动力成本上升使巴西经济状况进一步恶化，大量中小企业破产，贫富差距进一步加大。20 世纪 90 年代中期，巴西以经济政策调整和制度改革为特征，实行扩大市场调节、减少政府干预的举措；通过"雷亚尔计划"治理严重恶化的通货膨胀；压缩公共福利，减少政府开支；推行私有化，增强竞争活力；深化土地改革，让更多的农民分配到闲置的未开发利用的土地。巴西经济逐步恢复了增长活力②。进入 21 世纪以后，再民主化和积极的社会政策给巴西经济社会注入强心剂，通过"零饥饿"计划、"家庭救助金计划"保护社会弱势群体，降低了贫困率；实行社会最低工资、非缴费型养老金等调节财富分配的社会转移支付政策，加强基础教育，创造公平竞争环境，调节了收入差距；加快社会流动性，中产阶级人数不断增多，贫富分化出现了缓和。

二　墨西哥二元经济转型与收入分配演变

墨西哥于 1821 年独立，是拉丁美洲经济比较发达的大国，19 世纪后半叶，外国资本开始大量渗入，加之政府鼓励大庄园主兼并土地，墨西哥形成土地高度集中格局。波菲利奥（1876～1911 年）时期，墨西哥实行以原材料出口为核心的依附性发展，国内工业主要集中在矿产采掘业和初级冶炼行业，主要出口产品有铜、锌、石墨、铝、锑等矿产品，以及龙舌兰纤维、木材及其制品、皮革、咖啡、棉花、糖、橡胶等农牧业产品，墨西哥成

---

① 吴红英：《巴西现代化进程透视——历史与现实》，时事出版社，2001，第 257～264 页。
② 吴白乙：《拉丁美洲和加勒比发展报告（2010～2011）》，社会科学文献出版社，2011，第 211～228 页。

为一个农业占主导地位的国家，1910 年，从事农牧业的劳动力占全国总劳动力的 65.9%，其中从事种植业的劳动力占全国总劳动力的 56%。[①] 1929～1933 年资本主义经济危机后墨西哥开始实行具有高关税保护特色的进口替代工业化发展战略，从进口非耐用消费品转向进口资本品，用以发展民族工业和替代非耐用消费品，逐步建立起具有资本密集型、技术密集型和熟练劳动力密集型等特点的工业体系。同时农业部门开始加强农业技术革新，实施绿色革命，推动农业生产率大幅度提高。据统计，若 1953 年的墨西哥农业生产指数为 100，则 1960 年为 152。农业就业比重也从 1940 年的 68%大幅下降到 1960 年的 55%。[②] 在农业发展的基础上，制造业增长率在 1950～1960 年达到 6.2%，1960～1973 年达到 8.8%[③]，这一成就被人称为"墨西哥经济奇迹"。在农业科技革命和产业结构巨变的带动下，大批农村剩余劳动力向城市转移，墨西哥二元经济转型进程正式启动。1982 年墨西哥债务危机爆发以后，政府在对过去的发展模式进行反思的基础上，开始实行新自由主义的经济结构改革，将原有的进口替代工业化的内向型发展模式逐步转换为以自由市场为导向的外向型经济发展模式。经过 30 余年的改革，墨西哥宏观经济状况有了明显改观，20 世纪 80 年代年均经济增长率为 1.9%；20 世纪 90 年代尽管曾爆发金融危机，年均经济增长率仍达 3.5%；进入 21 世纪以后经济增长有所放缓，年均增长率为 2.18%，但是贫富差距加大，贫困人数不断增加，全国半数人口处于贫困线之下。

1. 墨西哥二元经济转型阶段判断

以南亮进判断准则三——非熟练工人实际工资的动向作为判断标准，可以判断墨西哥刘易斯第一转折点。非熟练工人一般所受教育年限较短，且具有很强的替代性，主要集中在微型企业、家庭劳动和低端个体户等非正规部门。以受教育年限为 0～5 年的劳动者在城市的实际工资率代表墨西哥非熟练工人的实际工资，图 4－11 表明在 1989～2011 年，墨西哥非熟练

[①] 杨茂春：《墨西哥农村劳动力流向和农村产业结构调整》，《拉丁美洲研究》1986 年第 8 期。

[②] 徐文丽：《墨西哥绿色革命研究（1940～1982）》，南开大学博士学位论文，2013。

[③] 〔英〕莱斯利·贝瑟尔：《剑桥拉丁美洲史：第六卷（上）》，吴洪英等译，当代世界出版社，2000，第 233～248 页。

工人工资一直处于震荡波动状态，2000年之后开始呈现上升的趋势。由于非正规就业占城市就业总量的比例高达45%，因此受非熟练工人工资上涨的推动，墨西哥熟练工人工资率在2000年以后开始上涨，上升趋势非常明显。可以初步判断墨西哥刘易斯第一转折点出现在2000年左右。

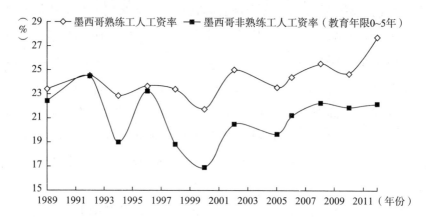

图4-11　墨西哥城市工资率和城市工资率（教育年限0~5年）的变动轨迹

资料来源：根据拉美经委会（ECLAC）数据库整理得到。

2000年进入刘易斯第一转折点以后，墨西哥政府继续奉行市场经济改革，加快贸易自由化进程，图4-12反映了2000~2016年墨西哥农业就业人员比重和农业增加值比重的演变轨迹，这一时期，墨西哥农业就业人员比重从17.6%持续下降到13.01%，而农业的增加值比重从3.54%略升为3.85%，保持着较为稳定的发展趋势。考虑到2014年墨西哥农业就业人员比重突降到10.31%时，农业增加值比重为3.54%，并未出现明显变化，可以判断墨西哥仍有相当数量的农业剩余劳动力需要转移。此外图4-11中墨西哥城市中非熟练工人的工资与熟练工人的工资并没有呈现缩小趋势，这些迹象表明墨西哥尚未走出刘易斯转折区间。

2. 墨西哥二元经济转型中收入分配的演变

自20世纪80年代中期以来，墨西哥经历了6次政府更迭①，但基本上

---

① 这六次政府更迭包括：1982~1988年的德拉马德里政府、1988~1994年的萨利纳斯政府、1994~2000年的塞迪略政府、2001~2006年的福克斯政府、2006~2012年的卡尔德龙政府、2012至今的培尼亚政府。

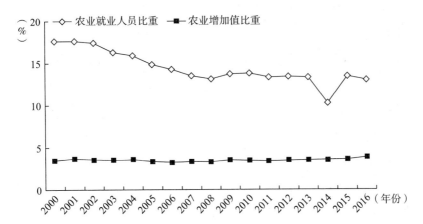

图 4 – 12　2000 ~ 2016 年墨西哥农业增加值比重和农业就业人员比重演变轨迹

资料来源：世界银行数据库，http://data. worldbank. org. cn/country/mexico？ view = chart。

各任政府都遵循新自由主义理念，并通过推进经济政策市场化、外贸和投资自由化、国有企业私有化等改革措施，使墨西哥从政府高度干预的内向型进口替代工业化发展模式转变为以自由化经济为导向的外向型发展模式。这些经济改革措施一方面促使墨西哥外贸自由化程度大幅度提高，实现外贸快速增长；另一方面改善了投资环境，吸引了大量外国直接投资。这使墨西哥 GDP 年均增速从 1981 ~ 1990 的 1.88% 上升到 1991 ~ 2000 年的 3.64%；人均 GDP 在 1974 年突破 1000 美元，进入到中等偏下收入国家行列，1992 年突破 4000 美元，进入中等偏上收入国家行列，2013 年人均 GDP 达到 10198 美元。但时至今日，墨西哥仍未脱离中等收入国家行列，失业增加，贫富差距不断加大，贫困人口增多，社会收入分配不公严重。墨西哥在刘易斯第一转折点前后的收入分配呈现以下几个特点。

第一，低工资，低收入。

墨西哥普遍实行的工资形式有最低工资和合同工资两种。最低工资是一个劳动者每个劳动日应得到的最低限度的现金收入，其数量可以满足一般家庭对物质、社会和文化的一般需求，包括子女的教育费用。合同工资是以集体契约或法律契约为基础确定的工资，既可以用工时确定，也可以用工作量来确定，还可以用利润分配及其他方式来确定。合同工资是墨西哥最普遍的工资形式。20 世纪 80 年代，伴随经济危机的出现和新自由主义经济改革政策的执行，1982～1988 年工资水平剧烈下降，1988 年墨西哥的工资水平降到 1976 年以来的最低点。[①] 1988 年后工资水平缓慢回升，1994 年工业部门的合同工资水平只是 1976 年 89.4%，1994 年金融危机爆发，货币贬值 44%，通货膨胀率达 52%，1995 年公开失业率达到 6.26%，27% 的男性劳动力和 42% 的女性劳动力或没有收入，或收入低于最低工资水平，工资收入的购买力再次下降。而最低工资水平下降幅度更为惊人，名义最低工资水平从 1976 年（这一年最低工资达到最高水平）相当于工业部门合同工资的 50% 下跌到 1994 年相当于工业部门合同工资的 30%，实际购买力下降了 86%。1987 年，一份最低工资可以购买营养菜篮 35 种商品中的 31 种，1994 年则只能购买其中的 6 种（而且不包括肉、奶和水果）。[②]

1994 年金融危机以后到 2010 年，墨西哥劳动者的月收入水平从 1424 比索下降到 1169 比索，降幅明显。在不同类型的岗位中，公共部门的劳动者的月收入水平略有上升，从 1753 比索上升到 1937 比索，而在非正规部门就业的非熟练劳动力月收入水平不足 1000 比索，基本处在维持生计的状况中。由于墨西哥有近半数的劳动力在非正规部门就业，其中绝大部分都是非熟练劳动力，不断下降的低工资水平不利于鼓励他们提高技术水平和劳动生产率。

墨西哥劳动者低工资低收入的一个重要原因就是劳动生产率不高。1990～2008 年，墨西哥劳动生产率累计提高 11.5%，阿根廷累计增加 59.3%，巴西累计增长 26.3%，智利累计提高 60.4%。阿根廷、巴西、智利和墨西哥同为拉美经济大国，但墨西哥劳动生产率的增长幅度不仅远远低于阿根廷和智利，而且较巴西也有一定差距。劳动生产率增长缓慢严重制约着劳动者收入水平的提高。[③]

---

① 杨志敏：《对 20 世纪 40～90 年代墨西哥经济发展战略的评析》，《拉丁美洲经济研究》2011 年第 7 期。
② 袁东振：《墨西哥经济改革进程中的工资问题》，《拉丁美洲研究》1999 年第 2 期。
③ 丁波文：《墨西哥劳动力市场与政府就业促进政策研究》，北京外国语大学博士学位论文，2015，第 63～68 页。

另外，实行低工资政策也是新自由主义政策合乎逻辑的结果，按照新自由主义的逻辑，没有经济增长就没有持续繁荣，而实现经济发展需要一系列条件，如金融体系稳固、公共财政健康、储蓄和投资增长，以及贸易自由化的不断深化。为了提高劳动密集型出口企业的竞争力，推动出口加工业的发展，实行低工资政策是十分有必要的。但是包括墨西哥在内的拉美国家所奉行的新自由主义改革，除了促进经济增长，还应该具有能给大多数人带来收入增加和避免财富过度集中的功能，如果仅仅关注促进经济增长，将付出沉重的经济和社会代价。

第二，贫困人口比例居高不下。

墨西哥界定贫困主要依据两个指标，即是否缺乏某种基本的社会服务以及是否低于人均收入水平。基本的社会服务范围较广，教育、住房、医疗等都包括在内，非贫困意味着居民有能力消费所有的社会服务，缺乏其中任何一项都属于贫困状态；而根据收入水平确定的贫困线，则取决于基本食品篮和基本社会服务篮的费用之和，如果居民收入水平超过这个费用之和，则属于非贫困人口，否则属于贫困人群。此外，贫困人群又可具体细分为三个档次：一是食品型贫困；二是能力型贫困；三是个人财产型贫困。食品型贫困也叫极端贫困，是指居民收入水平低于基本食品篮的费用。能力型贫困是指居民收入水平可能达到购买基本食品篮的要求，但如果将其全部余下收入用于支付卫生和教育方面的费用，则存在赤字。个人财产型贫困则意味着，居民个人收入可能足以购买基本食品篮的产品，并且能够支付能力型贫困中包含的卫生和教育费用，但是如果加上衣着、住房和交通等方面的支出，则会产生赤字。考虑城市和农村生活方式、习惯的不同，可根据收入水平分别制定城市和农村贫困与非贫困的划分标准，并根据消费者价格指数进行调节。1992 年墨西哥社会政策国家评估委员会（CONEVAL）界定的农村地区贫困线标准为人均月收入 216.81 比索，城市地区贫困线标准为 365.38 比索。2015 年农村地区贫困线标准调整为人均月收入 1658.58 比索，城市地区贫困线标准为 2594.83 比索，农村和城市极端贫困线分别为人均月收入 898.78 比索和 1281.05 比索。

按照以上标准，可以对图 4－13 中体现的 1992～2014 年墨西哥城市和农村贫困率的演变进行观察，该图既能体现墨西哥贫困人群数目较大、整体贫困程度较高的现实，也能体现墨西哥贫困率存在城市和农村差别。

1994 年爆发的金融危机，不仅使墨西哥的经济发展速度下降了近 7%，而且也使贫困率在 1996 年达到历史最高纪录 69%，其中极端贫困人口比例为 37.4%，农村贫困率更是高达 80.7%，处于温饱线以下的农村人口超过 1940 万人，即一半以上农民的收入无法支付所需的基本食品。此后，墨西哥的贫困率一直处于下降趋势，到 2006 年时贫困率降到最低点 42.9%，极端贫困人口比例也下降为 13.8%，农村贫困人口数量降至 2225 万人，比 1996 年的最高点减少了 700 多万人，农村贫困率降至 54.6%。2008 年全球金融危机爆发以后，墨西哥贫困率再次上升，并持续保持在 52% 左右的水平，极端贫困人口比例再次上升为 18.2%，农村地区的贫困率保持在 60% 以上，成为拉丁美洲主要国家中唯一贫困率上升的国家。①

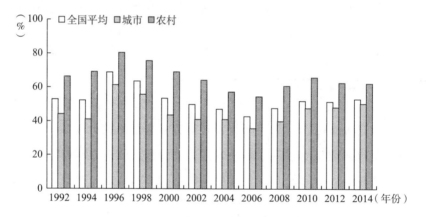

图 4 - 13 1992 ~ 2014 年根据收入水平计算的墨西哥贫困率

资料来源：根据 CONEVAL 数据库资料整理而得，http://www.coneval.org.mx/Paginas/principal.aspx。

应指出的是，由于墨西哥城镇人口比重较高（20 世纪 90 年代以后墨西哥城镇人口比重为 75%），农村贫困人数绝对值低于城市，但农村的贫困程度，尤其是极端贫困水平，则要远远高于城市。农村贫困是多因素作用的

---

① 祝跃：《墨西哥的"自由之殇"》，中国经贸聚焦，http://news.hexun.com/2014 - 01 - 21/161624250.html。

结果，土地制度并不是导致贫困的唯一的原因，因此农村最终脱离贫困既需要依靠有效的土地制度，也需要依靠经济的健康稳定发展。[①]

第三，贫富差距较大。

与墨西哥贫困人口比例居高不下密切关联的是收入分配不均、贫富差距较大，表4-4显示了1984~2014年墨西哥不同收入等级人口占有的收入比重。40%最低收入人口的收入份额不足14%，而10%最富裕人口的收入份额高达40%左右。如果按照收入五等分标准计算，40%高收入和最富裕人口的收入份额达到75%左右，60%中等和低收入人口的收入份额只有25%左右。更加严峻的是，20世纪80年代中期以来，墨西哥经历了6次执政党更替，但是并没有从根本上改变社会收入分配不均的状态，反而有固化这种分配不均格局的趋势。考虑到前文述及的墨西哥贫困人口比例居高不下的状况，不难得出墨西哥中间阶层日益贫困化的结论。[②] "中间阶层贫困化，贫困者走向赤贫，赤贫者的子女营养不良，死亡率上升。"[③]

表4-4 1984~2014年墨西哥不同收入等级人口的收入份额

单位：%

年份	40%最低收入人口的收入份额	20%中等收入人口的收入份额	30%高收入人口的收入份额	10%最富裕人口的收入份额
1984	12.12	12.99	37.85	37.04
1989	10.76	11.47	34.17	43.61
1992	11.88	12.29	35.55	40.27
1994	10.59	11.57	34.44	43.40
1996	12.87	13.02	36.21	37.91
1998	12.39	13.04	36.86	37.72
2000	11.81	12.20	34.64	41.35
2002	12.62	12.66	35.43	39.29

① 刘学东：《墨西哥土地制度改革成效评估：从贫困指数变化的视角》，《拉丁美洲研究》2015年第12期。

② 李明德：《拉丁美洲和中拉关系——现在与未来》，时事出版社，2001，第177页。

③ Nigel Poole, Remi Gauthier, Aliza Mizrahi, "Rural Pverty in Mexico: Assets and Livelihood Strategies among the Mayas of Yucatan", *International Journal of Agricultural Sustainability* 5 (4), 2007, pp. 315-330.

续表

年份	40%最低收入人口的收入份额	20%中等收入人口的收入份额	30%高收入人口的收入份额	10%最富裕人口的收入份额
2004	13.81	13.96	36.75	35.48
2005	11.78	12.61	35.36	40.24
2006	13.42	12.90	35.54	38.14
2008	13.55	12.91	34.67	38.87
2010	13.39	12.92	35.25	38.43
2012	13.70	12.75	34.69	38.86
2014	13.90	12.67	33.74	39.70

资料来源：根据世界银行数据库相关数据整理所得，http://data. worldbank. org. cn/country/mexico? view = chart。

第四，基尼系数出现回落。

基尼系数常用来说明社会收入分配公平状况，其实际数值介于0和1之间，一般认为基尼系数越小收入分配越平均，基尼系数越大收入分配越不平均，低于0.2表示收入过于公平，社会动力不足；高于0.4表示社会分配严重不平均，容易引发社会不安定。图4-14显示了2000~2014年墨西哥基尼系数演变轨迹，明显地，2000年进入刘易斯第一转折点以后，墨西哥的基尼系数从2000年的0.5167回落到2014年的0.4821，但仍处于社会收入分配严重不公的状态。

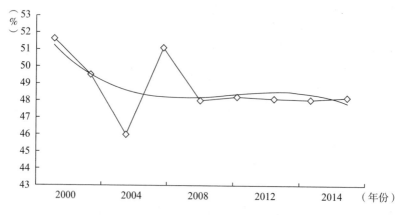

图4-14 2000~2014年墨西哥基尼系数演变及趋势

资料来源：世界银行数据库，http://data. worldbank. org. cn/country/mexico? view = chart。

墨西哥的二元经济转型所表现出来的社会收入分配不公、贫富悬殊、贫困率居高不下等问题，其形成原因是多样的，既有新自由主义改革下的利益重新分配和激励制度的作用，也有土地制度变化的作用；既有劳动力市场供求失衡、非正规就业比重过高、人力资本投资偏少的原因，也有发展战略调整和出口产业偏重于客户工业、① 产业吸纳就业能力较弱的原因。此外贪污腐败、权钱交易、毒品犯罪等因素，也对社会收入分配贫富悬殊有一定的作用。当前社会收入分配不公已经成为墨西哥政府亟待解决的最为重大和复杂的经济社会问题，要从根本上解决墨西哥收入分配严重不公问题，需要从政治、经济、法制、社会等多领域入手，会涉及社会各阶层、各既得利益集团的利益博弈，其难度和阻力的强大难以估量。但是，完善以市场经济为基础的收入初次分配制度，健全包括社会保险、社会福利和社会保障制度在内的二次收入分配制度，健全收入调节制度，建设以公平财政和税收手段为主的三次收入调节制度，让大多数国民可以公平地享受改革和经济增长带来的利益，是现阶段墨西哥政府改善收入分配制度应该有的思考。

三 小结

以巴西、墨西哥为代表的拉美地区，是一个劳动力资源丰富但资本匮乏的地区。然而，20 世纪 80 年代以前的进口替代战略，偏向于使用资本密集型技术，既不能充分利用劳动力的比较优势，也不能为不断增加的劳动力创造出足够的就业机会，劳动者因工资水平受到抑制而无法分享经济增长的成果，收入分配不公状况得不到改善。而且，拉美各国还往往牺牲农业来发展工业，农业发展滞后反过来又阻碍了工业的进一步发展。这些缺陷和弊端成为拉美经济在 1973～1980 年基本停滞不前、1980 年以后呈现快速下滑趋势并陷入"失去的十年"的重要原因。20 世纪 80 年代后期，许多

---

① 客户工业是指供出口的加工组装业，此类工业虽能创造一点外汇和就业机会，但严重依赖外国投资、外国技术、外国技术人员和外国市场。参见苏振兴《拉美国家关于新工业化道路的探索》，《拉丁美洲研究》2003 年第 3 期。

拉美国家放弃了实行多年的进口替代战略，转向以出口为导向的发展模式。但过度依赖发达国家产业转移的客户工业，无法与国内工业产生融合，吸纳就业能力有限，也不能为社会进步积累大量的资金，失业问题仍然十分严重。工人的工资收入较低，其购买力的增长滞后于物价水平的增长，贫困问题不断深化。此外，拉美国家普遍存在的土地高度集中与现代化大农场企业的农业生产方式，使无数中小型农场主破产，与无地、少地农民一起成为农村剩余劳动力。大量离开土地的农民由于无法在现代生产部门找到工作，大部分只能流入城市，因此拉美国家城市化水平就超过了工业化水平，过度城市化现象较为普遍。城市化过度发展过程所带来的后果之一，就是失业增加和城市非正规部门不断扩大。在非正规部门就业的劳动力素质较差，资本数量微不足道，劳动生产力水平较低，大多数从业人员的收入水平都在官方规定的最低工资线以下，贫困和收入分配不公的问题显得十分突出。在经济危机和新自由主义经济改革进程中，任何部门的劳动者都不能摆脱工资下降的厄运。而在非正规部门就业的劳动力工资下降幅度远远大于正规部门，说明低收入阶层所受的冲击更为剧烈。

第五章　中国二元经济转型中收入分配的动态演变

一个经济体在二元经济转型的不同阶段收入分配的方式和演变趋势也会有所差异，我国作为世界上最大的发展中国家，二元经济结构非常突出，本章将研究中国二元经济转型中收入分配的动态演变问题。在对我国二元经济转型及其发展阶段进行判断的基础上，对改革开放以来我国的收入分配变动进行统计性描述，最后运用计量经济学方法对刘易斯转折点与收入分配差距做出契合分析。

第一节　中国二元经济转型及其转折点的判断

一　中国二元经济转型的历史变迁

二元经济结构的转换过程，既是一国工业化和农业现代化发展过程，以及一国城市化水平的提高过程，同时也是城市居民与农村居民收入差距不断缩小的过程。因此考察二元经济结构演变可用多种指标做定量分析，例如，可以用三次产业的产值变化指标，通过分析一国工业化的发展程度，来说明二元经济结构演变过程中产业结构的变动情况；可以用三次产业的就业变化指标，通过分析劳动力在三次产业的分布情况，来说明二元经济结构转换中农业劳动力的转移情况；通过城乡人均国民收入绝对量与相对量的对比，来说明二元经济结构转换过程中城乡居民收入差距的变化情况。

这些指标对分析一个国家二元经济结构的转换无疑都是非常必要的，它们对于分析一国二元经济结构转换的不同侧面、对于考察一国二元结构转换的不同特点、分析一国二元经济结构转换中存在问题及原因都是十分重要的，但对二元经济结构转换总体度量，以及根据这种总体度量，从历史的角度来分析一国二元经济结构转变的基本情况，则就显得不够全面和准确。本部分我们以农业劳动力占比、二元对比系数两大指标分析我国二元经济转型的历史变迁过程。

1. 基于农业劳动力占比的分析

根据刘易斯—费景汉—拉尼斯模式、乔根森模式，以及托达罗模式的理论分析，一国二元经济结构转换的核心问题是实现传统农业部门的剩余劳动力向现代非农产业转移。在发展中国家，工业化与城市化的过程实质上也是传统农业部门的剩余劳动力向现代非农产业转移的过程。以农业劳动力占比这一指标分析我国二元经济转型的历史变迁过程，既能够直观地感受到我国乡城迁移，也能够体会到我国城乡一体化的融合过程。农业劳动力占比为农业劳动力的就业人数与全部就业人数之间的比例，见表5-1。

表5-1　中国历年农业劳动力占比的变动情况（1952～2015年）

单位：%

年份	农业劳动力占比	年份	农业劳动力占比	年份	农业劳动力占比
1952	83.54	1965	81.60	1978	70.53
1953	83.07	1966	81.52	1979	69.80
1954	83.14	1967	81.67	1980	68.75
1955	83.27	1968	81.66	1981	68.10
1956	80.56	1969	81.62	1982	68.13
1957	81.23	1970	80.77	1983	67.08
1958	58.23	1971	79.72	1984	64.05
1959	62.17	1972	78.88	1985	62.42
1960	65.75	1973	78.73	1986	60.95
1961	77.17	1974	78.19	1987	59.99
1962	82.12	1975	77.17	1988	59.35
1963	82.45	1976	75.82	1989	60.05
1964	82.21	1977	74.51	1990	60.10

年份	农业劳动力占比	年份	农业劳动力占比	年份	农业劳动力占比
1991	59.70	2000	50.00	2009	38.10
1992	58.50	2001	50.00	2010	36.70
1993	56.40	2002	50.00	2011	34.80
1994	54.30	2003	49.10	2012	33.60
1995	52.20	2004	46.90	2013	31.40
1996	50.50	2005	44.80	2014	29.50
1997	49.90	2006	42.60	2015	28.30
1998	49.80	2007	40.80		
1999	50.10	2008	39.60		

资料来源：中华人民共和国统计局官方数据库整理而得。

从表5-1可以看出，自新中国成立以来，从总的变动趋势看农业劳动力占比呈逐渐下降的态势。20世纪50年代初，我国农业劳动力占比在80%以上，直到进入20世纪70年代，该比例降低到70%以上，到20世纪80年代初进而降低到60%以上。此后农业劳动力占比出现大幅度下降，20世纪80年代中后期提前进入50%以上的行列。2000年农业劳动力占比达到50%，连续三年均为50%，此后该比例降低速度加快，从2003年的49.10%降低到2008年的39.60%，仅用了5年时间就降低了近10个百分点。到2014年首次降低到20%以上，达到29.50%。总体看，1952~2015年，农业劳动力占比从83.54%降低到28.30%，降低了55.24个百分点。但是从阶段性考察（见图5-1），我国农业劳动力占比的变动轨迹是在波动中下降。有两个时段值得注意，1958年该比例突然从1957年的81.23%降低到58.23%，降幅达到23个百分点，1959年和1960年缓慢恢复，到1962年达到82.12%。这一波动与我国当时发生的三年自然灾害有很大关系，当时中国因饥饿死亡的人数是八年抗日战争期间因战乱死亡人数的1.5倍，而且大多数为农村人口，粮食减产直接导致口粮减少，农业人口的锐减使得农业劳动力占比直线下降。另一个就是2003年之后，我国农业劳动力占比呈直线下降态势，速度特别快。这与我国21世纪实行的城镇化政策大有关联。城镇化政策的实施促使农业劳动力大规模地从农村转移到城市，一方面推进农业现代化的发展，另一方面促进城市化。

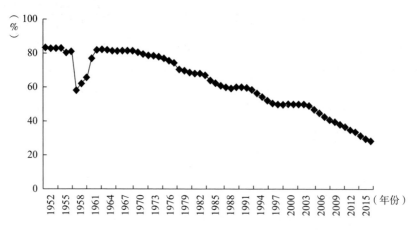

图 5 - 1　中国历年农业劳动力占比的变动轨迹（1952～2015 年）

资料来源：中华人民共和国统计局数据库整理而得。

2. 基于二元对比系数的分析

二元经济转型的核心是农业剩余劳动力的转移，随着一国农业剩余劳动力转移，农业的劳动边际生产率与非农部门的劳动生产率趋于相等，同时农业部门和非农部门的发展水平、城乡居民的收入水平也趋于相等。发展中国家二元经济结构非均衡性正是表现为各部门要素的边际生产力存在较大差异。其二元经济结构的特点则突出地表现为传统农业部门的劳动边际生产力远低于以现代工业为代表的非农产业的劳动边际生产力。最直接的表现是：在传统的农业部门中，较大的劳动力份额创造出较小的产出份额，而在以工业为代表的现代部门中，较小的劳动力份额却创造出较大的产出份额。根据这种特征，我们选用比较劳动生产率与二元对比系数两个指标来衡量二元经济结构的强度[①]，运用这些指标来计算 1952 年以来各年度二元经济结构的强度，并以此为依据对我国二元经济结构的演变进行总体度量。

比较劳动生产率是一个部门的产值（或收入）比重同劳动力比重的比

———————

① 陈宗胜：《经济发展中的收入分配》，上海三联书店、上海人民出版社，1994，第 326 页。

率。其计算公式为：

$$\beta_i = \frac{y_i}{L_i} \tag{5-1}$$

式（5-1）中，β_i 为 i 部门的比较劳动生产率，y_i、L_i 分别为 i 部门的产值（或收入）比重和劳动力比重。

它反映 1% 的劳动力在该部门创造的产值（或收入）比重。显然，一个部门的产值（或收入）比重越高，劳动力比重越低，比较劳动生产率就越高；国民经济中农业与非农业两部门的比较劳动生产率差别越大，经济结构的二元性就越强。一般地，农业的比较劳动生产率低于 1，非农产业的比较劳动生产率高于 1。从时间序列考察，在二元经济结构加剧阶段，农业的比较劳动生产率逐渐降低，非农产业的比较劳动生产率逐渐升高；在两部门比较劳动生产率差别达到最高点后，农业的比较劳动生产率转而逐步升高，从低于 1 的方向向 1 接近，非农业的比较劳动生产率则趋于下降，从高于 1 的方向向 1 趋近。

二元对比系数是二元经济结构中农业和非农业比较劳动生产率的比率。其公式为：

$$R_I = \frac{\beta_A}{\beta_N} = \frac{y_A L_N}{y_N L_A} \tag{5-2}$$

式（5-2）中，R_I 为二元对比系数，下标 A、N 分别代表农业与非农业部门，其他符号的含义同（5-1）式。

二元对比系数与二元经济结构的强度呈反方向变动，二元对比系数越大，两部门的差别越小，反之，二元对比系数越小，两部门的差别越大。二元对比系数理论上的最大值为 1，通常总是低于 1。

表 5-2 是我们根据历年统计年鉴有关数据计算的 1952～2015 年我国农业、非农业比较劳动生产率与二元对比系数。从中可以明显看出我国二元经济结构演变的基本情况。第一，从总的变动趋势来看二元经济结构的演变是符合经济发展的一般规律的。这一点在非农业比较劳动生产率和二元对比系数的变动中表现得较为明显。我国非农业比较劳动生产率高于 1，从

1952 年的 3.0070 上升到 1964 年的 3.4560，然后转而下降，到 2015 年下降到 1.2720，从总的趋势来看是呈下降态势。从二元对比系数来分析，中国经济的二元经济结构强度在 1970～1977 年最大，这期间二元对比系数平均仅为 0.1389。在这之后二元对比系数逐渐上升，到 2015 年上升到 0.2445。从这两个指标的变化情况来看，我国二元经济结构的演变经历了一个由形成、加强到缓解和改进的过程，这段时间的分界线大致在 20 世纪 70 年代末（见图 5-2、图 5-3 和图 5-4）。第二，经济结构的二元特征还很明显。农业与非农业的比较劳动生产率还有较大的差距，2000～2015 年农业比较劳动生产率年平均为 0.2730，非农业比较劳动生产率年平均为 1.5130，这反映在二元对比系数上则表现为二元对比系数依然较低，2000～2015 年二元对比系数平均为 0.1831。这说明，我国经济发展水平还比较低，经济结构还很落后，二元经济结构转换的任务还相当重。第三，二元经济结构的演变是在波动中进行的，说明二元经济结构的转换还不稳定。特别值得注意的有两点，一是我国农业比较劳动生产率的变化与一般趋势有较大的背离，表现为我国农业比较劳动生产率从总的趋势来看呈现一种下降的态势，虽然 20 世纪 80 年代中期与 20 世纪 70 年代相比经历了一个由降低到逐渐升高的过程，但是 20 世纪 80 年代中期以后，特别是进入 20 世纪 90 年代以来，农业比较劳动生产率反而出现了下降的情况，说明这一时期某些特殊的原因使我国农业产值结构转换与就业结构转换的差距进一步加大。二是 20 世纪 90 年代末期以来，我国二元对比系数较 20 世纪 80 年代中期有所下降，与 20 世纪 80 年代中期相比二元经济结构又出现加强的迹象（见图 5-2、图 5-3 和图 5-4）。

表 5-2　中国历年二元对比系数的变化情况（1952～2015 年）

年份	农业比较劳动生产率	非农业比较劳动生产率	二元对比系数
1952	0.6050	3.0070	0.2010
1953	0.5530	3.2010	0.1726
1954	0.5480	3.2210	0.1703

年份	农业比较劳动生产率	非农业比较劳动生产率	二元对比系数
1955	0.5560	3.2090	0.1733
1956	0.5360	2.9220	0.1835
1957	0.4960	3.1860	0.1557
1958	0.5860	1.5780	0.3711
1959	0.4290	1.9400	0.2214
1960	0.3560	2.2360	0.1591
1961	0.4690	2.7990	0.1676
1962	0.4800	3.3880	0.1416
1963	0.4890	3.3970	0.1439
1964	0.4670	3.4560	0.1351
1965	0.4640	3.3760	0.1376
1966	0.4610	3.3770	0.1366
1967	0.4930	3.2620	0.1513
1968	0.5170	3.1580	0.1636
1969	0.4660	3.3780	0.1378
1970	0.4360	3.3700	0.1293
1971	0.4280	3.2550	0.1314
1972	0.4170	3.1820	0.1311
1973	0.4240	3.1320	0.1355
1974	0.4340	3.0300	0.1431
1975	0.4200	2.9620	0.1418
1976	0.4330	2.7750	0.1559
1977	0.3950	2.7660	0.1427
1978	0.3928	2.4531	0.1601
1979	0.4398	2.2946	0.1917
1980	0.4306	2.2526	0.1911
1981	0.4596	2.1536	0.2134
1982	0.4814	2.1085	0.2283
1983	0.4860	2.0476	0.2373
1984	0.4918	1.9052	0.2582
1985	0.4470	1.9185	0.2330

年份	农业比较劳动生产率	非农业比较劳动生产率	二元对比系数
1986	0.4365	1.8794	0.2322
1987	0.4384	1.8419	0.2380
1988	0.4246	1.8402	0.2307
1989	0.4097	1.8874	0.2171
1990	0.4426	1.8396	0.2406
1991	0.4020	1.8859	0.2132
1992	0.3641	1.8964	0.1920
1993	0.3422	1.8509	0.1849
1994	0.3591	1.7615	0.2039
1995	0.3755	1.6820	0.2232
1996	0.3822	1.6303	0.2344
1997	0.3587	1.6387	0.2189
1998	0.3454	1.6494	0.2094
1999	0.3214	1.6814	0.1911
2000	0.2940	1.7060	0.1723
2001	0.2800	1.7200	0.1628
2002	0.2660	1.7340	0.1534
2003	0.2505	1.7230	0.1454
2004	0.2751	1.6403	0.1677
2005	0.2589	1.6015	0.1617
2006	0.2488	1.5575	0.1598
2007	0.2525	1.5152	0.1666
2008	0.2601	1.4851	0.1751
2009	0.2572	1.4572	0.1765
2010	0.2589	1.4297	0.1811
2011	0.2701	1.3896	0.1944
2012	0.2798	1.3645	0.2050
2013	0.2962	1.3222	0.2240
2014	0.3085	1.2894	0.2392
2015	0.3110	1.2720	0.2445

资料来源：1952～1977年数据转引自陈宗胜等《中国二元经济结构与农村经济增长和发展》，经济科学出版社，2008，第125～147页；1978～2015年数据根据中华人民共和国统计局数据库中的相关数据计算而得。

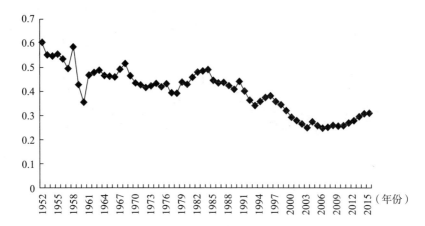

图 5-2　中国农业比较劳动生产率变动曲线（1952~2015 年）

资料来源：中华人民共和国统计局数据库整理而得。

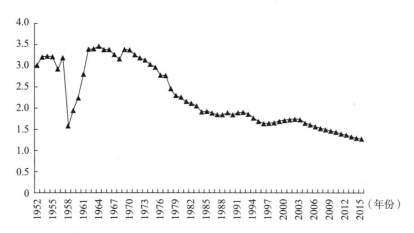

图 5-3　中国非农业比较劳动生产率变动曲线（1952~2015 年）

资料来源：中华人民共和国统计局数据库整理而得。

二　中国刘易斯转折点的判断

1. 模型构建

根据拉尼斯、费景汉的研究，在刘易斯第一转折点到来之前，传统农业部门的劳动边际生产率等于零甚至为负；刘易斯第一转折点到来之后，农业劳动边际生产率大于零。因此，可以通过农业劳动边际生产率来判断

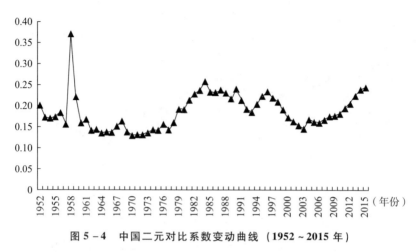

图 5 - 4　中国二元对比系数变动曲线 （1952 ~ 2015 年）

资料来源：中华人民共和国统计局数据库整理而得。

刘易斯第一转折点出现的大致时段。借鉴高铁梅等的研究，构建农业总产出曲线模型。[①] 在影响农业总产出的因素中，除了劳动力、土地外，财政支农支出也是重要投入要素。近些年来，随着国家对"三农"问题的重视度不断提高，种粮直补、农资综合补贴、良种补贴、农机购置补贴、农业防灾减灾稳产增产关键技术补助等相关政策的出台，调动了广大农民从事农业生产的积极性，甚至有些农民外出打工数年又重新回到土地劳作，越来越多的农民逐渐采用先进的科技手段、机械化等措施进行农业生产，提高了劳动生产率，农业总产出逐年得到提升。因此，本书将农业就业人数、土地播种面积、国家财政用于农业支出作为自变量，以农业总产值作为因变量，构建农业总产出曲线模型，可得出农业劳动平均产出、农业劳动边际产出的变动情况。农业总产出曲线模型为：

$$Y_t = a_0 + a_1 L_t + a_2 L_t^2 + a_3 S_t + a_4 F_t + \varepsilon_t \qquad (5-3)$$

其中，Y_t、L_t、S_t、F_t 分别代表农业实际总产值、农业就业人数、土地播种面积、国家财政用于农业支出实际值，ε_t 为随机误差项。

---

① 高铁梅、范晓非：《中国劳动力市场的结构转型与供求拐点》，《财经问题研究》2011 年第1 期。

2. 数据来源及数据处理

本模型中国家财政用于农业支出数据源于《中国农村统计年鉴》，其他数据均源于国家统计局公开数据库。农业总产值经 1978 年农业总产值平减指数剔除价格因素影响，得到农业实际总产值。农业总产值平减指数由农业总产值（现价）除以农业总产值（不变价，1978 = 100）计算得来。国家财政用于农业支出实际值是国家财政用于农业支出经农业总产值平减指数（1978 年 = 100）平减得到的。由于国家财政用于农业支出这一指标自 2013 年起统一以"国家财政用于农林水各项支出"呈现出来，统计范围发生了变化，无法单独核算出国家财政用于农业支出，所以本模型数据采用 1990 ~ 2012 年的时间序列数据，不影响研究结论。经过整理，各变量基本统计特征如表 5 - 3 所示。

表 5 - 3 中国各变量的基本统计特征

	平均值	最小值	最大值	标准差
Y_t（亿元）	3458.83	2082.96	5361.17	1004.75
L_t（万人）	34021.48	25773.00	39098.00	3935.07
S_t（万公顷）	15418.30	14774.070	16341.570	437.663
F_t（亿元）	488.72	124.10	1414.82	412.57

资料来源：作者根据原始数据整理得到。

3. 模型估计及结果

根据上述数据，通过计量软件得出农业总产出估计曲线。经反复试验，通过差分变换消除模型自相关，最后得到农业总产出曲线的估计结果：

$$Y_t = -30855.94 + 1.545406 \times L_t - (2.24E - 05) \times L_t^2 + 0.042991 \times S_t + 2.823258 \times F_t$$
$$(-7.28) \quad\quad (6.62) \quad\quad (-6.74) \quad\quad (3.63) \quad\quad (9.10)$$
$$\overline{R}^2 = 0.9873, \ DW = 2.24, \ F = 261.1347 \quad\quad\quad (5-4)$$

从模型的拟合结果看，该模型的拟合优度较高，方程总体通过显著性检验，各关键性变量在 5% 的显著性水平下显著不为零。其中，土地播种面积（S_t）、国家财政用于农业支出实际值 F_t 的系数为正值，因此土地播种面积、国家财政用于农业支出实际值的增加均能够提高农业总产出。农业劳

动边际产出 $\partial Y_t / \partial L_t = a_1 + 2 \times a_2 \times L_t$ 与农业劳动平均产出 Y_t / L_t 可通过模型计算得到，如表5-4所示。

表5-4 中国农业劳动平均产出与农业劳动边际产出的变动情况 （1990~2012年）

单位：万元

年份	农业劳动平均产出	农业劳动边际产出	年份	农业劳动平均产出	农业劳动边际产出
1990	0.0535	−0.1979	2002	0.0942	−0.0961
1991	0.0538	−0.2062	2003	0.0958	−0.0766
1992	0.0566	−0.1883	2004	0.1080	−0.0150
1993	0.0611	−0.1427	2005	0.1171	0.0472
1994	0.0649	−0.0955	2006	0.1293	0.1145
1995	0.0722	−0.0463	2007	0.1397	0.1687
1996	0.0794	−0.0145	2008	0.1504	0.2048
1997	0.0829	−0.0154	2009	0.1617	0.2511
1998	0.0862	−0.0305	2010	0.1741	0.2941
1999	0.0884	−0.0570	2011	0.1931	0.3540
2000	0.0890	−0.0693	2012	0.2080	0.3908
2001	0.0913	−0.0852			

资料来源：根据中华人民共和国统计局数据库整理而得。

4. 刘易斯第一转折点的判断及第二转折点的预测

从表5-4可以看出，我国农业劳动边际产出在2005年之前基本都为负值或接近于零，在2005年转为正值，且之后增长速度较快，带动农业劳动平均产出水平上升。1990~1996年农业劳动平均产出在0.05和0.08之间变动，1997~2004年在0.08和0.11之间波动，2005年之后由于农业劳动边际产出转为正值，农业劳动平均产出出现了大幅度跃升，从2005年的0.1171增加到2012年的0.2080。这说明在2005年之后，我国农业劳动力若继续向城市转移，将影响农业总产出水平，"粮食短缺点"即刘易斯第一转折点已经到来，充分证明了我国于2005年进入刘易斯转折阶段。

根据二元经济理论，刘易斯第二转折点到来的标志是农业劳动边际产出大于不变制度工资，传统部门与现代部门两大部门的工资水平均由市场决定。鉴于传统农业部门的不变制度工资估算难度较大，本书采用最低工资水平代表不变制度工资。2012 年我国年平均最低工资水平[①]为 12286.45元，而农业劳动边际产出为 3907.86 元，明显低于全国最低工资水平，因此可以初步判断刘易斯第二转折点并未到来。

我国早在 1994 年就已经开始实行最低工资制度，而自 2005 年进入刘易斯转折阶段以来，全国最低工资水平不断上涨，经过整理计算，1994~2015年全国最低工资平均增长率达到 13.23%，自 1990 年以来农业劳动边际产出年均增长率却达到了 32.61%，若二者按照这种速度增长，到 2020 年，我国农业劳动边际产出将首次高于全国最低工资的水平，这就意味着在2020 年前后我国将迎来刘易斯第二转折点。这与金三林[②]对我国刘易斯转折进程的判断基本一致，2020 年前我国可能完成具有中国特色的刘易斯转折进程。田萍、张屹山、张鹤[③]也认为二元经济将会在 2020 年结束。

第二节　中国二元转型中收入分配变动的统计性描述

衡量收入分配的指标有很多，较为著名的是基尼系数这一指标，与以往的文献不同，我们将基尼系数这一指标进行细化以便更全面地反映我国二元经济转型中收入分配的变化。本书主要采用城乡居民收入比、城乡差值基尼系数、城镇基尼系数、农村基尼系数和全国基尼系数等指标全面反映我国改革开放以来收入分配的变动情况。

一　基于城乡居民收入比的分析

我国作为世界上最大的发展中国家，城乡二元经济结构非常突出。城市和乡村一直存在差距，我们从城乡两大区域的视角来测量收入差距，运

---

① 本书的最低工资水平是从全国各地政府最新调整最低工资文件获得各地月最低工资额，经平均获得全国月平均最低工资额，从而得到年平均最低工资额。

② 金三林：《对"刘易斯转折"阶段进程的判断》，《学习时报》2012 年 7 月 2 日，第 3 版。

③ 田萍、张屹山、张鹤：《中国剩余劳动力人口红利消失时点预测》，《中国高校社会科学》2015 年第 1 期。

用城乡居民收入比这一指标，计算方法为城镇居民人均可支配收入与农村人均纯收入之比。根据中华人民共和国统计局的数据计算，1978～2015年的城乡居民收入比见表5－5。

表5－5　1978～2015年中国城乡居民收入比的变动情况

单位：元

年份	城镇居民家庭人均可支配收入	农村居民家庭人均纯收入	城乡居民收入比
1978	343.40	133.60	2.5704
1979	405.00	160.20	2.5281
1980	477.60	191.30	2.4966
1981	500.40	223.40	2.2399
1982	535.30	270.10	1.9819
1983	564.60	309.80	1.8225
1984	652.10	355.30	1.8354
1985	739.10	397.60	1.8589
1986	900.90	423.80	2.1258
1987	1002.10	462.60	2.1662
1988	1180.20	544.90	2.1659
1989	1373.90	601.50	2.2841
1990	1510.20	686.30	2.2005
1991	1700.60	708.60	2.3999
1992	2026.60	784.00	2.5849
1993	2577.40	921.60	2.7967
1994	3496.20	1221.00	2.8634
1995	4283.00	1577.70	2.7147
1996	4838.90	1926.10	2.5123
1997	5160.30	2090.10	2.4689
1998	5425.10	2162.00	2.5093
1999	5854.00	2210.30	2.6485
2000	6280.00	2253.40	2.7869
2001	6859.60	2366.40	2.8987
2002	7702.80	2475.60	3.1115
2003	8472.20	2622.20	3.2310

年份	城镇居民家庭人均 可支配收入	农村居民家庭人均 纯收入	城乡居民收入比
2004	9421.60	2936.40	3.2086
2005	10493.00	3254.90	3.2238
2006	11759.50	3587.00	3.2784
2007	13785.80	4140.40	3.3296
2008	15780.80	4760.60	3.3149
2009	17174.70	5153.20	3.3328
2010	19109.40	5919.00	3.2285
2011	21809.80	6977.30	3.1258
2012	24564.70	7916.60	3.1029
2013	26467.00	9430.00	2.8067
2014	28844.00	10489.00	2.7499
2015	31195.00	11422.00	2.7311

　　资料来源：根据中华人民共和国统计局数据库和《2016 中国统计年鉴》整理计算而得。本表中
1978~2012 年数据源于分别开展的城镇住户调查和农村住户调查，2013~2015 年数据源于城乡一体
化住户收支与生活状况调查。

　　通过观察表 5-5，我们发现，改革开放以来我国城乡居民收入分配差
距也以 20 世纪 80 年代中期为分界线，经历了由缩小到扩大的变动过程（见
图 5-5）。1978 年我国城乡居民收入比为 2.5704，到 20 世纪 80 年代中期我
国城乡居民收入比缩小到 1.8389（1983 年、1984 年、1985 年的平均值）；
此后城乡居民收入差距又呈现扩大趋势，1994 年上升到 2.8634，之后出现
微幅下降，20 世纪 90 年代中后期该指标降低到 2.4968（1996 年、1997 年、
1998 年的平均值）。而后城乡收入差距明显增加，2009 年城乡居民收入比
达到 3.3328，自此之后出现下降趋势，2015 年下降到 2.7311。

二　基于城乡差值基尼系数的分析

　　我们运用城乡差值基尼系数测度我国城乡收入差距。城乡差值基尼系
数是指城镇（或农村）居民收入占全国总收入的比重和城镇（或农村）人
口占全国总人口比重之差的绝对值。城乡居民收入比值越大、城乡居民人
口比值越小、城乡差值基尼系数越大，说明城乡收入分配差距越大。用 I_u 与

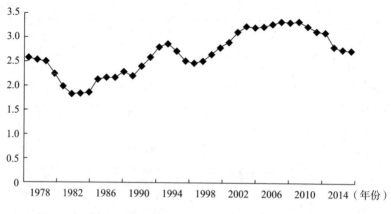

图 5 – 5　中国历年城乡居民收入比变动曲线（1978 ~ 2015 年）

资料来源：根据中华人民共和国统计局数据库和《2016 中国统计年鉴》整理而得。

P_u 分别代表城镇居民收入在全国总收入中的比重和城镇人口在全国总人口中的比重，I_r 与 P_r 分别代表农村居民的收入比重和人口比重，则城乡差值基尼系数可用以下公式表示：

$$G_d = I_u - P_u = P_r - I_r \qquad\qquad (5-5)$$

表 5 – 6 表明城乡差值基尼系数的计算过程及中国 1978 年以来的城乡差值基尼系数的变动情况。我们发现，改革开放以来我国城乡居民收入分配差距也以 20 世纪 80 年代中期为分界线，经历了由缩小到扩大的变动过程（见图 5 – 6）。1978 年我国城乡差值基尼系数为 0.1802，到 20 世纪 80 年代中期我国城乡差值基尼系数缩小到 0.1238（1983 年、1984 年、1985 年的平均值）；此后城乡居民收入差距又呈现扩大趋势，自 20 世纪 90 年代中后期城乡差值基尼系数增加，2006 年达到 0.2797，之后出现下降趋势，2015 年下降到 0.2163。

表 5 – 6　中国城乡差值基尼系数的计算及变动情况（1978 ~ 2015 年）

单位：%

年份	城镇收入比重	城镇人口比重	城乡差值基尼系数
1978	0.3594	0.1792	0.1802
1979	0.3717	0.1896	0.1821

年份	城镇收入比重	城镇人口比重	城乡差值基尼系数
1980	0.3752	0.1939	0.1813
1981	0.3612	0.2016	0.1596
1982	0.3468	0.2113	0.1355
1983	0.3346	0.2162	0.1183
1984	0.3543	0.2301	0.1241
1985	0.3661	0.2371	0.1291
1986	0.4085	0.2452	0.1633
1987	0.4234	0.2532	0.1702
1988	0.4298	0.2581	0.1716
1989	0.4479	0.2621	0.1858
1990	0.4412	0.2641	0.1772
1991	0.4695	0.2694	0.2001
1992	0.4946	0.2746	0.2200
1993	0.5209	0.2799	0.2410
1994	0.5331	0.2851	0.2480
1995	0.5263	0.2904	0.2359
1996	0.5241	0.3048	0.2193
1997	0.5364	0.3191	0.2173
1998	0.5567	0.3335	0.2232
1999	0.5855	0.3478	0.2377
2000	0.6128	0.3622	0.2506
2001	0.6365	0.3766	0.2599
2002	0.6663	0.3909	0.2754
2003	0.6877	0.4053	0.2824
2004	0.6970	0.4176	0.2794
2005	0.7085	0.4299	0.2786
2006	0.7231	0.4434	0.2797
2007	0.7385	0.4589	0.2796
2008	0.7461	0.4699	0.2762
2009	0.7572	0.4834	0.2738
2010	0.7631	0.4995	0.2636

续表

年份	城镇收入比重	城镇人口比重	城乡差值基尼系数
2011	0.7668	0.5127	0.2541
2012	0.7747	0.5257	0.2490
2013	0.7652	0.5373	0.2279
2014	0.7691	0.5477	0.2213
2015	0.7773	0.5610	0.2163

资料来源：根据中华人民共和国统计局数据库和《2016中国统计年鉴》整理计算而得。计算城乡差值基尼系数时，城镇居民收入为城镇居民人均可支配收入与城镇人口的乘积，全国总收入为城镇居民人均可支配收入与城镇人口的乘积和农村人均纯收入与农村人口乘积的总和。

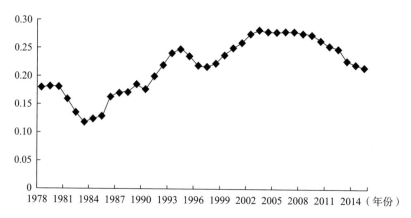

图 5 - 6 中国城乡差值基尼系数的变动曲线（1978～2015年）

资料来源：根据中华人民共和国统计局历年统计年鉴整理计算而得。

三 基于城镇基尼系数、农村基尼系数和全国基尼系数的分析

基尼系数是国际上用来综合考察居民内部收入分配差异状况的一个重要分析指标，它是根据劳伦茨曲线定义的，在全部居民收入中，用于表示进行不平均分配的那部分收入所占的比例。基尼系数的实际数值只能介于0和1之间，基尼系数越小收入分配越平均，基尼系数越大收入分配越不平均。按照联合国有关组织规定：基尼系数低于0.2，表示收入绝对平均；数值介于0.2和0.3之间，表示收入比较平均；数值为0.3～0.4，代表收入相对合理；数值为0.4～0.5，表示收入差距较大；0.5以上则代表了收入悬殊。通常基尼系

数 =0.4 作为收入分配差距的警戒线，大于这一数值容易出现社会动荡。根据黄金分割律，其准确值应为 0.382。一般发达国家的基尼指数在 0.24 到 0.36之间。本书借鉴了田卫民（2012）计算基尼系数的方法，分别计算了改革开放以来的城镇基尼系数、农村基尼系数以及全国基尼系数，见表5－7。

表5－7　中国城镇基尼系数、农村基尼系数、全国基尼系数的变动情况（1980～2012年）

年份	城镇基尼系数	农村基尼系数	全国基尼系数
1980	0.1732	0.2407	0.3151
1981	0.2092	0.2406	0.2976
1982	0.2045	0.2417	0.2750
1983	0.2050	0.2416	0.2592
1984	0.2275	0.2439	0.2639
1985	0.2376	0.2267	0.2593
1986	0.2241	0.3042	0.3216
1987	0.2278	0.3045	0.3258
1988	0.2307	0.3026	0.3252
1989	0.2259	0.3099	0.3386
1990	0.2354	0.3099	0.3320
1991	0.2425	0.3072	0.3498
1992	0.2536	0.3134	0.3693
1993	0.2724	0.3292	0.3943
1994	0.3180	0.3210	0.4035
1995	0.2880	0.3415	0.3947
1996	0.3034	0.3229	0.3746
1997	0.3079	0.3285	0.3737
1998	0.3230	0.3369	0.3827
1999	0.2950	0.3361	0.3886
2000	0.2451	0.3647	0.3951
2001	0.2557	0.3699	0.4050
2002	0.3068	0.3441	0.4253
2003	0.3150	0.3551	0.4361
2004	0.3233	0.3446	0.4343
2005	0.3192	0.3507	0.4341
2006	0.3260	0.3494	0.4381

续表

年份	城镇基尼系数	农村基尼系数	全国基尼系数
2007	0.3229	0.3496	0.4385
2008	0.3289	0.3536	0.4391
2009	0.3248	0.3609	0.4380
2010	0.3473	0.3550	0.4381
2011	0.3189	0.3657	0.4211
2012	0.3062	0.3635	0.4126

资料来源：1980~2010 年数据源于田卫民的《中国基尼系数计算及其变动趋势分析》，《人文杂志》2012 年第 2 期，2011 年、2012 年数据按照田卫民（2012）的计算方法，根据《2013 中国统计年鉴》有关数据计算得到。由于国家统计局住户调查办公室从 2012 年第四季度起实施城乡一体化住户收支与生活状况抽样调查，该部分的调查数据来源及调查方法与 2012 年之前的调查方法（分别开展城镇住户调查和农村住户调查）有所区别，统计数据的范围和方法也发生改变，基于数据的

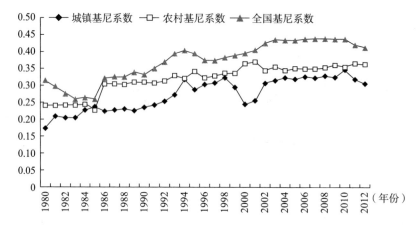

图 5-7　中国城镇基尼系数、农村基尼系数、全国基尼系数的变动曲线

资料来源：1980~2010 年数据源于田卫民的《中国基尼系数计算及其变动趋势分析》，《人文杂志》2012 年第 2 期，2011 年、2012 年数据按照田卫民（2012）的计算方法，根据《2013 中国统计年鉴》有关数据计算。

连续性和分析问题的历史性，未采用 2013 年、2014 年、2015 年的相关数据。从图 5-7 中可以看到，我国城镇基尼系数从 1985 年开始波动性上升，到 2010 达到最高值 0.3473，此后开始下降，到 2012 年下降到 0.3062；全国基尼系数也从 1985 年开始波动性上升，到 2008 年达到最高值 0.4391，此后开始下降，到 2012 年下降到 0.4126。从这两大指标看，我国收入差距指标均从 20 世纪 80 年代中期以后出现了由扩大到缩小的演变轨迹。而农村基尼系数在 20 世纪 90 年

代末期出现的波动性上升态势，恰好与我国农业劳动力大规模非永久性乡城转移相一致，农民工的工资性收入，一方面拉大农村居民的收入差距，另一方面也以通过农业投资促进农村经济发展，使农村基尼系数处于波动上升阶段。

第三节　刘易斯转折点与倒 U 形转折点的契合分析与检验

二元经济转型的核心问题是农业剩余劳动力的转移问题。随着农业剩余劳动力向非农产业转移，二元经济转型中的收入分配差距会经历一个由扩大到缩小的演变趋势。从生产力角度分析，农业劳动力转移对功能性收入分配有一定的影响。此外，在二元经济转型初期，由于劳动力转移速度较慢，农村劳动力和人口比重下降的速度慢于农村收入份额下降的速度，表现在收入分配上就是城乡收入差距会趋于扩大；随着农业劳动力大规模向城市非农产业转移，到二元经济转型后期，农村人口比重下降的速度会快于农村收入份额下降的速度，城乡收入差距会出现缩小趋势。

根据前文，综合考察城乡居民收入比、城乡差值基尼系数、城镇基尼系数以及全国基尼系数等指标的变动曲线可以看出，改革开放以来我国收入差距经历了由扩大到缩小的过程，而库兹涅茨转折点大致在刘易斯第一转折点附近。本部分通过全国基尼系数与城乡差值基尼系数这两大指标加以验证。以农业就业比重为解释变量，以基尼系数为被解释变量，对二者进行二次曲线拟合，若能证明二者存在二次函数关系，就说明中国二元经济转型中收入分配演变存在倒 U 形趋势。循着这一思路，本书使用农业就业比重数据分别对全国基尼系数、城乡差值基尼系数进行二次曲线拟合（具体数据见表 5 - 1、表 5 - 6、表 5 - 7）。

一　全国基尼系数与农业就业比重的模型估计

模型设定为：

$$Q_t = \beta_0 + \beta_1 L_t + \beta_2 L_t^2 + \mu \qquad\qquad (5-6)$$

其中，Q_t 表示全国基尼系数，L_t 表示农业就业比重，μ 是随机误差项，得到估计模型：

$$Q_t = 0.2474 + 1.0670L_t - 1.5256L_t^2$$

$$(2.50) \quad (-3.72)$$

$$\overline{R}^2 = 0.8313,\ F = 79.84,\ DW = 0.49 \qquad\qquad (5-7)$$

该模型中，DW 值为 0.49，表明该模型存在自相关现象。经过试验，进行二次差分变换消除模型自相关，得到估计结果为：

$$Q_t = 0.0510 + 1.9116L_t - 2.4021L_t^2$$

$$(2.71) \quad (-3.39)$$

$$\overline{R}^2 = 0.9432,\ F = 125.63,\ DW = 2.18 \qquad\qquad (5-8)$$

从模型的回归结果看，该模型的拟合优度较高，方程总体通过显著性检验，L_t^2 和 L_t 在 5% 的显著性水平下显著不为零，因此，全国基尼系数与农业就业比重存在二次曲线的关系，前者随着农业就业比重的下降先缓慢上升，而后又逐渐下降。令 $dQ_t/dL_t = 0$ 时，可知在 $L_t = 0.3979$ 时，Q_t 达到最大值 0.4313，全国基尼系数呈现出倒 U 形演变的趋势，如图 5-8 所示。

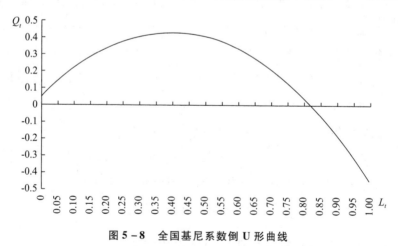

图 5-8 全国基尼系数倒 U 形曲线

二 城乡差值基尼系数与农业就业比重的模型估计

模型设定为：

$$Z_t = \beta_0 + \beta_1 L_t + \beta_2 L_t^2 + \mu \qquad (5-9)$$

其中，Z_t表示城乡差值基尼系数，L_t表示农业就业比重，μ是随机误差项，得到估计模型：

$$Z_t = -0.0064 + 1.3693 L_t - 1.7250 L_t^2$$
$$(4.10) \quad (-5.20)$$
$$\overline{R}^2 = 0.7724, \ F = 58.70, \ DW = 0.33 \qquad (5-10)$$

该模型中，D.W. 值为0.33，表明该模型存在自相关。经过三次差分变换消除模型自相关，得到估计结果为：

$$Z_t = -0.0938 + 1.7770 L_t - 2.1797 L_t^2$$
$$(3.74) \quad (-4.40)$$
$$\overline{R}^2 = 0.9621, \ F = 204.29, \ DW = 2.36 \qquad (5-11)$$

从模型的回归结果看，该模型的拟合优度较高，方程总体通过显著性检验，L_t和L_t^2在5%的显著性水平下显著不为零，因此，城乡差值基尼系数与农业就业比重存在二次曲线的关系，前者随着农业就业比重的下降先缓慢上升，而后又逐渐下降。令 $dZ_t/dL_t = 0$ 时，可知在 $L_t = 0.4076$ 时，Z_t达到最大值0.2684。城乡差值基尼系数呈现出倒 U 形演变的趋势，如图5－9所示。

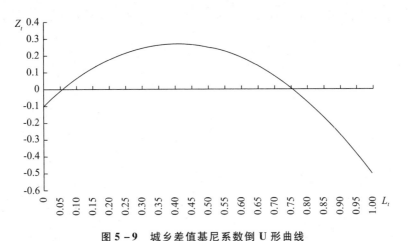

图5－9 城乡差值基尼系数倒 U 形曲线

以上分析表明，农业就业比重与全国基尼系数、城乡差值基尼系数都存在二次曲线关系，说明收入分配差距随农业劳动力转移而出现由扩大到缩小的演变轨迹。

三　刘易斯转折点与收入分配转折点的契合分析

由于二元经济转型不同阶段收入分配差距具有不同的变化轨迹，从而形成了收入分配的倒 U 形演变轨迹。根据前文的经验实证，中国刘易斯第一转折点出现在 2005 年左右。再来考察我国收入差距的变动情况，从表 5 – 6 和表 5 – 7 中可以看到，全国基尼系数也从 1985 年开始波动性上升，到 2008 年达到最高值 0.4391，此后开始下降，到 2012 年下降到 0.4126；我国城乡差值基尼系数从 1984 年开始波动性上升，到 2003 年达到最高值 0.2824，此后开始下降，到 2015 年下降到 0.2163。我国收入差距由扩大到缩小的转折点大致在刘易斯第一转折点前后。

第六章　中国二元经济转型特殊性及其对收入分配的影响

中国作为一个发展中国家，其二元经济转型与收入分配有着发展中国家都具有的共性，生产力与生产关系的相互作用，决定了中国二元经济转型不同发展阶段收入分配呈现不同的特点。但中国的二元经济转型既不同于发达国家曾经完成的转型也不同其他发展中国家正在进行的转型过程。中国二元经济转型以体制转轨为背景并受体制转轨进程的制约，因此，中国二元经济转型具有两大突出特点，一是在非均衡制度变迁下的二元经济转型；二是农业劳动力转移具有非城市化与半城市化的明显特点。受二元经济转型特殊性的影响，虽然伴随刘易斯转折区间的到来，库兹涅茨拐点已经出现，但收入分配差距仍然很大，基尼系数仍在国际警戒线以上。

第一节　非均衡制度变迁下的中国二元经济转型

中国经济体制转轨表现为非均衡制度变迁过程，从城乡二元经济体制变革的角度分析，这种制度变迁的非均衡性表现在两个方面：一是从城市与农村两大区域的改革来看，我国二元经济体制变革表现为先农村改革，后城市改革，最后是城乡综合配套改革；二是从二元经济体制不同组成部分的改革来看，又表现为先进行乡城微观经济体制改革，后进行二元资源配置体制、二元就业与社会保障制度的改革。这种制度变迁的非均衡性对我国二元经济转型产生了深刻影响。

一　中国的非均衡制度变迁

为了更加透彻地理解改革开放以来我国非均衡制度变迁下的二元经济转型，我们以1953年实行统购统销制度作为政府选择二元经济体制的起点，考察我国二元经济体制变迁的全部过程。

（一）二元经济体制形成与强化（1953～1978年）

1953～1978年是我国二元经济体制形成与强化时期，这一时期大致包括以下几个阶段。

第一，二元经济体制由初创到完善阶段（1953～1962年）。以1953年第一个五年计划开始为标志，我国进入了重化工业优先发展时期。为了促进重化工业优先发展，保障城市生产和生活对农产品的需求，1953年起我国开始实行农产品统购统销制度。在1953～1955年推行统购统销的前三年，城市农产品供给相当紧张，为了解决从高度分散的小农手里提取农业剩余引起的矛盾，1956年全国范围内掀起了高级合作化的高潮，1958年又迅速实施了人民公社化。[①] 为了保证农村中有足够的劳动力生产农产品，同时也为了限制城里享受低价农产品的人数，又通过户籍制度限制农村人口向城市流动。1958年，全国人民代表大会常务委员会通过了《中华人民共和国户口登记条例》，确定在全国实行户籍管理制度，从此形成了几乎延续至今、阻碍人口乡城迁移的制度框架，[②] 并以此为核心形成了城乡二元就业与社会保障制度。至此，二元经济体制基本确立。1958～1962年政府对二元经济体制和农业经济政策基本未做调整。

1950～1962年我国农业生产增长率的变动幅度较大，而这种变化恰好反映了不同制度安排对农民生产积极性的影响。1950～1952年的农村土地制度改革，彻底废除了严重阻碍农业发展的封建土地制度，极大地调动了农民的农业生产积极性，这对农业的恢复和发展起到了重要的推动作用，这期间粮食单产年均增长9.5%，农业生产总值年均增长14.1%；1953～

---

① 于洋编著《经济转轨——中国的理论与实践》，中国财政经济出版社，2002，第35～37页。
② 蔡昉等：《劳动力流动的政治经济学》，上海三联书店、上海人民出版社，2003，第3页。

1957 年虽然政府实行了二元经济体制，但由于二元经济体制还不完善，农业生产合作社还使农民收入与其劳动付出保持一定联系，这时农民生产积极性虽有所下降，但还保持中等程度的劳动付出，使得这一时期的农业生产保持一定的增长，这期间粮食单产年均增长 2.1%，农业生产总值年均增长 4.5%；但是 1958 年的人民公社化运动在短短几个月内，把全国 74 万个农业合作社合并成 2.6 万个人民公社。这一制度在生产资料占有上"一大二公"、在收入分配上的平均主义，极大伤害了农民生产积极性，导致了 1959 年谷物产量下降了 15%，1960 年和 1961 年的谷物产量只占 1958 年的 70%[①]。

第二，涉农政策的调整与二元经济体制强度减弱阶段（1963～1965 年）。1958～1961 年农业的大幅度减产不仅不能保证工业化对农产品的需求，而且连人们的最基本生活需求也难以满足，严重影响了工业生产和人民生活水平。1958～1962 年工业年均增长速度由 1952～1957 年的 17.9% 下降到 3.8%，国民收入年均增长率由 1952～1957 年的 8.9% 下降为 -3.8%。在这种情况下，一些地方为了鼓励农民种田度荒、恢复农业生产，在当时的人民公社制度下半公开地实行包产到户的办法，收到了较好效果。如安徽省的一些地方以"责任田"的形式实行了包产到户。但这种尝试很快就受到了毛泽东的批判，安徽等地农村实行的"责任田"被当作"复辟资本主义的典型"。当时主持安徽省委工作的省委书记曾希圣因此受到批判并被撤销了职务。在农村的"四清"运动和后来的"文化大革命"运动中，包产到户受到了更加严厉的批判，遭到全面禁止。[②] 尽管农业生产经营体制的变革在意识形态束缚下无法实行，但为了促进农业发展，保证农业能够满足城乡居民的基本生活需要和城市工业对农产品的需求，政府还是于 1962～1965 年对涉农政策进行了较大调整，采取了若干政策措施来补偿农业，减轻了二元经济体制的城市化偏向强度，从而使农业生产得到了恢复和发展。1963～1965 年农业生产年均增长率达到 11.1%。

---

① 林毅夫：《制度、技术与中国农业发展》，格致出版社、上海三联书店、上海人民出版社，2003，第 2 页。

② 于洋编著《经济转轨——中国的理论与实践》，中国财政经济出版社，2002，第 75～76 页。

第三，二元经济体制全面强化阶段（1966～1978年）。随着农业生产得到恢复和发展，政府的经济政策又开始向城市倾斜，二元经济体制的城市偏向程度再一次提高，特别是"文化大革命"期间，在"左倾"思想的引导下，二元经济体制得到全面加强。一是我国工农业产品和劳务长期实行政府定价，到20世纪60年代后期这些产品和劳务的价格处于冻结状态，致使价格体系严重扭曲，工农业产品剪刀差日趋扩大。据经济学家孙冶方测算，国家通过工农产品不等价交换，每年要从农民手中"暗拿"300多亿元。[1] 二是以户籍制度为核心的城乡二元就业和社会福利体制得以强化。"文化大革命"期间，全国城镇600万名临时工转为正式工，实行多年的双重就业制度变为单一的固定工就业制度；严格的户籍管理及粮食供应制度严重限制了农业劳动力流向城市非农产业，为了缓解城市严重的就业压力，政府还把数以百万计的城市青年以"接受贫下中农再教育"的名义安置在农村就业。三是人民公社化过程中的"一大二公"现象更为突出，"三级所有，队为基础"的体制在"文化大革命"中形同虚设。二元经济体制的不断强化，严重影响了农民生产积极性，从1966年开始农业增长开始回落，1966～1971年农业年均增长率下降到3.7%，到1972～1978年农业年均增长率仅有2.9%。到1978年底，我国农业的落后面貌基本没有改变，农业生产力水平依然低下，全国农村仍有2.5亿人没有解决温饱问题[2]。

（二）二元经济体制的突破与减弱（1979～1985年）

1. 二元经济体制变革的政治经济条件

尽管人们早已观察到，与重工业优先发展战略相应的二元经济体制导致效率低下，但二元经济体制真正变革的时机取决于一系列政治与经济条件，而这些条件在20世纪70年代末期才基本具备。随着二元经济体制发展经济的潜力逐渐耗尽，普通民众从自身利益出发，对这一体制也越来越不满。长期以来，农民在二元经济体制的束缚下不能分享经济成果，不平等的城乡关系造成2.6亿人处于绝对贫困状态。于是农民开始选择以变相退出

①　于洋编著《经济转轨——中国的理论与实践》，中国财政经济出版社，2002，第85页。
②　刘江：《21世纪初中国农业发展战略》，中国农业出版社，2000，第5页。

的方式来表达自己的不满。农业生产的大幅度下降造成农业与工业、轻工业与重工业比例严重失调，基本生活消费品日益短缺，不仅使传统的重工业发展战略难以为继，也加重了城市居民对现行体制的不满。此时变革二元经济体制的机会成本变得越来越小。

2. 农业生产经营体制的变革

正是在上述背景下，1978 年 12 月中共中央召开了具有重大历史意义的十一届三中全会，揭开了中国改革开放这一波澜壮阔的历史画卷。中央政府为了获得最广泛的政治支持，选择了成本最小的改革道路，采取渐进式改革方式，而渐进式改革的突破口就是农业生产经营管理体制的变革。

1978 年底安徽凤阳小岗村农民率先发起了包干到户的改革，很快得到了中央政府的支持。到 1981 年上半年，全国农村实行各种形式联产承包责任制的生产队已发展到 377.3 万个，占生产队总数的 64.2%。1981 年 12 月，中共中央在北京召开了全国农村工作会议。会议充分肯定了中共十一届三中全会以来，我国亿万农民大胆改革旧的农业经营管理体制、建立生产责任制的实践。到 1982 年底，全国农村实行包产到户、包干到户的生产队已达生产队总数的 78.7%，全年粮食产量增长 90%。1982 年 12 月的全国人大五届五次会议通过的《中华人民共和国宪法》，正式决定设立乡政府，把多年来由农村人民公社行使的行政职权转归乡政府，使公社仅成为农村集体经济的一种组织形式。从此，原来"政社合一、三级所有"的人民公社就不复存在了。1983 年，家庭联产承包责任制作为农村改革的一项战略决定正式确立。我国农村广大地区普遍推行家庭联产承包责任制，中国农村经济开始了历史性变革。①

3. 统购统销制度的初步改革与农村工业的发展

农业生产经营体制的变革不同于政府短期的涉农政策调整。虽然改革还没深入到城乡二元资源配置制度和以户籍制度为核心的城乡二元就业与社会保障制度，却是对二元经济体制的真正变革。这是因为二元经济体制的各个组成部分之间具有内在一致性，因此，二元经济体制不同组成部分的变革不可避免地具有互补性。农业经营体制的变革一经进行，二元经济

---

① 于洋编著《经济转轨——中国的理论与实践》，中国财政经济出版社，2002，第 68~75 页。

体制的变革就会根据二元经济体制不同组成部分的内在联系和城乡间利益格局的变动，沿着其内在逻辑不断深入。

农村家庭联产承包责任制的主要内容，是将集体所有的土地承包到农户，以农户作为基本生产经营单位，将原属于集体所有的牲畜、中小农具折价卖给农户，在上缴国家农业税、向国家交售粮食等重要农产品和交给集体的公共提留后，剩余部分全归农户自己所有。家庭联产承包责任制是我国农村一次大规模的生产关系的变动，由传统集体所有、集中经营、集中劳动、集中分配的农业集体化模式，转变为集体所有、家庭经营、分散劳动、直接分配的社会主义农业经营体制，使农民真正有了生产经营自主权和农业剩余的索取权。经济学的基本常识告诉我们，要实现社会资源的合理配置与有效利用，只有市场主体一个方面远远不够，还必须有正确的价格信号作为外在激励的引导。为了减轻农民负担，调动广大农民的积极性，在安徽凤阳等地试行包干到户的同时，政府大幅度提高了农产品收购价格。从1979年夏粮上市起，中央掌握的六种粮食（小麦、稻谷、谷子、玉米、高粱、大豆）加权平均收购价格每百斤提高20.86%，六种食用植物油（花生油、芝麻油、毛棉油、菜籽油、茶油、豆油）统购价格每百斤平均提高24.97%，超购部分加价50%。粮油统购价格提高以后，销售价格不动，但农村和农业用粮实行购销同价。从1979年11月1日起提高了猪肉、牛羊肉、水产品、鸡蛋、牛奶、蔬菜、白糖等八种副食品销售价格，同时对每个城市职工发放副食品价格补贴，全国平均每个职工每月补贴5元。①

农业经营体制的变革和农产品价格的提高，极大地调动了农民的生产积极性，使农产品供给不断增加。农产品供给的增加又给政府改革农产品统购统销制度和实行农产品价格双轨制创造了良好条件。1982年12月31日，中央政治局通过的《当前农村经济政策的若干问题》，进一步调整农副产品购销政策，对关系国计民生的重要农副产品继续实行统购统销，对农民完成统派任务后的产品和非统派购的产品允许多渠道经营。农业经营体制的变革和农产品价格调整及统派购品种与范围的缩小，极大地推动了农

---

① 张曙光：《中国转型的制度结构与变迁》，经济科学出版社，2005，第166页。

民的生产经营积极性，农业生产迅速发展，全国粮食产量到 1984 年达到 4037 万吨，人均 400 公斤，创造了历史最高纪录。在农产品供给不断丰富的基础上，从 1985 年起，粮食、棉花取消统购，改为合同定购。定购的粮食按"倒三七"比例计价（三成按原统购价，七成按超购加价）。定购以外的粮食自由上市，如果市场粮价低于原统购价，国家按原统购价敞开收购，并开始取消生猪、水产品、大中城市和工矿区蔬菜的统派购。①

　　农业生产经营体制的变革所带来的另一个意想不到的收获是催生了促进农村工业发展的制度安排。农业生产经营体制的变革极大地提高了农业劳动生产率，使长期以来被公社制度所掩盖的劳动力剩余问题更加严重。转移农业剩余劳动力就成为农业生产经营制度改革后首先遇到的紧迫课题。面对农业剩余劳动力的压力，政府以优先发展农业关联产业为前提，放宽了社队工业行业进入方面的规制（1979 年公布的《关于发展社队企业若干问题的规定》），并允许社队企业以自由价格销售农用生产资料和日用生活用品（1983 年出台的《关于改革农村商品流通体制若干问题的试行规定》）。1984 年国家出台了一系列搞活社队工业的具体制度安排，如废除了对乡镇企业的各种限制，在可以进入的产业领域给予其与国有企业同等的待遇；下放乡镇企业产品定价权，放宽其进入流通领域的限制；强调民间借贷的重要性，大幅度增加了对乡镇企业的贷款等。② 上述制度安排为乡镇企业的发展创造了良好的制度条件。与此同时，这一阶段农业生产经营体制的变革、农产品统购统销和农产品价格制度的改革所带来的农业剩余的增加，也为乡镇企业的发展提供了原始积累。乡镇企业的快速发展吸收了大量农业剩余劳动力，极大促进了农民收入的增长和农业劳动生产率的提高。

　　4. 城市经济体制改革的主要内容

　　这一阶段的城市经济体制改革主要有两个方面的内容，一是国有企业扩大经营自主权。1979 年 7 月国务院根据四川省及国家经贸委、财政部在首都钢铁公司、天津自行车厂、上海柴油机厂等进行的扩大企业自主权的

　　① 张曙光：《中国转型的制度结构与变迁》，经济科学出版社，2005，第 167 页。
　　② 王振：《中国工业化第二条道路》，上海社会科学院出版社，1999，第 13～14 页。

试点情况，颁发了《关于扩大国营工业企业经营管理自主权的若干规定》、《关于国营企业实行利润留成的规定》和五个相关文件，向全国推行扩大企业自主权和实行利润留成的改革措施。1981 年改革国有企业经济责任制之后，实行两步"利改税"改革，1984 年进一步明确了国有企业 10 项自主权①。二是允许非公有制经济发展。1978 年改革开放后，中国政府在改革开放初期回避了发展非公有制经济的"姓资"与"姓社"的争议，采取了"不争论"的务实态度和富有弹性的政策，使非公有制经济有了一定的发展空间。这期间的非公有制经济发展主要采取"个体经济"、"中外合资合作经济"和"私营经济"三种形式。

无论是国有企业放权让利的改革，还是非公有制经济的发展都不可避免地涉及对传统就业制度的改变。1980 年我国就开始打破传统的国家统包就业制度，采取劳动部门介绍、自愿组织就业和自谋职业相结合的方式；1982 年后，全国部分企业开始试行职工择优录用制度，实行定员定额制，把富余人员抽出来，通过组建劳动服务公司等多种形式进行分流安排，并在企业内部全面实行计件工资等多种形式的责任制；1983 年按照新人新办法、老人老办法的原则在部分地区对新招收入员实行劳动合同制。②

总之，这一时期的改革是以农村改革为主，以企业改革为核心的城市经济体制改革尚处于酝酿和探索阶段。

（三）二元经济体制局部强化（1986～2002 年）

1. 城市经济体制改革的主要内容

体制转轨与一般性的制度变革不同，它是一种大规模、不间断的制度变迁过程，是正在形成中的历史。因此，转轨中的制度变迁也必然是一场动态博弈。1984 年粮食大丰收后，农产品供给和农民收入的大幅度增加，农村社会经济的繁荣和稳定，一方面导致社会舆论对农业生产普遍比较乐观，而对城市经济担忧增加；另一方面也在客观上降低了农村居民在制度

---

① 吴敬琏：《当代中国经济改革》，上海远东出版社，2003，第 138 页；蓝海涛：《改革开放以来我国城乡二元结构的演变路径》，《经济研究参考》2005 年第 17 期。

② 于洋编著《经济转轨——中国的理论与实践》，中国财政经济出版社，2002，第 81～82 页；蓝海涛：《改革开放以来我国城乡二元结构的演变路径》，《经济研究参考》2005 年第 17 期。

博弈中的力量。1984 年 10 月党的十二届三中全会以后，中央政府和地方政府的改革重心都向城市转移。

这一阶段城市经济体制改革的重点包括四个方面，一是深化国有企业改革。在推进国有企业改革方面，先是沿用放权让利的"政策调整型"改革，先后试行了承包制、租赁制、资产经营责任制等改革方式。1992 年党的十四大之后，开始实施建立现代企业制度的试点，按照"产权清晰、权责明确、政企分开、管理科学"的要求，逐步对国有大中型企业实行规范的公司制改革。同时，着眼于搞好整个国有经济，采取"抓大放小"的方针，从战略上对国有经济布局进行调整，对国有企业实施战略改组。二是大力发展民营经济。20 世纪 80 年代中期中共中央就提出了"公有制为主体，多种所有制经济共同发展"的方针；1987 年中共十三大明确提出鼓励发展个体和私营经济；1997 年中共十五大将"公有制为主体，多种所有制经济共同发展"确定为我国社会主义初级阶段的基本经济制度，将非公有制经济确定为"我国社会主义市场经济的重要组成部分"；1998 年以后，随着中共十五大调整国有经济布局和完善所有制结构方针的实施，我国民营经济在国民经济中的比重不断增加。在 20 世纪和 21 世纪之交，民营经济已经成为我国国民经济中所占份额最大的经济部门、支撑我国经济增长的基础性力量。三是推进价格改革与培育市场体系。先在一段时期内实行计划内价格和计划外价格并行的"双轨制"，然后在条件成熟时并轨，实行单一的市场价格制度。先着力发展商品市场，再逐渐发展资本、土地、劳动力、技术和管理等要素市场。20 世纪 90 年代之前的价格改革主要是围绕一般商品和服务价格进行的狭义价格调整。随着改革开放的深化，生产要素被确认应商品化和进入市场，广义价格及其改革被提出来并开始得到广泛的重视。由此，价格改革逐渐向要素市场推进。[①] 四是宏观调控体系改革。这主要表现在政府机构改革，政府职能转变，以及财政与金融、外汇体制的变革。

2. 以城市为中心利益格局的恢复和强化

1986～2002 年以城市为主的经济体制改革，对推进市场化进程、促进

---

① 中国社会科学院经济体制改革 30 年研究课题组：《论中国特色经济体制改革道路（上）》，《经济研究》2008 年第 9 期。

经济发展无疑是起到了十分重要的作用。但是这一期间市场化改革存在的最大问题是财政资金和各种资源配置逐步向城市倾斜，以城市为中心的利益格局得以恢复甚至强化。这主要表现在以下几个方面。

一是财税体制改革强化了财政对城市发展的支持力度。我国财税体制改革经历了1980～1988年的"分灶吃饭"、1988～1993年的"财政大包干"和1994年以来的分税制，总的来说是不断向与市场经济相适应的方向发展。但由于改革过程中财权与事权不配套及各级政府的GDP政绩取向，适应市场经济发展的公共财政体系未能建立起来，传统的城乡二元财税制度不仅未能突破，甚至有所加强。这一方面表现在1983年农村实行撤社建乡后，仍然沿用城市公益事业国家办、农村公益事业农民办的二元税费政策；另一方面表现在财政资金的分配进一步向城市倾斜。

二是金融体制改革使城乡二元资金配置的情况更加突出。我国金融体制改革是从改变苏联式的单一银行体制开始的，到20世纪90年代初期基本形成了中央银行、商业银行与非银行金融机构组成的金融体系。1994年以来在建立真正的中央银行制度、发展商业性银行、规范发展非银行金融机构、改革外汇体制、建立和完善金融监管体系等方面进行了全面系统的改革。但是上述改革不仅未能触及城乡二元金融体制，而且在商业银行改革过程中还使这一体制得以强化，并导致城乡二元资金配置的情况更加严重。例如，在1998年商业银行改革中，各金融机构对分支机构的撤并，普遍采取了阶梯式路径，即先撤农村网点，再撤城市网点；多撤农村网点，少撤城市网点。据统计，1988～2001年，国有商业银行撤并了3.1万个机构和网点，导致了农村金融的"真空状态"。[①] 从总体上看，国内金融机构资金配置的城市化倾向非常突出，一方面，城市金融机构的资金基本用于城市融资市场，投入农村的资金很少；另一方面，农村金融机构资金又大量向城市流入，导致城乡二元资金配置的情况更加突出。

三是这一时期土地制度的变革，严重地伤害了农民利益。征地与转让已

---

① 夏耕：《中国城乡二元经济结构转换研究——要素流动、制度变迁、市场机制与政府作用》，北京大学出版社，2005，第200页。

成为地方政府的最大财政来源之一，这一来源被学术界称为"第二财政"。

　　四是企业事业单位和政府机关的工资制度改革，使城市职工收入大幅度增加。1985～1987年国有企业职工工资与企业经济效益挂钩，在产权制度不合理的条件下，企业开始追求职工收入最大化；1985年政府机关、事业单位实行了以职务工资为主要内容的结构工资制；1993年以后，国家不再下达指令性工资总额计划，国有企业职工收入货币化和工资化程度提高，政府机关与事业单位工资制度脱钩，新的职级工资制和事业单位人员以技术职务为主的等级工资制的实行，都在较大幅度上提高了城市职工的收入。

　　五是社会保障制度改革，增加了城市职工福利。1985年国有企业和大部分城镇集体企业推行了养老金社会统筹，政府机关、事业单位也进行了养老保险制度改革试点。1991年明确实行养老保险社会统筹，费用由国家、企业和职工三方负担，基金实行部分积累，开展企业补充养老保险；1995年明确实行社会统筹与个人账户相结合的养老保险制度；1997年实现基本养老保险制度的并轨。在职工医疗保障制度改革方面，1994年国务院推行试点社会统筹与个人医疗账户相结合的医疗保险制度，1996年全面开展了医疗制度改革。1986年颁布了《国营企业职工待业暂行规定》，初步建立我国的失业保险制度。1993年国家失业职工由原来的四种人扩大到七种人，失业保险金标准由原来的标准工资的1%改为工资总额的0.6%～1%。从1995年开始民政部着手在一些城市推行最低生活保障制度。

　　这一时期的城市经济体制改革并非全都不利于农民收入增长。在这一时期城市劳动就业制度的改革，为农村劳动力进入城市非农产业创造了一定条件。[①] 但由于以户籍制度为核心的城乡二元社会福利制度仍存在，城市居民继续享受着诸如住房、子女教育、医疗保障和养老保障等福利，而来

---

① 1985年国务院颁发了以企业实行劳动合同制为核心的四项暂行制度改革；1986年国家将实行劳动合同制的范围扩大到全部新招职工，并开始试验培育"劳务市场"；1991年劳动部提出了"国家调控，企业自主用工，多种形式并存，全员劳动合同"的用工管理模式；1993年劳动部通过多种形式对国有企业富余人员进行技术业务训练，组织"再就业工程"，着手建立劳动力市场；1994年探索签订集体合同制；1996年企业劳动合同制度基本建立，全国各地均制定并发布了当地最低工资标准。劳动就业制度的改革打破了国家统包城市就业体制，促进了劳动力市场发育，越来越多的农村劳动力转移到城市寻求就业机会。

自农村的流动人口则被排斥在这种福利体制之外。加之各地方政府纷纷出台限制甚至排斥农民工就业的政策，城市正规就业部门基本上不招收农业剩余劳动力，符合岗位要求的农民工也只能在非正规部门就业，这一时期的劳动就业体制仍然带有城乡二元性质。

在以城市经济体制改革为主的这一阶段，农村经济体制改革主要有三个方面的内容，一是继续深化农产品统购统销制度的改革。1985~1991年，在加大市场调节分量和力度的情况下，开始突破传统集中计划经济体制，主要是取消统派购制度，改为合同定购，减少定购数量，扩大议销范围，部分或全部放开某些农副产品价格；1992~1993年，奠定了农产品市场购销制度的基本框架，主要是取消了合同定购任务，完成了从计划定价（合同定购部分）和市场定价（合同外部分）的双轨制到市场定价单轨制的转变，农产品的消费价格形成也由市场供求决定。[①] 二是延长土地承包期，1993~1996年，实行农民土地承包期延长30年。三是改革户籍制度。2001年初，公安部提请国务院批转了《关于推进小城镇户籍管理制度改革的意见》，对办理小城镇常住户口的人员，不再实行计划指标管理。2001年10月1日起，以两万多个小城镇为重点推行户籍制度改革，在小城镇拥有固定住所和合法收入的外来人口均可办理小城镇户口。

（四）深化二元经济体制改革统筹城乡发展（2003年以来）

1. 深化二元经济体制改革统筹城乡发展的历史背景

1985~2001年，以城市为中心的经济体制改革，在行政与市场的双重作用下，使以城市为中心的利益格局得以恢复甚至强化，城乡利益矛盾日益突出。1979~1984年我国城乡居民收入差距曾有所缩小，但从1985年以后又开始扩大，进入20世纪90年代城乡居民收入差距迅速扩大，到2001年农村居民与城市居民的收入比已达到1:2.9[②]。如果考虑到城市居民享有而农民无法享有的多种福利，城乡居民收入差距会更大。世界银行1998年的一份报告指出："36个国家的数据表明，城乡收入间比率超过2的极为罕

---

① 张曙光：《中国转型的制度结构与变迁》，经济科学出版社，2005，第166~170页。
② 根据《2007中国统计年鉴》有关数据计算。

见；在绝大多数国家，农村收入为城市收入的 2/3 或更多些。"[1] 城乡收入差距过大，农民收入水平偏低已成为我国有效需求不足的根本性原因；进入 20 世纪 90 年代中期，我国农产品供给不足问题已基本得到解决，但农业持续发展的资源和市场约束问题更加严重；加入 WTO 使我国农业和农村经济面临严峻挑战；农村出现了诸如干群关系紧张、社会矛盾增加等不稳定因素。"三农"问题不仅制约着我国的经济发展，而且可能引发种种矛盾，危及社会稳定。

在农村经济发展严重影响城市工业品需求和城乡利益矛盾突出危及社会稳定的条件下，农民从事农业生产的积极性降低等变相退出博弈策略，增强了农民利益集团在制度博弈中的力量；同时城市工业品需求不足及由于城乡收入差距扩大带来的社会不稳定因素的增加，突出了城乡利益关系的一致性，一些具有政治远见的知识精英成为农民利益的代言人，农民利益开始通过各种舆论工具得以反映；"三农"问题及其对国民经济发展和社会稳定的制约作用，引起中央政府的高度关注，统筹城乡发展的迫切性日益突出，改革的思路进一步向以工促农、以城带乡、城乡综合配套改革方向调整。同时，经过 20 多年的改革开放，到 21 世纪初我国已经完成工业化初期阶段的历史任务，进入工业化中期发展阶段。2002 年我国人均国内生产总值超过 1000 美元，财政收入达 2284 亿美元；随着国有企业改革的不断深入，转轨性失业程度大幅度减轻，民营经济与第二产业、第三产业的快速发展为城乡劳动者提供了更多的就业岗位，这些也都在客观上为进一步改革城乡二元经济体制、创新统筹城乡发展的制度安排创造了良好的外部条件。2002 年 11 月召开的中共十六大明确提出统筹城乡经济社会发展，全面建设小康社会的重大任务。此后中央召开了 14 次农村工作会议，连续 13 年下发指导农业农村工作的中央一号文件，出台了一系列具有里程碑和划时代意义的制度安排及含金量非常高的支农惠农政策。特别是 2008 年 9 月中共十七届三中全会通过的《关于推进农村改革发展若干重大问题的决

---

[1] 中国社会科学院农村发展研究所：《2000～2001 年：中国农村经济形势分析与预测》，社会科学文献出版社，2002，第 29 页。

定》，全面、系统、深刻地分析了农村改革发展所处的历史方位，着眼中国特色社会主义事业总体布局和全面建设小康社会战略全局，旗帜鲜明地回答了一系列重大理论和实践问题，对在新的历史起点上推进农村改革发展做出了全面部署。

2. 深化二元经济体制改革统筹城乡发展的主要内容

这一阶段二元经济体制改革在科学发展观的指导下，遵循统筹城乡发展的原则，在农业生产经营体制变革的基础上，改革城乡二元资源配置体制和以户籍管理体制为核心的城乡二元就业与社会保障体制，基本形成了强农惠农的政策体系，着手建立统筹城乡发展的制度框架。

第一，进一步深化农村土地制度改革，为完善农村经济的微观主体创造条件。改革开放以来中国农村土地制度变迁实质上是在坚持土地集体所有的前提下，赋予并不断强化农民土地承包经营权的产权制度变革的过程。这一时期农村土地制度改革主要是强化农民土地承包经营权，健全土地承包经营权流转市场。2007年10月1日起实施的《物权法》明确规定当目前30年的土地"承包期届满，由土地承包经济权人按照国家有关规定继续承包"。十七届三中全会更是明确提出，现有土地承包关系保持稳定并长久不变。允许农民采取转包、出租、互换、转让、股份合作等方式流转土地承包经营权。2013年中央一号文件——《中共中央国务院关于加快发展现代农业 进一步增强农村发展活力的若干意见》提出，全面开展农村土地确权登记颁证工作。此后，农村土地制度改革围绕着赋予农民更多的财产权利，逐步落实土地集体所有权、农户承包权、土地经营权"三权分置"办法。在农村承包地确权登记颁证加快推进的同时，也开始统筹协调推进农村土地征收、集体经营性建设用地入市、宅基地制度改革试点，并全面加快"房地一体"的农村宅基地和集体建设用地确权登记颁证工作。分步实施农村税费制度改革，加大财政对"三农"的投入力度。2002年在安徽先行试点农村税费制度改革，2004年在全国全面展开，2005年12月29日，十届全国人大常委会第十九次会议通过了《关于废止中华人民共和国农业税条例的决定》。同日，时任国家主席胡锦涛发布第四十六号主席令，宣布全面取消农业税。中国农民缴纳"皇粮国税"的制度在绵延2600多年后，终告结束。党的十六大以来，财政支出从主要针对城市逐步转向城乡统筹兼顾，支持农村社会保障在内的各项农村社会事业的发展。2015 年，中央财政用于支农的资金投入达 17380.49 亿元，比 2003 年增加 15626.04 亿元，是 2003 年投入资金的 9.91 倍。①

　　第二，启动和深化农村金融制度改革，建立现代农村金融制度。2003 年出台了《深化农村信用社改革试点方案》，并选择 8 个省份进行农村信用社改革试点；2006 年银监会发布《关于调整放宽农村地区银行业金融机构准入政策　更好支持社会主义新农村建设的若干意见》，降低了农村金融准入门槛；2008 年党的十七届三中全会的决议明确提出要"创新农村金融体制，放宽农村金融准入政策，加快建立商业性金融、合作性金融、政策性金融相结合，资本充足、功能健全、服务完善、运行安全的农村金融体系。加大对农村金融政策支持力度，拓宽融资渠道，综合运用财税杠杆和货币政策工具，定向实行税收减免和费用补贴，引导更多信贷资金和社会资金投向农村"。

　　第三，促进劳动力在城乡间合理流动，加快农村公共事业发展。一是推进户籍制度改革，放宽中小城市落户条件，促进农业剩余劳动力流动，保障农民工合法权益。二是改革农村义务教育体制。从 2006 年起逐步免除农村义务教育阶段学生学杂费，提高农村义务教育阶段中小学公用经费保障水平。三是促进农村社会保障事业发展。从 2003 年起全国开展新型农村合作医疗制度试点，从 2006 年起，中央和地方财政较大幅度提高了新型农村合作医疗的补助标准，大部分试点地区的农民自己交纳 10 元，地方政府和中央政府分别补贴 20 元，一些地方的补助标准超过了国家规定。到 2015 底新型农村合作医疗已全面覆盖所有拥有农业人口的县（市、区），参合农民达 6.7 亿人，参合率为 98.8%；② 2006 年国家发布了新修订的《农村五保供养工作条例》，明确规定将农村一部分有特殊困难的群众纳入公共财政保障范围，中央决定从 2007 年开始在全国范围建立农村最低生活保障制度。

---

① 根据《2016 中国农村统计年鉴》数据计算得出。
② 资料源于《2015 年我国卫生和计划生育事业发展统计公报》及《2015 中国统计年鉴》。

截至 2015 年底已将 4903.6 万人纳入农村最低生活保障，2015 年各级财政安排农村最低生活保障资金 931.5 亿元。[①] 2009 年和 2011 年国务院先后启动新型农村社会养老保险试点和城镇居民社会养老保险试点，2012 年在全国所有地区全面推开，基本实现两项制度全覆盖，这标志着我国覆盖全民的基本养老保险制度体系全面建立。2014 年国务院在总结新型农村社会养老保险试点和城镇居民社会养老保险试点经验的基础上，决定将两项制度合并实施，在全国范围内建立制度名称、政策标准、经办服务、信息系统"四个统一"的城乡居民基本养老保险制度，与职工基本养老保险共同构成我国养老保险的两大基本制度平台。截至 2015 年底，全国城乡居民养老保险参保人数达到 50472.2 万人。[②]

应该说 2002 年以来的经济体制改革已经触及二元经济体制的深层矛盾，对城乡二元财政体制、金融体制、城乡二元就业体制和社会保障制度的变革已经全面展开。这些改革使我们初步建立了适合我国国情和农村生产力发展要求的农业经济体制；城乡之间产品和要素交换市场化程度不断提高，推动了城乡关系向合理化方向发展；农村剩余劳动力向城镇大量转移，弱化了城乡隔离格局，奠定了城市化发展基础。但上述变革还仅仅是开始，许多改革还局限在思路和规划上，还没有形成具体的实施方案和实施细则；一些改革措施更需要认真贯彻落实。由于中国制度变迁的路径是渐进式改革，进入到统筹城乡发展的改革阶段，涉及城乡利益关系的全面调整，改革的难度比以往任何时期都大。到目前为止，城乡二元经济体制改革还远未完成。

二 非均衡制度变迁对二元经济转型的影响

改革开放以来的非均衡制度变迁，对中国的二元经济转型产生了深刻的影响。由于我国的非均衡制度变迁表现为城乡二元资源配置体制、城乡二元就业与社会保障制度的改革，滞后于城乡微观市场主体的构造，物质

---

① 《2015 年社会服务发展统计公报》。
② 《2016 中国统计年鉴》。

要素向非农产业和城镇的流入速度远快于普通劳动力非农化的乡城转移。这种城乡资源配置失衡的一个最直接的后果就是造成农业就业结构转换严重滞后于产值结构转换。

从表 6-1 中我们看到，我国农业就业结构转换始终滞后于产值结构转换。2015 年第一产业增加值占国内生产总值中的比重为 8.9%，而从业人员占社会总劳动力的比重为 28.3%，二者相差 19.4 个百分点，农业就业结构转换滞后于产值结构转换程度为 217.98%。

表 6-1 中国农业就业结构转换滞后于产值结构转换程度

单位：%

年份	农业就业结构	农业产值结构	农业就业结构转换滞后于产值结构转换程度
1978	70.5	27.7	154.51
1979	69.8	30.7	127.36
1980	68.7	29.6	132.09
1981	68.1	31.3	117.57
1982	68.1	32.8	107.62
1983	67.1	32.6	105.83
1984	64.0	31.5	103.17
1985	62.4	27.9	123.66
1986	60.9	26.6	128.95
1987	60.0	26.3	128.14
1988	59.3	25.2	135.32
1989	60.1	24.6	144.31
1990	60.1	26.6	125.94
1991	59.7	24.0	148.75
1992	58.5	21.3	174.65
1993	56.4	19.3	192.23
1994	54.3	19.5	178.46
1995	52.2	19.6	166.33
1996	50.5	19.3	161.66
1997	49.9	17.9	178.71
1998	49.8	17.2	189.53

年份	农业就业结构	农业产值结构	农业就业结构转换滞后于产值结构转换程度
1999	50.1	16.1	211.18
2000	50.0	14.7	240.14
2001	50.0	14.0	257.14
2002	50.0	13.3	275.94
2003	49.1	12.3	299.19
2004	46.9	12.9	263.57
2005	44.8	11.6	286.21
2006	42.6	10.6	301.89
2007	40.8	10.3	296.12
2008	39.6	10.3	284.47
2009	38.1	9.8	288.78
2010	36.7	9.5	286.32
2011	34.8	9.4	270.21
2012	33.6	9.4	257.45
2013	31.4	9.3	237.63
2014	29.5	9.1	224.18
2015	28.3	8.9	217.98

资料来源：根据《2016 中国统计年鉴》有关数据计算。计算公式为：农业就业结构转换滞后于产值结构转换程度＝（农业就业结构 – 农业产值结构）/农业产值结构。

产值结构与就业结构转换的严重失衡，造成我国二元经济转型过程中的结构性扭曲。从工农业产值构成看，到 20 世纪 80 年代末，我国工业增加值已占国民生产总值的 3/4，基本实现了由农业社会向工业社会的转变。到 2015 年我国第一产业增加值占 GDP 的比重从 1978 年的 27.7% 下降到 8.9%，第二产业、第三产业增加值比重已高达 91.1%；然而从就业结构分析，2015 年我国的第一产业的劳动力份额仍高达 28.3%；从人口结构分析，虽然 2015 年中国城镇化率为 57.35%，但其中城镇户籍人口仅有 41.2%。[①]

受城乡资源配置失衡的影响，我国二元经济转型过程中农业就业结构

---

① 国家统计局：《中华人民共和国 2016 年国民经济和社会发展统计公报》，国家统计局网站，http://www.stats.gov.cn/tjsj/zxfb/201702/t20170228_1467424.html。

转换滞后于产值结构转换，从而导致农业与非农业比较劳动生产率仍有较大差距，二元经济强度不仅远高于发达国家，也高于与其他发展程度大致相同的发展中国家。[①]

二元经济结构强度是用二元对比系数来表示的，二元对比系数是农业比较劳动生产率与非农业比较劳动生产率的比值。无论是农业比较劳动生产率还是非农业比较劳动生产率都等于二者的产值比重除以二者的就业比重。二元对比系数的大小取决于农业比较劳动生产率与非农业比较劳动生产率的高低。

理论上说，在二元经济转型过程中，随着农业剩余劳动力向城市非农产业转移，农业比较劳动生产率趋于提高，非农业比较劳动生产率趋于下降，在农业比较劳动生产率与非农业比较劳动生产率两种相反趋势的共同作用下，二元对比系数不断上升，二元结构强度明显减弱。但是由于我国制度变迁过程中城乡资源配置严重失衡，就业结构转换滞后于产值结构转换，农业比较劳动生产率还没有走出下降的通道。到2015年我国农业比较劳动生产率仅为0.314，不仅远低于1978～1984年我国二元经济结构强度相对较弱时期，也低于20世纪60年代中期到20世纪70年代中期的城乡二元性较强时期。改革开放以来我国二元对比系数上升，二元经济结构强度相对减弱，只是非农业比较劳动生产率单方下降的结果。

中国已总体上进入工业化中后期发展阶段，但二元经济转型仅进入了刘易斯第一转折点，农业比较劳动生产率与非农业比较劳动生产率仍有较大的差距，2015年二元对比系数仅为0.247（见表6-2）。

表 6-2　二元经济结构强度的国际比较

国家	农业比较劳动生产率	非农业比较劳动生产率	二元对比系数
中国（2015年）	0.314	1.271	0.2470
巴西（2003年）	0.680	1.056	0.6439
埃及（2003年）	0.519	1.216	0.4268

[①]　张桂文、周健：《非均衡制度变迁对二元经济转型的影响》，《辽宁大学学报》2012年第4期。

国家	农业比较劳动生产率	非农业比较劳动生产率	二元对比系数
印度（2003 年）	0.393	1.838	0.2138
印度尼西亚（2003 年）	0.346	1.557	0.2222
菲律宾（2003 年）	0.342	1.403	0.2438

资料来源：陈宗胜等：《中国二元经济结构与农村经济增长和发展》，经济科学出版社，2008，第 42 页；中国的数据根据《2016 中国统计年鉴》中的有关数据计算得出。

由于城乡二元经济体制的改革还不到位，当前我国"三农"问题仍然比较严重，"农业基础仍然落后，最需加强；农村发展仍然落后，最需扶持；农民增收仍然困难，最需加快"——党的十七届三中全会对当前我国"三农"形势的判断，不仅客观地反映了当前我国"三农"问题的现实，也反映了统筹城乡发展、解决"三农"问题的重要性和紧迫性。

第二节　二元经济转型中农业劳动力转移的特殊路径

一　中国农业劳动力转移的特征分析

根据发展经济学的二元结构模式，二元结构转换的核心问题是农业剩余劳动力转移问题，发展中国家的二元结构转换过程，就是农业剩余劳动力向城市非农产业转移的过程。这一模式客观地反映了世界各国工业化过程的一般规律。大多数国家的二元结构转换都是通过农业剩余劳动力向城市非农产业转移来实现的，在结构转换中农业剩余劳动力向非农产业转移和人口向城市迁移是同一过程。因此，二元结构转换过程实际上也是一个国家的工业化与城市化发展过程。

从历史上看，城市化与工业化是一个相互影响、相互推动的发展过程。以机器广泛使用为标志的近代工业化发展，由分散的小规模个体生产转化为集中的、大规模的社会生产，促进了人口向城市集中，带动了城市化的迅速发展。而且在近、现代工业化发展过程中，通常在工业化初期，城市化就已经超过工业化，随着工业化的不断发展，城市化水平愈加明显地高于工业化水平。一般认为，城市化率与工业化率之比的合理范围为 1.4 ~ 2.5。① 根据钱纳里发展模式，发展中国家二元结构转换中工业化和城市化进程也大致反映出相同的规律。

我国的二元结构转换与发展经济学所描述的，通过城市现代工业部门的扩张来促进农业剩余劳动力转移的路径有很大的不同。我国农业剩余劳动力转移的基本特点是就地转移与非永久性乡城迁移相结合，20 世纪 90 代以前以就地转移为主，20 世纪 90 代中期以来以非永久性乡城迁移为主。1979 ~ 1997 年我国农业剩余劳动力向非农产业转移的累计总规模达 13106 万人，其中转移到城市就业的只有 2729 万人，占农业剩余劳动力转移总数的 20.8%，而同期转入农村非农产业就业的达 10377 万人，占农业剩余劳动力转移总数的 79.2%。② 1996 年以来，农村工业的主体——乡镇企业增长速度下降，吸收剩余劳动力的能力有所减弱，但总体上仍维持在 1 亿人以上的规模。

20 世纪 90 年代以来，随着城乡隔离体制的松动，农民外出打工数量逐渐增多，特别是 1998 年以后，农村劳动力外出打工的人数急剧增加，1998 ~ 2014 年外出农民工的总量增加了 12021 万人，平均每年新增约 707 万人，2016 年外出农民工数量达到 1.69 亿人。③ 以上两种形式共转移了 2.73 亿名农业剩余劳动力，对我国二元结构转换做出了历史性贡献。但"离土不离乡，进厂不进城"，只有劳动力在产业间的转移，而没有人口在城市的集中；以"民工潮"形式所进行的劳动力转移，虽然使农民走出了乡村，但并没有真正使农民成为城市居民。而且这两种形式所转移的农业剩余劳动力，都没有割断与农业的关系，大多具有兼业性质。

二　农村工业发展与农业劳动力就地转移

从历史的角度来考察，农村工业的产生似乎可以追溯到人民公社时期

---

① 李善同：《对城市化若干问题的再认识》，《中国软科学》2001 年第 5 期。
② 张桂文：《中国二元结构转换研究》，吉林人民出版社，2001，第 70 ~ 71 页。
③ 国家统计局：《2016 年农民工调查监测报告》，国家统计局网站，http://www.stats.gov.cn/tjsj/zxfb/201704/t20170428_1489334.html。

的社队工业，其于 20 世纪 70 年代初期有了较大程度的发展。但改革开放前的社队工业，与改革开放以来的农村工业相比，具有不同的特点。一是在经营范围上，没有超出为农业服务的领域。这一阶段的社队工业采取"就地取材，就地加工，就地销售"的方针，经营的目的是以工补农，因此，这一阶段的社队工业从经营范围上考察，仅属于农村经济中的副业范围。二是在经营管理上，也没有从社队行政管理中独立出来。改革前的社队企业还不是独立的经济实体，其人员配备、经营范围、剩余分配，均由公社或生产大队统一决定。社队企业的从业人员一般也不从社队企业领取工资，而是通过"队转工资"，从生产队得到大体上相当于平均农业收入的工资。由于 1978 年以前的社队工业还没有从农业中分离出来，所以从严格意义上讲，这一时期的社队工业并不是真正意义上的农村工业。鉴于上述原因，我们只分析改革开放以后，农村工业产生和发展的原因。

农村工业化在改革开放以后的迅速发展，直接原因在于由中国特有的制度变革方式所决定的双重经济体制并存的特殊体制环境。众所周知，中国的经济体制改革，与苏联和东欧国家不同，改革过程中的制度变革不是以激进的方式一步到位，而是采取了渐进的方式，通过双轨过渡的形式逐步推进。这种渐进式的制度变革，从所有制结构变革来看，是采取通过促进非国有经济发展来带动国有经济改革；从地域角度考察，是采取先农村后城市的推进顺序。我国的经济体制改革是 1978 年最先从农村开始起步的，农村由于率先冲破了以人民公社为代表的传统体制的束缚，较早地发展了市场经济，而城市国有经济则在这一时期仍然保持传统的计划经济体制。改革初期，我国的农村工业正是在这种计划与市场并存的双重体制环境下，利用渐进式改革所形成的城乡体制错位，获得了超常发展。

农村经济体制改革和与之相联系的国家经济政策的调整，为农村工业的产生创造了条件。

首先，以家庭联产承包责任制为核心的农业经营体制的改革，由于保证了农户的经营自主权和农民的经济利益，极大地调动了农民的生产积极性，大幅度提高了农业劳动生产率。1978 ~ 1984 年，我国农业劳动生产率提高了 96%，剔除价格因素的影响，实际提高了 68%。[①] 农业劳动生产率的提高，一方面，增加了农民收入，为农村工业的产生与发展奠定了最初的资金积累条件；另一方面，又使农业中的劳动力剩余问题更加严重，并使在传统的"三级所有，队为基础"的统一经营体制下的农村隐性失业公开化，从而为农村工业的发展提供了稳定、低廉的劳动力。

其次，农业经营体制和农产品流通体制的改革，调动了农民的生产积极性，大幅度地提高了农民收入水平，不仅为农村工业的发展提供了资金来源，同时也为农村工业发展创造了市场条件。1978～1985 年，农村居民每年人均纯收入由 133.57 元增加到 397.60 元，增加近 2 倍，年均增长率达到 16.8%，比 1952～1977 年高 4.42 倍。农民收入水平的提高，带动了消费总量的增长，使农村消费市场急剧扩大，1978～1985 年，全国农村社会商品零售总额增长了 2.38 倍，农村居民消费水平的年均增长速度达到 8.7%。农民购买的消费品占全社会商品零售额的比重，从 1978 年的 52% 上升到 1984 年的 59%。[②] 这一时期，农民收入水平提高所带来的城乡消费市场扩张，为农村工业化提供了良好的市场条件。

但上述条件只是农村工业超常发展的必要条件，而并非充分必要条件。它并不能说明为什么农业剩余劳动力不是流向城市现代工业，而是就地转移到农村工业，它也不能说明为什么在同样的市场扩张条件下，比农村工业技术设备条件要好得多的城市国有工业却没有农村工业发展迅速。分析这一问题必须结合城市经济体制改革的情况，才能得到一个较为满意的解释。正如前面已经谈到的，由于我国的体制变革采取了渐进式方式，从制度创新的程度及变化来看，城市落后于农村，这样当农村工业在市场机制的作用下不断迅速发展时，城市国有企业的改革还没有取得实质性进展，在计划经济体制的束缚下，缺乏市场竞争力。因此，改革开放以来农村工业的超常发展，不仅得益于农村改革通过提高农业劳动生产率和增加农民收入所创造的资金、劳动力和市场条件，而且得益于城乡制度差异所形成

[①]　周振华：《体制变革与经济增长》，上海三联书店，1999，第 378 页。

[②]　周振华：《体制变革与经济增长》，上海三联书店，1999，第 378 页。

的有利竞争条件。

由于我国制度变革的渐进性，一方面农村改革促进了农村经济发展，另一方面以户籍制度为核心的各种城乡隔离政策仍然存在并发挥作用。在城乡生产要素不能自由流动的条件下推进二元经济结构转换，决定了农业剩余劳动力只能就地转移到农村工业，而不可能大规模地向城市转移。表 6 - 3 大致反映了改革开放以来我国乡镇企业发展对农业剩余劳动力的吸纳情况。

表 6 - 3　改革开放以来我国农业劳动力转移到农村非农产业情况

单位：万人

年份	乡村劳动力		农村非农就业劳动力		农业就业劳动力		累计转移劳动力
	总人数	逐期增量	年末人数	逐期增量	年末人数	逐期增量	
1978	30638	—	2320	—	28318		—
1979	31025	387	2391	71	28634	316	—
1980	31836	811	2714	323	29122	488	394
1981	32672	836	2895	181	29777	655	575
1982	33867	1195	3008	113	30859	1082	688
1983	34690	823	3539	531	31151	292	1219
1984	35968	1278	5100	1561	30868	- 283	2780
1985	37065	1097	5935	835	31130	262	3615
1986	37990	925	6736	801	31254	124	4416
1987	39000	1010	7337	601	31663	409	5017
1988	40067	1067	7818	481	32249	586	5498
1989	40939	872	7714	- 104	33225	976	5394
1990	47708	6769	8794	1080	38914	5689	6474
1991	48026	318	8928	134	39098.1	184	6608
1992	48291	265	9593	665	38698.9	- 400	7273
1993	48546	255	10867	1274	37679.7	- 1019	8547
1994	48802	256	12174	1307	36628.1	- 1051	9854
1995	49025	223	13496	1322	35529.9	- 1099	11176
1996	49028	3	14209	713	34819.8	- 710	11889
1997	49039	11	14199	- 10	34840.2	21	11879
1998	49021	- 18	13844	- 355	35177.2	337	11524
1999	48982	- 39	13214	- 630	35768.4	591	10894

年份	乡村劳动力		农村非农就业劳动力		农业就业劳动力		累计转移劳动力
	总人数	逐期增量	年末人数	逐期增量	年末人数	逐期增量	
2000	48934	−48	12892	−322	36042.5	274	10572
2001	48674	−260	12276	−616	36398.5	356	9956
2002	48121	−553	11481	−795	36640	242	9161
2003	47506	−615	11302	−179	36204.4	−436	8982
2004	46971	−535	12142	840	34829.8	−1375	9822
2005	46258	−713	12817	675	33441.9	−1388	10497
2006	45348	−910	13408	591	31940.6	−1501	11088
2007	44368	−980	13637	229	30731	−1209	11317
2008	43461	−907	13538	−99	29923.3	−808	11218
2009	42506	−955	13616	78	28890.5	−1033	11296
2010	41418	−1088	13488	−128	27930.5	−960	11168
2011	40506	−912	13912	424	26594.2	−1336	11592
2012	39602	−904	13829	−83	25773	−821	11509
2013	38737	−865	14566	737	24171	−1602	12246
2014	37943	−794	15153	587	22790	−1381	12833
2015	37041	−902	15122	−31	21919	−871	12802

资料来源：根据《2016 中国统计年鉴》整理计算得出。

三　非均衡制度变迁与非永久性乡城迁移

世界经济发展史表明，一国经济发展过程总是伴随着农业剩余劳动力向城市迁移，劳动力流动与一个国家的工业化与城市化过程相互促进、互为因果。但是由于各国经济发展的历史条件与制度环境不同，农业剩余劳动力乡城迁移的特点也不尽相同。改革开放以来我国农业剩余劳动力转移的突出特点表现为非永久性乡城迁移。中国改革开放以来的农业剩余劳动力非永久性乡城迁移是中国非均衡制度变迁的产物。

第一，农业生产经营体制的改革为农业剩余劳动力的乡城流动提供了基本前提。一是家庭联产承包责任制使农民摆脱了人民公社制度下准军事化的集中统一管理，给予农民生产经营自主权，这种自主权使农民有可能在比较利益的驱使下，向城市非农产业迁移；二是农业家庭联产承包责任制提高了农业劳动生产率，使农业隐性失业显性化，人地关系的高度紧张使农村就业问题日益突出。

第二，20世纪90年代以来乡镇企业吸纳劳动就业能力相对减弱，一部分剩余劳动力不得不进入城市寻求新的就业机会。我们前面分析了我国乡镇企业发展的原因，重点在于我国渐进式体制转轨中计划与市场体制并存，以及其体制转轨不同步所形成的体制优势。但是，20世纪90年代以来我国经济体制转轨进入了一个新的发展阶段，随着所有制结构的变革和国有经济战略布局的调整，以公有制为主体、多种所有制经济共同发展的格局已经形成，一批国有企业通过股份制改造，已基本具备了现代企业制度特征，这一切都使城市工业竞争力明显增强；同时，20世纪90年代中期以来我国国民经济运行的市场环境发生了显著变化，由供不应求的短缺经济转为供过于求的买方市场，有效需求不足成为制约经济发展的关键因素。市场约束的增强使乡镇企业的发展速度开始放缓，并由主要依靠国内市场转向开拓国际市场。1991~1995年乡镇企业出口交货值年均增长63.5%，占同期全国出口商品的比重由20.6%上升到43.4%。20世纪90年代中后期以来受全球性通货紧缩，特别是东亚金融危机的影响，乡镇企业的发展受到市场有效需求不足的约束。一方面国内市场已由卖方市场转为买方市场，另一方面国际市场上出口需求严重不足，导致乡镇企业在20世纪90年代中后期的发展速度进一步下降。"七五"和"八五"期间，乡镇企业发展速度保持在35%~42%，"九五"以来增长势头显著放缓，1996年乡镇企业经济增长率为21.0%，1997年为17.4%，1998年为17.3%，1999年的增长速度进一步下降到14%。[①]

受经济体制转轨过程中城市工业竞争力增强与市场有效需求不足的双重影响，乡镇企业超速发展的条件已经不复存在，乡镇企业增长速度下降，

---

① 贾大明：《我国三农问题的现状与21世纪展望》，《经济研究参考》2001年第40期；中国社会科学院农村发展研究所：《1999~2000年：中国农村经济形势分析与预测》，社会科学文献出版社，2000，第104页。

亏损增加，一部分乡镇企业甚至因亏损倒闭而退出市场，另一部分企业则在市场竞争的压力下不得不走上提高资本有机构成的路子。这样一来就不可避免地使乡镇企业吸收农业剩余劳动力的能力减弱。

乡镇企业发展到一定阶段，吸纳劳动就业能力减弱，除了市场竞争加强所导致的发展速度下降和资本有机构成提高的影响，还与其自身"离土不离乡"的发展模式有关。这种发展模式直接导致了乡镇企业布局的高度分散化和城市化进程的严重滞后。这种布局的高度分散化使乡镇企业的发展不能形成规模经济，制约其竞争力的提高，更为重要的是它难以发挥工业化发展的聚集效应，无法实现工业化与城市化同步发展。由于第三产业是工业集中和城市化发展的产物，乡镇企业的高度分散化必然会影响第三产业的发展。1996 年农村经济中第三产业增加值仅占乡镇企业增加值总额的 13.2%，比全国水平低 13 个百分点。[1] 据测算，农村第二产业、第三产业就业人员的比例为 1:0.67，这一指标在城市为 1:1，而在发达国家则为 1:3 至 1:2[2]。与第二产业相比，第三产业容纳的劳动力较多，按等量投资计算，第三产业容纳的劳动力要比第二产业多 2~3 倍[3]。我国乡镇企业布局分散，造成城市化进程滞后，影响了农村第三产业发展，限制了乡镇企业对农业剩余劳动力的吸收。

农业剩余劳动力的增加与乡镇企业吸纳就业能力相对减弱，客观上形成了劳动力乡城迁移的强大推力。

第三，农产品统购统销制度和城市经济体制改革为农业剩余劳动力乡城迁移创造了基本条件。1985 年以后以城市为主的经济体制改革、坚持多种所有制经济共同发展的方针、民营经济的迅速壮大与国有企业改革，促进了城市经济的快速发展，为农业剩余劳动力迁移到城市提供了就业空间；民营经济拥有较为独立的用工自主权，可以自由招聘企业职工而不易受政

① 国家统计局科学研究所"中国农村非农产业结构转换的研究"课题组：《非农产业结构转换的规律性与发展前景》，《经济工作者学习资料》2000 年第 23 期。
② 陈孝兵等：《论中国农村劳动力的流转与就业》，《学术论丛》1999 年第 2 期。
③ 国家统计局科学研究所"中国农村非农产业结构转换的研究"课题组：《非农产业结构转换的规律性与发展前景》，《经济工作者学习资料》2000 年第 23 期。

府约束，为农业剩余劳动力进城务工提供了方便，"三资"企业，特别是私营企业、个体经济的迅速发展开拓了农业剩余劳动力进入城市就业的主渠道。而国有企业随着劳动就业制度改革，用工自主权不断扩大，也为农村劳动力提供了就业岗位；改革开放以来农业生产经营体制改革所带来的农产品供给的大幅度增加，带动了农产品统购统销制度改革，1985 年 1 月，国家取消了农产品的统购，实行合同定购，1993 年又取消了合同定购任务，完成了从计划定价（合同定购部分）和市场定价（合同外部分）的双轨制到市场定价单轨制的转变。在破除农产品统派购制度的同时，国家还大力恢复和发展城乡集市贸易。农产品统购统销制度的改革使农民可以通过市场获取必要的基本生活资料，使农民进城务工成为可能。

第四，户籍制度与农村土地制度改革滞后为我国农村劳动力乡城迁移设置了诸多障碍。以上分析表明，随着我国经济体制改革的不断深入，到20 世纪 90 年代农村剩余劳动力大规模乡城迁移的条件已基本具备。但是我国劳动力转移并没有像其他国家那样采取永久性迁移形式，而是采取非永久性的流动转移方式。我国劳动力转移过程之所以具有这样的特征，与我国户籍制度和农村土地制度改革明显滞后有关。把城乡人口进行制度性分割的户籍制度形成于我国计划经济时期，虽经改革开放以来 40 年的制度变迁，特别是 2002 年以来的二元经济体制的深化改革，城乡分割的户籍制度有所松动，但户籍制度改革在我国二元经济体制变革中仍属于薄弱环节，至今仍处于政策的局部调整与修改阶段，依附于户籍制度上的劳动就业、社会保障、居住权利、子女教育等城乡差别还严重存在。户籍制度改革滞后所带来的城乡差别，大幅度提高了农村剩余劳动力的迁移成本，降低了迁移收益，使农村剩余劳动力在城市定居得不偿失。

我国以均田制度为特征的家庭联产承包责任制，虽然使广大农民拥有了承包土地的使用权和一定程度的剩余索取权，但是现行土地产权制度还远未完善，这突出地表现在土地长期使用权保障不够与土地使用权转让机制不完善。小规模的土地经营既不可能实现充分就业，又不可能实现较高的经济收入，而通过承包占有土地的权利是与取得一定收益的权利连在一起的，对于这种权利，农民是不会轻易放弃的。特别是在社会保障体系不健全的条件下，保留土地已成为家庭保险的一种手段，加之随着市场经济发展土地价格不断攀升，如果缺乏相应的土地流转机制，就不可能割断农民对土地的依赖。小规模土地经营的就业不足、收益不佳决定了农民必然会脱离农业，向城市非农产业转移，而土地的收益与承担保障和抵御风险的功能又使农民不可能完全脱离农村，实现人口的永久性乡城迁移。

以上四个方面因素综合的作用，导致了我国农业劳动力既要向城市非农产业转移，又不可能在城市定居下来，从而形成了具有中国特色的农村劳动力的非永久性乡城迁移。每年数以亿计的农民工像候鸟一样往返于城乡之间，波澜壮阔的农民工潮，引起了社会各界的高度关注。

据国家统计局对全国 31 个省（区、市）6.8 万个农村住户和 7100 多个行政村的农民工监测调查，在农民工总量中外出农民工数量远超过本地农民工数量。2008～2016 年中国农民工规模如表 6-4、图 6-1 所示。

表 6-4　2008～2016 年中国农民工规模

单位：万人

年份	2008	2009	2010	2011	2012	2013	2014	2015	2016
外出农民工数量	14041	14533	12264	15863	16336	16610	16821	16884	16934
本地农民工数量	8501	8445	8888	9415	9925	10284	10574	10863	11237
农民工总量	22542	22978	24223	25278	26261	26894	27395	27747	28171

资料来源：国家统计局网站。

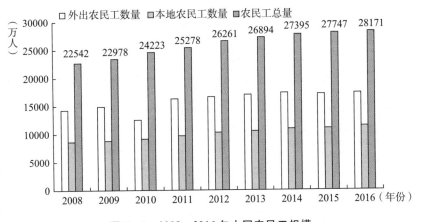

图 6-1　2008～2016 年中国农民工规模

第三节　中国二元经济转型的特殊性与城乡资源配置

一　我国二元财政体制对农业投入的影响

二元财政体制是指一个国家或地区的财政收入来源与支出对象可以划分为农业与非农业两部分，并对农业实行歧视性政策。我们可用二元财政对比系数来衡量二元财政强度。二元财政对比系数是指农业部门与非农业部门的财政投入力度之比。二元财政对比系数可分为二元财政产值对比系数、二元财政就业对比系数和二元财政综合对比系数。二元财政产值对比系数是指政府对农业部门的财政支出与农业产值的比率和政府对非农业部门的财政支出与非农业部门的产值比率之比；二元财政就业对比系数是指政府对农业部门的财政支出与农业就业人员的比率和政府对非农业部门的财政支出与非农部门就业人员的比率之比；二元财政综合对比系数是指二元财政产值对比系数与二元财政就业对比系数的平均值。

设 A_1、A_2 分别为单位农业产值和每一名农业就业人员所获得的财政支持，g_1 为政府对农业部门的财政支出，AG 是农业部门产值，AL 为农业部门的就业人数，则：

$$A_1 = g_1/AG \qquad\qquad (6-1)$$

$$A_2 = g_1/AL \qquad\qquad (6-2)$$

显然，A_1、A_2 的值越大，表明农业部门所获得的财政支持力度越大。

设 N_1、N_2 分别为单位非农业产值和每一名非农业就业人员所获得的财政支持，g_2 为政府对非农业部门的财政支出，NG 为非农业部门的产值，NL 为非农业部门的就业人员数，则：

$$N_1 = g_2/NG \qquad\qquad (6-3)$$

$$N_2 = g_2/NL \qquad\qquad (6-4)$$

显然 N_1、N_2 值越大，表明非农业部门所获得的财政支持力度越大。

设 F_1、F_2 分别为二元财政产值对比系数和二元财政就业对比系数，则：

$$F_1 = A_1/N_1 \qquad (6-5)$$

$$F_2 = A_2/N_2 \qquad (6-6)$$

将公式（6-1）和（6-3）代入公式（6-5）式得：

$$F_1 = A_1/N_1 = \frac{g_1/AG}{g_2/NG} \qquad (6-7)$$

将公式（6-2）和（6-4）代入公式（6-6）式得：

$$F_2 = A_2/N_2 = \frac{g_1/AL}{g_2/NL} \qquad (6-8)$$

F_1 和 F_2 的经济学含义，分别为农业部门单位产值所获得的财政支出与非农部门单位产值所获得的财政支持之比、农业部门每一名就业人员获得的财政支出与非农部门每一名就业人员所获得的财政支持之比。如果 F_1 和 F_2 小于1，表明单位农业产值和每一名从业人员所获得的财政支持小于非农业部门，这也就意味着政府对农业部门采取了歧视性财政政策，这是发展中国家的普遍现象。如果 F_1 和 F_2 等于1，这意味着农业部门的单位产值和每一名从业人员所获得的财政支持等于非农业部门，则表明政府对农业部门与非农业部门采取了平等的财政支持政策。如果 F_1 和 F_2 大于1，农业部门的单位产值和每一名从业人员所获得的财政支持就会高于非农业部门，这意味着政府对农业部门采取了保护性的支持政策。[1] F_1 和 F_2 越小，表明财政政策对农业部门的歧视性程度越高。

设 F 为二元财政综合对比系数，根据二元财政综合对比系数的含义，则 F 等于：

$$F = (F_1 + F_2)/2 \qquad (6-9)$$

二元财政综合对比系数，是根据发展中国家农业就业结构转换滞后于产值结构转换的特点，综合考虑了二元经济结构转换过程中就业结构转换

---

[1] 陈宗胜：《中国二元经济结构与农村经济增长和发展》，经济科学出版社，2008，第92~98页。

与产值结构转换的双重因素，用于衡量歧视性财政政策、平等性财政政策
与支持性财政也更加具有理论解释力。

运用以上公式，我们计算了 1952～2014 年二元财政产值对比系数、就业
对比系数和二元财政综合对比系数（见表 6-5、图 6-2、图 6-3、图 6-4）。
计算结果表现出以下特点：第一，我国各类二元财政对比系数总的来看表
现为波动性上升，F_1 从 1952 年的 0.054 上升到 2014 年的 1.021，F_2 从
0.011 上升到 0.246，F_3 从 0.033 上升到 0.633，特别是进入 21 世纪以来三
者基本上呈现为平稳上升。第二，在整个考察期内，二元财政产值对比系
数只有在 2013～2015 年这 3 年稍大于 1，而二元财政就业对比系数一直小于
1。这说明随着经济体制转轨的不断深入，我国二元财政状况趋于改善，但
对农业部门的歧视性支出仍然严重存在。即使到 2002 年我国经济体制转轨
进入统筹城乡发展阶段以后，中央政府不断强调要从农业哺育工业向工业
反哺农业转变，2002～2014 年，二元财政产值对比系数平均只有 0.785，这
一阶段二元财政就业对比系数平均只有 0.151，二元财政综合对比系数平均
只有 0.468，不仅没有实现从歧视性财政政策向支持性财政政策转变，而且
距离平等的农业与非农业财政政策也有较大的差距。第三，二元财政产值
对比系数与二元财政就业对比系数具有较大差距，从另一个方面说明了我
国农业就业结构转换严重滞后于产值结构转换。

表 6-5　1952～2015 年我国二元财政产值对比系数

单位：亿元

年份	农业 支出	非农 支出	二元财政 产值对比系数	二元财政 就业对比系数	二元财政 综合对比系数
1952	9.04	163.15	0.054	0.011	0.033
1953	13.07	206.23	0.075	0.013	0.044
1954	15.79	228.26	0.082	0.014	0.048
1955	17.01	245.90	0.080	0.014	0.047
1956	29.14	269.43	0.142	0.026	0.084
1957	24.57	271.45	0.134	0.021	0.078
1958	43.28	357.09	0.234	0.087	0.160

续表

年份	农业支出	非农支出	二元财政产值对比系数	二元财政就业对比系数	二元财政综合对比系数
1959	58. 24	485. 04	0. 327	0. 073	0. 200
1960	90. 52	553. 29	0. 536	0. 085	0. 311
1961	54. 79	301. 22	0. 321	0. 054	0. 188
1962	36. 82	257. 98	0. 219	0. 031	0. 125
1963	54. 98	277. 02	0. 294	0. 042	0. 168
1964	66. 98	326. 79	0. 328	0. 044	0. 186
1965	55. 02	405. 01	0. 222	0. 031	0. 126
1966	54. 14	483. 50	0. 186	0. 025	0. 106
1967	45. 64	394. 05	0. 172	0. 026	0. 099
1968	33. 24	324. 56	0. 141	0. 023	0. 082
1969	48. 03	478. 04	0. 164	0. 023	0. 093
1970	49. 40	599. 75	0. 152	0. 020	0. 086
1971	60. 75	671. 18	0. 175	0. 023	0. 099
1972	65. 13	701. 11	0. 190	0. 025	0. 107
1973	85. 17	723. 66	0. 235	0. 032	0. 133
1974	91. 21	699. 17	0. 255	0. 036	0. 145
1975	98. 96	721. 60	0. 286	0. 041	0. 163
1976	110. 49	695. 42	0. 325	0. 051	0. 188
1977	108. 12	735. 25	0. 353	0. 050	0. 202
1978	150. 66	971. 43	0. 395	0. 065	0. 230
1979	174. 33	1107. 51	0. 346	0. 068	0. 207
1980	149. 95	1078. 88	0. 322	0. 063	0. 192
1981	110. 21	1028. 32	0. 229	0. 050	0. 140
1982	120. 49	1109. 00	0. 217	0. 051	0. 134
1983	132. 87	1276. 14	0. 210	0. 051	0. 130
1984	141. 29	1558. 95	0. 191	0. 051	0. 121
1985	153. 62	1850. 63	0. 209	0. 050	0. 129
1986	184. 20	2020. 71	0. 245	0. 058	0. 152
1987	195. 72	2066. 46	0. 259	0. 063	0. 161
1988	214. 07	2277. 14	0. 272	0. 064	0. 168
1989	265. 94	2557. 84	0. 310	0. 069	0. 190

续表

年份	农业支出	非农支出	二元财政产值对比系数	二元财政就业对比系数	二元财政综合对比系数
1990	307.84	2775.75	0.298	0.074	0.186
1991	347.57	3039.05	0.352	0.077	0.215
1992	376.02	3366.18	0.401	0.079	0.240
1993	440.45	4201.85	0.427	0.081	0.254
1994	532.98	5259.64	0.409	0.085	0.247
1995	574.93	6248.79	0.369	0.084	0.227
1996	700.43	7237.12	0.395	0.095	0.245
1997	766.39	8467.17	0.404	0.091	0.248
1998	1154.76	9647.49	0.562	0.121	0.341
1999	1085.76	12106.95	0.455	0.089	0.272
2000	1231.54	14659.30	0.474	0.084	0.279
2001	1456.73	17437.30	0.497	0.084	0.290
2002	1580.76	20466.10	0.485	0.077	0.281
2003	1754.45	22886.70	0.522	0.079	0.301
2004	2337.63	26135.33	0.578	0.101	0.340
2005	2450.31	31487.50	0.558	0.096	0.327
2006	3172.97	37247.03	0.666	0.115	0.390
2007	4318.30	45317.33	0.768	0.138	0.453
2008	5955.50	56733.97	0.830	0.160	0.495
2009	6720.40	69579.53	0.881	0.157	0.519
2010	8129.60	81744.56	0.934	0.172	0.553
2011	9937.60	99310.19	0.950	0.187	0.569
2012	11973.90	113979.10	0.997	0.207	0.603
2013	13349.60	126862.50	1.013	0.230	0.622
2014	14173.80	137611.80	1.021	0.246	0.633
2015	17380.49	15849.28	1.122	0.278	0.700

资料来源：国家统计局国民经济综合统计司编《新中国五十年资料汇编》，中国统计出版社，1999；《2015 中国统计年鉴》；《2016 年中国统计年鉴》；《2009 中国农村统计年鉴》；《2015 中国农村统计年鉴》；《2016 中国农村统计年鉴》。由于报表制度调整，2009 年以后的支农支出数据由农林水事务支出数据代替。下同。

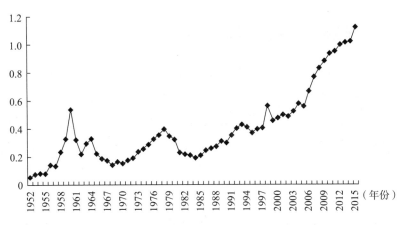

图 6 - 2　1952～2015 年我国二元财政产值对比系数

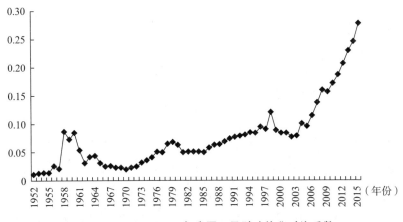

图 6 - 3　1952～2015 年我国二元财政就业对比系数

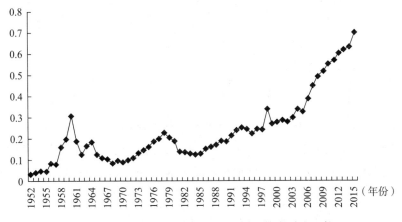

图 6 - 4　1952～2015 年我国二元财政综合对比系数

二 二元金融体制与农村资金流出

计划经济时期，二元经济体制对农业剩余的提取主要是通过剪刀差的形式，二元金融体制虽然也是农业剩余提取的重要渠道，但所占比例不高。改革开放以来二元金融体制不单没有根本性改变，反而由于金融组织的趋利性，使农户的储蓄从产业上大多流向非农产业，从区域上大多流向城市。所不同的是，改革开放之前农村资金的流出是国家计划的结果，转轨时期则是市场逐利的结果。

由于国有商业银行在改革过程中纷纷撤销或合并农村金融网点，目前中国提供农村金融服务的机构主要有农村信用社、农业银行、农业发展银行和农村邮政储蓄。但上述金融机构除了农业发展银行外，其他金融组织都成为农村资金流出的重要渠道。[1]

1. 通过农村信用社流出的农村资金不断增加

1951～1958 年农村信用社在全国范围内组建。这一时期的信用社资本金由农民入股，干部由社员选举，信贷活动为社员的生产生活服务，基本保持了合作制性质；1958 年实现人民公社化，信用社变为集体金融组织，成为人民公社的一部分。1979～1996 年恢复和成立新的金融机构，农村信用社划归农业银行管理，成为农业银行的基层机构。1996～2002 年试图恢复农村信用社的"合作金融"性质，但由于 1997 年亚洲金融危机的爆发，工作的重点转向规范各项管理制度、防范和化解金融风险上来。2002 年以来，国家深化农村信用社产权制度与管理体制改革。在产权制度改革方面，按照股权结构多样化、投资主体多元化原则，根据不同地区情况，分别进行股份制、股份合作制和完善合作制改革；在管理体制改革方面，将信用社的管理交由地方政府负责，同时国家监管机构依法实施监督管理，组建县联社和省联社，农村信用社自我约束、自担风险。上述改革措施增强了农村信用社的市场竞争力，但由于经营目标的多元化、利润导向的强化，农村信用社逐渐背离了农民金融合作的本质，在农村吸收的存款通过各种

---

① 柯炳生：《工业反哺农业的理论与实践研究》，人民出版社，2008，第 176～192 页。

金融业务流向城市非农领域。如表 6 - 6 所示，尽管农村信用社新增存款余额和新增贷款余额很高，但自 1998 年以来，存贷款比变化不大，年资金净流出呈明显上升趋势。

表 6 - 6　农村信用社存贷款及其资金净流出情况

单位：亿元，%

年份	各项存款余额	各项贷款余额	新增存款余额	新增贷款余额	年资金净流出	存贷款比
1978	166	45.1	—	—	—	27.2
1979	215.9	47.5	49.9	2.4	47.5	22
1980	265.1	81.6	49.2	34.1	15.1	30.8
1981	318.6	96.4	53.5	14.8	38.7	30.3
1982	388.7	121.2	70.1	24.8	45.3	31.2
1983	486.1	163.1	97.4	41.9	55.5	33.6
1984	623.9	354.5	137.8	191.4	- 53.6	56.8
1985	724.9	400	101	45.5	55.5	55.2
1986	962.3	568.5	237.4	168.5	68.9	59.1
1987	1225.2	771.4	262.9	202.9	60	63
1988	1399.8	908.6	174.6	137.2	37.4	64.9
1989	1663.4	1094.9	263.6	186.3	77.3	65.8
1990	2144.9	1413	481.5	318.1	163.4	65.9
1991	2707.5	1808.6	562.6	395.6	167	66.8
1992	3478.5	2453.9	771	645.3	125.7	70.5
1993	4297.3	3143.9	818.8	690	128.8	73.2
1994	5669.7	4168.6	1372.4	1024.7	347.7	73.5
1995	7172.9	5234.2	1503.2	1065.2	437.6	73
1996	8793.6	6364.7	1620.7	1130.5	490.2	72.4
1997	10555.8	7273.2	1762.2	908.5	853.7	68.9
1998	12191.5	8340.2	1635.7	1067	568.7	68.4
1999	13358.1	9225.6	1166.6	885.4	281.2	69.1

续表

年份	各项存款余额	各项贷款余额	新增存款余额	新增贷款余额	年资金净流出	存贷款比
2000	15129.4	10489.3	1771.3	1263.7	507.6	69.3
2001	17263.5	11971.2	2134.1	1481.9	652.2	69.3
2002	19875.47	13937.71	2611.97	1966.51	645.46	70.1
2003	23710.2	16978.69	3834.73	3040.98	793.75	71.6
2004	27289.1	19237.84	3578.9	2259.15	1319.75	70.5
2005	27605.61	18680.86	316.51	-556.98	873.49	67.7
2006	30341.28	20618.9	2735.67	1938.04	797.63	67.96
2007	35167.03	24121.61	4825.75	3502.71	1323.04	68.59
2008	41529.10	27449.01	6362.07	3327.4	3034.67	66.10
2009	47306.73	32156.31	5777.63	4707.3	1070.33	67.97
2010	50409.95	33972.91	3103.22	1816.6	1286.62	67.39
2011	55698.92	36715.91	5288.97	2743	2545.97	65.92
2012	59724.84	38370.09	4025.92	1654.18	2371.74	64.24
2013	65119.5	41167.62	5394.66	2797.53	2597.13	63.22
2014	66539.53	42480.65	1420.03	1313.03	107	63.84
2015	68207.51	42941.01	1667.98	460.36	1207.67	62.96

注：年资金净流出额等于本年度新增存款余额减去本年度新增贷款余额。

资料来源：2005 年之前的数据转引自柯炳生《工业反哺农业的理论与实践研究》，人民出版社，2008，第 188 页；2005～2014 年数据源于 2008 年、2010 年、2012 年、2014 年、2015 年、2016 年《中国金融年鉴》。

2. 农村邮政储蓄成为抽取农村资金的新渠道

中国邮政储蓄业务恢复于 1986 年，目的是弥补银行储蓄网点不足，方便居民储蓄。按照规定，邮政储蓄存款逐级上划，转存中国人民银行。自邮政储蓄恢复后，就与中央银行的宏观调控政策、政策性银行资金供给，以及邮政亏损补贴联系在一起。邮政储蓄恢复之初，央行为了缓和来自财政直接借款和透支的巨大压力，将邮政储蓄的转存款，一部分用于购买国债，一部分通过商业银行放贷；1992～1994 年央行为了遏制通货膨胀，实行适度从紧货币政策，邮政储蓄被赋予协助央行回笼货币的重任；1994 年财税金融体制改革之后，为向政策性银行尤其是中国农业发展银行提供大量的急需资金，中国人民银行维持了邮政储蓄资金转存款政策；1998 年邮政电信分家后，为弥补邮政亏损，国家对邮政储蓄转存款制度没有做大的调整。

由于邮政储蓄只在农村吸收存款，而不向农村贷款，而且邮政储蓄在中国人民银行的转存利率高于农村信用社，竞争优势明显大于农村信用社，因此，农村邮政储蓄直接分流了农村信用社的存款来源，使农村信用社的贷款能力相应受到削减，一些农村甚至出现农民存款去邮局、贷款找信用社的现象。

3. 农业银行在县及县以下的机构也是农村资金外流的重要渠道

1979 年，中国农业银行重建，其初衷是支持中国农产品的生产、销售，和发展乡镇企业。中国农业银行自成立以来承担了大量的农村金融服务任务，高峰期曾在全国每一个乡镇都设有网点，甚至在部分村（组）设立代办站，为支持农村经济发展和农民增收做出了积极贡献。但随着中国农业银行商业化、企业化、集约化经营改革的推进，在农村设置的基层机构中也越来越呈现"只吸不贷"的趋势。特别是 1997 年以来，农业银行大规模收缩经营网点，压缩基层经营机构，竞争重点也从农村转移到城市。

4. 农业发展银行对农业是净投入，但投入量相对稳定

1994 年成立的农业发展银行，按照国家的法律法规和方针政策，以国家信用为基础，筹集农业政策性信贷资金，承担国家规定的农业政策性金融业务，代理财政性支农资金拨付，为农业和农村发展服务。作为政策性银行，中国农业发展银行的职能定位随着国家农业宏观调控任务的变化而不断调整。最初的职能定位是支持整个农业开发和农业技术进步、保证国家农副产品收购，以及体现并实施其他国家政策。1998 年 3 月，国务院对中国农业发展银行的职能做了重大调整，将农业开发贷款、扶贫贷款以及粮棉油企业加工附营业务贷款划归中国农业银行管理，中国农业发展银行专门从事粮棉收购资金的管理。正是由于农业发展银行业务单一，农业发展银行名不符实，难以履行其名称所赋予的促进农业发展的任务。如表 6 - 7 所示，农业发展银行的贷款余额自 1998 年以来比较稳定，但新增贷款余额很少，有些年份甚至新增贷款余额为负值。虽然这种情况在 2008 年以后有所改善，但是新增贷款余额仍然相对较少。

表 6 – 7　农业发展银行存贷款余额

单位：亿元

年份	存款余额	贷款余额	新增贷款余额
1998	—	7094.65	
1999	—	7274.90	180.25
2000	—	7400.88	125.98
2001	—	7432.38	31.50
2002	—	7366.28	– 66.10
2003	—	6901.90	– 464.38
2004	755.48	7189.84	287.94
2005	1250.01	7870.73	680.89
2006	1916.60	8843.96	973.23
2007	1633.42	10224.38	1380.43
2008	3029.00	12192.79	1968.41
2009	4418.50	14512.58	2319.79
2010	3982.94	16709.86	2197.28
2011	3882.15	18738.43	2028.57
2012	4220.51	21844.36	3105.93
2013	4480.38	25010.90	3166.54
2014	5630.34	28302.94	3292.04

注：存款中含专项存款。

资料来源：2005 年之前的数据转引自柯炳生《工业反哺农业的理论与实践研究》，人民出版社，2008，第 190 页；2005～2014 年数据源于 2008 年、2010 年、2012 年、2014 年、2015 年《中国金融年鉴》。

三　征地制度、农民工制度性歧视与农村资金流出

随着农副产品价格管理体制改革的完成，农业税以及农村的"三提五统"取消，我国农村资金的流出除了金融渠道外，还有两条在传统计划经济体制下没有的新渠道，即土地征用制度和对农民工的就业与社会福利方面的歧视性制度。

土地既是农业生产资料，也是工业化、城市化发展不可或缺的资源。土地在工农业两个部门的分配，是工农关系、城乡关系的重要内容。体制

转轨过程中土地家庭承包经营制度的确立，只是明确了农民对土地的承包经营权，而与之相应的产权制度、市场流转制度、征用制度尚不完善，导致土地问题成为现阶段制约农村发展的一个十分重要的问题。其中征地制度的不完善为各地方政府借征地之机侵占农民利益提供了制度条件，低价征地高价出让已成为地方政府的"第二财政"来源。在征地过程中政府收益主要有两大方面，一是出让土地的纯收益。政府把农村集体所有的土地征用后转变为国有土地，然后再通过一定的方式出让，用于非农业用途。政府支付给农民和集体的土地征用价格较低，而转为非农业用途时收取的土地出让价格较高，其间的差价，扣除了政府在出让前所支付的土地开发费用（主要用于平整土地等活动），就是政府出让土地的净收益。二是政府在征地过程中所收取的税费收益。

　　2003～2015 年全国征收农用地收益不断增加，2015 年最高达到44034.63 亿元，是 2003 年的 5.33 倍，2009 年征收农用地收益占当年财政收入的比重高达 42.73%（见表 6-8、表 6-9）。

表 6-8　2003～2015 年全国征收农用地收益估算

年份	征收农用地面积（公顷）	征地费用标准（万元/公顷）	国有建设用地出让收益（万元/公顷）	征收农用地差价收益（亿元）	土地开发的各项税费收益（亿元）	征收农用地总收益（亿元）
2003	286026.41	33.27	280.02	7057.70	1201.40	8259.10
2004	156458.78	34.04	353.27	4994.63	829.08	5823.71
2005	233369.62	36.87	355.33	7431.89	1243.85	8675.74
2006	253781.04	40.47	346.65	7770.27	1319.60	9089.87
2007	223116.05	48.69	519.95	10514.57	1740.14	12254.71
2008	223206.05	54.06	618.58	12600.43	2071.06	14671.49
2009	351173.64	60.98	778.01	25180.20	4098.25	29278.45
2010	345188.08	68.59	935.06	29909.51	4841.57	34751.08
2011	395843.62	78.68	958.74	34836.61	5692.67	40529.28
2012	388474.08	93.56	843.55	29135.17	4915.46	34050.63
2013	337575.45	105.92	1167.15	35824.52	5910.02	41734.54

续表

年份	征收农用地面积（公顷）	征地费用标准（万元/公顷）	国有建设用地出让收益（万元/公顷）	征收农用地差价收益（亿元）	土地开发的各项税费收益（亿元）	征收农用地总收益（亿元）
2014	291955.50	116.50	1239.51	32786.89	5428.23	38215.12
2015	298589.80	121.78	1388.29	37816.69	6217.94	44034.63

注：土地开发的各项税费收益按 15% 计算。

资料来源：周健《农用地征收导致农村资金外流规模估算研究》，《贵州社会科学》2014 年第 5 期。

表 6 – 9　2003 ~ 2015 年全国征用农地收益占财政收入的比重

年份	全国财政收入（亿元）	征收农用地收益（亿元）	占比（%）
2003	21715.25	8259.10	38.03
2004	26396.47	5823.71	22.06
2005	31649.29	8675.74	27.41
2006	38760.20	9089.87	23.45
2007	51321.78	12254.71	23.88
2008	61330.35	14671.49	23.92
2009	68518.30	29278.45	42.73
2010	83101.51	34751.08	41.82
2011	103874.43	40529.28	39.02
2012	117253.52	34050.63	29.04
2013	129209.64	41734.54	32.30
2014	140370.03	38215.12	27.22
2015	152269.23	44034.63	28.92

资料来源：根据《2016 中国统计年鉴》和表 6 – 8 计算得出。

由于我国二元经济体制改革过程中，二元就业制度和二元社会保障制度改革滞后于农业经济体制和企业用工制度改革，进入 20 世纪 90 年代以来，虽然有大批的农民工进入城市就业，对繁荣城市经济、吸引外资、缩小城乡差距做出了巨大贡献，但他们在就业、住房、教育、社会保障等诸多方面受到歧视与排斥。农民工通过创造财富、创造国内生产总值直接或间接向国家做出各种税费贡献，却没有享受到与城市居民相同的社会福利。

因此，农民工通过创造国内生产总值所提供的税收，大部分是农民对国家的净贡献。从这个角度看，对农民工的制度性歧视就成为农村资金流出的又一新渠道（见表6－10）。

表6－10　2015年农民工提供的国家财政收入估算

项目	单位	数值	项目编号
农民工总人数	万人	16884	（1）
农民工平均月工资	元	3072	（2）
农民工工作月数	个	10	（3）
农民工人均年工资	元	30720	（4）＝（2）×（3）
社会平均工资	元	62029	（5）
农民工年工资占社会平均年工资比重	％	49.5	（6）＝（4）/（5）
第二产业、第三产业劳动力	万人	555325	（7）
第二产业、第三产业GDP	亿元	624635.3	（8）
第二产业、第三产业人均GDP	元	11248.1	（9）＝（8）/（7）
农民工人均GDP	元	5567.81	（10）＝（6）×（9）
农民工GDP总计	亿元	9400.69	（11）＝（1）×（10）
国家财政收入占GDP	％	22.21	（12）
农民工提供国家财政收入	亿元	2087.89	（13）＝（11）×（12）

资料来源：表6－7的设计源于柯炳生，《工业反哺农业的理论与实践研究》，人民出版社，2008，第97页；农民工数据源于《2015年农民工监测调查报告》，其余根据《2016中国统计年鉴》相关数据计算。

虽然改革开放以来，特别是党的十六大以来，财政对农业部门的投入有了较大幅度的增长，但通过金融、土地征用、农民工就业歧视等渠道流出的农业资源远大于国家财政对农业的支出。

第四节　中国二元经济转型的特殊性对收入分配的影响

一　二元经济体制改革滞后拉大了城乡间发展差距

二元经济转型中的资源配置是市场主体追求利益最大化的迁移流动和

要素重组的结果。基于城市聚集效应的存在，企业由于生产成本与交易成本的降低，以及市场需求的扩大，获得了更多的利润；居民由于就业机会的增加、择业成本的降低，以及多样化商品的集中，增加了工资收入，提高了效用满足程度。从理论上讲，二元经济转型中资源在城乡间的合理配置可以通过人口与生产要素的聚集效应促进非农产业的资本积累，扩大非农产业的生产规模；而非农产业的发展又可以吸收更多的农业劳动力，从而改善农村资源的配置，促进农业现代化进程。因此，二元经济转型会缩小城乡间的发展差距，以及城镇居民与农村居民的收入差距。问题在于通过市场机制来实现城乡资源的合理配置，进而实现城乡发展一体化，是一个漫长而复杂的历史过程。而且即便是在健全完善的市场体系下，由于市场机制配置资源的导向是追求效率优化，涉及城乡利益关系的调整不可避免地会出现市场失灵。由于农业是自然再生产与经济再生产的统一，自然风险与市场风险并存，与非农产业相比投资风险大、回报率低，在市场机制的调节下，社会资源必然会不断地从农业部门流入非农产业；农产品的收入需求与价格需求弹性小，完全靠市场调节会出现农业增产与农民增收的矛盾。因此，在二元经济转型过程中城乡利益关系与城乡居民间收入分配差距的调整，不能完全依赖市场机制的作用。

问题的复杂性在于，我国二元经济转型是在非均衡制度变迁下推进的，在非均衡制度变迁中城乡二元资源配置体制、二元就业与社会保障制度的改革滞后于城乡微观经济主体的构造，城乡二元财政体制导致单位农业产值和每一名农业劳动者所获得的财政支持仍然远小于非农业部门二元金融体制、土地征用制度及对农民工的就业歧视性制度导致的农业资源的大量流出。[①] 因此，在市场与二元经济体制改革滞后的双重作用下，农业资源不断地注入城镇非农产业，从而不可避免地拉大了城乡间的发展差距，以及城乡居民的收入差距。虽然随着刘易斯转折区间的到来，我国收入分配差距呈现缩小的趋势，但城乡间的发展差距和城乡居民的收入差距还很大，这个问题仍然是制约我国经济持续健康发展的症结。根据《中华人民共和

---

① 这一问题在上一节中已进行了专题讨论，本节不再赘述。

国 2016 年国民经济和社会发展统计公报》，2016 年城镇居民人均可支配收入为 33616 元，农村居民人均可支配收入为 12363 元，城乡居民收入比仍高达 2.72；按照每人每年 2300 元（2010 年不变价）的农村贫困标准计算，2016 年农村贫困人口有 4335 万人①。

二 非永久性乡城迁移对收入分配的影响

1. 农民工就业稳定性差，收入水平远低于城市职工

由于农民工平均受教育程度低于城镇居民，劳动力素质普遍偏低；受到城乡劳动力市场分割的影响，农民工就业稳定性差，多在城镇非正规部门就业，工作主要集中在劳动时间长、劳动强度大、危险性高的工种，其收入远低于城市职工。根据国家统计局《全国农民工监测调查报告》，2008 ~ 2015 年，我国农民工在制造业，建筑业，批发和零售业，交通运输、仓储和邮政业，住宿餐饮业，居民服务和其他服务业的人员占比分别为 84.1%、86.8%、88.4%、87.9%、87.9%、87.7%、87.7%、86.9%。截至 2016 年底，我国农民工在上述行业的人员占比仍高达 85.7%（见表 6 - 11），在金融、保险、教育、医疗、机关事业单位等人员占比不足 16%。

表 6 - 11　2008 ~ 2016 年农民工从事的主要行业分布

单位：%

年份	2008	2009	2010	2011	2012	2013	2014	2015	2016
制造业	37.2	36.1	36.7	36.0	35.7	31.4	31.3	31.1	30.5
建筑业	13.8	15.2	16.1	17.7	18.4	22.2	22.3	21.1	19.7
交通运输、仓储和邮政业	6.4	6.8	6.9	6.6	6.6	6.3	6.5	6.4	6.4
批发和零售业	9.0	10.0	10.0	10.1	9.8	11.3	11.4	11.9	12.3
住宿餐饮业	5.5	6.0	6.0	5.3	5.2	5.9	6.0	5.8	5.9
居民服务和其他服务业	12.2	12.7	12.7	12.2	12.2	10.6	10.2	10.6	11.1

资料来源：国家统计局历年《全国农民工监测调查报告》。

---

① 国家统计局：《中华人民共和国 2016 年国民经济和社会发展统计公报》，国家统计局网站，http://www.stats.gov.cn/tjsj/zxfb/201702/t20170228_1467424.html。

　　受农民工职业分布制约，农民工的工资水平远低于城镇职工。表 6 - 12
反映了 2001～2015 年城镇职工月平均工资和农民工月平均工资的差距。我
们可以看出，农民工月平均工资与城镇职工月平均工资差距逐年拉大，虽
然在 2009～2015 年差距有所缩小，但其绝对差异仍很大。值得注意的是，
农民工由于就业稳定性较低，一年会有部分时间用寻找工作。根据国家统
计局历年《全国农民工监测调查报告》，2015 年农民工实际工作时间为
10.1 个月，如果考虑到这一因素，农民工工资收入与城镇职工相比，差距
更大。

表 6 - 12　2001～2015 年农民工与城镇职工工资差异

年份	城镇职工月 平均工资（元）	农民工月 平均工资（元）	城镇职工与农民 工月平均工资水平之比
2001	903	644	1.40
2002	1031	640	1.61
2003	1164	690	1.69
2004	1327	780	1.70
2005	1517	861	1.76
2006	1738	946	1.84
2007	2060	1060	1.94
2008	2408	1205	2.00
2009	2687	1417	1.90
2010	3045	1690	1.80
2011	3483	2049	1.70
2012	3897	2290	1.70
2013	4290	2609	1.64
2014	4697	2864	1.64
2015	5169	3072	1.68

　　资料来源：城镇职工月平均工资根据历年《中国统计年鉴》的有关数据计算所得；2010 年之前
的农民工月平均工资源于历年国家统计局农调部门调查数据，2011 年及其以后的数据源于国家统计
局历年的《全国农民工监测调查报告》。

　　2. 非永久性乡城迁移影响农民工的人力资本投资

　　根据经济理论的一般原理，决定人们投资需求的基本因素是投资收益

与投资成本的比较，人力资本投资也是如此。是否进行人力资本投资、进行多少人力资本投资取决于人们对其成本与收益的权衡，具体来说，人们对人力资本投资的需求取决于其预期收益率的大小。从个人的角度来说，一项人力资本投资的预期收益率主要取决于两方面的因素：一是个人就业时间的长短；二是薪酬水平的高低。由于我国农业劳动力采取非永久性的迁移方式，农民工就业稳定性差，薪酬水平低，导致其没有动力进行人力资本投资。从用工单位的角度看，由于农民工流动性强，很难与用工单位形成长期稳定的雇佣关系，无论是对农民工进行一般培训还是特殊培训，都有可能无法获得投资收益，甚至难以收回投资成本。因此，虽然数以亿计的农民工在城镇非农产业工作，但绝大多数只是非农产业"招之即来，挥之即去"的廉价劳动力，难以进入企业的核心员工队伍。2016 年农民工总量达到 28171 万人，从事第二产业的约为 14902 万人，占第二产业从业人员的比重为 66.7%，[①] 虽然从数量上看农民工群体已成为我国产业工人的主体，但其文化素质和劳动技能偏低，初中及初中以下的文化程度者占74.8%，66.9% 的农民工没有经过职业技术培训，[②] 绝大多数农民工与高素质的产业工人还相距甚远。这种情况不仅影响农民工的即期收入水平，而且使农民工不愿或无力进行人力资本投资，会通过代际传承固化城乡居民间的收入差距，以及二者的经济与社会地位，不利于经济发展和社会和谐。

我国改革开放以来已有 2.82 亿名农业人口转移到非农产业，[③] 但这些转移人口就业稳定性差，收入水平低，难以实现从乡村到城镇的永久性迁移，成为处于边缘或游离状态的特殊群体。

3. 不利于农业规模经营，影响农业收入

从理论上讲，农业剩余劳动力的非农化转移，可以增加劳均耕地面积，

---

① 根据国家统计局《2016 中国统计年鉴》和《2016 年农民工调查监测报告》有关数据计算所得。

② 国家统计局：《2016 年农民工调查监测报告》，国家统计局网站，http://www.stats.gov.cn/tjsj/zxfb/201704/t20170428_1489334.html。

③ 国家统计局：《2016 年农民工调查监测报告》，国家统计局网站，http://www.stats.gov.cn/tjsj/zxfb/201704/t20170428_1489334.html。

提高农业部门的资源配置效率，提高农业劳动生产率，从而为提高农民收入、增加农业积累、促进农业技术进步创造条件。但是由于我国农业劳动力转移采取了非永久性迁移的方式，农业转移人口的非农化与市民化相脱离，使农民工大多具有兼业性质，在城镇化进程中农业经营规模不仅没有随着农业转移人口的增加而扩大，反而由于农地非农化转移等因素持续减少。有资料显示，2015 年我国耕地面积为 135000 千公顷，人口为 13.75 亿人，平均人均耕地不足 0.098 公顷；[①] 根据世界银行的统计数据，2015 年我国每个农业劳动力的耕地面积也只有 0.616 公顷。目前，美国一个农业劳动力平均耕地为 120 余公顷，日本则不足 2 公顷，[②] 我国每个劳动力平均耕地面积只有美国的 1/195、日本的 1/3。虽然我国已进入工业化中后期发展阶段，但农业生产仍停留在小农经济阶段。小规模农业经营使得农业劳动生产率低下，从而制约了农业收入的增长。

更为严重的是由于大量青壮年劳动力迁移到城市，却又不在城镇定居，把老幼妇孺留在农村，从而导致农村空心化状态。据全国第六次人口普查数据，全国农村留守儿童为 6000 万人，留守老人和留守妇女分别为 4000 万人和 5000 万人。[③] "空心村"的普遍存在恶化了农业生产和生活条件，给农村经济与社会发展带来诸多不利的影响。

总之，受我国二元经济转型特殊性的影响，我国工业化已经进入中后期发展阶段，二元经济转型还处于刘易斯转折区间。伴随着刘易斯转折区间的到来，我国收入分配差距也进入了库兹涅茨拐点，虽然收入分配差距出现缩小的趋势，但居民的收入差距仍然很大。表 6－13 是根据《国际统计年鉴 2015》中的有关数据得出的居民收入分配差距的国际比较。从中看出，我国居民收入分配差距不论是就基尼系数而言，还是就不同收入组所占全部收入或消费的比重而言，都居于较高水平。其中基尼系数在 32 个国家中居第 4 位，只低于南非、巴西和墨西哥；最高的 20% 占全部收入或消

---

① 根据《2016 中国农村统计年鉴》有关数据计算得出。

② 张桂文：《二元经济转型视角下的中国粮食安全》，《经济学动态》2011 年第 6 期。

③ 苏琳：《全国妇联发布〈我国农村留守儿童、城乡流动儿童状况研究报告〉》，中国经济网，http://www.ce.cn/xwzx/gnsz/gdxw/201305/10/t20130510_24368366.shtml。

费的比重居第 11 位，只低于菲律宾、印尼、美国、土耳其、墨西哥、南非、阿根廷、巴西和委内瑞拉、以色列；最低的 20% 占全部收入或消费的比重居倒数第 4 位，只高于南非、巴西和委内瑞拉。

表 6 – 13　居民收入分配差距的国际比较

国家和地区	年份	基尼系数	各组占全部收入或消费的比重（%）				
			最低的 20%	第二个 20%	第三个 20%	第四个 20%	最高的 20%
中国	2016	0.47	4.23	9.87	16.02	24.49	45.37
孟加拉国	2010	0.32	8.88	12.37	16.07	21.27	41.41
柬埔寨	2011	0.32	8.99	12.46	16.11	21.24	41.20
印度	2011	0.34	—	—	—	—	—
印度尼西亚	2011	0.38	7.27	10.71	14.85	21.18	45.99
以色列	2010	0.43	4.61	9.61	15.49	22.89	47.40
日本	2008	0.32	7.37	12.88	17.32	22.72	39.71
哈萨克斯坦	2010	0.29	9.45	13.36	16.88	22.06	38.25
老挝	2012	0.36	7.62	11.46	15.49	21.13	44.30
蒙古	2008	0.37	7.10	11.15	15.62	22.09	44.04
巴基斯坦	2010	0.30	9.59	13.13	16.53	21.28	39.47
菲律宾	2009	0.43	5.89	9.40	13.91	21.15	49.65
斯里兰卡	2010	0.36	7.72	11.39	15.33	20.97	44.59
泰国	2010	0.39	6.76	10.50	14.61	21.45	46.68
越南	2012	0.36	7.03	11.63	16.14	22.17	43.03
埃及	2008	0.31	9.25	13.01	16.37	21.04	40.33
尼日利亚	2011	0.40	5.89	10.46	15.34	22.22	46.09
南非	2011	0.65	2.45	4.29	7.69	15.65	69.92
加拿大	2010	0.34	7.10	12.39	16.79	22.74	40.98
墨西哥	2012	0.48	4.86	8.84	12.75	19.45	54.10
美国	2010	0.41	4.70	10.20	15.77	23.10	46.03
阿根廷	2011	0.44	4.58	9.55	14.78	22.43	48.66
巴西	2012	0.53	3.39	7.65	12.43	19.34	57.19
委内瑞拉	2006	0.45	4.22	9.57	14.60	22.08	49.53
德国	2010	0.31	8.29	13.07	17.06	22.44	39.14

续表

国家和地区	年份	基尼系数	各组占全部收入或消费的比重（%）				
			最低的20%	第二个20%	第三个20%	第四个20%	最高的20%
意大利	2010	0.36	6.07	2.01	17.02	23.15	41.75
荷兰	2010	0.29	8.40	13.79	17.67	22.68	37.46
俄罗斯联邦	2009	0.40	6.46	10.58	14.76	21.21	46.99
西班牙	2010	0.36	5.41	12.13	17.26	23.92	41.28
土耳其	2011	0.40	5.80	10.59	15.19	21.93	46.49
英国	2010	0.38	5.77	11.38	16.19	22.58	44.08
乌克兰	2010	0.25	10.21	14.31	17.93	22.38	35.17

资料来源：《国际统计年鉴2015》及《2016年国民经济和社会发展统计公报》。

第七章　二元经济转型中缩小收入差距的
经验及其借鉴

　　根据二元经济转型经典理论，在二元经济转型初期，实现社会产出最大化的主要约束条件是资本短缺，这个阶段政府的制度安排与政策选择会把促进资本积累作为首要任务，通过资本积累实现对劳动力资源的有效利用与合理配置。这种倾向于资本积累的制度安排与政策选择会增强资本所有者的博弈力量，导致二元经济转型初期劳动者只能通过获取生存工资实现劳动力再生产，却无法分享经济发展成果。因此，在二元经济转型的初期，资本所有者和劳动者的收入差距逐渐拉大，形成了倒 U 形曲线的前半段轨迹。当进入刘易斯转折阶段时，资本所有者和劳动者之间的收入差距不仅形成了日益严重的需求约束，而且由长期收入差距累积的社会矛盾严重危及社会稳定，影响经济持续增长。同时"粮食短缺点"的出现，使农业部门成为国民经济发展的"瓶颈"。基于上述原因，政府的制度安排与政策选择通常会发生有利于劳动者和农业部门的调整。在二元经济转型后期，经济增长的需求约束、资源约束和农业弱质性制约更加突出，收入分配差距扩大的社会矛盾进一步加剧，政府的制度安排与政策选择突出地表现在保护劳动者权益的制度体系基本完善；政府对收入再分配的调节力度和对农业部门的支持力度进一步增强，收入差距将会缩小。

　　但是在各国实践中，由于各国所处的具体国际国内环境差别、各种政治博弈力量的强弱、政府执政理念的倾向，以及各国发展战略选择等诸多因素影响，各国在二元经济转型中，对于收入分配差距的态度不同，也导致了不同的二元经济转型效果。

第一节　先行工业化国家的经验与教训

一　先行工业化国家二元经济转型中缩小收入差距的政策选择

（一）英国在二元经济转型中缩小收入差距的政策选择

英国在工业革命之初，受亚当·斯密"自由放任"学说广泛影响，市场这只"看不见的手"成为引导资源配置的主要机制，政府经济管理和管制职能受到严格限制，国家放弃立法干预工资的做法，市场工资由劳资双方的市场力量决定。但这种自由放任的工资政策，带来了"难以维持温饱的工资、14～16 小时的工作日、卫生条件恶劣的工厂和更加不卫生的工人住宅——这些在一切关于工业革命的记载中都是常常可以看到的"。[①] 工资水平和实际生活水平下降，直接关乎劳工的生存和社会地位，所以从 18 世纪下半叶开始，工资和劳动时间问题日益成为劳资冲突的焦点，要求增加工资和减少劳动时间的劳资冲突遍布所有行业。但由于这一时期劳工与雇主之间的冲突规模不大、影响较小，政府往往站在强势的雇主一方，反对工人通过结社、游行等方式表达工资诉求，结果使劳工的利益缺乏保护，助长了工业革命早期和二元经济转型初期劳资冲突的上升与激化。由此引发英国劳资之间收入分配不公现象急剧恶化，有学者估计英国 1759 年的基尼系数为 0.509，[②] 财富分配明显偏向于资本一方。

1788 年进入刘易斯转折区间之后的大约 30 年间，英国经济出现了空前的全面繁荣，同时政府的执政理念也从仅追求经济发展目标，忽视社会底层劳动者的利益诉求，转为关怀人道、关注民生，不仅通过了争取工人选举权等政治权利的《工会法》及《雇主与工人法》等法令，而且还调整了政府定位，扮演了劳资冲突调节者的角色，鼓励劳资双方通过采取集体谈

---

① 〔英〕莫尔顿·台德：《英国工人运动史 1770～1920》，叶周、何新等译，生活·读书·新知三联书店，1962，第 91 页。

② C. H. Lee, *The British Economy Since* 1700 (London：Cambridge Press, 1986), p.133.

判（Collective Bargaining）① 制度和协议自治原则，协商解决工资等劳动条件问题，政府则以国家立法作为补充。英国出现了相对平等和谐的劳资关系和社会秩序，工人工资出现了上升趋势，工作时间也有了缩短，劳资冲突趋于缓和。在 1788～1870 年的刘易斯转折区间，英国收入分配的特点是：工业工人阶层实际工资总体有所上升；存在时间、地区、行业、性别等方面的收入差距；② 社会收入分配不公仍然严重。③

为了缓和收入分配差距不断扩大引发的严重社会矛盾，降低经济增长的需求约束、资源约束和农业弱质性制约，英国政府改变执政理念，从过度偏袒资本家的政策取向转向建立保护劳动者权益的制度体系，力图在相对平等和谐的社会秩序上推进经济社会的发展。为实现这一目标，英国政府起初主要采取了贫民救济措施、教育调节措施等反贫困措施，但是这些政策缩小贫富差距、降低贫困程度的作用极为有限。进入 20 世纪以后，英国继续致力于提高和改善低收入人口的收入水平和生活条件，加大福利支出，收入差距不断缩小。④

---

① 所谓的集体谈判（Collective Bargaining），指一个或一个以上的工会或其他雇佣者组织的代表和一个或一个以上的雇主或雇主协会的代表之间就雇佣条款和条件进行协商的过程。

② 收入差距主要表现为，工业发展水平较快的英格兰北部和中部地区工人实际工资在 18 世纪就出现明显上升，而其他工业不发达地区实际工资在 18 世纪 70 年代到 19 世纪 20 年代，才出现缓慢上升。制造业发达的英格兰中部和北部地区的实际收入水平要远远高于南部农业经济地区，技术工人和工厂机器行业工人的实际收入要高于散工和手工业工人，男工的收入高于妇女和儿童。收入分配中的这些差异，主要是生产率差异造成的，一方面，工业革命带来的经济发展具有不平衡性，工业化的发展创造了更多的就业机会和劳动需求，旺盛的劳动需求有利于推动实际工资上涨，而且，工业发展快的地区还会带动周边地区的农业劳动者工资上涨；另一方面，不同行业受工业革命的影响程度不同，技术进步快的行业实际收入有明显改善，而技术进步慢的行业生产效率低下，收入逐渐恶化，行业日渐没落。参见〔英〕爱德华·帕尔默·汤普森《英国工人阶级的形成》，钱乘旦译，译林出版社，2001，第 187 页。

③ 尽管这一时期英国工人阶层的实际收入出现了上升趋势，但是仍存在大量无技术的普通工人的收入不断恶化的"困苦"状况，社会收入分配不公依然严重，有学者估计，1867 年英国基尼系数为 0.577，表明社会贫富差距进一步拉大。1867 年，2% 最富有的人的财富总额占社会总收入的 40%。相比之下，体力劳动者的财富在国民总收入中的比例却从 1803 年的 42% 下降到 1867 年的 39%。参见〔英〕爱德华·帕尔默·汤普森《英国工人阶级的形成》，钱乘旦译，译林出版社，2001，第 217 页。

④ 20 世纪英国基尼系数从 1911 年的 0.483 降到 1959 年的 0.334，并进一步降到 1977 年的 0.237。参见孙兆阳《工会发展与工资不平等：美英工会的标准化工资率策略》，《浙江大学学报》2013 年第 11 期。

1. 从贫民救济到主动反贫困

极端尖锐化的贫民问题必然会导致社会矛盾加剧，危及资产阶级的统治，因此早在伊丽莎白一世时期，英国就通过《济贫法》建立起了一套济贫制度，[①] 对挣扎在饥饿线上的贫民实施救济。此后 1782 年的《吉尔伯特法》简化和规范了教区建立和运营济贫院的程序，并对年老、体弱、伤病的贫民以及孤儿进行救济。1795 年实行的一种工资补偿制度，即斯品汉莱姆制度把济贫的范围扩大到为低工资收入的贫穷家庭提供最低生活保障。1834 年颁布的《新济贫法》、1842 年通过的《劳工检验法》（*Labour Test Orders*）和 1844 年颁布《禁止户外救济法》（*Out Relief Prohibitory Order*）等法令带有浓厚的惩罚贫民的色彩，主张惩治"懒惰"贫民，贫民应通过个人努力而不是政府与社会帮助来摆脱贫困。19 世纪中期以后，政府开始把对贫民的救济纳入政府预算，1857 ~ 1858 年，包括教育、济贫法开支、道路和保健拨款在内的民用预算度为 1014.7 万英镑，不到军费的一半，1897 ~ 1898 年度增加到 2344.6 万英镑，也仅是军费的 57.2%。[②]

客观来看，英国的贫民救济措施为那些无依无靠、穷困潦倒的人提供了必要的生活条件和最后的栖息场所，但从根本上看，贫民救济措施的任何救济都是在贫困成为一种事实后才提供的，而不是在可能出现贫困之前提供救济、防止贫困成为事实。从本质上说，它不能预防贫困，也不能有效地解决贫困问题。

主动干预贫困，是政府把失业率高于全国平均水平的地区确定为需要援助的贫困地区，然后运用财政工具对贫困人口或贫困地区进行救济、补贴或者扶贫开发，促进这些地区的开发和发展，消除绝对贫困或解决相对贫困问题的制度。即鼓励工人从失业多的地区转移到就业需求较大的发达地区，或者增加落后地区就业机会，扶持其经济发展。英国对贫困的主动

---

① 长期以来，英国的济贫措施以教区为单位，以私人捐赠为主要资金来源。参见李雅菁《英国工业革命以来低收入阶层的生存状况》，《安徽商贸职业技术学院学报》（社会科学版）2009 年第 6 期。

② 〔英〕考特：《简明英国经济史：1750 年至 1939 年》，方廷钰译，商务印书馆，1992，第 11、123、169 ~ 173 页。

干预，是在 20 世纪早期开始的，1928 年，英国政府就开始资助失业工人到其他地区工作。1934 年，英国政府通过《特别地区开发和改善法案》，对英格兰东北部、西坎特伯兰郡、威尔士南部和英格兰中西部四个失业率高的特区进行财政援助，援助资金主要用于基础设施建设，鼓励厂商到特区投资，并通过建立商业区来援助企业。1984 年，英国政府利用援助和补贴政策加快区域开发，做法包括：一是将援助分为两类，即发展补助和选择性援助；二是资金补贴，按就业成本和就业规模为企业提供补贴，鼓励劳动密集型企业发展；三是迁入企业可得到资金补贴；四是给服务业以地区性补贴。反贫困调节措施实施以来，英国不发达地区的经济环境得到改善，对资本和熟练劳动力的吸引力以及边缘地区制造业的优势增强了，这对英国经济活动的均衡布局和区域失业差异的缩小，产生了积极的影响。

此外，20 世纪以后，英国从济贫转向建设全面社会保障制度，政府通过国民收入再分配，对任何社会成员在暂时或永久失去劳动能力以及由于各种原因生活发生困难时给予物资帮助，保障其基本生活的制度。1908 年英国颁布实施了《老年赡养法》《职业介绍所法》《国民保险法》等一系列重要社会福利法案。1924 年，英国政府公布"特惠特利住宅计划"。1946 年，英国政颁布了《国民保险法》和《国民健康服务法案》，全面建设"福利国家"，这些社会保障制度在一定程度上弥补了个人收入分配上的不公平，对缩小收入分配差距起到了有力的作用。

2. 教育调节措施

教育是影响技术创新和推广一种重要投资，能提高低收入劳动者及其子女获得高收入的能力，最终达到缩小收入分配差距的目的，直接或间接地对社会财产分配产生深远意义。但 19 世纪前，英国政府对教育采取自由放任的政策，以教会为主的民间机构、以宗教神学为主的教育内容在英国教育体系中发挥着主导作用。社会普遍对劳动群众学习文化持怀疑态度，认为穷人读书会对社会造成危害。[1] 19 世纪，有产者逐渐改变看法，认为劳动者不学文化易染上酗酒、寻衅闹事等恶习，愚昧无知才是对社会和谐与

---

① 〔英〕克拉潘：《现代英国经济史：第一卷》，姚曾楷译，商务印书馆，1974，第 67 页。

安宁最大的威胁。此外，工业革命不断深化所带来的一系列变革对人们的受教育程度提出了更高的要求，传统以教会办学为主导的初等教育无法满足需要，政府干预教育的观念开始出现，一方面政府通过拨款资助的形式来干预教育；另一方面通过建立管理教育的国家机构介入教育管理，逐步加大对教育的干预程度。1833年，政府拨款2万英镑，资助各类学校新校舍的建设。1850年财政拨款有9.3万英镑，到1858年已高达49万英镑，到19世纪60年代时，议会每年拨给学校的资金更是超过80万英镑。据1861年的统计，平均每所小学1/4的经费来自国家的财政补助。到1891年，中央和地方政府已基本承担了所有公立小学的经费支持。[①] 随着政府教育拨款数目的逐年增多，教会团体对教育拨款的掌控饱受诟病，款项分配和使用不合理的问题亟待解决，1839年，在英国女王的干预下成立了枢密院教育委员会（Committee of Privy Council on Education），负责教育拨款和教师培训工作。[②] 1856年，枢密院教育委员会改为教育署，其行政职能进一步扩大。1899年，英国成立中央教育部，属内阁部级机构。1902年，成立地方教育局，其行政活动既归地方政府管辖，又接受中央教育部的视导。英国初步形成了中央和地方两级统一协调的教育行政机构。

在英国教育制度从宗教教育向平民化、国家化的世俗教育转变过程中，英国的初等教育快速发展，1870年，英国通过了《初等教育法》（《福斯特法案》），明确了政府干预教育的形式，规定了地方和国家在设置学校方面的职责；规定凡接受公款补助的学校不得强迫学生上宗教课，实行宗教教育与世俗教育分离，划定了免费教育的空间，以实现让更多孩子接受教育的目的。1803年，英国接受过初等教育的人口占总人口的比重降为1:17.5，到1908年，这一比重为1:6，提高了近三倍；儿童接受教育的年限也从19世纪初的2~4年提高到1900年的7年；1841年的男性文盲比重为32.7%，女性文盲比重为48.9%，到1900年男性文盲比重降为2.8%，女性文盲比

---

① Michael Sanderson, *Education，Economic Change and Society in England* 1780 – 1870 （London：Macmillan Press Ltd. , 1991）, p. 167.

② 徐辉、郑继伟：《英国教育史》，吉林人民出版社，1993，第177页。

重为 3.2%，基本扫除了文盲；公立学校和图书馆等公共文化教育设施也从
19 世纪初的寥寥无几发展到 1870 年的 8800 所学校、35 座图书馆。到 1900
年全英国有学校 14500 所，公共图书馆达 360 座。[①] 在普及初等教育的同时，
英国也努力发展成人职业技术教育，以适应工业革命的需求，成人职业技
术教育主要传授应用科学方面的职业知识和技能，不仅能提高工人技术，
还能提高生产效率，深受资本家的重视。19 世纪 40 年代初，全英国开办了
200 多所技术学校，主要分布在朗卡郡和约克郡等工业城市中。到 1850 年，
全英共有技术学校 665 所，学生达到 114500 人，教授的专业非常广泛，有
冶金加工、木具制作、缝纫、农林、商业销售、水利运输等。[②]

没有大工业所带来的生产需要和物质基础，普及世俗教育、建立公益
教育空间、确定国家对教育的干预和主导原则是很难实现的。普及儿童的
基础教育和成人的职业技术教育，使每个国民接受教育，摆脱文化愚昧，
不仅能为一国经济发展提供丰富高效的人力资源，实现经济社会和工业持
续发展，而且有利于逐渐缩小收入分配差距，消除贫困。

3. 税收调节措施

税收调节措施是指税收在国民收入分配过程中，对个人收入的形成、
分配、使用、财富积累与转让等实施全面调节的制度。在 19 世纪初之前，
英国政府的税收主要用于支付战争费用，一旦战争解除，税收便告终结，
政府并没有打算凭借税收或其他措施去影响收入的分配。比如 1797 年因为
英法战争引起财政赤字剧增时，小皮特政府开征了所得税，规定凡年收入
在 200 英镑以上者缴纳 10% 的税，年收入 60 ~ 200 英镑的则相应递减，低于
60 英镑的免税。开征此税主要针对高收入者，并不触及寻常百姓，但由于
所得税既不考虑纳税人的财产，也不考虑纳税人的收入来源，故而引起广
泛非议，1802 年亚眠和约以后立即被废除。[③] 直到 19 世纪 70 年代初期，特
别是 1873 年英国经济危机以后，经济出现严重滑坡，失业率从 1872 ~ 1873

[①] 〔英〕安迪·格林：《教育与国家的形成：英、法、美教育体系起源之比较》，王春华等译，
　　教育科学出版社，2004，第 233 页。
[②] 田明孝：《19 世纪英国教育观念的转变》，《浙江学刊》2016 年第 2 期。
[③] 陆伟芳：《19 世纪英国税收制度的演进》，《扬州大学税务学院学报》2002 年第 3 期。

年的 1% 上升到 1879 年的 10% 以上，饥饿和各种社会问题接踵而至，人们才考虑利用税收的财富再分配职能医治社会顽症。[①] 19 世纪 80 年代开始的税收制度改革，一方面建立了累进税收制度，1889 年英国对价值在 1 万英镑以上的个人财富加征了 1% 的税，这种对大宗财富征收累进税的手段，代表英国开始利用税收手段调节财富分配；1894 年又对继承税实行了累进制改革，将大部分税负落到了富裕者身上。另一方面还改变了 18 世纪以来的以关税、货物税和消费税为主，并由普通消费者承担税负的间接税体系，转向以所得税、财产税为主，并由中高层收入者承担税负的直接税体系。这种以财富多寡、收入高低为衡量指标的税制改革，为 20 世纪运用税收杠杆重新分配社会财富、追求社会公平铺平了道路。[②]

应该注意的是，完成二元经济转型以后，20 世纪 60 年代以后，英国的国家社团主义影响消退，英国各阶层间的收入差距逐渐扩大；20 世纪 80 年代保守党政府推行私有化政策，收入分配不平等现象迅速恶化，对于工资收入较低者而言，尽管他们仍能获得较高的所得税津贴，但是由于税收抵免和社会福利被削减，他们的直接利益遭受较大损失。同时收入最高的 1% 的人口享受着大约 40% 的资本投资收益，而由于资本投资收益的增长速度超过了社会总收入，并且资本投资收益的集中度也超过了劳动收入的集中程度，财富分配不平等状况变得更加严峻，低收入阶层与高收入阶层之间的鸿沟愈加凸显。20 世纪 90 年代，税收调节之前的居民收入悬殊，基尼系

---

① Roy Douglas, *Taxation in Britain since* 1660 (London, UK: Macmillan Publishers Limited, 1999), pp. 235 – 243.

② 20 世纪英国税收和福利制度对收入水平的调节效果明显，以 1994～1995 年为例，英国平均每个家庭的初始年收入是 16720 英镑，收入最高的 20% 的家庭平均初始年收入为 40330 英镑，收入最低的 20% 的家庭为 2040 英镑，前者是后者的 19.8 倍。在英国现行的税收和福利政策下，这种差距则大幅度缩小：①在加上家庭的货币福利收入后，二者的税前毛收入之比便降低为 6.2；②在减去个人所得税、保险税后，二者可支配收入又降低到 5.4；③如果加上教育、医疗、住房、交通等各种实物津贴和补助后，二者的最终收入比只有 3.7。此外，英国最富有群体在社会收入分配中所占份额逐步下降，最富有的 2% 的人口占社会总收入的比重也从 1867 年的 40% 下降到 2013 年的 15% 左右，居于发达国家的中等水平。参见蒋虹《英国居民收入差距现状分析》，《山西财经大学学报》1999 年第 6 期；王晓萌：《英国贫富差距创下 25 年新低，基尼系数降到 32.3%》，中国网，http://news.china.com.cn/world/2013 – 07/12/content_29400160.htm。

数接近 0.5。2006 ~ 2008 年英国基尼系数高达 0.61，财富居前 10% 的英国家庭拥有的财富是后 50% 家庭财富的 4.8 倍。[①]

(二) 法国二元经济转型中缩小收入差距的政策选择

19 世纪 20 年代法国掀起了产业革命，最初的产业革命是发生在纺织工业部门，由于大量使用机器作为动力，轻工业特别是棉纺织业的发展最为迅速，对劳动力的需求不断增加。而农村地区一方面由于农业技术革命大幅提高了农业生产效率；另一方面，受现代工业的严重挤压，农村工业加工体系能吸纳的劳动力越来越有限，大量农村剩余劳动力流向城市，由此拉开了二元经济转型的帷幕。1860 年进入刘易斯转折区间之前，法国工业革命带动"工商业扩展到极大的规模"，采矿、钢铁、机械、纺织、铁路交通、电力等行业快速发展，也带动农业进入"黄金时节"。经济快速发展使法国工人实际工资出现稳定持续上升，逐渐摆脱了七月王朝 (1830 ~ 1848 年) 和法兰西第二共和国 (1848 ~ 1852 年) 时期苦苦为生存而挣扎的状况。但是工人工资上涨幅度低于全国平均水平，劳动收入在国民收入中所占的比重不断下降，而资本家利润和高利贷阶层的资本收入比重不断上升，社会分配状况不断恶化，1820 ~ 1850 年，由于资本严重短缺，法国劳动收入在国民收入中所占的比重从 70% 下降为 56.3%，同期基尼系数也从 0.49 上升到 0.55。[②] 而长期以来法国政府在二元经济转型中缺乏调节收入分配和救助贫困的有力措施，导致贫富差距过大的状况一直持续了近半个世纪。

1. 救济地方化导致救济分配不平等，且不能覆盖农村流动人口

中世纪以来，法国贫民救济通常是由当地教会和地方政府负责，1556 年，亨利二世签署了著名的《穆兰敕令》，规定每个市、镇和村的穷人必须由他们出生和居住的市、镇和村负责救济，不得流浪到别处乞讨，从而确立了本地救济概念。根据这一法令，救济穷人的资金主要由地方承担。但由于法国各地政治经济发展不平衡，各地区和教区之间的社会救济也不平

---

① 欧叶：《基尼系数 0.61，英国家庭财富差距超警戒》，中国日报网，http://www. chinadaily. com. cn/hqcj/2009 - 12/14/content_9174464. htm。

② 莫翠鸾：《法兰西第三共和国早期工人阶级生活状态研究》，华南师范大学硕士学位论文，2005。

等。经济发达地区的人们得到的救助通常也是最多的；而最贫穷、需要救助人数最多的地区得到的救助可能最少。在一些经济不发达地区特别是在这些省的农村地区，人们得到救助或医疗保障的机会远远少于居住在经济发达的大城市的人。

19世纪，农村人口向城市迁移日渐成为普遍现象，1860年法国约有72%的人生活在农村，到1890年农村人口不超过总人口的62%。[①] 流动人口的到来既给城市带来大量廉价工人，也给城市带来巨大的人口压力。而且这些人中大部分人都是贫苦农民和手工业者。例如，19世纪50年代至90年代，加来海峡省马莱矿迁徙的人口中，17%是破产的手工业者，78%是贫苦农民和短工。[②] 这些流动人口在城市中没有及时找到工作，一方面城市地方财政并不愿意对外来移民提供救济；另一方面由于本地救济制度的局限，他们得不到相应救助，生活便无以为继，就会被政府认定为外来流浪汉，被驱逐出城市，甚至会被视为罪犯而被捕入狱、判处苦役甚至死刑。[③]

2. 强大的地方救济势力阻碍了全国统一福利保障制度的建立

本地救济观念确定后，法国社会救济的主要力量是地方政府，1848年法国大革命后，大多数人都认为地方比中央更适合负责救济工作，因为地方救助机构更了解本地居民情况，所以能更好地帮助真正需要帮助的人。此外，由于长期以来，各地方救济机构负责人的职位通常是由地方贵族和教士来担任，是他们身份地位的象征，是他们进入政界的踏脚石。因此他们极力反对国家介入地方救助机构，并将中央政府对福利领域的介入视为对地方自由的侵犯，是对他们仅剩特权的冒犯。所以强烈的地方观念和地方贵族反对，成为阻碍法国中央政府推行国家福利立法、建立全国统一福利体系的重大障碍。比如，1893年，法国政府颁布的《免费医疗法》（*The Assistance Medicale Gratuite*，AMG）规定，每个贫困的法国公民都能在家获

---

① 刘路：《19世纪中叶至20世纪早期法国农村人口迁移特点分析》，北京大学硕士学位论文，2009。

② Roger Price, *A Social History of Nineteenth - Century France*（London：Hutchinson，1987）pp. 315 – 323.

③ 贺丽娟：《19世纪法国建设国家福利体系道路上的障碍》，《南都学刊》2012年第9期。

得免费医疗，倘若他没有住所，可以去医院。这项规定打破了本地救济的限制，贫民可以接受全国任何一家医院的医疗救助。但这个计划刚刚颁布就遭到诸如正统主义者、天主教派、自由主义者、医院管理者、医生等人的批判阻挠。直到 1899 年，法国 96 个省中还有 10 个省没有推行该计划，且在已推行的省份中也不是所有社区都参与，即使加入了 AMG，许多地方医院也会采取消极方式表示反抗。[①] 基于以上原因，到 20 世纪初，法国仍是一个具有浓厚旧慈善特征的国家，地方才是救济事业的主要承担者。在财政上，地方负担起社会救济的大部分费用而中央只扮演边缘角色。20 世纪初，地方和私人组织支付了全国医院 60% 的费用。[②] 在实际工作方面，若没有地方的协助，政府在社会福利领域内的改革举步维艰。

3. 税收制度对降低贫富分化作用明显

在进入刘易斯转折区间以前，法国沿袭了大革命时期和产业革命时期的税制，建立了遵循"税收面前人人平等"原则的新税制，这种新税制包含了俗称"老四税"的直接税（地产税、属人动产税、专利权税、门窗税）和通过保留旧税制补充新税种形成的间接税（保留的旧税种包括关税、登记税、印花税，补充的新税种有入市税、鱼税、烟草税、牌税、盐税等），尽管间接税种类繁多，但在相当长一段时间内"老四税"占据财政收入的60% 以上。需要强调的是，法国税收制度的首要目的是筹措财政资金，由于战争和政变频繁，公共开支不断增长，1814 ~ 1914 年，法国国家预算总量从 10 亿法郎增至 50 亿法郎，间接税逐渐也成为税制的主角，1851 年，间接税占到国家预算的 76%，至 1900 年更超过预算的 80%。[③] 为了解决间接税存在的不公正现象，法国政府减少中下阶层对铁路方面的税费，降低糖、小麦和面粉等必需品的税率，在一定程度上减轻中下阶层的纳税负担。

---

① Evelyn Bernette Ackerman, *Health Care in the Parisian Countryside*, 1800 – 1914 (New Brunswick, US: Rutgers University Press, 1990), pp. 189 – 203.

② Timothy B. Smith, *Creating the Welfare State in France*, 1880 – 1940 (Kingston, Ontario, Canada: McGill – Queen's University Press, 2003), pp. 331 – 339.

③ 〔英〕M. M. 波斯坦、H. J. 哈巴库克：《剑桥欧洲经济史》，王春法译，经济科学出版社，2002，第 457 页。

真正能调节收入差距的税种是个人所得税，法国创设所得税是在普法战争结束（1871 年）以后。法国政府为了弥补战争创伤，1872 年开始，法国政府加重旧税，开征动产税，将损失尽可能转嫁到民众身上，当时法国人民的税负之重超过欧洲任何一个国家。1907 年改革了旧直接税，以分类所得税取代了"老四税"，1914 年立法创设了综合所得税。综合所得税以纳税人收入的实际情况为基数，通过自行申报来实现，最低的税率只有 1.5%，累进最高边际税率仅为 2%。1917 年创设了"分类收入"概念，将税基扩大到当时尚未征税甚至免税的领域，对工商收益、农业收益、退休金、工资、年金、非商业的职业收入进行征税。开征综合所得税以后，法国最高收入 1% 人口的收入比重除了在 1929 年经历了一次小幅波动之外，一直在 15% 至 20% 之间波动，二战开始以后，为筹措战争资金，综合所得税的边际税率迅速提高到 40%，法国最高 1% 人口的收入比重由 1929 年的 16% 下降到 1945 年的 7% 左右，下降了 9 个百分点，二战结束以后直至现在，法国综合所得税的最高边际税率都维持在高水平，其收入最高 1% 人口的收入比重一直维持在 7% ~ 10% 的水平，基本没有多大变化。这表明，实行综合所得税以后，法国的贫富差距状况总体上呈 L 形，对高收入者实行累进高边际税率调节贫富差距效果明显。

二战以后，法国大力发展劳动密集型的产业，引导劳动力向第二产业和第三产业流动，20 世纪 50 年代到达刘易斯第二转折点之后，又通过农业机械化、大规模技术设备更新，以及利用国际先进科研成果和发展中国家的廉价能源和原料，建立了资本密集型产业为主的产业结构，实现了国民经济持续快速发展，与此同时，法国还通过工资指导政策、就业政策、税收制度、社会保障、失业保险和农业补贴等办法调节收入分配差距，因此走出刘易斯转折区间以后，法国收入差距持续缩小，1950 ~ 1980 年，法国劳动收入保持在 78% 左右的水平，而资本收入则在 22% 左右波动，这是法国社会贫富差距最小、收入分配最稳定的时期。1960 年法国人均 GDP 达到 1084.2 美元，进入中等偏下收入国家行列，1974 年人均 GDP 为 4361.8 美元，达到中等偏上收入国家标准，1984 年的人均 GDP 达到 13390.3 美元，进入高收入国家行列。① 而且，法国这一时期的基尼系数也保持在 0.4 以下，收入分配相对合理。②

（三）德国二元经济转型中缩小收入差距的政策选择

作为一个相对后发的资本主义国家，德国可以借鉴英国、法国等国家在二元经济转型中的经验教训，能够同时实现经济科技高速发展与收入分配相对公平两大目标。1871 年进入刘易斯转折区间以后，德国继续利用工业革命契机，推动大量科技创新成果广泛应用于工业和农业部门，使钢铁、煤炭等传统行业焕发了生机与活力，实现经济快速增长。但是伴随着财富迅猛增加，德国社会收入差距不断加大。1895 年德意志的国民总收入为 250 亿马克，1913 年上升到 430 亿马克，财富快速增加的同时出现了财富集中，1895～1911 年，仅在普鲁士，百万富翁的人数就从 5256 人增加到 9341 人，这些人的财富从 140 亿马克增加到 267 亿马克。③ 与财富集中形成强烈反差的是，工人相对收入水平下降，难以维持生存。1894 年一个 5 口人的工人家庭每周的生活维持费是 24 马克 40 芬尼，但是工人的平均收入是 21 马克 10 芬尼。到了 1914 年，生活维持费涨到了 31 马克 10 芬尼，可是工人的平均收入只增加到 28 马克，④ 以平均收入与生活维持费的比值来衡量的相对收入出现了下降。收入分配的贫富悬殊、生活条件的恶化，激化了广泛的劳资矛盾，工人罢工斗争如火如荼，1890～1900 年，工人罢工次数和参加

---

① 世界银行数据库：世界发展指标，http://databank.shihang.org/data/reports.aspx? source = 世界发展指标。

② 20 世纪 80 年代，在密特朗政府执政期间，法国收入分配不公平现象再次加剧，失业率从 1980 年的 6.3% 上升为 1987 年的 10.6%，劳动收入在国民收入中的比重持续下滑，基尼系数从 1980 年的 0.307 上升到 2012 年的 0.389，10% 最富裕者与 10% 最贫困者在财产上的差距，从 1949 年的 15.7 倍上升到 1974 年的 28 倍，而到了 2012 年，10% 最富有的法国人（人均资产 70 万欧元）拥有法国财产总额的一半以上，而 10% 最贫穷的法国人（人均资产低于 1600 欧元）拥有的财富只占总数的 0.1%，前者是后者的 400 多倍。即便在最富有的 10% 人群里面，差距也很明显，其中前 5% 的人所拥有的财富为法国总财富的 35%，而最最富有的 1% 的人拥有 17% 的总财富。参见马婷《法国部长公布财产国内贫富差距大》，中国青年报网，http://corner.youth.cn/xwttx/tt/201304/t20130418_3120845.htm。

③ 〔德〕维纳·洛赫：《德国史：中册》，生活·读书·新知三联书店，1959，第 321 页。

④ 〔德〕卡尔·哈达赫：《二十世纪德国经济史》，杨绪译，商务印书馆，1984，第 218 页。

人数分别从 226 次 38536 人激增到 1500 次 131888 人，[1] 在工人政党团体——德国社会民主党的指引下，工人的罢工诉求也从增加工资、改善工作条件扩展要求集会结社自由权、选举权和共同决定权等政治要求，工人在德国政坛上的影响力不断加强。

面对社会收入分配不公、贫富悬殊引发的社会政治问题，俾斯麦政府深信"社会问题只有国家才能解决"。"只有现存国家统治政权采取行动，即由它实现社会主义要求中合理的、并与国家及社会制度相一致的东西，才能制止社会主义运动的混乱局面。"[2] 1881 年开始，德国全面推行强制的社会保险，先后颁布了 1883 年的《疾病保险法》、1884 年的《意外事故保险法》、1889 年的《老年和残废保险法》，这些社会保险法规规定，凡年薪 2000 马克以下的农业工人、仆役、小学和家庭教师、剧场雇工、船员以及从事家庭工业者都必须进行强制保险。保险费由雇主和雇工共同筹措，一般雇主负担 1/3，工人负担 2/3。基金由雇主和工人两方代表管理。凡缴纳保险费者都有权参加代表的选举。保险内容包括免费诊治、医疗护理、死亡丧葬费和养病费，养病费从生病第 3 天开始支付，如果疾病延续半年，其后的养病费就转由意外事故保险基金支出。在以后的数年中，社会保障类立法在帝国议会——获得通过并实施。德国社会保险立法适用范围非常广，包括全国所有工业人口。而且保险具有强迫性质，各种保险由国家直接筹备和管理，后来还成立了专门的分级机构来管理，甚至分担部分保险费的开支。俾斯麦政府创建的社会保险和保障制度，是世界上最早的工人养老金、健康和医疗保险制度，浇筑了德意志的坚实基础，社会矛盾因而得以缓和，没有出现类似于英国和法国经历的社会动荡不安的局面。到一战前，德国成为经济繁荣、社会稳定的典范，但是德国的收入差距并没有得到根本缓和。

真正对德国收入悬殊起到重要调节作用的是征收个人所得税。1808 年，

---

① 胡才珍：《论 19 世纪末 20 世纪初德国在欧洲历史地位的巨变》，《武汉大学学报》2001 年第 9 期。

② 赵富慧：《德意志帝国时期养老保险制度探析》，华中师范大学硕士学位论文，2013。

德国因普法战争失败，为筹措对法赔款而开征所得税，由于受到贵族阶级的强烈反对，直到1891年首相米魁尔颁布所得税法以后才正式建立了所得税制。由于资料收集不完善，德国个人所得税边际税率整体上呈阶梯状变动，在第一次世界大战之前，德国最高边际税率仅为3%～4%，因此收入最高1%人口的收入比重一直上升，并在1918年达到了22%以上。一战结束以后到二战期间，德国最高边际税率维持在40%的水平，导致收入最高1%人口的收入比重急剧下降，至1925年下降到11%左右，这种趋势一直维持到第二次世界大战以后，收入最高1%人口的收入比重基本一直保持在10%左右。[①] 这表明，德国最高收入人口所占收入份额总体变动趋势呈 L 形，即一开始呈平稳较高水平，在二战以后急速下降，然后其比重一直维持在同一个水平，几乎没有什么变化。

二　先行工业化国家缩小收入差距的经验与教训

先行工业化国家在工业化初期就启动了二元经济转型，这主要与现代机器工业体系发达的生产效率有关，与传统手工业相比，现代机器工业需要大量原料、劳动力投入生产，也需要广阔的市场为其提供原材料、消化产品。在二元经济转型初期，先行工业化国家十分重视资本积累，工农业部门实行的制度工资能保证产品的平均成本和价格处于最低水平，有强大的市场竞争力，而工业部门高于农业部门的制度工资水平，对劳动边际生产率为零的农业剩余劳动力具有明显的吸引力，所以在二元经济转型初期阶段，先行工业化国家工农业部门、产业工人与资本家的收入水平较为稳定，社会整体收入差距并不大。随着劳动边际生产率为零的农业剩余劳动力全部转移到工业部门，就到达了刘易斯第一转折点，进入了刘易斯转折区间。这时农业和工业部门的工资水平出现了缓慢上升，资本所有者依靠在国内外市场借贷资本，获得了丰厚利益，这时会出现较为明显的收入分

[①]　深圳国际税收研究会课题组：《主要发达国家个人所得税对贫富差距的影响》，《国际税收》2014年第1期。

配不公现象，贫富分化也日益加剧。这一时期，先行工业化国家如何看待收入分配差距现象，是否采取相应的缩小收入差距政策，不仅关系政治社会的稳定，而且对社会产业结构调整升级有重大影响。

英国进入刘易斯转折区间之后，经济繁荣发展，工人工资上升，工作时间缩短，劳资冲突趋于缓和。同时英国政府执政理念的重心也从仅追求经济发展转为关注民生，不仅通过了保障工人政治权利的《工会法》及《雇主与工人法》等法令，而且也将自身角色调整为劳资冲突调节者，政府与劳资双方的关系相对缓和，这样就为相对平等和谐的劳资关系和社会秩序的建立提供了条件。因此在刘易斯转折区间英国的收入分配尽管仍然存在地区、行业、性别和年龄等方面的差距，社会收入分配不公依然严重，但总体来看，收入分配格局出现了改善趋势。法国在工业化和二元经济转型初期，就已经出现了收入分化现象，劳动收入在国民收入中所占的比重不断下降，而高利贷阶层的资本收入比重不断上升。进入刘易斯转折区间以后，虽然法国工人的实际工资有所上升，但是与资本积累和工业深化带来的资本家财富快速集聚相比，法国的收入分配不公平、贫富悬殊现象依然很严重。走出刘易斯转折区间之后，法国政府一方面通过科技创新，推进农业机械化以及制造业从劳动密集型产业向资本密集型产业升级，实现了国民经济持续快速发展；另一方面开始采取税收制度、社会保障、失业保险和农业补贴等办法调节收入分配差距，贫富分化和分配不公现象才开始有所改善。德国的工业化和二元经济转型晚于英国和法国，在吸取了两国转型过程中的经验教训之后，德国没有出现英国和法国经历的社会动荡不安、贫富悬殊的局面，经济与社会保持了持续高速的发展。在刘易斯转折区间后期，随着财富迅猛增加，社会收入分配差距不断加大，工人生活条件的恶化激化了劳资矛盾，工人罢工斗争此起彼伏。对此德国政府有意识地建设涵盖养老、健康和医疗保险的社会保障制度，在一定程度上缓和了阶级冲突。

尽管先行工业化国家在二元经济转型过程中，对如何把握效率与公平有不同的理解，但是也意识到收入分配不公、贫富差距过大是不利于社会政治经济稳定发展的，因此，都主动或被动地调节了收入分配失衡现象。

先行工业化国家缩小收入差距的经验主要可以概括为如下几点。

1. 保护劳动者在初次收入分配中的收入水平是根本

初次分配主要按生产要素的贡献进行分配。先行工业化国家通过立法、建立劳资协商制度、提供免费义务教育、增加就业岗位、保护弱势群体等措施，确立劳动者在初次分配中的地位和收入水平，控制收入差距。

第一，通过劳资谈判，改善劳动者在初次分配中的不利地位。

先行工业化国家的工人工资主要由工会和雇主协会相互协商形成，雇主和雇员分别通过行业工会和雇主协会签订劳资协议，就劳资双方的权利和义务、劳动关系、缔约、解约以及企业和企业组织等方面达成相应的规定，这样的工资形成机制能够平衡和保护双方的利益。比如，德国劳资谈判后的实际工资增长率是 2.4%，高于欧洲国家平均水平，工资协商制度平衡了劳资双方利益，体现了社会公平，对缩小收入差距有着重要作用。

第二，实行免费义务教育，使劳动者享受均等教育机会。公平的教育在国民经济初次分配中具有基础性的调节作用。先行工业化国家在经济实力较弱时，通过实行免费义务教育，努力实现机会均等，即不论出身如何，每个人都享有受教育的机会，有机会在将来获得更多的收益回报。免费义务教育为低收入者提供了更多的受教育机会，让低收入者更有信心和能力去创造财富，从而使整体国民素质得到提升，有利于社会经济的发展和收入差距缩小。比如，德国在 19 世纪初就颁布了《初等义务教育法》，义务教育得到切实贯彻，到 19 世纪末，初等教育入学率已达到 100%。① 德国在发展免费义务教育的同时，也十分重视发展职业教育，职业教育为德国的产业发展提供了优质和充足的职业技师。

2. 调节二次收入分配是控制收入差距扩大的主要领域

二次收入分配是国家调节收入差距最重要的领域，先行工业化国家通过税收政策、社会保障、社会救助等，在二次收入分配环节缩小收入差距。

---

① 孙敬水、张岚：《德国缩小收入分配差距的基本经验及借鉴》，《现代经济探讨》2012 年第 11 期。

第一，建立缩小收入差距的税收调节体系。先行工业化国家主要通过个人所得税、遗产税与赠与税、暴利税等手段，对收入进行调节。

个人所得税。先行工业化国家的个人所得税普遍实行超额累进税率，对高收入者征税，调节收入差距的效果非常显著。遗产税与赠与税的设立目的是防止巨额财富的代际转移，提供一个相对公平的竞争环境。英国税法规定，继承人除要对死者遗留的财产缴纳遗产税外，还要对死者7年内赠与的财产，根据赠与及死亡年限，按不同税率缴纳赠与税。美国的遗产税税率实行17级超额累进税率，在执行过程中要求"先税后分"，即先交税，再分配税后遗产。法国遗产继承税税率则从5%至60%不等。暴利税是针对私有化的垄断企业征收的一次性税收，对垄断行业的超额利润征税，用于弥补社会福利支出和补助低收入家庭。

第二，实施有效的财政转移支付政策。先行工业化国家的财政转移支付主要用于地方医疗、教育、社会保障，重点向贫困地区倾斜，目的是促进地区经济平衡发展，保证各地区人均财政支出大致相同。德国将发达地区的税收收入转移给财政能力相对较弱的地区，使财政能力薄弱地区的财政能力达到全国平均水平；此外，联邦政府给予贫困地区一定的补助拨款，目标是再次平衡各地区之间的财政能力，有效地缩小了德国的地区收入差距。

第三，构建比较完善的社会保障制度。先行工业化国家的社会保障制度覆盖面广、种类多、力度大。比如，德国的养老、医疗和失业保险是社会保障制度最重要的组成部分，占整个社会保险金总支出的90%，其中，法定养老保险覆盖了近90%的从业人员，医疗保险覆盖全国人口总数的99.7%，失业保险涵盖了失业保险和失业救济。此外，社会救助是保障公众基本生存权利的最低生活保障线，任何一个自身能力和财产无法保障其最基本生活水平的居民，均可获得社会救助；而以教育补贴和住房补贴为主的家庭补给，向普通家庭提供子女抚养费、父母补贴费和住房补贴等各种福利。

第二节　后起工业化经济体的经验与教训

一　后起工业化经济体二元经济转型中缩小收入差距的政策选择

（一）日本二元经济转型中缩小收入差距的政策选择

在二元经济转型初期，为了尽快追赶发达国家，日本政府重点发展重工业和局域工业，并将农业基本税率提高到91%，农民税负负担沉重，收入水平勉强维持温饱，城乡收入差距不断扩大，基尼系数从19世纪80年代转型初期的0.311上升至1900年的0.417，1920年达到0.463，1940年达到0.467，日本成为十分不平等的国家。

二战结束以后，日本政府开始重视工农业平衡发展，加大对农业的科技研发和成果推广，加快农业科技成果的商业化步伐，通过立法手段保障农协正常运作，并通过农协推进农业生产、农村建设发展，保障农民的合法权益，城乡收入差距日趋缩小，基尼系数开始下降，从1940年的0.467下降为1956年的0.322。但是进入刘易斯转折区间以后，日本基于每户家庭总收入计算的基尼系数再次出现上升势头，从1956年的0.322上升到1959年的0.36，并于1962年达到20世纪60年代的最高水平——0.381。日本这一时期收入分配状况急剧恶化，原因是1953年日本政府修改了《禁止垄断法》，放宽了持有竞争关系的公司的股份及兼职的限制，三井、三菱和住友三大旧财阀在美军占领时期被分割出去的企业又重聚起来了。同时，战后的一些"新财阀"也相互结合，形成芙蓉、第一劝银及三和三大新型财团企业。此外，日本政府还鼓励垄断企业之间通过相互持股、系列贷款、人事互派等纽带结成企业集团，以增强垄断集团对外竞争能力。结果导致在垄断资本集团带动下，财富迅速聚集，1960年日本资本在10亿日元以上的企业有1099家，仅占企业总数的0.13%，收入分配不公的现象再度恶化。除了居民收入低、收入差距大问题之外，因为朝鲜战争刺激的产能在战争结束后普遍过剩，内需不足、失业率高等问题也阻碍了日本经济发展。

面对以上经济困境，1962 年日本政府推行了"国民收入倍增计划"，旨在通过引导产业结构高级化，提高国民经济各部门的生产效率和效益，在一个相对确定的较短时期内显著提升居民实际收入水平，建立健全政府收入分配和社会保障机制，实现居民收入翻番目标。在"国民收入倍增计划"鼓舞下，日本基尼系数在刘易斯转折区间后期，出现缓慢回落，1963 年为 0.365，1964 年为 0.358，1965 年进一步回落为 0.348。[1] 走出刘易斯转折区间以后至 1970 年，日本居民收入差距有所扩大，基尼系数再次上升。1970 年以后日本基尼系数出现持续回落势头，收入分配均等化的倾向逐渐加大，形成了"一亿国民皆中产"的共同富裕平等社会。[2]

概括起来，日本政府在二元经济转型中缩小收入差距的政策措施主要包括如下几点。

1. 企业收入分配制度

日本的企业分配制度是以"终身雇佣制"、年功序列制以及企业内工会等"三大神器"为基础的，对缩小日本收入差距起着重要的作用。"终身雇佣制"，是指劳动者一旦被某企业所雇用，就将在该企业就职并不断接受企业特有的培训。只要该企业不陷入严重的经营困境，或者该员工没有严重违纪的话，将一直在该企业工作至退休。年功序列制与"终身雇佣制"相辅相成，是指企业以职工的年龄、学历以及在企业内连续工作年限为主要

---

[1] 洪丽：《当代国外居民收入差距的实证研究及对中国的启示》，武汉大学博士学位论文，2010。

[2] 20 世纪 80 年代以后，一方面，日本政府在国民收入初次分配领域坚持了效率优先的原则，对长期实行的"终身雇佣制"进行改革，将劳资关系从长期的年功序列制向关注能力及业绩效果转变，导致失业率急剧恶化，贫富差距再次拉大。另一方面，日本政府在再分配领域奉行了公平原则，整体下调了税率水平，并完善了社会保障体系，加强了教育、医疗和养老福利支出，再分配政策调整之后的基尼系数增长幅度远远小于初次分配，维护了社会公平与稳定。20 世纪 80 年代末 90 年代初期，由于泡沫经济破灭，日本经济增速放缓，基尼系数和相对贫困率大幅度上升，成为 OECD 中基尼系数和贫困率最高的国家之一。导致差距扩大的因素已经不是生产率，而是诸如人口老龄化和劳动力市场越来越显著的双重结构（临时性就业的比重已经从 1996 年前的 19% 提高到 30%，其每小时的平均工资仅相当于正式工的 40%，社保覆盖程度更低，且临时性岗位转变为正式岗位的可能性很小）等因素。参见张凤林《日本实施〈国民收入倍增计划〉的背景、措施及启示》，《学术交流》2011 年第 2 期。

依据，确定该职工是否提薪、晋升的工资管理体制。企业内工会，是指在企业内部结成的工会组织，而非超越企业所结成的产业、行业工会组织。也就是说，工会组织以企业为单位，不同于欧美式产业、行业工会组织。这种具有日本特色的企业分配制度的特点是：一是以年功序列工资制度为基础，一般员工按工龄设置工资级别，与其职位关系较小，工龄越长则工资越高；二是津贴福利分配制度完善；三是经理人报酬相对较低，与其他西方发达国家相比，日本的高管们的报酬是比较低的，同等规模企业的高级管理人才的收入大致只有其他西方发达国家经理人收入的一半，且日本总裁的酬劳均由人事部门设定的工资标准决定；四是限制分红的股利分配制度，与美国相比，日本的股利支付率一般低于30%。[1] 与西方发达国家相比，日本的企业分配制度更加注重保持长期的稳定性及其收入分配的均衡。

2. 就业调节措施

保障居民充分就业，对缩小收入差距发挥了重要作用。日本地少人多，就业有一定压力，政府千方百计促进就业并缩小居民收入差距。具体措施包括：建立严格的就业预算保障制度，加大财政投入，采取多元化政策体系，对促进就业的相关事业给予优惠税收等。日本的《财政预算法》对就业经费预算的编制做出了详细规定，将就业支出作为一项专门预算列支。就业支出主要用于劳动力市场建设、就业信息服务、劳动技能培训、就业机会创造、鼓励创业、失业补助以及提前退休补贴等方面，有力地保障了居民就业，提高了一般居民收入，对缩小居民收入差距发挥了重要作用。[2]

3. 义务教育调节措施

义务教育调节措施就是国家通过设立义务教育制度，在全国范围内对全体学龄儿童实行一定年限的免费教育，通过教育机会的均等来提高人的劳动能力，从而达到缩小收入分配差距的目的。目前，日本的义务教育就学率近100%，高中升学率约为95%，大学升学率也接近50%。基础教育

---

① 王燕、曲东花：《美日企业分配制度及对我国企业收入分配制度改革的启示》，《黑龙江对外经贸》2005年第2期。

② 〔日〕池田勇人：《均衡财政》，周宪文译，台湾正中书局，1968，第217页。

普及率的提高以及城乡之间受教育机会的均等，不仅促进了日本国民素质的普遍提高，也为其成为世界第二大经济大国奠定了坚实的人力资源基础，而且对调节收入分配差距起到了积极和有效的作用。

4. 税收调节措施

日本的税收制度是政府进行收入再分配的主要手段之一。日本税制有三个显著特点：一是税制的结构主体是直接税，核心税种为所得税及法人税，所得税大于生产税，采用阶梯累进制税率；[①] 二是税负较轻；三是强调中央的财政作用，并兼顾地方利益。此外，日本的税收制度包括固定资产税、住民税、收入税及遗产税等其他税种，对收入分配产生了很强的调节作用。[②] 日本内务府统计局"家计调查"的数据结果显示，税收的再分配率为 4% 左右，纳税后的基尼系数比起最初所得的基尼系数都有明显的下降，税收起到了调节收入分配差距的作用，这种累进税率的税收调节作用在经济增长速度加快时愈加明显。

5. 反贫困调节措施

反贫困调节措施就是政府为消除贫困、体现社会公平、缓解社会矛盾、实现经济的稳定与增长，运用财政工具对贫困人口或贫困地区进行救济、补贴，以消除贫困问题的制度。日本为了促进落后地区的经济发展，从 20 世纪 60 年代开始，先后制定和执行了《山村振兴法》、《过疏地域振兴特别措施法》、《欠发达地区工业开发促进法》、《新产业城市建设促进法》和《北海道开发法》等。通过这些法律和相匹配的一系列财政、金融政策，达到了促进不发达地区的工业开发、增加就业和缩小地区之间经济差距的目的。

6. 社会保障调节措施

构建比较完善的社会保障制度，对维护稳定社会、实现收入再分配、缩小贫富差距起到了积极的作用。日本的社会保障制度框架形成于 20 世纪

---

① 自 1969 年以来，日本的个人所得税占税收总收入的30%以上，是与企业所得税并驾齐驱的主要税种。

② 20 世纪 90 年代以来，日本遗产税的最高边际税率为 70%，如果按照 70% 的税率经过三代征收遗产税，相当于 97.3% 的税率，能将大宗应税遗产基本征收完毕，故有"遗产不过三代"之说。

60～70年代，包括最低生活保障、残疾及高龄人士就业、社会福利、社会保险、卫生医疗保健和失业救济6项。日本社会保障制度既体现了日本的国情和传统文化的独特性，也体现了东西方文化融合的兼容性。日本社会保障制度的特点主要有以下几点。第一，社会保障形式、品种多样化，覆盖社会所有人群，日本社会保障支付针对不同收入阶层而有差别，高收入阶层缴纳的金额相对高一些，低收入阶层则相对缴纳较少，对低收入阶层有明显的保护。在支付时，由于社会保障属于公共投资的一部分，只支付给无法维持正常生活水平的低收入阶层，从而起到收入再分配以及稳定社会的作用。第二，实行个人、企业、社会共同负担的社会保障制度，以政府负担为主。在公共救助方面，由政府来承担保障最低生活水平的责任。在养老保险和医疗保险方面，年金制度是日本社会养老保障制度的基础，由面向全体国民的基础养老金制度"国民年金"、面向公司职员的"厚生年金"及公务员和教师的"共济年金"、部分公司独自的"企业年金"和公务员独有的"岗位加算"组成。其保险资金来源则由参保人、雇主、政府三方共同承担的。第三，重视社会保障立法。日本1958年修订了《国民健康保险法》，1959年制定了《国民年金法》。1961年实施的"国民皆医疗保险体制"实现了"国民皆保险，国民皆年金"的目标。整体来看，日本在二元经济转型中的国民社会保障水平较高，收入再分配改善效果较为理想，参保家庭、参保人口、社会保障的收入支出均逐年增加。

（二）韩国二元经济转型中缩小收入差距的政策选择

在韩国从传统农业社会向现代工业社会转型过程中，反映其居民收入差距的基尼系数一直不高。从20世纪50年代初至20世纪70年代初，基尼系数从1953年的0.34下降为1961年的0.32，8年下降了2个百分点。20世纪60年代韩国经济开始起飞，基尼系数从1964年的0.33上升为1970年的0.333，基本保持了平稳。20世纪70年代韩国开始实施新村运动，经济进入高速增长时期，收入不平等程度在20世纪70年代中期有所增强，基尼系数从1970年的0.333上升到1976年的0.391。1977年走出刘易斯转折区间以后，韩国基尼系数在波动中缓慢持续下降，1997年降至0.317，1998年受东南亚金融危机影响，韩国作为重灾国，国内失业率大幅提高，行业间薪酬差距有所扩大，基尼系数又有所回升，跃至 0.372。综上所述，韩国在刘易斯转折区间的收入差距经历了先缩小再扩大的过程。考虑到韩国一直不高的基尼系数水平，韩国在二元经济转型中的收入分配不公现象并不算严重。

概括韩国在二元经济转型中保持社会收入分配相对公平的经验和措施，主要有如下几点。

1. 利用外援资金加快基础设施建设

与其他发展中农业化国家资金严重匮乏状况不同的是，二战后随着日本退出朝鲜半岛，韩国就得到了巨额国外经济援助。所以在韩国二元经济转型中，没有像日本那样压榨剥削农业部门来积累工业化起步资金，二元经济转型初期的城乡收入差距并不严重。统计表明，第二次世界大战以来，1945～1971 年，美国共向韩国提供了总额约为 44 亿美元的无偿经济援助。[1] 其中 1946～1961 年，以美国为首的外国援助总额达 31.39 亿美元。而战后美国支援欧洲的马歇尔计划中，法国是获取美国援助最多的国家，得到了 30 亿美元。这表明，无论是国土面积还是人口都不如法国的韩国，接受的美国援助却比任何一个欧洲国家都要多。这些援助的年平均额，约占韩国这个时期年平均国民生产总值的 15%，韩国将这些援助全部用于基础设施建设，而且"韩国政府对稀缺的外汇实行绝对的管制（违反外汇管制的人可以判死刑）。它还仔细设计外汇使用的优先顺序，确保辛苦赚来的外汇能用于进口重要的机械和工业投入品上。韩国政府也严厉地管制外国投资，根据与时俱进的国家发展计划，在一些领域张开双臂欢迎外资的同时在另一些领域则完全禁止"。[2] 1970 年美国完全停止了对韩国的经济援助之后，韩国利用国际借贷来解决资金短缺问题。[3] 利用外援资金使韩国快速地摆脱了动荡和无序，解决了韩国资金短缺难题，加快了韩国工业化进程，经济

---

① 安永美：《外援的政治经济学》，耶鲁大学博士学位论文，1992。

② 〔英〕张夏准：《富国的伪善——自由贸易的迷思与资本主义秘史》，严荣译，社会科学文献出版社，2009，第 247 页。

③ 赵月华、李志英：《模式 I——美国、日本、韩国经济发展模式》，山东人民出版社，2006，第 228 页。

获得快速发展，不仅解决了国内过剩劳动力的就业问题，而且人民收入和生活水平都发生了极大提升。

2. 制定国民经济发展计划战略，及时调整产业结构

从1962年起，韩国先后实行了6个促进国民经济发展的"五年计划"，第一个五年计划（1962～1966年）首先提出了发展资本密集型的基础原材料工业的产业政策，但不久就发现该产业政策并不适合韩国缺乏资金和技术的实际国情，于是就将产业政策的重点转为发展劳动密集型出口轻纺工业。"二五"计划（1967～1971年）也基本延续了将劳动密集型的轻纺工业和中小企业作为发展重点的产业政策，重点加强了已经略有规模的轻纺、水泥等轻工业，用这些轻工业的初级产品出口换取外汇。外汇被用来换取外国的设备、技术，以及人才培养，推动自身加速发展。为了集中有限的资金进行建设，一方面韩国将消费比重降到了最低，压低工人工资，延长劳动时间，工作条件恶劣，人民生活质量低下，消费水平受到残酷的压制。在1967年韩国到达刘易斯第一转折点前，工业日工资水平最低时为0.48美元，最高时也只有1.24美元，不仅远远低于西方发达国家，而且也低于其他发展中国家。[①] 1967年之后，劳动密集型外向经济初见成效，制造业发展速度加快，就业显著增加，工资增速加快。1967年、1968年和1969年三年制造业工人的实际工资增长率分别达到12.0%、15.8%和22.3%，大大超过了9.3%、6.5%和6.9%的劳动生产率增长幅度，到1970年，年平均工资达到500美元左右，即4年翻1番。20世纪70年代"三五"（1973～1976年）和"四五"时期（1977～1981年），由于劳动密集型产品出口受到发展中国家廉价产品的冲击，竞争加剧，经济下滑，工人工资的增长速度一度减慢，1971年和1972年制造业工人工资收入的实际增长率为2.9%和2.2%。韩国政府及时将建设的重点转向钢铁、造船、化工等战略重化工业，经济发展走上腾飞之路，经济实力迅猛膨胀，国家综合实力也急速上升。1977年到达刘易斯第二转折点时，韩国出现了全国范围内的劳动力短缺，职工工资收入再一次大幅度提高，1976年、1977年和1978年三年的工

---

① 张玉柯、马文秀：《比较优势原理与发展中国家的经济发展》，《太平洋学报》2001年第1期。

资增长率分别达到 34.7%、33.8% 和 34.3%，扣除物价上涨因素，实际增长 20.1%、21.8% 和 20.6%，大大超过了同期 4.4%、4.2% 和 5.4% 的劳动生产率增长幅度。1979 年制造业职工年平均工资达到 2860 美元，比 1970 年增长了近 5 倍。与此相对应，居民在初次收入分配中的占比由 1970 年的 33.6% 上升到 1980 年的 39%，而企业在初次收入分配中的占比则由 1970 年的 57% 下降为 1980 年的 49%。①

3. 普及教育措施

教育对于增加人力资本有不可替代作用，而且教育也是低收入群体改变其劳动形态、提升收入水平和社会地位的有效途径。1953 年 7 月，韩国政府就制定并实施了《义务教育六年计划（1954~1959 年）》。为实现这一计划，政府每年教育预算中义务教育费用占 75%，1960 年则达到了 80%。1959 年就学率达到 96.4%，到 1966 年达到 98.1%，居民识字率从 22% 上升到 71%。小学入学率自 1970 年以来一直为 100%，初中入学率从 1970 年

---

① 20 世纪 80~90 年代，韩国进入第五个五年计划（1982~1986 年）和第六个五年计划（1987~1992 年）时期，由于可以利用国际借贷来解决资金短缺问题，韩国资本密集型产业快速发展，劳动力要素与资本要素相比更加昂贵，工资水平上升的速度仍较快。1988 年、1989 年和 1990 年三年的制造业工人工资增长率分别达到 19.6%、25.1% 和 20.2%，扣除物价上涨因素后实际增长 12.4%、19.3% 和 11.6%。1990 年，制造业工人年平均工资收入突破 1 万美元，较高的工资水平使韩国产品在国际市场上的竞争力受到严重削弱。金泳三政府在"新经济五年计划"（1992~1996 年）期间，颁布了"工资管理重点对象企业管理方案"，提出通过实施金融、税收优惠政策，间接控制企业工资总额的增长幅度，但成效不大。1995 年，韩国人均 GDP（2005 年不变美元）达到 12270 美元，进入高收入国家行列。此后，韩国经济继续保持快速增长，直到 1998 年金融危机爆发。1980~1998 年，居民在初次收入分配中占比由 39% 上升到 46%，增幅达 7 个百分点；同期企业在初次收入分配中占比则由 49% 降到了 42%，正好下降 7 个百分点。1998 年金融危机爆发，韩国失业率由 1997 年的 2.6% 直线上升到 1998 年的 7%，制造业的平均工资由 1997 年的 132.6 万韩元暂时下降为 1998 年的 128.4 万韩元，但 2000 年制造业平均工资水平又上升到 156.8 万韩元，此后 7 年制造业平均工资水平一直处于上升趋势，2007 年达 268.8 万韩元，年均增长率达 10%。与此相应，居民在初次收入分配中占比在 1999 年出现了小幅下降，之后一直上升，到 2009 年占比达 46.2%；企业占比在金融危机期间有小幅上升，由 1997 年的 42% 上升到 1999 年的 45.7%，之后稳步下降，2009 年占比为 42.8%。参见黄泰岩、康健《韩国国民收入初次分配的演变》，转引自卫兴华等《社会主义经济理论研究集萃——从经济大国走向经济强国的战略思维》，经济科学出版社，2011，第 345 页；赵月华、李志英《模式 I——美国、日本、韩国经济发展模式》，山东人民出版社，2006，第 235 页；《国际统计年鉴 2008》。

的 50.9% 上升到 1990 年的 99.8% 。韩国的高等教育普及率也很高，20 世纪 70 年代中期的韩国人口中完成高等教育的比例为 11% ，仅次于美国、挪威、加拿大、荷兰，居第五位。通过长期的人力资源开发，韩国劳动力的受教育水平大幅提升，极大地提高了劳动者的劳动技能、技术水平和自身素质，改变了其劳动形态。韩国教育的普及也极大地提升了初次分配中居民收入占比。

4. 税收措施

韩国现代税收制度首建于 1948 年，在不同历史时期，税收制度的重点有所不同。[①] 将税收作为调节收入分配的手段始于 1965 年开始征收的分类所得税，即征收对象是个人通过长期积累形成的收入，如个人退休收入、不动产转让收入和林地收入；20 世纪 70 年代开始重视税收的公平目标和纳税人的权利。1975 年颁布实行《国税基本法》，并采用综合所得税制度，征收对象为个人经常性取得的收入，如利息收入、不动产租赁收入、商务收入等。1976 年增加所得税减免以降低中低所得劳动者税负。20 世纪 80 年代为了增加税收中性和实现社会福利计划，降低了个人所得税与公司所得税税率，增加了给予劳动者工资的税收抵免。20 世纪 80 年代末期和 20 世纪 90 年代初期，为了消除不动产投资买卖对收入分配的扭曲作用，政府提高了对财产、金融资产的继承、赠与税率，以实现分配的公平。在降低中低劳动者税负的同时，提高高收入者的税率。

5. 社会保障措施

韩国政府长期推行"增长第一，分配第二"的发展政策，在社会保障体系的建设上，经历了从关注较少到逐步关注，最后构建起丰富完善的社会保障体系的过程。在 20 世纪 60 年代时期，政府的主导思想是通过经济增长保障生存权，实行的只有公务员年金、军人年金等特殊部门的社会保险和产业灾害补偿保险。20 世纪 70 年代时社会保障体系有了一定的发展，如《国民年金法》颁布。1961～1979 年，朴正熙政府实行国家主导型经济开发政策，以经济发展为先，主张"先发展后分配"，制定了《船员保险法》《军人年金法》

---

① 王逸、薛平：《韩国税收制度：过去、现在与未来》，《当代韩国》2000 年第 3 期。

《军士援助补偿法》《儿童福利法》等十多个有关社会保障的法令。

（三）中国台湾地区二元经济转型中缩小收入差距的政策选择

中国台湾地区在二元经济转型初期，处于收入分配悬殊状态，20 世纪 60 年代中期到 80 年代初期，中国台湾地区进入刘易斯转折区间，由于抓住了国际产业转移契机，加快发展以中小企业为主体的劳动力密集型出口工业，收入差距不断缩小，社会财富分配相对平均。基尼系数从 1968 年的 0.326 逐步下降到 1984 年的 0.287。①

总结中国台湾在二元经济转型期间实现经济快速发展和收入平均化的主要经验，主要有如下几点。

1. 选择合理的经济发展模式

经济发展模式对经济增长和分配公平这两个方面都具有重大影响。如果选择得当，不仅可持续地促进增长，也有助于缓解贫富的分化、保持社会的稳定。反之，则会对增长和分配的公正造成损害。中国台湾选择了增长与收入并重的经济发展模式，以发展外向型经济为基本目标，同时选择了工农业均衡发展的策略，实现了经济持续快速增长和居民收入差距不断缩小。1968~1984 年中国台湾人均名义 GDP 实现了年均 15% 的增长速度，通货膨胀率控制在 5% 以内，收入五等分倍数也从 1968 年的 5.28 下降到 1984 年的 4.4，而同期韩国的五等分倍数接近 8，墨西哥为 9.8，巴西超过 33。

---

① 20 世纪 80 年代中后期中国台湾进入二元经济转型后期，由于土地、工资水平上升，劳动力供给短缺，中国台湾地区劳动密集型出口产业竞争力不断下降，收入差距再次扩大。当局调整了产业政策，以自动化改造传统产业，以知识、技术密集型产品带动经济增长，出口逐步转为以高级技术产品和优质低价传统产品为主，同时配合投资奖励政策，鼓励资本密集型工业发展，不同行业、群体收入差距的拉大，加上股票泡沫经济和房地产泡沫经济推动，中国台湾地区贫富差距也进一步加剧。1992 年中国台湾地区人均 GDP 达到 10778 美元，跨入高收入地区行列，但收入差距仍然居高不下，进入 21 世纪以后，随着中国台湾经济发展缓慢、物价飞涨、失业上升、收入增长停滞，中国台湾地区中产阶层人数不断减少，而高收入者和低收入者却越来越多，呈现典型的"M 形社会"特征。1998 年中国台湾地区收入分配 20 等分中金字塔顶端 5% 家庭的收入是最低端 5% 的 32 倍，2003 年则猛增至 51 倍，2007 年再度扩大至 62 倍，折射出中国台湾地区收入差距不断拉大的趋势。参见王晓易《台湾贫富差距极度恶化最富最穷差 62 倍创新高》，网易新闻，http://news.163.com/09/0620/15/5C8U8EJH000120GR.html。

2. 增加农民收入水平

20 世纪 60 年代末，进入刘易斯转折区间以后，为改变农业发展滞后、工农业收入差距过大的状况，中国台湾将 20 世纪 50 年代推行的"发展粮食生产、保障市场供给"农业发展方针调整为"扩大经营规模，增加农民收入"。1969～1972 年，中国台湾先后颁布实施了"农业政策检讨纲要（1969年）""现阶段农村经济建设纲要（1970 年）""加强农村建设重要措施（1972 年）"三个政策性文件，提出了农业发展的三大目标和十大措施。三大目标是：实现农业现代化、提高农业经济效益、增加农民收入。十大措施是：改善农业结构、扩大农场经营规模、加速农业机械化、提高农业生产技术、降低农业成本、减少农业赋税及减轻农民负担、合理调整农产品价格、改善农业金融和投资、强化农民组织、推行农业专业化。其中降低农业成本、减少农业赋税及减轻农民负担、合理调整农产品价格、改善农业金融和投资等都是直接以增加农民收入为目的。1973 年中国台湾公布"农业发展条例"，把上述农业方针政策用法律形式确定了下来，把增加农民收入的对策纳入法制管理的轨道。

进入 20 世纪 80 年代以后，中国台湾经济由劳动密集型转变为技术和资本密集型，但传统农业发展远远落后于经济发展的需要，为此中国台湾当局再次进行农业政策调整，提出了"发展精致农业，增进农民福利"的农业发展方针，开展了"第二次土地改革"（1981～1983 年），实施"稻田转作计划"和"农业升级计划"，重点加速农地重划和农业机械化进程，减少稻米生产，扩种果蔬等高价值作物，加强农业技术研究与推广，培养核心农民（专业农户），发展设施农业、观光农业，旨在通过农业的现代化，从根本上提高农业的经营效益，以增进农民的物质财富。经过这次政策调整，到 20 世纪 80 年代中期，农业基本实现了现代化，农业综合机械化水平达到 80% 以上，1984 年人均 GNP 为 3200 美元，工农收入之比缩小到 100:72.5。[①]

---

① 刘克辉等：《台湾农业发展概论》，厦门大学出版社，1997，第 213 页；曹小衡、葛立祥：《台湾经济快速增长时期（快速工业化时期）的收入分配研究》，《台湾研究集刊》2008 年第 3 期。

3. 鼓励中小企业大量发展，增加工人收入

20 世纪 50 年代初期的中国台湾，失业现象比较严重，1952 年失业率高达 65%，其中非熟练劳动力占多数。中国台湾当局营造了适宜劳动密集型中小企业生存和发展的有利环境，对中小企业的创立以及登记限制较少，对新创企业在资金、技术、租金和税收等方面给予优待。1966 年公布"中小企业辅导准则"，对有发展前途而在经营管理上有困难的企业进行示范性辅导，建立起较为完备的中小企业辅导体系。这一政策的结果，不仅为中国台湾的经济发展奠定了出口导向的基础，而且吸收了大批较低熟练程度的劳动力，特别是吸收了大量从农业转移出来的劳动力再就业。20 世纪 50～60 年代在中小企业就业的人数占总就业人口的 85%，20 世纪 70～80 年代占 70% 左右。[①] 中国台湾农业部门 50 多年来转移出来的农村劳动力达到 400 万人左右，大部分在中小企业实现了就业。中国台湾劳动密集型的中小企业的充分发展，提高了工资收入在国民收入结构中的比重，改善了社会收入分配状况。1951～1979 年，工资收入份额在居民收入结构中的比例从 40.8% 增加到 60.8%。[②] 此外，由于中小企业产值占中国台湾 GNP 的 60% 左右，随着中小企业的成长，普通员工的收入水平也不断提高，相当数量的劳工步入了中产阶级行列。另外中小企业还吸收了为数众多的非熟练工人，包括女性劳动力（占中小企业就业者的 40%），从而扩大了社会的就业面。中小企业的充分发展，还在整体上造成了一种藏富于民的效应。众多中小企业的兴起，使大量的固定资本和流动资金散于各方，大大降低了资本的集中程度。中国台湾总人口为 2300 多万人，中小企业超过 90 万家，两者之比为 24:1，这对财富的集中也有一定的阻滞作用。[③] 可见，中小企业的发展和兴盛，不仅扩大了社会就业，而且促进了分配的均等化。

4. 加大教育的投入力度，提供平等的受教育机会

中国台湾历来重视发展教育，并将平等受教育的机会看成实现公平收

---

① 舒萍：《中小企业"质的飞跃"初论》，《南开学报》（哲学社会科学版）2000 年第 6 期。

② 孔繁荣：《台湾经济起飞过程中收入分配均衡化的经验及对大陆的启示》，《台湾研究集刊》2011 年第 1 期。

③ 舒萍：《中小企业"质的飞跃"初论》，《南开学报》（哲学社会科学版）2000 年第 6 期。

入分配的重要途径。首先，对教育进行巨额资金投入，教育投资总额随经济的增长不断递增，公共和义务教育经费的增长率大部分时期都高于 GDP 的增长率。1955～1986 年教科文经费支出总额占财政支出总额的比重由 13.6% 上升到 20.5%。[①] 其次，发展职业技术教育和训练。在中国台湾产业结构（经济外向型阶段和技术密集型阶段）转换过程中，职业技术教育也实现了由初级职业技术教育向高级职业技术教育的转变，形成了完整的职业技术教育体系。最后，发展职业训练，培育熟练劳动力。1968 年，中国台湾成立了"工业职业训练协会"，编订了整套职业训练标准，提供新式训练教材和方法，推行劳工的技术鉴定制度，为企业提供职业训练服务。1984 年，中国台湾制定了"劳动标准法"，规定企业在雇用一个新工人时，必须把训练科目、训练期、训练的生活设施和生活补助费写入雇佣契约中，以法律来保障职业训练。正是由于上述政策的有力推行，中国台湾人口的文化素质大大提升，劳动力的劳动技能大大增强，促进了经济的发展，提高了劳动者的所得分配。

5. 建立健全社会保障制度，进行收入再分配，缩小收入差距

在中国台湾二元经济转型过程中，社会保障制度对缩小收入差距起了很大的作用，20 世纪 60～80 年代的刘易斯转折区间，中国台湾颁布和实施了一系列社会福利方案。较重要的有：1950 年首创的劳工保险（参加者占人口总数 34.8%）、1958 年开办的公教人员保险（参加者占人口总数 2.7%）、1985 年实施的农民保险（参加者占人口总数 7.7%）。这一时期还颁布实施了"社会救助法""儿童福利法""少年福利法""老人福利法""身心障碍者保护法"等福利法规，中国台湾的社会保障制度日趋建立并制度化。这一时期中国台湾社会保障制度具有三个重要特征。

第一，私人部门是保障服务的重要输送者。无论行政组织还是预算安排都是当局集权又集钱，地方提供的补充保障也依赖当局经费的推动。私人部门绝大部分经费源于当局和地方的奖励或补助，但在保障服务的输送体系中扮演重要的角色。如在 20 世纪 60 年代早期，中国台湾的"中华儿童

---

① 邓利娟：《战后台湾财政》，鹭江出版社，1993，第 201 页。

福利基金会"就首先引进专业的社会工作制度,推动了儿童福利与家庭扶助工作。

第二,社会福利救济制度化。随着经济发展引起的结构性变迁、都市化的兴起和发展,家庭结构从传统大家庭变成核心家庭,进而出现老人、儿童、低收入家庭、身心障碍者、失业人口等更多的照顾需求。在此背景下,中国台湾于1980年通过了"老人福利法"、"社会救助法"和"身心障碍者保护法"等,成为中国台湾社会保障发展的重要指标。

第三,福利多元主义推动了社会保障制度的发展。一是保障私有化趋势:公共部门不再是唯一的提供者,私人养老机构纷纷成立。二是社区提供保障服务趋势:强调"社区养老""社区服务"等保障社区化的概念。三是保障服务均等化趋势:多数"地方政府"都在实践中心区、非中心区保障均等化。

二 后起工业化经济体缩小收入差距的经验与教训

后起工业化经济体二元经济转型晚于先行工业化国家,都曾受到西方先进政治、经济和社会管理制度影响,对西方先行工业化国家在二元经济转型中的经验和教训能进行总结和借鉴,并能结合本国和地区实际,探索出较快实现工业化和推行二元经济转型、避免社会动荡的做法,形成了具有自身特色的经验。这些经验主要有如下几点。

1. 合理运用外来经济和军事援助

后起工业化经济体的二元经济转型,基本都是在第二次世界大战结束以后启动的,美国和联合国提供的军事和经济援助,成为这些经济体发展工业化的最初动力。一方面,在美国强大军事保护下,这些经济体不仅不用卷入美苏两个超级大国的军事竞赛,而且还能利用朝鲜战争、越南战争,争取美国和联合国大量军事订单,为战后经济恢复争取到宝贵的发展机会;另一方面,这些经济体都获得了美国提供的经济援助,这些资金在一定程度上缓解了后起工业化经济体在二元经济转型初期资金短缺的困境,特别是韩国,正是因为获得了美国经济援助,才避免农业部门被过度压榨,也避免了类似于日本在转型初期城乡收入差距深化的状况。

2. 选择正确的发展战略

日本、韩国和中国台湾这三个经济体在战后经济恢复之后，均面临发展战略的选择，缺少资金、技术，大量农村剩余劳动力亟须向外转移的现实使这些经济体只能很现实地选择吸纳劳动力能力较强的纺织业、农产品加工等劳动密集型产业，而国内经济发展水平低下、需求较弱的现实又使这些国家进一步确定外向型经济发展战略。为了增强劳动密集型产业的出口竞争优势，这三个经济体普遍采取了压缩消费比例、压低工资水平的做法，尽管在一段时间内使自身贫富分化加剧、收入差距拉大，但是为本国引进技术和设备积累了必要的外汇。之后，这三个经济体又制定了经济发展的计划，引入和借鉴苏联"五年计划"的做法，并用政府强制力推动，以先轻工业，后重工业，最后技术密集型尖端产业的步骤，在经济发展到一定水平后，再纠正收入差距较大问题，成功地实现了农业国向工业国的转变。

3. 重视农业发展

二元经济转型中如果农业生产效率不能得到有效提升，那么就会增加劳动成本，延缓二元经济转型进程，这是先行工业化国家的教训，也是后起工业化经济体十分重视的领域，日本、韩国和中国台湾地区在转型初期都进行了农地改革，通过土地制度改革，调动了农民的生产积极性，提高了农业生产效率。之后又通过推进农业机械化、现代化、科学化、商业化，大幅度提高了农业生产效率，缩小了城乡收入差距。

4. 重视教育投入

先行工业化国家的经验表明，教育对于提高人力资本有不可替代作用，而且教育也是低收入群体提升收入水平和社会地位的有效途径，日本、韩国和中国台湾地区吸收了这一经验，无论是教育投资的总额，还是教育投资在生产总值、政府支出中所占的比例，都随经济的增长而呈现递增趋势。即使在日本战后百废俱兴的时代，政府仍重视教育，于1947年制定了《教育基本法》和《学校教育法》，率先开始教育改革，并且在国家财政极端困难的条件下，将义务教育延长至九年。韩国认为，人才是韩国最宝贵的资源，教育是提升人力资本的唯一途径。为此韩国在20世纪60年代普及小学教育，20 世纪 70 年代普及初中教育，20 世纪 80 年代普及高中教育，20 世纪 90 年代普及大学教育，目前大学入学率已超过 80%。1950 年，韩国教育经费占 GDP 的比重仅为 2%，1984 年，教育经费占 GDP 的比重高达 14%。中国台湾在 20 世纪 80 年代以后经济增长速度降低情况下，教育经费年增长率仍略高于 GDP 的增长率。

5. 重视社会保障体系建设

西方经济学理论界对所得税是否能够实现经济的公平和效率是有争议的，主流学者认为所得税往往因体现公平而丧失了经济的效率。相比较先行工业化国家，日本、韩国和中国台湾地区在收入再分配领域，十分重视社会保障制度对改善低收入群体生活状况、缩小收入差距、促进社会公平的作用，它们根据经济社会发展的不同阶段和特点，建立和调整社会保障制度。在二元经济转型初期，针对贫困、失业等主要社会问题，社会保障的主要职能是社会救济，主要方式是国家救助。由于财力有限，需要救助的人数相当多，所以国家补助的标准很低。进入刘易斯转折区间之后，随着经济发展，贫困已经不再是主要社会问题，社会保障制度的重心转向学习西欧福利国家社会保障制度，建立覆盖面广泛、由各级财政主要承担所需经费的福利政策。完成二元经济转型以后，后起工业化经济体经济发展速度放慢，社会保障体系庞大的经费支出和财政赤字使高福利道路难以继续，改革社会保障制度成为日本、韩国和中国台湾地区面临的重大课题。

第三节　拉美国家的经验与教训

一　巴西二元经济转型中缩小收入差距的经验与教训

作为拉美地区最大经济体和新兴国家代表，巴西一直被贫富悬殊所困扰，也是世界上收入分配不公最为严重的国家。在 20 世纪 90 年代进入刘易斯转折区间以前，巴西的基尼系数呈现高位震荡上升趋势。在刘易斯转折区间，巴西收入分配不公程度开始呈现逐渐下降的趋势，根据基尼系数下降幅度，可以将巴西刘易斯转折区间收入分配不公状况的改善分为两个阶段。第一，1990～2002年，除了1990年有显著下降外（降幅达3.8%），多数年份处于温和下降状态，复合年均下降幅度为0.57%，2002年基尼系数由1989年的0.628下降为0.583。第二，2003年以后，基尼系数处于快速下降状态，复合年均降幅高达1.08%，2012年的基尼系数为0.527。按照收入五等分倍数的变化来分析，2002～2012年巴西最贫困的20%人口收入占总收入的比重从3.4%增长到4.5%，最富有的20%人口收入占总收入的比重则从62.3%下降到55.1%，收入最高和最低群体收入平均值的比重也相应从34.4%下降到22.5%。[①] 这也说明巴西2003年以来收入分配不公状况已有显著改善。在收入分配不公状况得到不断改善的同时，巴西的绝对贫困率（包括极端贫困率和中度贫困率）也出现了明显下降，按照世界银行统计数据，按每天生活费低于1.9美元衡量的贫困人口比例，在20世纪80年代基本都在20%以上，20世纪90年代在10%以上，而从2005年以后，就在10%以下了，2012年这一比例为4.6%。[②]

20世纪90年代以来巴西政府采取的缩小收入差距的政策主要有如下几点。

1. 关注青年人和弱势群体的就业政策

巴西政府从2003年起推出"第一次就业计划"，每年至少要解决20万名青年人的就业问题。为此，政府从"扶持劳动者基金"中拨出专款，授权职业培训机构对16～24岁的青年人进行培训，并且要求培训结束时至少要有30%的受训者找到工作。此外，政府还推出"为了青年人的计划"，其目标是加强对青年人的教育，每年要对20万名没有读完中学、没有就业的青年人进行专门培训。

巴西也关注弱势群体，尤其是残疾人的就业问题。1991年巴西政府颁布第8213号法令，规定100名职工以上的企业必须为残疾人保留2%～5%的就业岗位，拒绝招收残疾人就业的企业将受到法律制裁。这部名为"残

---

① 岳云霞、史沛然：《跨越"中等收入陷阱"：巴西与韩国比较研究》，《国家行政学院学报》2017年第2期。

② 世界银行发展指标数据，https://data.worldbank.org.cn/country/brazil。

疾人就业配额法"的法律，为许多尚有劳动能力的残疾人提供了就业机会。①

2. 合理调节工资涨幅政策

每年提高最低工资，同时压低高收入者的工资涨幅也是巴西政府缩小贫富差距的重要措施。自 2003 年卢拉政府上台执政以来，巴西最低工资额增幅已达 155%，扣除通货膨胀因素的实际增幅达到 53.46%。据巴西国家统计局的统计，2004～2008 年，巴西的平均工资增长 17.3%，但是同期占总人数 10% 的低收入劳动者的工资上涨了 34%，占总人数 10% 的高收入者的工资仅上涨 12.4%，低于全国工资平均增长率。2005 年以来，高收入者占全国工资总额的比例逐年下降。2007 年，占总数 10% 的高收入者占全国工资总额的比例为 43.3%，2008 年下降到 42.7%。而低收入者占全国工资总额的比例则相应逐年上升。②

3. 反贫困计划

20 世纪 90 年代以来，巴西采取了"有条件的收入转移支付计划"来反贫困，其核心是通过国家公共政策向低收入家庭提供一定的生活补贴，帮助这些家庭摆脱贫困，以保持社会的稳定。2003 年 10 月之前，巴西先后实施了四种"有条件收入转移支付"的计划，第一个计划是 1996 年开始实施的"根除童工劳动计划"，根据该计划，农村童工返校学习每人每月可得到 25 雷亚尔的奖学金，城市童工返校学习每人每月可得到 40 雷亚尔的奖学金。第二个计划是 2001 年开始实施的"奖学金计划"。其目标是使 6～15 岁的青少年的入学率达到 85%。根据该计划，人均收入低于 90 雷亚尔的贫困家庭，每月可得到 15 雷亚尔的奖学金。③ 第三个计划是"食物奖励计划"，政府给贫困家庭 6 岁以下的儿童每人每月 15 雷亚尔的生活补贴。获得补贴的贫困家庭必须做到：给新生儿哺乳、定期给儿童注射疫苗等。第四个计划是"食品卡计划"。政府向人均收入不到半个最低工资标准的贫困家

① 张宝宇：《巴西经济发展与社会发展关系问题》，《拉丁美洲研究》2005 年第 1 期。
② 杨立民：《巴西如何解决贫富差距：完善社保扶贫抑富》，《理论参考》2010 年第 7 期。
③ 蓝建：《教育分化对收入不公平的影响——拉丁美洲研究》，《外国教育研究》2004 年第 4 期。

庭发放食品卡，供他们购买生活所需的食品。扶助贫困家庭的这些社会公共政策收到了很好的社会效益，巴西实用经济研究所的报告表明，2001 ~ 2004 年，巴西的不平等指数在下降，其中 35% 得益于联邦政府的社会救助和补贴计划。[①]

4. 教育改革政策

1996 年，巴西颁布了《国民教育基础与指引法》，界定了联邦、州和市政府在国民教育方面的权责分配，推动学校治理的民主化进程，让学校在资金使用和课程选择上享有更多自主权。同一年，联邦宪法第 14 号修正案建立了"基础教育发展基金"（FUNDEF），要求通过新建立的基金对东北部和北部贫困地区进行倾斜性融资支持。随后几年，巴西联邦和地方政府全面进行教育系统转型：一是教育融资均等化；二是绩效测度；三是降低贫困家庭教育成本。教育融资均等化就是要求在教育融资上消除地区间的极端差异。

2003 年，巴西政府实行了"零饥饿计划"，其组成部分的"家庭补助金项目"将普及义务教育与补助金发放挂钩，规定 15 岁以下儿童的上课出勤率必须达到 85%，16 岁和 17 岁少年的上学出勤率必须达到 75%，只有凭学校证明才能继续领到救助金，这样极大降低了贫困家庭孩子沦为童工的可能。2006 年，巴西国会将原来的"基础教育发展基金"更新为"基础教育发展和维护基金"（FUNDEB），资助范围从原来的初等教育和中等教育扩大到儿童早期教育、校外年轻人和成人教育。"家庭补助金项目"和"基础教育发展和维护基金"使高级中学教育在供给和需求两方面都取得了优先权。这些政策的推出无疑降低了贫困家庭子女的教育成本，扩大了教育普及程度。有条件现金转移计划的引入提高了贫困家庭子女的入学率和受教育机会。同时，巴西的公共教育支出占 GDP 的比重也从 2000 年的 4% 持续增加到 2010 年的 5.8%。国内 15 岁及以上人口的识字率从 2000 年的

[①]　世界银行：《2000 ~ 2004 年世界发展报告》，朱文晖、王玉清译，中国人民大学出版社，2000，第 213 页。

86.4% 增加到 2011 年的 90.4%。[①]

5. 健全完善社会保障政策

进入 20 世纪 90 年代以后，巴西大幅度改革了社会保险和救助体系，建立了面向家庭、妇女、儿童、残疾人和老年人等弱势群体的全方位社会保障政策体系。1990 年巴西建立了"连续现金福利项目"，这是一个不附带资金用途的现金转移项目，只要伤残或年龄在 65 岁及以上，且家庭人均收入低于最低工资 1/4 的，就可以获得救助，救助的最高标准为最低工资，但不能与其他社会救助项目累计。2003 年，巴西整合了原先分属各地区和各部门管理的碎片化社会救助资源，创立了"零饥饿计划"，覆盖了包括健康、医疗、教育、食物保障和减贫等多个领域，其中最有影响力的是具备有条件现金转移性质的"家庭救助金计划"。享受"家庭救助金计划"的家庭必须持身份和收入证明在当地政府登记，而且每两年重新登记一次。政府发给符合条件的家庭一个银行卡，每月定期打入救助金。持卡人可以到银行提取现金，也可以到任何超市和商店购物。这种方式把联邦政府的社会救助金直接发到救助对象手中，避免了被地方官员贪污挪用的可能性。为了提高全民健康水平，"家庭救助金计划"规定 7 岁以下儿童必须按卫生部规定的日期打预防针，怀孕妇女必须按期进行检查。只有凭卫生部门的证明才能继续领到救助金。"家庭救助金计划"还承担了养老保险职能，城市男性的退休年龄为 65 岁，女性为 60 岁，只要缴纳了 180 个月的退休保险就可以领退休金。农村人的退休年龄相对城里人分别减少 5 岁，只要证明参加过 180 个月的农村劳动就可以领到最低工资标准的退休金。65 岁以上的老人只要家里的人均收入不足最低工资的 1/4，就可以向政府申请最低工资的补贴。残疾人也可以申请同样的补贴。

"零饥饿计划"实施以后仍然有很多人处于极端贫困状态，且没有被"家庭补助金项目"和其他非缴费型项目覆盖进来。因此，2011 年巴西政府又推出了"没有贫困的巴西计划"，继续整合巴西的社会救助体系，重点是识别贫困家庭并给予公共服务和社会救助。目前该计划通过"家庭补助金

---

① 金英君：《"拉美现象"与社会公平问题研究》，《中共天津市委党校学报》2014 年第 6 期。

项目"保证每月人均收入不低于70雷亚尔（约合39美元），如果家庭有未成年子女（视子女数量而定）还可以获得最高160雷亚尔的额外人均补贴。[1] 2012年，巴西又在"没有贫困的巴西计划"下引入了"巴西关爱项目"，旨在对那些已经获得"家庭补助金项目"资助但仍未摆脱极端贫困状态的家庭提供额外的现金补助。

目前巴西具有收入保障功能的社会救济项目主要包括两项：一是"家庭补助金项目"（"巴西关爱项目"作为补充）；二是"连续现金福利项目"。这两个项目覆盖面持续扩大，对巴西减贫、缓解收入分配不公起到了越来越重要的作用。例如，"家庭补助金项目"和"连续现金福利项目"覆盖人数占总人口的比重分别从2004年的15.88%和1.13%提高到2011年的27.39%和1.82%。[2]

提高健康水平是帮助贫困家庭脱贫的基础。2009年，巴西政府为"家庭救助金计划"拨款119亿雷亚尔，受益家庭达到1240万户，受益人口高达4950万人，约占巴西全国人口的26%。2010年，巴西政府继续加大社会项目投入，"家庭救助计划"的预算增加到137亿雷亚尔，比2009年增加了15.1%。

但这里存在两个问题需要引起重视。一是虽然巴西先后实施了"零饥饿计划"和"没有贫困的巴西计划"，对各项社会救助制度进行了整合，但鉴于联邦体制下，中央和地方之间在财权和事权上存在严重博弈，高度碎片化一时难以消除，而且待遇资格的界定需要借助"家计调查"等手段，为此付出高额管理成本就在所难免。二是虽然目前用于"家庭补助金项目"和"连续现金福利项目"的政府开支较少，[3] 但巴西一些社会救助项目（如"连续现金福利项目"）的待遇标准是依据最低工资（而不是物价指数）来制定的，随着覆盖面的扩大，未来一旦经济增长出现下滑，难免会给政府

---

[1]　Mamelo Medeims, Pedm Souza, "The State and Income Inequality in Brazil", *IRLE UC Berkeley Working Paper* 153 (13), 2013, p. 10.

[2]　齐传钧：《巴西收入分配问题与相关政策评析》，《拉丁美洲研究》2014年第8期。

[3]　OECD Secretariat, "What Role for Policy in Tackling Inequality?" 2013, http://www.oecd.org/employment/emp/45282892.pdf.

带来巨大的财政压力。

应该看到,巴西采取的政策措施虽然使收入差距有了一定改善,但是其收入分配不公问题依然突出。这说明巴西收入分配不公问题形成时间已久,并形成了既有社会保障制度的固化利益集团,消除贫困、缩小收入差距就必然会涉及调节社会收入再分配机制,就巴西当前消除贫困和缩小收入差距的政策而言,均出现了一些负面的情况,如近 20 年巴西初等教育和中等教育普及率有了显著提高,但仍没有消除与其他中等收入的拉美国家和 DECD 国家之间的差距,特别是教育质量还面临特别大的挑战。[①] 当前实行的公共部门养老金制度和私人部门养老金制度并存的养老金双轨制,不仅使养老保障的实际效果相差很大,而且,就公共部门养老制度而言,也出现了该制度内部收入越高、养老金替代率越高的态势。这表明,要彻底改变巴西严重收入分配不公状况,还需要进行长期艰巨的改革。

二 墨西哥二元经济转型中调节收入分配的经验与教训

在墨西哥劳动者收入构成中,工资是非常重要的构成部分,工资收入直接体现着收入分配的公平程度,工资与收入分配在一定程度上互为因果。墨西哥最普遍的工资形式有两种:最低工资[②]和合同工资。最低工资是一个劳动者每个劳动日应得到的最低限度的现金收入,其数量可以满足支付一般家庭对物质、社会和文化的一般需求,包括子女的教育费用。墨西哥从1934 年开始实施最低工资制度,这一制度的实施对于保障劳动者的经济权益具有积极意义。1976 年最低工资水平达到历史最高,为工业部门工资的50%,此后,最低工资水平急剧下降,特别是 20 世纪 80 年代以后,随着新自由主义改革进程的推进,最低工资制度的作用越来越衰微,到 1994 年时,

---

① " PISA 2012 Results – Volume Ⅵ", Students and Money – Financial Literacy Skills for the 21st Century, http://www.oecd.org/pisa/.

② 墨西哥的最低工资分三类:第一类是一般的最低工资,在一个或几个经济区域内实行;第二类是专业最低工资,在确定的工业和商业部门执行,或在一个或数个经济区域内、专业的或特殊的领域实施;第三类是农业部门劳动者的最低工资,这类工资没有确定具体数额,只是规定工资应与农业劳动者的生活需要相适应。

最低工资仅为工业部门工资的 30%。①

合同工资是以集体契约或法律契约为基础确定的工资。《墨西哥联邦劳工法》规定，合同工资既可以用工时确定，也可以用工作量来确定，还可以用利润分配及其他方式来确定。合同工资是墨西哥最普遍的工资形式。

按照国外学者的研究，在 1963～1977 年约 15 年的时间里，随着工资收入的增长，收入分配曾有趋于合理的倾向。例如，1963 年、1968 年、1977年这 3 年的基尼系数分别为 0.61、0.59 和 0.52。② 1977～1982 年，尽管工资水平稍有下降，但从总体上说，这一时期的实际工资相对稳定，1982～1988 年是工资剧烈下降的时期，1988 年墨西哥的工资收入降到 1976 年以来的最低点。③ 工资的下降加剧了社会分配不公的程度。1988 年后，随着经济的复苏，工资也有所恢复，但这种恢复是极其缓慢的，工资水平远没有恢复到经济危机前的水平。研究发现，1994 年工业部门工人的实际工资只是1976 年的 64.3%，就全国范围而言，劳动者的平均收入只是 1976 年收入的89.4%。④ 1994 年的金融危机，再次导致工资收入下降。1997 年最低工资的购买力只及 20 年前的 1/4，合同工资只相当于 1977 年的 50%。⑤

与工资水平下降密切相关的是，工业部门工资占国民生产总值的比重也出现了下降趋势，1960～1976 年，工业部门工资占国民生产总值的比重由 21% 上升到 23%，1977 年开始下降，到 1983 年下降到 15%，1990 年降至 13%。工业部门工资占国民生产总值的比重下降有两方面原因。一是该部门实际工资下降。传统上，墨西哥工业部门工人组织严密，工会力量强大。该部门工资增长有时甚至高于生产率的增长。1960～1976 年，该部门

---

① 杨令侠：《墨美边境地区墨西哥的经济与人口变迁——基于对 20 世纪后半期的考察》，《拉丁美洲研究》2015 年第 6 期。

② 丁波文：《墨西哥劳动力市场与政府就业促进政策研究》，北京外国语大学博士学位论文，2015。

③ James, M., Cypher, Raúl Delgado Wise, *Mexico's Economic Dilemma: The Developmental Failure of Neoliberalism* (Washington DC, US: Rowman& Littlefield Publishers, 2010), pp. 10, 98 - 99.

④ 杨远航：《拉丁美洲 1990 年代经济改革特点——以墨西哥经济改革为例》，《经济研究导刊》2015 年第 17 期。

⑤ 袁东振：《墨西哥经济改革进程中的工资问题》，《拉丁美洲研究》1999 年第 2 期。

生产率以年均 1.73% 的速度增长，而工资的年均增长速度达到 2.77%①，工资额占工业总产值的比重由 33% 提高到 39%。1976~1981 年，工业部门工资的增长基本与工业产值的增长同步，生产率年均增长 0.69%，工资年均增长 0.49%，工资占工业总产值的比重为 38%。从 1982 年开始，工业部门工资的增长速度明显落后于该部门生产率的增长速度。1981~1990 年，生产率年均增长 0.24%，而工资则以年均 3.65% 的速度下降。在经济危机和新自由主义经济改革进程中，任何部门的劳动者都不能摆脱工资下降的厄运。二是在经济改革的进程中，其他部门吸纳了越来越多的就业人口，而工业部门的劳动力在总就业人口中所占比重在减少。1970~1995 年，工业部门劳动力占全国总劳动力的比重由 21% 降为 16%，这是导致工业部门工资收入在社会总收入中所占份额减少的重要因素。

工资的下降加剧了社会分配不公的程度。墨西哥官方认为，1984~1989 年，收入分配不平等的程度增加了 10%。"中间阶层贫困化，贫困者走向赤贫，赤贫者的子女营养不良，死亡率上升。1981~1987 年，穷人由 3210 万增加到 4130 万，极端贫困者由 1370 万增加到 1730 万。"② 在新自由主义政策下，收入分配向有利于资本而不利于劳动的方向发展。1982 年资本收入占全国总收入的比重为 52.8%，1995 年上升为 62%，同期工资收入所占比重由 42.6% 降为 28.3%。按家庭划分也是这样，占家庭总数 40% 的低收入家庭的收入在全国家庭总收入中的比重 1985 年为 14.4%，1995 年降为 12.1%；40% 的中间收入家庭的收入所占比重也由 36% 降为 33%，而 20% 的高收入家庭的收入所占比重则由 49.4% 上升为 55.8%。③ 贫富差距进一步加剧，2007 年，墨西哥 10% 的最富人口拥有的收入是 10% 最穷人口收入的 26.8 倍，2011 年这一数值上升到 30.5 倍。近 25 年来，墨西哥 10% 最富有

---

① 陈江生、郭四军、朱同斌：《墨西哥的新自由主义经济改革》，《中共石家庄市委党校学报》2005 年第 9 期。

② 艾丽西娅·齐卡迪、沈晓雷：《贫困与城市不平等——以墨西哥城大都市地区为例》，《国际社会科学杂志》（中文版）2017 年第 34 期。

③ 刘坚：《消除贫困的有益借鉴——关于墨西哥、阿根廷两国消除贫困情况的考察和启示》，《农村工作通讯》2006 年第 1 期。

人口家庭实际收入增长了 1.7%，而对于该国 10% 的最低收入者，家庭实际收入仅增长 0.8%。2000 年，13 名亿万富翁占 GDP 的比重为 3.57%，到 2011 年 11 名亿万富翁占 GDP 的比重达到了 15.23%。墨西哥的 3051 家大企业占公司总数的 0.3%，却拥有所有商业资产的 74%。①

墨西哥对收入分配进行调节的政策手段主要包括国民收入初次分配措施和国民收入再分配措施，但是目前这两大领域的政策手段，在奉行新自由经济主义的政府手中，并未发挥积极的收入调节作用。

1. 国民收入初次分配领域措施

第一，最低工资上涨速度跟不上食品价格上涨速度。

墨西哥从 1934 年开始实施最低工资制度，1964 年组建了全国最低工资委员会，该委员会负责在技术方面对最低工资进行前期研究，向政府提出最低工资标准的建议。这一制度的实施对于保障劳动者的经济权益具有积极意义。在 20 世纪 60～70 年代，最低工资缓慢上升，1976 年曾达到工业部门实际工资的 50%，为历史最高水平。此后随着新自由主义改革进程的推进，最低工资不断下降，1988 年全国最低工资委员会解散，最低工资加速下降。最低工资下降幅度大，说明在工资下降的过程中，低收入阶层所受的冲击更为剧烈。墨西哥学者研究表明，从 1976 年到 1996 年底，最低工资的购买力下降了 86%。1987 年，一份最低工资可以购买家庭基本菜篮 35 种商品中的 31 种，1997 年则只能购买其中的 6 种（而且不包括肉、奶和水果）。1987～1997 年，上述食品的价格上涨了 1244%，而名义最低工资只提高了 308%，这意味着最低工资的购买力损失了 69.6%。1987 年，为了支付家庭基本菜篮的费用，所需要的工作时间是 8 小时 6 分钟，而到 1997 年 4 月，则需要 28 小时 34 分钟。②

第二，经济去农化沉重打击了农业生产，加剧了贫富分化。

墨西哥经济去农化既有外部原因，也有内部因素。从外部因素看，墨

---

① James M. Cypher, Raul Delgado Wise, *Mexico's Economic Dilemma: The Developmental Failure of Neoliberalism* (Washington, DC, US: Rowman& Littlefield Publishers, 2010), p. 3.

② 袁东振：《墨西哥经济改革进程中的工资问题》，《拉丁美洲研究》1999 年第 2 期。

西哥加入北美自贸区后，农业遭受沉重的打击，尤其是 2008 年实行全面自由化政策以来，农产品关税解除，无论是在技术、生产规模，还是在农业补贴方面，墨西哥都无法与美国相比，农业竞争力下降。例如，墨西哥最重要的农产品玉米，2010 年上半年从美国的进口价格是每吨 180 美元，而墨西哥产玉米的大宗交易价格是每吨 200 美元。从内部看，资本大量下乡后，大农场主垄断了农产品价格，获得了大部分农业补贴，小农户无法与之竞争，纷纷破产。例如，墨西哥有 6 家大型玉米公司，最大 1 家独占了 70% 的贸易量，控制了墨西哥玉米的贸易价格。经济去农业化不仅使墨西哥由农产品净出口国变成净进口国，而且每年花在进口食品的外汇支出相当于墨西哥全部移民在美国打工一年寄回的钱，或相当于墨西哥一年的石油出口收入。

由于农业比较优势丧失，墨西哥大量小农破产，农民投资农业的意愿大大降低，近年来有超过 50% 的农民没有向农业投资过，当前农业收入只占墨西哥农民收入的 30% 左右，农村贫困问题日益突出。全国 1.12 亿人中，有大约 6000 万名贫困人口，接近全国人口的 60%，其中，80% 的贫困人口来自农村。

经济去农业化使墨西哥大量农民放弃农业生产，45 岁以下的劳动力不断流向城市或国外，但是由于工业化严重滞后于城市化进程，涌入城市的农业人口缺乏就业渠道，只能处于流浪状态，生活在贫民窟中。政府无力向城市贫民窟提供水、电等基础设施，长期采取放任不管政策。居民用水要靠自我组织起来建小型的水塔、水泵或盗用城市供水系统的水，用电则从附近的输电站偷电。贫民窟的子女也很难接受较好的教育和医疗，贫民窟里每 100 个上小学的人中，只有 40 个能升入初级中学，其中的 20 个人能上到高中，只有 1 个人能进入大学。城市基尼系数从 0.67 上升到 0.78，收入分配极不平等。城市里最高收入群体的收入大约是最低收入群体的 34 倍，而且收入差距将长期固化，缩小的难度相当大。

2. 国民收入再次分配领域措施

第一，税收政策改革难以推行。

墨西哥是拉美国家税收水平最低的国家之一，据政府统计，墨西哥的税收相当于 GDP 的 13.7%，而拉美其他地区的平均税收则为 18.4%，① 墨西哥增值税税收占国内生产总值的 3.9%（2010 年），而其他拉美国家为 6%~9%，均远远高于墨西哥。墨西哥的税收体制中收入税和消费税的税收漏洞过多，在正规部门的就业人口存在社会保障负担过重的问题，税收调节收入分配的功能很弱。税收水平低下的主要原因是墨西哥财政收入过度依赖石油收入，大约 1/3 源于墨西哥国家石油公司（Pemex），已经固化的利益集团坚决反对触动自身利益的任何改革。2013 年培尼亚·涅托政府提出的财政改革，包括减少政府对国家石油公司收入的依赖，将非正规部门正规化，调节地方税收来扩大税收基础，淘汰那些有利于富人的不成比例土地和能源补贴，将年收入 300 万比索（合 23 万美元）或以上个人最高所得税率从 30% 增加到 35%，统一将包括墨美边境地区在内的增值税由 11% 提升到 16%，将矿业利润增加税收用于矿产项目所在地的市区建设，对股市的利润和股息也将征收 10% 的税收等措施。这套税收改革措施如果推行，将为政府增加 140 亿美元的非石油税收，将使国内生产总值提高 1.1%，但在国会辩论中，并没有获得通过。有经济学家指出，这项改革最大的问题是主要针对已经纳税的中产阶级和已经有了不少税收负担的公司企业，而没有扩大税基。②

第二，社会保障制度体系难以缩小贫富差距。

在拉美国家中，墨西哥的社会保障制度建立较早，1943 年墨西哥制定了第一部社会保障法，经过多年来的发展，墨西哥逐步形成了比较完备的社会保障制度，覆盖领域包括养老保险、医疗保险、失业保险、工伤保险、家庭津贴、社会福利和住房保障等方面。

养老保险：由养老金管理公司负责管理、投资运营和发放养老金；国家公务员社会保障和福利局负责管理联邦公务员、军人和墨西哥石油公司职工的社会保险；国家养老金储蓄管理委员会负责监管养老金管理公司。

---

① 韩琦：《墨西哥政府的深化改革难题——兼论其对中国的借鉴与启示》，《人民论坛学术前沿》2014 年第 9 期。

② 潘芳、谌园庭：《"拉美热点问题论坛"会议综述》，《拉丁美洲研究》2014 年第 2 期。

墨西哥的养老保险由雇员和雇主共同缴费，并且雇主缴费比例高于雇员缴费比例。财政为实际缴费的雇员提供缴费匹配补助，并提供社会最低养老金担保，以及为 60 岁以上的农民提供社会救助。

医疗保险：墨西哥的各类企业雇工及其家属的医疗保险主要由社会保险局负责管理，没有雇主、没有工作的城镇居民和农民等享受卫生部的医疗保障服务，同时还为没有任何医疗保障的困难家庭开办了"人民医疗保险"。卫生部负责管理大众医疗保险。

失业保险：自 2002 年起，劳动保障部门和各州就业服务署共同设立了"求职人员经济扶助计划"，该计划作为就业服务的项目之一，旨在为失业人员提供经济帮助，鼓励他们通过求职重新进入劳动市场。

工伤保险：同世界上绝大多数国家一样，墨西哥的工伤保险制度都是由雇主缴费，雇员不缴费。墨西哥的工伤保险实行差别费率，根据工伤风险程度不同，费率为 0.25% ~ 15%。

家庭津贴：墨西哥的家庭津贴源于雇主缴纳的 1% 的工薪税和国家财政补贴。根据墨西哥税法，凡是月收入在 32700 比索以下的人都能享受到国家财政提供的纳税补贴，最低金额相当于实际纳税额的 30%。2007 年 10 月启动了一项能源补贴计划，补贴 500 万户贫困家庭约 25% 的日常能源开支，总计 30 亿比索（约合 2.752 亿美元）。

社会福利：从 2003 年起，墨西哥实施了"机会计划"社会福利政策，这一计划主要包括饮食、健康、教育三个方面的内容。向平均每个贫困家庭发放食物补助 60 美元/月，直接发到家庭主妇手中。每个贫困妇女和儿童都能够到体检中心做健康检查，仅这项措施就使农村人口发病的天数减少18%，城市减少 25%。小学三年级到初中三年级的每一位学生都有奖学金，尤其是女学生受到照顾，此举使学生上学率提高 24%，辍学率下降了 6%，同时有效地帮助女孩子完成学业。

住房保障：墨西哥早在 1972 年就建立了全国劳动者住房基金，它是墨西哥最大的住房基金机构，在所有机构发放的住房贷款中占了 50% 以上的份额。企业主和职员每月分别向全国劳动者住房基金缴纳相当于职员工资5% 的金额，作为住房公积金，进入职员基金账户，用于支付购房贷款或养老保险。在保障低收入家庭住房方面，墨西哥政府除利用民间力量外，还吸收国外资金，如国际金融机构提供的个人贷款。

自 20 世纪 70 年代以来，由于实行新自由主义政策，墨西哥在工业化和城市化的过程中，产生了贫富差距拉大和贫困现象严重的问题，2008 年，墨西哥的贫困率达到 10.6%，同年经济合作与发展组织（OECD）在《不平等增长：OECD 国家的收入分配及贫穷问题》的报告中归纳 24 个国家的数据，过去 20 年的经济增长有利富有人士多于穷人，令 3/4 成员国的贫富距离拉大，贫富差距累积增加 7%。其中墨西哥最富有 10% 人的平均收入是最穷 10% 人的约 26 倍，是经济合作与发展组织成员国中贫富差距最大的国家。墨西哥的国家公共开支中社会保险部分所占比例过小，而且覆盖人群主要集中于城市居民，对低收入者、流动人口、失业者的覆盖力度还不够。[1]

---

① 朱志鹏：《浅析墨西哥的社会保障制度》，《天津社会保险》2009 年第 3 期。

第八章　促进二元经济转型缩小收入差距的对策建议

缩小城乡居民之间的收入分配差距，是促进城乡二元经济转型的关键。在当前的历史条件下，要从加快推进农民工市民化进程、改革完善农村土地制度促进农业规模化发展、深化财政与金融体制改革以优化城乡资源配置、加强劳动力市场建设促进劳资合作等方面着手。

第一节　加快农民工市民化进程

由于我国城市化道路的特殊性，改革开放以来我国在城市化进程中逐渐形成了庞大的农民工群体。农民工现象虽是我国城乡二元体制与市场化、城市化进程相冲突的产物，但农民工的出现也是我国渐进式改革的重要成果，与传统体制下农民被束缚在农业领域相比是重大的社会进步。农民工的乡城流动不仅增加了农民择业机会与选择空间，大幅度增加了农民收益，也极大地促进了我国的工业化与城市化进程。

然而，农民工市民化过程的迟滞，显著抑制了非永久性乡城迁移人口及其家庭的收入增长。非永久性乡城迁移者由于未取得城市户籍，多集中在迁入地次级劳动力市场，同时绝大部分农民工由于文化水平低及缺乏专业技能，主要从事劳动密集型的 3D（dirty、dangerous、demeaning）工作，总体工资水平明显低于本地劳动力，以非农业就业途径来增加收入的空间非常有限，且劳动合同签订率低，城市就业稳定性差，使其不可能完全脱离土地在城市定居下来，其依然将农村的承包地和宅基地作为规避生存风险的最后保障，导致了农地小规模分散经营难以从根本上得到改变。由于农业小规模分散经营无法实现农业的现代化、产业化发展，也不利于实施农业科技创新、转变农业发展方式、加快农业产业结构调整，无法利用大型机器设备等资本的投入来解决农业有效劳动力不足的问题，因此农业生产效率低下，农民农业收入水平低。此外，农民工虽长期在城市从事非农产业工作，但仍是农业户口，享受不到与城市居民在居住、社会保障、子女受教育等方面的同等待遇，进一步拉大了城乡居民的收入差距。城乡收入差距越大，全社会的收入分配差距也就越大，就我国情况来看，城乡收入差距变动对全国居民收入差距变动的影响程度高达 84.77%。① 而收入分配差距过大，在边际消费倾向递减规律的作用下，又会出现投资率过高消费率过低的投资与消费失衡。投资与消费失衡不仅是我国宏观经济波动的基本原因，还是我国外贸依存度过高，经济增长对国际能源、原材料和市场需求过度依赖的重要原因。由于收入低，加之在社会公共服务和社会福利等方面还远没有充分享受到等同于城市公民的平等权利，农民工在城市被"边缘化"境况并未发生明显改善，甚至已经积聚了很多矛盾。这样，在农民工群体面临失业、返贫或不公正待遇时，累积性的矛盾就可能被集中释放，构成对城市安全、社会稳定与和谐发展的现实威胁。因此，要提高我国居民的消费倾向、解决投资与消费失衡问题、促进社会的安定和谐、实现经济持续健康发展，必须解决社会收入分配不公平问题，必须加快农民工市民化进程，促进二元经济转型。

我国农民工的问题解决既不能回到限制农民进城的老路上去，也不可能寄希望于短期的、临时性的优惠政策。解决农民工问题的根本途径是实现农民工市民化。具体来说要着重做好以下工作。

第一，稳定农民工就业，增加农民工务工收益。一是要规范用工制度，切实推进劳动合同制，以提高农民工的就业稳定性；二是取消对农民就业的各种政策限制和地域歧视，保障农民工获得合理的工资性报酬；三是加

① 王少国：《我国城乡收入差别对居民总收入差别的影响分析》，《农村经济》2007 年第 3 期。

强工会组织的独立性，通过集体谈判制度的实施，建立农民工工资的正常增长机制；四是加强对农民工的业余教育与职业培训，通过提高农民工基本素质与职业技能，提高农民工的挣钱能力。

第二，降低农民工在城市定居的生活成本。农民工之所以选择流动性就业，而不是在城市定居，其基本原因在于农民工的务工收益不能补偿城市定居成本。因此，推进农民工市民化过程，不仅要使农民工的收益高于务农收益，还必须使其务工收益能够补偿城市定居成本。这不仅要通过各种措施稳定农民工就业，增加农民工务工收益，还要通过各种措施努力降低农民工在城市定居的生活成本。一是要落实农民工的社会保障权，按照分类分层保障原则，为农民工提供社会保障，以降低农民工在城市就业与生活所承担的风险成本；二是取消农民工子女在城市入学的择校费，通过加大财政投入的方式解决农民工子女的教育问题，以降低农民工定居城市的子女教育费用；三是把农民工群体纳入城市住房保障体系，以降低农民工定居城市的居住成本。

第三，改革户籍制度，有序接纳农民工成为城市居民。数以亿计的农民工市民化，绝非短期可以完成。各地可通过户籍制度改革，根据农民工的就业能力及农民工与所在城市的融合程度，设置农民成为市民的标准，让那些长期在城市就业的农民工，尤其是那些技能型农民工，率先在所在城市市民化，获得城市归属感。设置农民工成为市民的标准，不是强化城乡隔离体制，而是引导农民工有序成为市民的一种手段。这种标准的设定，既有利于农民工提高自身素质，稳定发展预期，又有利于城市做好接纳农民工的政策规划。

第四，改革农村土地管理制度，让农民有可能通过土地财产性收益解决市民化过程中的定居费用，更好地融入城市。[①] 近年来农民收入虽逐年增加，但城乡居民收入差距仍很大，国家统计局数据显示，城乡居民收入比连续5年下降，由2009年的3.33:1下降到2014年的2.92:1，[②] 但如果考虑

① 郑功成：《科学发展与共享和谐》，人民出版社，2006，第424页。
② 马常艳：《中国城乡居民收入比13年来首次缩小至3倍以下》，中国经济网，http://www.ce.cn/xwzx/gnsz/gdxw/201501/20/t20150120_4384230.shtml。

到城镇居民所享受到的住房补贴、养老医疗保险、子女教育等各种隐形福利，这一差距还要提高。按照世界银行的有关报告，世界上多数国家城乡居民收入比为1.5，中国是世界上这一比值超过2的三个国家之一。① 从农民收入构成看，家庭经营性收入、工资性收入、转移性收入和财产性收入四个部分中，财产性收入所占比重较低，是增加农民收入最大的潜力所在。② 党的十八届三中全会做出的《中共中央关于全面深化改革若干重大问题的决定》提出："赋予农民更多财产权利"，而农民拥有的最大的财产是他们以农村集体经济成员身份所拥有的农村土地。

　　长期以来，中国经济保持了强劲的高增长，土地在其中扮演了独特且举足轻重的角色。由于"公共利益"界定模糊、征地程序不规范、补偿标准低、安置不合理等征地制度存在，征地规模随着工业化、城镇化进程加快迅速扩大，城镇周边、城乡接合部完全失地的农民数量越来越多，农民土地权益遭受严重侵犯，"三无"农民逐渐增多，社会不安定隐患增加。这种靠牺牲农民土地财产权利降低工业化、城镇化成本的"以地生财"的发展模式不仅加大了经济运行的风险，也带来被征地农民权益丧失和生计受影响的社会风险，以及官民冲突的政治风险。此外，宅基地用益物权权能受限及宅基地流转受限、宅基地无偿退出制度等宅基地制度缺陷制约了农民宅基地及房产利益的实现；土地承包经营权存在潜在的不稳定及转让、抵押受限等制度缺陷，不仅使土地承包经营权的交换价值不能完全显化，还阻碍了土地要素的市场化和资本化，降低了土地资源的配置效率，同时也侵害了农民的财产权自由。还有，值得注意的是，农民维护土地权利的意识增强、集体土地征收中纠纷现象频发，实际上就反映了农民对不合理收益分配的抗争。据国家相关研究部门2013年基于全国范围内30个城市的3154份问卷的调研分析，在农村户口样本（68.3%）中，农民在进城定居

---

① 国家统计局农村社会经济课题组：《我国农村居民收入分配差距实证分析》，《调研世界》2006年第3期。

② 乔金亮：《农民增收实现"十连快"城乡居民收入差距连续四年缩小》，中国农业信息网，http://www.agri.cn/V20/SC/jjps/201402/t20140214_3762937.htm。

后愿意有偿或无偿放弃承包地的仅占5%（见图8-1），愿意放弃宅基地的比例也非常低。进城农民认为推进农民工市民化的重点是要保障他们的承包地和宅基地等权益（见表8-1），担心失去土地已经成为一些农民不愿转移户口的重要原因。①

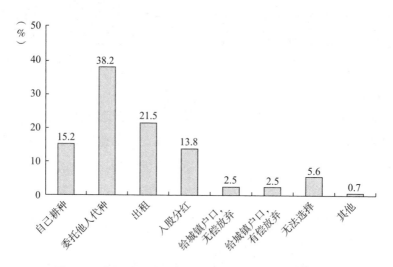

图8-1　如果您及家人进城定居，希望如何处置承包地

资料来源：郭冠男《围绕地权赋予农民更多财产权利》，《宏观经济管理》2014年第3期。

表8-1　推进农民工市民化的改革重点

单位：%

政策	非常重要+比较重要	一般	不太重要+不重要	无法选择
根据城市规模差别化降低落户门槛	70.5	22.3	5.4	1.8
实施基本公共服务常住人口全覆盖	69.7	24.6	3.7	2.0
保障转移人口的承包地和宅基地等权益	78.6	16.6	3.6	1.3
鼓励农村人口就地就近转移	51.5	31.5	14.3	2.7

资料来源：郭冠男《围绕地权赋予农民更多财产权利》，《宏观经济管理》2014年第3期。

①　郭冠男：《围绕地权赋予农民更多财产权利》，《宏观经济管理》2014年第3期。

可见，农村土地管理制度改革和创新的关键是土地收益分配的合理化问题。

因此，赋予农民更多的土地财产权利，让农民在新型城镇化及农业现代化过程之中分享更多的土地增值收益，是增加农民收入、加快农民市民化过程、维护社会公正和安定和谐的必然要求。只有在坚持保障农民权益的原则下深化集体所有制改革，通过明晰农地产权，构建农地发展权制度、建立科学合理的土地征收制度、地权稳定且流转顺畅的土地承包经营制度、"公平与效率"兼顾的宅基地制度及城乡统一建设用地市场，才能将农村土地制度改革向纵深推进，才能科学地引导和推进农民的市民化进程，促进城乡二元结构转型。坚持土地收益分配中的公平和正义、赋予农民更多的土地财产权利是创新土地制度促进二元经济转型的基本原则之一。

第五，改革政治体制，做好舆论引导，营造让农民工融入市民社会的软环境。要根据农民工异地就业和越来越多的农民工已经在当地定居的实际，改进现有的选举制度，让已在就业地定居的农民工享有与当地居民同等的选举权与被选举权，让流动性强的农民工通过工会组织参与当地的政治事务并发挥其应有的影响；加强对城市边缘区的管理与改造，加强城市边缘区的社会治安管理，改善城市边缘区的居住与生活条件；城市社区要将农民工视为社区的平等成员，向农民工开放各种公共服务网络；通过大众传媒的舆论导向消除影响农民工与当地居民的潜在隔阂，最终使农民工真正融入城市社区，使本地居民与外来农民工和谐共处。

第二节　深化土地制度改革，促进农业规模经营

我国农村土地家庭承包经营制度在很大程度上承担着农民的社会保障功能，是基于村组内人口的均田承包制度。为了保证每户获得的土地不仅在数量而且在质量、耕种的便利性等方面平等，分到各户的土地要好坏、远近搭配，这样导致各家各户土地经营规模过小、地块分散零碎。由于农地经营规模过小，农民既不可能依靠农业生产实现充分就业，也不可能依

靠科技投入、农业的规模化及产业化生产大幅度地降低生产成本而增加收入,[①] 农户经营土地的目的仅仅是维持家庭生计。因此,农户中的青壮年劳动力纷纷外出务工,留守在农村从事农业生产的劳动力大多是 50 岁以上的中老年人,导致农业生产的有效劳动力严重不足,而在农地小规模分散经营下,农户又不能充分使用大型机械作业,因此,土地粗放经营现象普遍。为实现农地的适度规模经营、促进农业的现代化发展、提高农业生产效率和农民收入、加快农业剩余劳动力的城镇化转移,必须推进土地承包经营权的规模流转。然而,在我国目前的土地承包经营制度下,土地承包经营权流转的相关法律制度供给明显滞后于实践需要,与国家鼓励流转的政策不相适宜,农地产权的不稳定以及土地承包经营权转让受限、抵押流转的规定在法律政策之间相互矛盾、相关法律规范与土地承包经营权入股农民合作社的实践相冲突、土地承包经营权流转登记制度不健全等制度的不完善已经对土地流转造成了阻碍。因此,为促进土地承包经营权流转、实现农业适度规模经营,应该在坚持农村集体土地所有制不变、赋予农民更加充分的土地财产权利、加强耕地保护以确保粮食安全的原则下,深化土地制度改革,建立地权稳定、流转顺畅的土地承包经营制度。

一　强化农地产权的稳定性

鉴于我国总体上已经进入"以工促农、以城带乡"的发展阶段,国家正加快健全农村社会保障体系、全面推进户籍制度改革,我们首先应该强化土地承包经营权的生产要素功能,促进土地流转,实现土地资源的优化配置,提高农业生产效率。因此,相关立法完善的方向应该是"赋予农民一个充分而有保障的土地承包经营权"。《农村土地承包法》规定的土地承包经营权期限是耕地为 30 年,草地为 30 ~ 50 年,林地为 30 ~ 70 年。目前,第二轮土地承包后家庭承包地的承包期限一般只剩 10 年左右。由于剩余期限短,不利于受让方长期投资获取收益,即使转入土地也不愿支付太高的

[①]　张桂文:《中国城镇化进程中"农村病"和"城市病"及其治理》,《辽宁大学学报》(哲学社会科学版) 2014 年第 3 期。

价款，而农民在流转收益过低的情况下也不愿转出承包地。虽然党的十八届三中全会通过的《中共中央关于全面深化改革若干重大问题的决定》明确提出，要稳定农村土地承包关系并保持长久不变，但这种政策性文件恐怕既难以有效约束在人口增减、征地等因素引致下的土地调整，又难以使"土地承包经营关系长久不变"成为人们的稳定心理预期，这必将影响到土地承包经营权的顺利流转及农地适度规模经营的发展，阻滞城乡二元经济转型。因此，必须尽快以"稳定农村土地承包关系并保持长久不变"的政策精神修改《农村土地承包法》及《物权法》，延长土地承包经营的期限，延长的土地承包经营期限至少应该与城镇土地使用权的最高期限相当或长于城镇土地使用权的最高期限，同时，应明确建立土地承包经营权续期制度，① 只有这样，农民的土地承包经营权才能依法得到保障。此外，还应积极完善农村社会保障制度，提高农村基本养老保险、医疗保险的水平，缩小农村和城市在教育、医疗和养老保险等方面的差距，从而使农民减轻对土地的依赖，土地所承载的对农民的社会保障功能得到弱化，进而促进土地承包经营权的有效流转。

此外，《农村土地承包法》第二十六条关于"进城（设区的市）落户的农民家庭将承包的耕地和草地交回发包方"的规定必须修改，对于进城（设区的市）落户的农民家庭，应允许并帮助其将土地承包经营权转出。只有这样，才能加快农民的市民化进程，促进我国城镇化的发展。

还有，要做好土地承包经营权的确权工作，就是将农村土地的承包关系、承包地块、面积、空间位置、用途、地类、等级等情况记录于专门的簿册，以确定土地承包经营权。农村土地承包经营权确权工作的开展是进一步明晰土地承包关系、强化对土地承包经营权的物权保护、保持现有土地承包关系稳定并长久不变的根本手段。土地确权是开展土地承包经营权流转工作的前提，能有效维护土地承包经营权流转中的农民主体地位，从而保障农民的自身利益。因此，各省份的地方政府要按照 2013 年中央一号文件中"全面开展农村土地确权登记颁证工作。用 5 年时间基本完成农村

---

① 王晓映：《统筹城乡土地改革和制度建设》，社会科学文献出版社，2009，第 214~216 页。

土地承包经营权确权登记颁证工作，妥善解决农户承包地地块面积不准、四至不清等问题"的政策精神，稳步开展农村土地承包经营权确权登记工作，为顺利推进土地承包经营权流转奠定基础。

二　完善土地承包经营权流转的法律法规

确立土地承包经营权流转自由与限制相统一和相协调的法律制度。首先，完善土地承包经营权流转自由的法律内容，包括：一是取消对转让的不合理限制，建立完善的土地承包经营权自由转让制度；二是完善物权性的土地承包经营权抵押制度，以便有利于专业大户、家庭农场、农民合作社、农业产业化龙头企业等新型农业经营主体及普通农户贷款、融资，进而加大对农业的投资，促进农业发展；三是完善农民合作社等企业法人的制度。在依法完善土地承包经营权转让和抵押制度的基础上，完善土地承包经营权入股流转制度，在农民以家庭承包方式取得的土地承包经营权入股农民合作社后，土地承包经营权即转移给农民合作社，农民合作社可依法对其进行自由转让或抵押。其次，规范对土地承包经营权流转的必要限制，包括：不得改变土地集体所有制的性质及土地的农业用途，不得侵害流转双方及相邻土地权利人的合法权益；转入方限于农业生产经营者，流转的期限不得超过承包期的剩余期限。只要符合以上规定，农民就可自由流转其土地承包经营权。此外，还要依法完善土地承包经营权登记制度，特别是要建立健全物权性质的土地承包经营权流转登记专项制度，[①] 促进土地承包经营权有序、规范地进行流转。

第三节　深化财政金融体制改革，优化城乡资源配置

一　深化财政体制改革，统筹城乡公共产品供给

新中国成立以来，我国在公共产品供给上长期实行两套政策，即城市

---

① 丁关良：《土地承包经营权流转制度法律问题研究》，《农业经济问题》2011 年第 3 期。

公共产品基本上由国家提供，而农村的公共产品有相当大的比重由农民自筹资金或"集体劳动"来解决。2000 年起，我国开展农村财政支出改革、税费改革，构建农村公共财政框架，至 2006 年，全国已经全面取消农业税，用于公共产品供给方面的支出逐步增加。但改革过程中所出现的财权与事权高度不对称直接影响了农村公共产品供给。一方面实际财力逐渐向中央及省、市两级政府集中；另一方面农村公共产品供给的事权却有所下移。特别是在取消农业税后，农村公共产品供给的职责仍然由县、乡两级政府来承担，上级政府的财政转移支付尚不足以弥补税费改革后县、乡两级政府的财政缺口，更谈不上为农村公共产品供给提供财力保障。财权与事权的高度不对称，不仅使县、乡政府难以有效地提供给公共产品，还导致其负债严重。据对全国 81 个农民负担监测县的调查，乡均债务额达 1098.6 万元，各县平均净负债 708.4 万元。①

迄今为止，我国农村公共产品供给严重短缺问题依然没有得到很好解决。农村基础教育投入不足，农业技术推广不力，农田水利等生产性基础设施严重落后，农村生活设施非常匮乏。据统计，2014 年中国农村还有 7017 万人没有脱贫，更不用说享有基本的公共服务了。促进二元经济结构转型，要求我们进一步深化财政体制改革，统筹城乡公共产品供给，缩小城乡居民收入差距。

第一，建立健全国家财政支农政策体系，加大政府对农业、农村的投入力度。一是要建立农业产业支持体系。农业产业支持体系的主要政策目标是提高农业综合生产能力，在确保中国的粮食安全和食品安全的前提下，提高农民收入。农业产业支持体系建设的重点是：加强包括水利设施、田间道路、农田整治、水土流失治理、草场建设、土地复垦、农业综合开发等在内的农业基础设施建设；完善政府农业服务体系，加大对农业科研、农业推广与农民培训、动植物疫病防治、农产品安全检验检测和农产品市场信息、农业服务活动的资金支持力度。二是要建立农村基础设施支持体

---

① 张珺：《中国农村公共产品供给》，社会科学文献出版社，2008，第 149 页。

系。这一支持体系的主要政策目标是改善农村生产和生活条件。农村基础设施建设是缩小城乡差别、促进城乡良性互动的重要措施，不仅与农民和农业有关，也与整个国民经济密切相关。因此要通过财政支持的方式，加强农村道路、饮水、电力、电信等公益事业的建设和维护。三是要建立农村社会事业支持体系。这一支持体系的政策目标是提高农村居民的身体与文化素质。其主要措施是加强对农村义务教育、职业教育、医疗卫生和社会保障方面的投入。[①] 四是建立健全农产品价格支持体系，逐步减少对农产品流通环节的补贴，把支持与补贴的重点转向农民。五是建立和完善农业保险体系，增强我国农业的风险承受能力。

第二，按照财权与事权相统一的原则，优化公共产品供给。事权调整的主要依据是农村公共产品受益区域的大小，全国性公共产品由中央政府提供，范围大小不同的地区性公共产品由不同层次的地方政府来提供，几个地区共同受益的公共产品由有关地区政府联合提供。具体来说，农业科技推广、农业环境保护、农业信息网建设、农业基础科学研究、义务教育等直接关系国家总体利益的公共产品的供给应主要由中央政府负责；农业基础设施、农村公路、农村社保等区域性公共产品可依据其受益范围的大小来决定是由县级政府还是省、市政府，或有关地区政府联合提供。同时，事权的调整要适应简化财政管理层次的要求，逐步淡化乡镇财政管理职能，减少乡镇事权，将大部分事权上收到县级政府。在划分事权、明晰各级政府职责的基础上，根据事权来划分和赋予各级政府相应的财权，以确保农村公共产品的供给有足够的财力保障。

深化财政体制改革，统筹城乡公共产品供给，还要建立和完善转移支付制度，以解决县乡财政收入不足问题，促进地区公平。要逐步将现行多种转移支付形式归并为一般性转移支付和专项转移支付两类，并推进省级以下政府的转移支付制度建设，以缩小辖区内财力差距所导致的公共产品供给的不公平。

第三，加强对农村公共产品供给的监督与管理，提高资金的使用效率。

---

① 柯炳生：《工业反哺农业的理论与实践研究》，人民出版社，2008，第132~136页。

加强支农资金的管理，建立绩效评价体系和考核机制，提高农业投资的效益；积极发挥人民代表大会的监督和检查作用，确保公共资源的合理使用；强化审计监督作用及时查处各种违规、违纪行为；实行政务公开，定期向群众公布收支情况，引入社会监督与问责机制，增加公共产品供给的透明度。

二　深化金融体制改革，实现城乡金融资源合理配置

城乡金融资源配置不合理已成为制约农村经济发展和农民收入增长的关键因素，而实现城乡金融资源合理配置实质上就是要解决好在农业发展和农村建设中的金融支持问题。为减少农村地区金融资源外流，同时吸引城市金融资源支持农业和农村发展、缩小城乡居民收入差距，必须建立有效的法律保障体系、完善促进二元经济转型的金融支持体系，以促进城乡经济与社会的一体化发展。

（一）建立有效的法律保障体系

法律是整个制度框架的根本保证，也是各项政策在实践中真正得以贯彻执行的根本保证。很多制度只有上升到法律层面，成为具有法律强制力的法规才能被很好地贯彻。在我国二元经济转型过程中，实现城乡金融资源合理配置实质上就是要解决好在农业发展和农村建设中的金融支持问题。而强调金融支持的重要前提是从法律层面上规范金融支持体系，对支持农业部门的金融机构给予政策和法律上的保障。一是要将以往的国家政策和规定通过立法程序变为国家的法律，取得法律上的强制力。这样，以往只能依赖政府积极性才能实施的金融支持政策，在今后实施将主要依靠法律的力量，实施不力甚至不实施的行为不但要承担政治上的后果，还要承担法律上的责任。二是要对实施金融支持的金融机构通过立法给予规范。我国的很多金融机构，特别是政策性金融机构和合作性金融机构缺少必要的法律规范，其运行具有很强的随意性，往往为了某种利益或者政治上的前途而改变其最初的经营宗旨。政策性金融机构为了迎合地方政府而改变其政策性的初衷，将资金用于获利更高的其他建设领域，很多合作性金融机

构为了能够获得更多利润而改制为商业性金融机构，失去了建立之初支持农业发展的初衷。这些都是缺少法律规范而造成的，所以国家应该通过立法手段规定金融机构特别是政策性金融机构和合作性金融机构的运行规范，对于没有按照国家法律经营的政策性金融机构或者合作性金融机构要给予法律上的处理。

（二）完善促进二元经济转型的金融支持体系

我国对农业的金融支持体系仍然没有建立起来，对农业生产的金融支持仍然停留在财政层次，在金融层次的支持相对较少。商业金融由于其逐利性难以在现阶段对农业生产给予支持，农业生产由于生产周期长、经营风险高、边际回报率低等特点，吸引商业银行的资金难度较大。政策性银行——中国农业发展银行主要是为国家的粮食采购筹集资金，资金服务的对象并不是每个农户，在实际贷款投向上没有真正起到政策性银行的作用。合作性银行在我国当前的条件下努力向商业银行转变，转变为商业银行后，基本也不再支持农村地区的发展，主要是从农村地区吸收存款，然后将其转移到收益更高的其他产业，这对农业造成影响，阻碍了现代农业的发展。目前我国对农业的金融支持还缺少相关的配套体系建设，如抵押资产估值机构和平台的建设、担保机制建设、抵押物特别是土地抵押后的流通体制及交易平台的建设，这些作为农业金融体系的重要配套机制必须与金融支持体系共同运转相互协作，这样才能使金融支持的众多后续问题在规范的制度下得以解决，才能最大限度地降低金融支持的交易成本，消除金融支持农业发展的障碍。

1. 金融支持体系的建设与完善

在二元经济转型的初期阶段，无论是发达国家还是新兴发展中国家都通过建立完整的商业性质的金融体系来实现对二元经济转型的金融支持。在这一阶段，由于传统农业部门与现代工业部门存在资金回报率的差异，资金从回报率较低的传统农业部门流向回报率更高的现代工业部门，资本的资源配置能够支持工业化的进程，推动了二元经济转型。当二元经济转型进入第二阶段，农业部门的边际劳动生产力水平仍然要低于现代工业部门，在纯粹的商业金融条件下，资本会继续向工业部门转移。资金短缺不仅会阻碍农业部门的现代化，还会影响整个二元经济转型的进程。

我国现阶段正处在二元经济转型的第二阶段，农业的资金回报率与现代工业部门相比仍有较大的差距，资金从农业部门流向现代工业部门的过程是经济的必然规律。目前阶段内完全商业化的金融体系在没有国家整体金融支持下，不能对农业生产形成有力的支持。因此，建立起包含政策性金融、合作性金融以及商业性金融在内的层次多样的农业金融支持体系就成为我国支持二元经济转型的必然选择。

第一层次，要建立起真正的国家层面上的政策性金融机构体系。这个体系构建后能够有效推动金融支持，其前提是，应当完善金融业绩指标的考核体系以及建立利益补偿机制，通过调整考核指标的方向和程度，促进金融资源向农业倾斜，引导金融体系的资金在农业内进行流转。在完善该考核体系的基础上，一方面改造政策性银行及原有农业部门中的金融机构。其中，一是改造农业发展银行，及时调整该机构的业务范围，确立并加强农业发展银行的政策性金融机构定位，将其变成能够为农户提供贷款服务的政策性银行；二是农业银行在进行股份制经营业务的同时，要继续确保将一部分信贷资金用于农业部门的支持；三是改革邮政储蓄银行的考核体制，促使该机构将在农业农村中吸收的储蓄资金留存在农业部门，适度向农业体系配置金融资源，将储蓄资金转化为信贷资金投向农业区域中的农业经营者和企业。另一方面是重新建立能够为农民提供贷款支持的政策性金融机构，这种政策性金融机构由中央财政直接出资，其运营的资本金全部来自财政资金，不以盈利为目标，其风险由中央财政负担。政策性金融机构主要为农业生产提供长期贷款支持，特别是对今后土地流转过程中发生的土地并购、水利设施的投资等大型农业设施提供长期贷款支持。国家从政策层面提供低利率，市场利率与实际利率之差由国家补贴。对农业的政策性金融支持能够有效地将农业部门中的金融剩余留存在农业部门。在二元经济转型发展过程中，农业政策性金融机构的重要意义是将农村金融剩余"保留"在农业部门，并且是将城市金融剩余向农业转移的重要通道。通过政策性金融机构的融资，能够帮助农业部门的生产经营者走出商业性融资的"资金贫困恶性循环"，使农业部门中的资金循环趋于良性运转。

第二层次，鼓励农村建立合作性金融机构，发展民间金融体系。其中，一是继续加强区域性质的农村信用社的经营模式改革，确立农村信用社在区域内支持农业部门发展的重要位置。农村信用社目前向商业性银行改进的趋势较为流行，虽然能够在一定程度上解决农村信用社原有的负担，提高了规范经营能力，但在客观上存在弱化农村金融服务乃至脱农的问题。国家从整体金融支持的角度，对区域性的信用合作社通过政策调整，改进其经营业务范围，调整业绩考核方向和指标，使其将一定比例存款用于对农业部门中的企业和农户的贷款，保障从农村吸纳的资金能够用在农业部门内部，防止该类金融机构把农村吸纳的存款转变为城市非农产业的贷款，造成对农村金融的过度抑制。二是对于已经转为商业银行的合作性金融机构，国家通过政策鼓励其向合作性金融转变，国家或者地方政府采取直接出资的方式建立起合作性金融机构。对于采取社区农户自行筹资的方式组建的合作性金融机构，出资农户作为股东，可以享受贷款的优先权和低利率。社区合作性金融机构主要是为当地社区内的农户提供资金支持，经营范围不扩大到社区之外。合作性金融机构所提供的贷款主要以中短期生产贷款为主，主要是弥补农业生产季节与收获季节之间的资金缺口。为了保证合作性金融机构能够正常运转，并且能够为农户提供低利率贷款，国家应该为合作制金融机构提供利率补贴，补齐与商业贷款利率之差。三是要改进监管体制，在有效防范风险的前提下，适当发展和扶持民间金融。适度改进现有监管体制，弥补监管政策和体制存在的不足，在防范系统风险的同时，使监管制度与不断发展和丰富的金融体系相适应，激发各种金融机构活力，推动其健康发展。通过约束监督机制和方向引导，促进社会资本与民间资本进入民间金融领域。对属于非正规金融的融资租赁公司、担保公司和小额贷款公司以及股权投资公司等民间金融机构，在许可的经营范围内，给予适当的承认与扶持。国家从金融市场健康运转和推动二元经济顺畅转型的角度出发，使这些私人钱庄、民间金融合会等民间金融组织向规范化、合法化和机构化转变。通过提供有效的约束和激励制度及环境，推动该类机构健康发展，使其发挥信息渠道广、操作效率高、担保方式灵活以及服务成本较低的优势，为农业部门中的农户和企业等提供不同层面的金融服务，满足农业发展的融资需求，促进农业部门中的民间金融机构与正规金融机构形成相互补充的局面。

第三层次是商业性金融，商业性金融作为政策性金融与合作性金融的重要补充，可以成为农业金融支持体系的一部分，主要支持措施是各个商业银行将营业网点进一步下放，为农业生产和农民生活提供服务。商业性金融机构为农村工商业企业提供贷款支持，也可以为农户的消费行为和资产购置行为提供资金支持。

通过健全和完善包括政策性金融、合作性金融以及商业性金融等在内的多种所有制相互结合、相互协作的农村金融组织体系，增加金融对农村的信贷供给，满足农业部门中不同类型农户的资金需求，充分发挥金融对农业部门的支持作用。同时，为降低农村地区金融资源的风险、增强对金融资源的吸引力，要加强农业保险制度建设，通过立法方式建立稳定的基本农业保险体系，出台农业保险相关法律，且以法律为依托建立区域性的政策性农业保险机构，扩大农业政策性保险的试点范围，鼓励商业性保险开展农业保险业务，并可引进擅长农业保险的外资保险公司，同时，逐步建立政策性农业保险与财政补助相结合的农业风险防范与救助机制。此外，政府还可以通过建立贷款风险补助资金，吸引城市金融资源支持农村发展，以及通过对金融机构的涉农贷款实行减免税等优惠政策，强化农村欠发达地区金融服务功能。

2. 金融支持配套体系的建设与完善

第一，加快完善金融支持服务网络。目前我国金融服务网络设置还远不能满足农业生产的需求，商业银行基本上都撤出了农村市场。商业银行的经营网点到县一级已经是最低级，在乡镇一级已经不再设立营业网点。邮政储蓄银行设立的机构网点可以到达乡镇，但是其提供的服务不是以贷款服务为主，只是为了吸收公众存款和增加中间业务规模。因此，我国农村金融机构营业网点数量不能覆盖农业部门，成为金融对农业支持和服务的重要阻碍。农民办理贷款的物理网点距离远，也相对增加了农民贷款的成本。在发达国家二元转型期的相同阶段，商业银行的经营网点能够遍布全国，即使在乡村一级地区仍有营业网点，比如法国的大众银行，从中央到各个乡村分为多级，即使到乡村仍有其营业网点专门为当地农户服务。国家在现阶段应当改进金融的组织体系，解决农业金融供给不足问题。一是鼓励各个商业银行进一步下放其营业网点，将营业网点从县一级下放到乡镇一级，增加物理网点数量，使农民不出乡镇就可以办理各种金融业务。二是鼓励邮政储蓄银行扩大其业务范围，促使该机构给予农户更多的贷款支持。邮政储蓄银行是我国唯一能够将营业网点遍布农村地区的全国性商业银行，利用邮政储蓄银行的营业网点开展贷款业务比在乡镇新建银行营业网点更节约社会成本，更快见到效益。三是逐步加强区域性的农村信用合作社的服务职能，并且限制其经营的物理空间范围，使其"向下走"，而不是"向外走"，真正服务当地农业、服务当地社区。四是拓宽金融服务的网络体系。通过发展互联网金融，建立可以覆盖城乡的金融服务网络。由于互联网金融的优势是覆盖范围较广、交易成本低、服务效率高，互联网金融与物理网点服务相配合，能够鼓励互联网公司与金融机构通过网络平台和技术丰富金融服务方式，促进农业部门中的金融服务发展。

第二，完善金融支持创新体系，同时加快农村产业结构调整，以缓解农村金融需求抑制。首先，要完善金融支持创新体系，拓宽农户资金获得渠道。在我国，国家对农业部门进行金融支持的思维要从城市角度向农村角度转变。金融机构应当从盈利模式和服务理念以及产品和技术方面进行新的调整和改进。目前我国对农业的金融支持仍停留在贷款支持层面，缺少其他融资方式，反映出我国对农业的金融支持缺少创新。在农户从事农业生产所需资金中，除了自有资金之外，其他资金主要来自贷款。农户想通过其他渠道取得资金，或者通过其他金融产品取得资金几乎不可能实现，农民的金融需求无法得到满足。与农户贷款难相反，许多现代工业企业或者是现代高科技企业获得资金的方式则变得越来越多，除了金融贷款之外，还可以通过直接融资或者资产置换重组融资。这些金融创新可以转化为对农业的金融支持，这既丰富了金融产品又扩宽了农户资金获得渠道。比如，可以建立农户直接融资市场，鼓励城市资本进入农村地区、工商资本进入农业生产，以家庭为单位的生产转变为以企业为单位的生产。当农业生产以企业为单位进行时，在金融市场上进行直接融资也就成为可能。同时，可以建立资产置换、赎买制，即农户在缺少资金时，将部分资产的所有权卖出，但保留使用权，当资金充裕时再将之前卖出的资产赎回。这种交易虽然类似抵押贷款，但是其摆脱了对银行的依赖，融资渠道变得更加宽广。我国现在对农业的金融支持还主要是银行体系下的金融支持，但实际上还可以有更多的渠道。在构建金融支持体系时要积极转变金融思维，对于农业部门的服务支持，在产权明确和符合法律规定的前提下，改进和创新金融产品设计，丰富服务方式，加大客户的营销范围，提高对风险的管理，完善考评激励，促进农业部门在二元经济转型中加快发展。其次，加快农村产业结构调整，增强对金融资源的吸纳能力。近年来，随着我国工业和第三产业的不断发展，农业在我国国民经济中的比重不断下降，如何加快农村产业结构调整，增强对金融资源的吸纳能力成为一个焦点问题。因此加快我国农村产业结构调整力度，在促进农业生产现代化的同时，积极发展农村第二产业、第三产业，特别是大力发展与农业生产密切相关的产业，如农业生产资料销售、农产品加工等产业，推动传统农业向产业化农业转变，增强农村地区对金融资源的吸纳能力，实现金融资源的最优化运用，不断提高农民收入。

第三，建立抵押物、担保物的评估平台。农业生产具有周期长、风险大的特点，而且农业生产受不可控因素影响太多，本身就具有很强的信息不对称性，所以在农业贷款过程中，通过抵押、质押方式保证资金安全就成为金融机构的必然选择。在实际经济活动中，抵押物、质押物的估值成为银行与借款人重要的矛盾焦点。在现有体制下，抵押物、质押物的估值几乎都是由贷款方——金融机构来完成。如果对抵押物、质押物估值由金融机构完成，则必然会出现抵押物、质押物价值被低估的情况，农户实际上在贷款过程中受到了损失，尤其在很多民间贷款过程中，甚至出现贷款机构通过压低抵押物、质押物价值诈骗农户财产的情况。因此，在农业部门的金融支持体系中，建立第三方的抵押物、质押物价值评估平台就显得十分必要。这种第三方评估平台，既可以有效地克服信贷过程中的信息不对称性，保障贷款者的利益，也可以有效地遏制金融机构利用自身的市场势力压榨贷款者的倾向，对交易双方都有利，同时能够使双方都得到一个相对公正的资产评估，保证了借贷双方彼此的利益。这样，也增加了借贷双方的信任，让整个借贷过程的交易成本降到最低。

第四，建立抵押物流通变现制度。在建立抵押物、质押物价值评估平台的同时，农业部门的金融支持体系中还需要建立起抵押物、质押物变现制度。由于对农业金融支持的特殊性，其抵押物、质押物也具有特殊性，需要建立专门的平台来保证抵押物、质押物能够顺利变现。在一般金融借贷中，抵押物、质押物都存在其专门的市场，如果借款人违约不能归还贷款，则金融机构直接将抵押物、质押物拿到相应市场中实现变现。而农业生产中的抵押物、质押物由于受法律政策的限制、物品用途存在特殊性，变现相对困难。土地是最典型的例子，宅基地和家庭承包地是农民最重要的家庭财产，法律禁止宅基地使用权及以家庭承包方式取得的土地承包经营权抵押，给农房抵押变现及以家庭承包方式取得的土地承包经营权的抵押流转带来了困难。《担保法》与《物权法》中均明确规定，宅基地等集体所有的土地使用权不得抵押。但是，我国现行法律并没有禁止利用宅基地上的房屋进行抵押。① 然而，宅基地不得抵押从根本上限制了农房这一不动产的抵押特性。而且，由于农房受让对象仅限于同一集体经济组织内的成员，农村房屋抵押权实现难。因此，当农房抵押贷款因借款人逾期进入诉讼程序时，抵押农房处置变现能力明显低于城镇房地产。另外，政策规定

---

① 《担保法》第三十四条第一款规定，"抵押人所有的房屋和其他地上定着物"可以用来抵押，第三十七条第二款规定，"耕地、宅基地、自留地、自留山等集体所有的土地使用权"不得抵押，"抵押人依法承包并经发包方同意抵押的荒山、荒沟、荒丘、荒滩等荒地的土地使用权"可以抵押，"乡（镇）、村企业的土地使用权不得单独抵押。以乡（镇）、村企业的厂房等建筑物抵押的，其占用范围内的土地使用权同时抵押"；《物权法》第一百八十条第一款规定，"建筑物和其他土地附着物"可以抵押，第一百八十四条第二款规定，"耕地、宅基地、自留地、自留山等集体所有的土地使用权"不得抵押，但法律规定可以抵押的除外。

以家庭承包方式取得的土地承包经营权可以抵押①与法律禁止其抵押②相矛盾，法律、政策之间的相互矛盾阻碍了土地承包经营权以抵押方式进行流转。法律的限制降低了金融机构向拥有土地的农户发放贷款的积极性，因此，国家要在开展宅基地流转试点基础上，构建宅基地流转法律制度，并在开展农民宅基地及住房财产权抵押试点的基础上，放松对农民宅基地使用权抵押的法律限制。此外，要依法确认、规范、完善物权性的土地承包经营权抵押制度，以便农民贷款、融资，进而加大对农村承包地上的投资、促进农业发展。

在此基础上，在农业部门的金融支持体系中，建立土地交易和变现市场，可以使金融机构中的抵押物、质押物得到盘活，会提升金融机构的积极性。同时，如果抵押物、质押物变现平台体系运作顺畅，抵押物、质押物的价值便会得到提升，对于农户来说同样的抵押物或质押物就可以获得更多的贷款。

第五，建立第三方担保平台和借款人信用体系。为了丰富农业部门中的金融产品、扩大服务对象、加深信贷支持，就需要扩大信贷担保范围，建立担保平台体系和信用体系就显得十分必要。在现有农地产权制度下，农民的土地很难作为抵押物来获得贷款，而信用贷款对于金融机构来说则存在较大的风险，所以金融机构宁愿放弃农村市场，也不愿意承担这个风险。如果金融机构依靠自身力量来对农户的信用情况进行调查，则需要花费高昂的交易成本。较高的成本可能导致贷款的收益无法弥补。由于金融

---

① 2008 年 6 月 8 日印发的《中共中央国务院关于全面推进集体林权制度改革的意见》明确规定："在不改变林地用途的前提下，林地承包经营权人可依法对拥有的林地承包经营权和林木所有权进行转包、出租、转让、入股、抵押或作为出资、合作条件，对其承包的林地、林木可依法开发利用。"2013 年 11 月中国共产党十八届三中全会通过的《中共中央关于全面深化改革若干重大问题的决定》指出："在坚持和完善最严格的耕地保护制度前提下，赋予农民对承包地占有、使用、收益、流转及承包经营权抵押、担保权能。"

② 《农村土地承包法》第四十九条规定："通过招标、拍卖、公开协商等方式承包农村土地，经依法登记取得土地承包经营权证或者林权证等证书的，其土地承包经营权可以依法采取转让、出租、入股、抵押或者其他方式流转。"《物权法》第一百三十三条规定："通过招标、拍卖、公开协商等方式承包荒地等农村土地，依照农村土地承包法等法律和国务院的有关规定，其土地承包经营权可以转让、入股、抵押或者以其他方式流转。"

机构本身不可能花费高昂成本对贷款人的信用进行调查，那么第三方担保平台和信用评级体系则可以发挥其作用。第三方担保平台或者第三方信用评级体系，可以由社区自治组织组成，具有很强的地域性特点。针对相同的信息，不同的调查人在信息不对称或者掌握信息不完整情况下，获取成本相差巨大。由于社区之内的居民之间相互了解，每个人的信誉情况彼此非常熟悉，可以对每个人进行最初的信用评级，然后根据评级情况提供担保金额。因为社区组织拥有的资产相对农户较多，担保信誉要高于农户，所以由社区自治组织出面担保可以使农户获得更多的贷款。农户获得贷款后，社区担保平台可以根据其还款情况对接其信用进行调整，调整后的级别决定其下次贷款的担保额。如果借款遭遇风险，未能收回，则贷款人的资产可以在社区担保平台内部流通变现。同时，国家可以通过激励和约束机制吸引民间资本成立担保平台，由政府设立信用评级体系，优化农业部门的金融生态体系，完善农业融资的金融环境，通过以城乡居民和小微企业为主要融资对象成立担保平台和信用等级的评价体系，促进农业部门建立运转顺畅的担保平台和信用体系，加大金融对农业的支持力度。

第四节　加强劳动力市场建设，促进劳资合作

一　改善劳动力市场供求关系

我国劳资契约条款不完全、劳动者处于弱势地位的一个很重要原因在于劳动力市场供大于求的现状。这一现状使劳方更看重的是能否找到工作而不是能否与雇主签订一份合理而又相对完全的契约，也使劳方由于较强的可替代性而在与资方的谈判中处于绝对的弱势地位。要降低劳资契约的不完全性，提高劳动者群体的博弈力量，就必须改善劳动力市场的供求关系。然而，在中国当前的劳动力市场上，劳动力供大于求的根源不是劳动力供给的绝对过剩，而是供求不匹配所带来的相对过剩，即普通劳动者相比高技能劳动者的过剩。因此，要提高劳方的博弈力量并促进劳资契约的自我执行，就必须解决劳动力供求不匹配所带来的结构性矛盾问题。为此，

我国政府需要从劳动力供给与企业用工需求两个方面进行努力。

第一，要加大人力资本的投资力度，优化劳动力供给结构。我国当前的劳动力供给呈现出橄榄形结构，出现"普工荒"与"技工荒"现象，"普工荒"的主要根源在于现行的劳动力报酬水平不能满足普通工人的要求，工人选择放弃工作的机会成本越来越小，而要想提高这部分工人的工资必须从增加企业利润空间入手，否则非但不能实现工人工资的长效增长，反而会挫伤企业的生产积极性，对宏观经济运行不利。"技工荒"的主要根源在于技术进步导致越来越多的企业需要高技能人才为其服务，然而我国的技工供给由于培训机制的缺乏或不健全而增长缓慢。所以，我们必须大力进行人力资本投资，使普通工人的劳动生产率提高，从而为工资增长奠定基础，使技工的数量不断增加，从而满足企业引进先进技术的要求。进行人力资本投资需要从以下三个方面入手。一是加快发展基础教育，全面提高劳动者基本素质，这是优化劳动力结构的基础。为此，可以从改革基础教育课程、推行信息技术教育手段、普及试验教育环节等诸多方面进行努力。各级政府要认真落实筹措教育经费的各项法律规定和政策，在有限的公共资源条件下，政府的公共支出要向农村教育，特别是农村的义务教育倾斜。要制定优惠政策鼓励社会办学，多渠道筹集办学资金。要在保证农村基础教育的同时，加大对农村职业教育和成人教育的经费投入，努力改善办学条件，促进农业劳动力素质的提高和农业剩余劳动力的非农转移。二是调整高等教育结构，培养专业领域的高技能人才，适应劳动力市场的需求结构。为此，可以从调整高等教育的层次结构、专业结构与体制结构入手，实现高职、本科与研究生教育协调发展，促进专业结构与市场需求的匹配。三是加大人才培训力度，培养符合市场需求的劳动力类型，尽快扭转拥有较高技能的劳动力严重短缺的现象。为此，我国各级劳动保障部门需要积极对企业培训提供支持。一方面，要高度重视企业人力资源的开发工作，可以采取校企联合的方式，实行职业培训与在校学习结合、个人付出与社会支持结合，广泛开展新技术与新设备的培训，建立目标型重点人才培养模式；另一方面，要充分发挥技工学校的作用，重视技工培养过程的专业性与目标性，在技工输出机制中严格把关。此外，还要加强基础工作与技术的支持，通过资源、技术以及方法的改进支持培训工作的顺利实施。

第二，要加快经济结构调整的步伐，进一步改善劳动力市场的需求结构。经济结构的调整主要体现在产业结构调整、类型结构调整与规模结构调整三个方面。我国要做的是在产业结构上大力发展第三产业，第三产业具有进入门槛低、对劳动力的吸纳能力强等特点，它的发展可以在很大程度上解决劳动力的就业问题；在类型结构上要发展拥有适度技术的劳动密集型产业，当前我国企业转型的特点是逐步由劳动密集型向技术与资金密集型发展，但是技术与资金密集型企业势必会减少对普通劳动力的需求而增加对技术性劳动力的引进，这在一定程度上会进一步加深劳动力市场上的结构性矛盾，因此需要在企业转型过程中引进一个缓冲阶段，发展拥有适度技术的劳动密集型产业，作为解决劳动力市场结构性矛盾的权宜之计；在规模结构上要大力发展中小企业，中小企业运营比较灵活，对于劳动力的吸纳能力要明显高于大型企业，所以在解决劳动力市场供求矛盾方面具有重要作用，然而中小企业的发展并不是无序推进的，而是要融入大型企业发展的产业链条中，为其提供各种产品与服务，这样才能保证发展的持续性。

二 加强对劳动力市场的管理和调控

在劳动力市场供求结构改善的基础上，劳动力市场运行畅通无阻才能最终促成劳动力与企业用工的完美匹配。为此，政府需在统筹城乡就业管理的基础上，做好公共就业服务、改革户籍制度、加强劳动力市场的立法与执法建设、推进社会福利制度改革、加强工会组织建设等工作。

（一）实行城乡统筹的就业管理

首先，由劳动保障部门牵头，将财政、税务、公安、工商、城管等各相关职能部门纳入其中，并明确部门责任，形成信息交流和协调机制，打破就业在区域、部门上的分割。其次，统筹规划人力资源的开发利用。一是认真开展城乡劳动力资源调查，全面掌握城乡劳动力资源状况；二是制定和实施城乡一体化的就业规划、具体的实施计划和政策保障措施。最后，统筹城乡失业状况。一是界定劳动者失业标准。只有科学界定了失业标准、建立了城乡统一的新型失业登记制度和统计分析制度，才能对城乡就业的实际情况有清晰的认识，对统筹城乡就业管理、制定各项方针政策具有重要的意义。凡有劳动能力和就业愿望的城乡居民，在法定劳动年龄内，凭身份证和户口簿到户口所在地劳动保障部门办理就业或失业登记手续。二是改革现行城镇登记失业统计办法，建立城乡劳动力抽样调查制度，通过实行定期抽样调查与日常登记相结合的统计方法，逐步建立覆盖城乡的就业和失业统计及监测体系。①

（二）加强公共就业服务

通过大力发展多种形式的劳动力就业中介组织、加快劳动力市场的信息网络建设、建立统一的区域性城乡就业协调发展的政策保障体系、引导价格合理变动等措施，面向城市居民与农民工群体提供就业服务。具体的做法如下。一是政府直接出资成立职业介绍所或鼓励私人投资形成职业介绍机构，介绍符合职业资格条件的劳动者补充相应劳动力需求方的职位空缺；对没有工作经验的青年劳动者和不适应现有职业的劳动者提供就业咨询服务；对身体有残疾的求职者、退伍军人、专业技术人员等特殊劳动者提供就业帮助；搜集并发布劳动力市场供求信息，为劳动力需求方提供代办性服务等。二是加强城乡就业服务网络和劳动力市场信息网络建设，并全面向城乡劳动者开放，对登记求职的农村进城务工人员实行免费的政策咨询、就业信息服务、职业介绍和职业指导。三是解决不同区域政策的一致性以及社会保障的统一问题。随着"人口大范围、跨区域、长时期的流动，这个问题单纯靠某个地区无法独立完成，必须有区域性政策的统筹协调。因此，必须搞好宏观调控，做好宏观决策，从整个区域经济发展的总体要求出发，研究并制定出发展目标、发展战略及重大方针政策"，② 促进劳动力资源跨区域无障碍流动。四是通过各种办法搜集、整理并公布工资和价格方面的准确信息，让公众了解工资价格趋势，在增加透明度的同时

---

① 曾淑花等：《打破城镇劳动者与农村富余劳动力界限》，《中山日报》2006年3月18日，第5版。

② 刘小红：《环太湖地区统筹城乡就业的实践与启示》，《人才资源开发》2010年第4期。

让社会舆论来限制并监督工资价格的变动标准。一般工资标准通常可以被看作劳动生产率长期变动和消费物价变动的函数,因此,政府可以根据劳动生产率和物价变动来确定工资上涨的指导性标准。

(三) 进一步改革户籍制度,打破劳动力市场的流动性障碍

二元经济转型过程既是一个国家或地区的工业化过程,也是其城市化和农业现代化过程。在这一过程中农村人口发生产业转移与地域转移,这是人类社会向现代化演进过程中的必然规律。世界上绝大多数的国家,不论是已经完成城市化进程的发达国家还是正处于加速城市化阶段的发展中国家,都没有通过户籍管理制度来限制人口迁移。中国与其他国家不同,对人口迁移的限制主要是通过以户籍管理制度为基础的城乡隔离体制来实现的。在严格的户籍管理制度下,户口是城市与农村居民截然分开的标志,以此为基础,市民与农民在住宅制度、粮食副食品供应制度、就业制度、教育制度、医疗制度、养老保险、劳动保护制度等方面都存在明显的差异。而这些差异把城乡居民划分为在权利、机会和风险方面存在极大差别的两大群体。

我国现行的户籍管理制度是特定社会历史条件的产物。由于它减轻了重工业优先发展条件下的城市就业压力,减少了由"国家包起来的"的人口数量,从而保证了农业剩余以剪刀差等形式源源不断地流入城市工业,因此它对于实行以重工业为中心的经济发展战略、对于我国能够在较短的时期内建立完整的工业体系和国民经济体系,起到了重要作用。但是这一制度安排,限制了城乡间的劳动力流动,在市场经济不断发展的条件下,现行户籍制度的内在缺陷日益暴露出来,成为妨碍要素流动、阻碍二元经济结构转换的重要因素。

改革开放以来户籍管理制度赖以存在的基础已经动摇,一是由于多种所有制的发展和市场竞争的加剧,企业用工自主权大大增强,使劳动就业制度发生了一定程度的变化。二是由于经济发展,居民生活资料的供给已经商品化。由于农民进城可以找到工作,可以买到基本生活必需品,现有的户籍制度就再也无法继续阻挡劳动力在城乡间流动。这说明单纯的户籍管理制度本身,已不构成限制劳动力城乡流动的主要障碍,但依附于户籍

制度上的二元就业体制和社会保障制度还是通过对农民的就业和工资歧视、城乡社会保障差别等环节，严重阻碍了农民实现永久性乡城迁移。

因此，我国户籍制度改革的核心并不是单纯地取消劳动力与人口流动的城乡户籍限制，而是消除城乡户籍差别，使户籍不再与劳动就业、居住权利、子女教育、社会保障等社会福利相联系，使户籍真正成为一种表明公民居住情况的证件。一旦城乡户口之间的差别待遇被取消，人们也就不会对城市户口情有独钟，政府也就不必通过户籍管理的手段限制人口的迁移了。因此，户籍制度的改革必须与城乡二元就业体制和城乡社会保障制度的改革相结合。改革城乡二元就业体制的重点是取消对农民工就业的各种政策限制与制度歧视，切实维护农民工的平等就业权，为农民工无障碍地转化为产业工人创造良好的社会环境和制度条件。

户籍制度改革的目的是建立城乡一体的人口自由有序流动的人口管理制度，打破行政限制，让市场引导劳动力与人口的自由流动。但鉴于我国目前城乡、地区发展较为悬殊，城市就业压力较大，户籍制度改革宜采取小城镇、中小城市、大城市、特大城市逐步推进的方式。各地政府应根据当地经济和社会发展的实际需要及综合承受能力，制定城市发展规划和人口发展规划，以落户条件取代计划指标，通过建立科学、合理、规范的户口迁移准入制度，对人口的迁移流动进行调控。

现阶段户籍制度改革的重点是解决失地农民与已在城市实现了稳定就业的农民工群体从农民到市民的角色转换问题，使他们和他们的家人真正具有"合法"城市人口身份，能与原住居民一样在城市安居乐业。对于失地农民，政府的工作重点是要通过就业政策、技能培训、帮扶工程，解决其在城市的就业问题；对于已在城市实现了稳定就业的农民工群体，政府工作的重点是使他们平等地享有住房、医疗、养老等社会保障和公共服务，从而打破城乡二元劳动力市场分割，创造公平竞争的劳动力市场环境。

（四）加强法治建设，规范市场运行秩序

第一，完善集体协商与集体合同制度，可以从三个方面进行努力。首先，尽快制定"集体合同法"，使集体协商与集体合同制度真正纳入法制化进程，提高立法层次，增强该项制度的法律权威，使之成为协调和规范劳资关系的一项重要制度。其次，加强对集体合同履行与落实情况的监督执法，使目前已经形成的大量集体合同真正发挥实际的作用。最后，建立区域性与行业性的集体协商机制。在集体停工事件经常带动行业连锁反应、基层企业工会代表性与独立性不强的情况下，建立区域性与行业性的集体协商机制十分必要。为此，我们可以从以下几个方面进行努力。一是进一步推动与完善工资的集体协商制度，并以此为蓝本规划设计其他与劳资契约中的劳动条件实现有关的协商制度。二是大力宣传构建行业内集体协商制度的意义。通过宣传让企业认识到行业内集体协商在促进员工民主参与、调动劳动者工作积极性、促进企业效益增长方面的重要作用，以及依据法律规定积极支持行业内集体协商制度的构建是企业应当承担的社会责任。三是进一步加强行业工会组织的建设，从而推进行业集体协商的进程。我国基层工会存在代表性不强的问题，构建行业工会在一定程度上能够避免这个问题，行业工会直接接受全国总工会的领导，是开展行业内劳资关系集体协商的组织保障。为此，我们必须加强行业工会的组织业务能力建设，可以通过加大培训的方式来锻炼工会人员的谈判能力，培养一大批精通法律规范又具有谈判技巧的高手，在协商中发挥劳动者利益代表者的作用，不断提高集体协商水平，形成能够真正与企业方代表就劳资问题进行协商的合力。四是整合社会资源，共同推进行业内集体协商。虽然劳资关系集体协商的主要参与者是企业代表与劳动者代表，但是在协商的过程中，需要由社会上的其他资源提供可靠而真实的参考资料，从而为集体协商与集体合同的起草提供现实依据，这样才能保证协商结果的可行性与现实性。

第二，推进劳动基准制度建设。在保证劳方的基本权益方面，我国虽然没有专门的"劳动基准法"，但是在劳动法体系中存在诸多劳动基准规范，包括工资工时基准、劳动安全与卫生基准、劳动社会保障基准等，这标志着我国的劳动基准制度已经广泛地建立起来了。然而，劳动基准制度在实施的过程中却没有取得良好的效果。从 2014 年的劳动立法规划以及立法进程来看，"工资工时法"难产，"工休法"分散，"劳动安全卫生法"易名，"特殊群体保护法"进展缓慢，这一切无不表明劳动基准领域中的立法层次亟待提高，我国的劳动基准制度亟待改进。[①] 为此，我国政府需要不断推进劳动基准制度建设，完善与改革劳动基准立法。首先，推进劳动基准制度建设要从《劳动合同法》的完善与落实开始。我国在市场化改革的过程中已经全面实行了劳动合同制度，立法实践中，《劳动合同法》中已经存在数量可观的劳动基准，如劳动合同的规范文本模式、劳动合同条款中的必备内容、劳动合同约定内容限制等，所有这些内容恰恰构成了我国《劳动法》中最具有实用价值的劳动基准。因此，树立劳动基准观念、推进劳动基准立法的第一步实际上应该是如何落实《劳动合同法》的问题。

其次，健全劳动基准立法体系，有针对性地破解立法难题。我国的劳动基准立法涉及诸多领域，各领域由于面临的实际问题不同，因而立法改革的办法无法实现统一。目前学术界对于劳动基准立法的"统一性"与"分散性"问题尚存在争议，但从基本方向上来看，我国政府仍应以统一的劳动基准立法为重要趋向，但在具体的推进过程中还应结合劳动执法的现状，立足分散立法的现实。一方面，要全面推进各领域、各行业的劳动基准立法，建立行业性或领域性的劳动基准规范；另一方面，可以从统一工资、工时基准的立法出发，尽快出台"工资法"与"工时法"，解决与劳动者切身利益密切相关的工资收益与休息休假的标准问题。最后，针对劳动用工管理与劳动安全卫生标准等特殊领域进行特别立法。我国的劳动基准立法虽然要明确地对工资、工时等与劳动者切身利益密切相关的领域进行专门立法，但又绝不能拘泥于此，因为在劳动用工的过程中还存在诸多特殊性问题，需要法律给予特殊劳动者切实的保护，如女工、实习工、派遣工、残疾人劳动者等，这些劳动者需要政府在立法时特别加以考虑。此外，劳动过程中，职业安全卫生领域也暴露出诸多问题，亟须立法上的相关规制，近几年来学术界所提出的建立"白领职业病防治标准"等就是对这一问题的积极回应。

第三，完善劳动争议处理制度。首先，完善劳动争议调解制度。具体做法是：在企业、仲裁机关、法院以及律师等各个层面均设置调解环节，

---

① 　徐永进：《我国劳动基准立法的现状与进路》，《社会科学》2014 年第 3 期。

规范调解形式，并将调解作为仲裁和诉讼的前置程序，建立符合市场经济要求的劳动争议调解制度。其次，完善劳动争议仲裁制度。具体的做法是：将劳动争议仲裁委员会及其办事机构独立于劳动行政部门之外，解决人员编制、经费来源、办公场所以及机构设置等问题；为劳动争议仲裁委员会设立自己独立的名称、依据和章程，使其拥有独立的财产；按照市场经济要求来决定仲裁委员会中组成人员的选拔与聘任等。最后，完善劳动争议诉讼制度。一是在人民法院内部设立劳动法庭，专门审理劳动争议相关案件。这样做可以使劳动争议案件与普通民事案件的审理过程相分离，促进劳动争议诉讼制度的专业化运行，同时减轻审理民事案件的审判员与法官的负担。二是建立并完善劳动争议案件审理的陪审团制度。人民陪审团制度是目前民事诉讼中普遍采取的监督制度，借鉴这一制度模式，我国政府可以在劳动争议诉讼制度中逐步实行由劳资双方代表参加的劳动陪审团制度，实现劳资双方对法院审理案件过程的监督，并通过这一模式促进劳动争议诉讼制度中"三方性原则"的实现。三是提高劳动争议案件审判员的业务水平，从而促进劳动争议诉讼制度的专业化，使劳动争议案件的审判结果能够真正保护劳动者的合法权益。为此，我国政府需要在劳动争议案件审判员选拔与录用上设置严格的准入门槛，并加强对现有审判员的培训力度。此外，我国政府还可以通过加强劳动审判组织与劳动仲裁组织之间交流与合作的方式来促进审判员与仲裁员的沟通与交流，从而有效地提高审判员的审判水平。

（五）推进社会保障制度建设，保证劳方的基本权益

第一，在养老保险方面，要克服目前个人账户资金被用于支付老年退休金从而出现"空账"的缺陷，我国必须采取措施做实养老金个人账户，把过去只有个人账户记录的"空账"转变为既记账又有实际资金积累的"实账"，对因做实个人账户加大的当期养老金支付缺口由中央与地方财政给予补贴。面对人口老龄化给养老保险制度带来的现实压力，我国必须实施由现收现付制向基金积累制的过渡；随着人口平均期望寿命的提高，我国还需适当延长个人账户养老金的领取期限；为了缓解养老金支付危机，可以适当提高退休年龄并严格执行退休管理制度，杜绝任何单位的任何个人无正当理由提前退休。

第二，在医疗保险方面，要适应我国人口众多的现实，努力扩大医疗保险的覆盖面，尤其是要逐步扩大乡村地区居民的医疗保障水平；要进一步深化医保、医疗和医药三项改革，完善医疗保险制度的发展环境；要继续发展与完善社区卫生事业，理顺医疗卫生服务体系，使有限的医保资金得到充分利用；要适应人口老龄化的发展趋势，对医保制度做出相应调整，在控制医疗成本的同时提高老年人的医疗福利，为那些易患慢性病、恢复缓慢并常常伴有并发症的高龄人群提供较高的医疗费用补助。

第三，在失业保险方面，适应国际上提供就业保障的改革方向，逐步改革并完善我国的失业保险制度。合理制定失业津贴的支付期限，细致地规定不同档次，在保障失业人员基本生活的同时也要促进失业人员积极实现再就业；完善失业人员的技能培训，引导失业人员将失业保险补偿金用于参加技能与职业训练，或者以积极地寻找工作或培训作为领取失业津贴的交换条件，从而激活劳动力市场，为失业人员实现再就业提供激励与服务。

第四，在工伤保险方面，借鉴国际上通行的工伤预防、康复与补偿"三位一体"的做法，我国既要通过差别费率和浮动费率制辅以培训教育与监督检查相结合的管理模式来完善工伤保险的事故预防机制，也要落实工伤康复经费，引导制定配套办法和措施，逐步建立符合我国国情的工伤康复模式。另外，我国还需提高对职工受职业病伤害的关注，加大法律法规宣传力度，针对三资企业、外商独资企业进行法律教育，帮助企业树立预防职业病危害的责任感。

第五，在生育保险方面，针对目前生育保险制度分割化的状况，我国必然需要加强制度的统一与完善。加快生育保险的立法步伐，提高生育保险的立法层次，从而促使生育保险行政管理部门及其工作人员依法行政、提高工作效率；要彻底改变生育保险地区条块分割局面，实现生育保险制度的统一。

（六）加强工会组织建设

在资强劳弱格局中，工会组织的代表性与独立性是关乎劳资双方博弈力量对比的大问题。要想促进劳资契约的自我执行并构建和谐的劳资关系，就必须建立起真正代表劳方利益的基层组织。从目前的形式上来看，在我国走西方工会主义的道路、由劳动者自觉地成立代表性组织是不太现实的，所以理性的选择应该是进一步推行现有工会制度的改革，加强工会组织建设。

第一，增强基层工会的独立性建设。工会要想真正成为劳动者及其集体劳权的代表，必须将最终落脚点放在对劳动者合法利益的维护上。要做到这一点，我国政府必须在工会负责人的任命程序、工会的活动经费与负责人工资来源等问题上给予支持。我国工会是通过国家垄断、自上而下的强制性方式组建的，工会的主要领导大多是通过党委或行政任命的，直到2003～2004年才实行了基层工会主席的直接选举制度，这一"工会负责人由会员直接选举产生"的制度需要进一步强化与推行。此外，工会的经费仍然源于企业拨付，按照职工工资总额的2%拨付组织经费，会员的会费很少。同时，工会人员的工资福利以及办公设施等也是由企业发放和提供的。这些情况意味着，企业掌握着工会的经济命脉，要想让工会独立于企业而维护工人利益，必须改变这种状况。为此，我国各级政府可以通过财政拨款的形式支持工会建设，而这部分经费的来源可以采用税收的形式从职工工资中扣除，间接地实现工会会员的会费收缴，并将其用于支付工会维权活动的经费与工会领导人的工资。

第二，发挥工人组建基层工会的自主性。加大工会的组建力度是近年来全国总工会开展工作的一个重点内容，但在实际运行的过程中，由于工会的组建采取的是自上而下的方式，因而存在新组建工会仍然依附于管理方、无法履行"维权"职责的弊端。显然，这种自上而下组建工会的方式必须彻底改变，只有采取自下而上的方式、发挥工人组建基层工会的自主性，才能从根本上将工会发展成为群众性组织，才能恢复工会的生命力与活力，使其真正作为工人利益的代表者发挥维权的职能。为此，我国政府在做好监督、检查与指导工作的同时，还需要通过立法赋予工人自发组建工会的权利，并通过大众传媒宣传工人自发组建工会的重要性，提高工人自发建会的觉悟。

　　第三，加强工会组织在集体协商谈判中的知识含量与谈判能力。工会对企业经营管理、劳动安全卫生以及工资理论和谈判知识的了解与掌握程度直接影响着劳资集体协商与谈判的效果，而这些方面往往是工会组织的弱项，因此，政府在鼓励各级工会努力学习和掌握相关知识与技能的同时，也可以通过提供培训服务的方式增强工会工作人员的业务能力与谈判技能。

参考文献

[1] Ahluwalia, M. S., "Income Distribution and Development: Some Stylized Facts", *American Economic Review* 66 (2), 1976.

[2] Anand, S. and Kanbur, S. M. R., "The Kuznets Process and the Inequality-Development Relationship", *Journal of Development Economics* 40, 1993.

[3] Banerjee, A. V., Duflo, E., "Inequality and Growth: What Can the Data Say?" *Journal of Economic Growth* 8, 2003.

[4] Barro, R. J., "Inequality and Growth in a Panel of Countries", *Journal of Economic Growth* 5, 2000.

[5] Barry Chiswick, Timothy J. Hatton, *Globalization in Historical Perspective* (Chicago, US: University of Chicago Press, 2003).

[6] Basu, B., "Another Look at Wage Distortion in a Developing Dual Economy", *Australian Economic Papers* 43 (2), 2004.

[7] Belad Hamidi, Chaudhuri Sarbajit, and Yabuuchi Shigemi, "Can International Factor Mobility Reduce Wage inequality in a Dual Economy?" *Review of International Economics* 6 (5), 2008.

[8] Bourguigeon, F., C. Morrisson, "Inequality and Development: The Role of Dualism", *Journal of Development Economics* 57 (2), 1998.

[9] C. H. Lee, *The British Economy Since* 1700 (London: Cambridge Press, 1986).

[10] C. Boyer, *The city of Collective Memory: Its Historical Imagery and Archi-*

tectural Entertainments (Cambridge: MIT Press, 1996).

[11] Christoph Emst, "Trade Liberalization, Export Orientation and Employment in Argentina, Brazil and Mexico", *Employment Strategy Paper*, ILO, (15) 2005.

[12] Deininger, K., Squire, L., "New Ways of Looking at Old Issues: Inequality and Growth", *The Journal of Development Economics* 57 (2), 1998.

[13] Deininger, K., Squire, L., "A New Data Set Measuring Income Inequality", *World Bank Economic Review* 10 (3), 1996.

[14] Eicher, T. S., C. Penalosa, "Inequality and Growth: The Dual Role of Human Capital in Development Countries", *Journal of Development Economics* 66 (1), 2001.

[15] Evelyn Bernette Ackerman, *Health Care in the Parisian Countryside*, 1800 – 1914 (New Brunswick, US: Rutgers University Press, 1990).

[16] Fei, Ranis and Kuo, *Growth with Equity: The Taiwan Case* (New York, US: Oxford University Press, 1979).

[17] Felix Paukert, "Income Distribution at Different Levels of Development: ASurvey of Evidence", *International Labour Review* 108, 1973.

[18] Fields, G. S., "A Welfare Economic Analysis of Growth and Distribution in the Dual Economy", *Quarterly Journal of Economy* 93 (3), 1979.

[19] Gallup, J. L., "Is There a Kuznets Curve?", http://www2. dse. unibo. it/ardeni/ESI_2014/Gallup_2012. pdf.

[20] Gamaut, R., "Macroeconomic Implications of the Turning Point", *China Economic Journal* 3 (2), 2010.

[21] Garcia-Penalosa, C., Turnovsky, S. J., "Growth and Income Inequality: ACanonical Model", *Economic Theory* 28, 2006.

[22] Gautam Bose, "Agrarian Efficiency Wages in a Dual Economy", *Journal of Development Economics* 49 (2), 1996.

[23] Grimalda, G., Vivarelli, M., "Is Inequality the Price to Pay for Higher

Growth in Middle-income Countries? Revisiting the Kuznets Hypothesis in the Event of Skill-biased Technological Change", *Journal of Evolutionary Economics* 20 (2), 2010.

[24] Harold Perkin, *The Origins of Modern English Society*, 1780 – 1880 (London, UK: Routledge & Kegan Paul, 1969).

[25] Hasanov, F., Izraeli, O., "Income Inequality, Economic Growth, and the Distribution of Income Gains: Evidence from the U. S. States", *Journal of Regional Science* 51 (3), 2011.

[26] I. Adelman, C. T. Morris, *Economic Growth and Social Equity in Developing Countries* (Stanford, CA, US: Stanford University Press, 1973).

[27] James, M. Cypher, Raul Delgado Wise, *Mexico's Economic Dilemma: The Developmental Failure of Neoliberalism* (Washington DC, US: Rowman & Littlefield Publishers, 2010).

[28] Jole Mokyr, *The British Industrial Revolution-An Economic Perspective* (Boulder, Colorado: Westview, 1993).

[29] Jole Mokyr, *The Economics of the Industrial Revolution* (Lanham: Rowman & Littlefield Publishers, 1985).

[30] Kiatrungwilaikun, N., and Suriya, K., "Rethinking Inequality and Growth: The Kuznets Curve after the Millennium", *International Journal of Intelligent Technologies and Applied Statistics* 8 (2), 2015.

[31] Kuznets, S., "Economic Growth and Income Inequality", *American Economic Review* 45 (1), 1955.

[32] Mamelo Medeims and Pedm Souza, "The State and Income Inequality in Brazil", IRLE UC Berkeley Working Paper 153 (13), 2013.

[33] Michael Sanderson, *Education, Econoynic Change and Society in England* 1780 – 1870, *Second Edition Education* (London: Macmillan Press Ltd, 1991).

[34] Nigel Poole, Remi Gauthier, Aliza Mizrahi, "Rural Pverty in Mexico: Assets and Livelihood Strategies among the Mayas of Yucatan", *Interna-*

tional Journal of Agricultural Sustainability 5 （4）, 2007.

[35] OECD Secretariat, "What Role for Policy in Tackling Inequality?" 2013, http：//www. oecd. org/employment/emp/45282892. pdf.

[36] Peter, H. , Lindert, Jeffrey, G. , Williamson, "English Workers' Living Standards during the Industrial Revolution： A New Look", *Economic History Review*, 2nd Series, 1983.

[37] PISA 2012 Results – Volume Vl, " Students and Money – Financial Literacy Skills for the 21st Century", http：//www. oecd. org/pisa/.

[38] R. Rodger, *Housing in Urban Britain* 1780 – 1914 （London, UK： Cambridge University Press, 1995）.

[39] Robinson, S. , "A Note on the U Hypothesis Relating Income Inequality and Economic Development", *The American Economic Review* 66 （3）, 1976.

[40] Roger Price, *A Social History of Nineteenth – Century France* （London： Hutchinson, 1987）.

[41] Roy Douglas, *Taxation in Britain since* 1660 （London, UK： Macmillan Publishers Limited, 1999）.

[42] Somanathan, E. , "Can Growth Ease Class Conflict?" *Economics and Politics* 14 （1）, 2002.

[43] Timothy B. Smith, *Creating the Welfare State in France*, 1880 – 1940 （Kingston, Ontario, Canada： McGill – Queen's University Press, 2003）.

[44] W. Felkin, *An Account of the Machine Wrought Hosiery Trade* （London, 1845, Facsimile reprint, New York, 1972）.

[45] W. A. Lewis, "Economic Development with Unlimited Supplied of Labor", *The Manchester School of Economicand Social Studies* 2 （22）, 1954.

[46] Yuki Kazuhiro, "Education, Inequality, and Development in aDual Economy", *Macroeconomic Dynamics* 20 （1）, 2016.

[47] 〔德〕哈渥：《德国实业发达史》, 吴之椿译, 商务印书馆, 1925。

[48] 〔德〕卡尔·哈达赫：《二十世纪德国经济史》, 杨绪译, 商务印书馆, 1984。

［49］〔德〕维纳·洛赫：《德国史：中册》，北京大学历史系世界近代现代史教研室译，生活·读书·新知三联书店，1959。

［50］〔德〕马克思：《哥达纲领批判》，何思敬、徐冰译，人民出版社，1997。

［51］〔德〕马克思：《资本论（第一卷）》，中共中央马克思恩格斯列宁斯大林著作编译局译，人民出版社，1975。

［52］〔德〕马克思：《资本论》，朱登译，南海出版社，2010。

［53］〔法〕弗朗索瓦·卡龙：《现代法国经济史》，吴良健等译，商务印书馆，1991。

［54］〔法〕托马斯·皮凯蒂：《21 世纪资本论》，巴曙松等译，中信出版社，2014。

［55］〔法〕萨伊：《政治经济学概论》，陈福生、陈振骅译，商务印书馆，1997。

［56］〔美〕费景汉、拉尼斯：《增长和发展：演进观点》，洪银兴译，商务印书馆，2004。

［57］〔美〕托马斯·K. 麦格劳：《现代资本主义——三次工业革命中的成功者》，赵文书、肖锁章译，江苏人民出版社，1999。

［58］〔美〕威廉·阿瑟·刘易斯：《二元经济论》，施炜等译，北京经济学院出版社，1989。

［59］〔美〕西奥多·W. 舒尔茨：《论人力资本投资》，吴珠华等译，北京经济学院出版社，1990。

［60］〔美〕西里尔·E. 布莱克：《比较现代化》，杨豫译，上海译文出版社，1996。

［61］〔美〕阿瑟·刘易斯：《二元经济理论》，蒋东生译，北京经济学院出版社，1989。

［62］〔美〕安妮·克鲁格：《发展中国家的贸易与就业》，李实译，上海世纪出版股份有限公司，2015。

［63］〔美〕克拉克：《财富的分配》，陈福生、陈振骅译，商务印书馆，1997。

［64］〔美〕斯塔夫里阿诺斯：《全球通史》，吴象婴、梁赤民译，上海社会科学院出版社，2002。

［65］〔美〕苏珊·斯托克斯：《增长、平等与治理：拉美的经验》，《经济社会体制比较》2005 年第 5 期。

［66］〔日〕池田勇人：《均衡财政》，周宪文译，台湾正中书局，1968。

［67］〔日〕大内力：《日本资本主义的农业问题》，东京大学出版会，1952。

［68］〔日〕南亮进：《经济发展的转折点：日本经验》，景文学译，社会科学文献出版社，2008。

［69］〔日〕南亮进：《日本的经济发展》，景文学译，对外贸易教育出版社，1992。

［70］〔日〕山田盛太郎：《日本资本主义分析》，岩波文库，1977。

［71］〔日〕向坂逸郎：《日本资本主义诸问题》，黄土社，1947。

［72］〔日〕中村隆英：《日本经济》，东京大学出版会，1993。

［73］〔日〕日本经济调查协议会：《赁金の国际比较》，东洋经济新报社，1964。

［74］〔日〕石田英夫：《日本の劳使关系と货金决定》，东洋经济新报社，1976。

［75］〔日〕氏原正治郎等编《现代工资讲座（第四册）》，东京大学出版社，1977。

［76］〔日〕通产技术调查会编《劳动管理要览》，通产技术调查会，1974。

［77］〔日〕盐田庄兵卫：《劳俅问题讲义》，青林书院新社，1981。

［78］〔英〕B.R. 米切尔：《帕尔格雷夫世界历史统计（欧洲卷）1750～1993 年》，贺力平译，经济科学出版社，2002。

［79］〔英〕阿萨·布里格斯：《英国社会史》，陈叔平译，中国人民大学出版社，1991。

［80］〔英〕爱德华·帕尔默·汤普森：《英国工人阶级的形成》，钱乘旦译，译林出版社，2001。

［81］〔英〕安格斯·麦迪森：《世界经济千年统计》，伍晓鹰译，北京大学出版社，2009。

［82］〔英〕彼得·马赛厄斯、M.M. 博斯坦：《剑桥欧洲经济史（第七卷：上册）》，徐强译，经济科学出版社，2004。

［83］〔英〕哈孟德夫妇：《近代工业的兴起》，韦国栋译，商务印书馆，1959。

［84］〔英〕考特：《简明英国经济史：1750 年至 1939 年》，方廷钰译，商

务印书馆，1992。

[85]〔英〕克拉潘：《现代英国经济史：第二卷》，姚曾慗译，商务印书馆，1975。

[86]〔英〕莱斯利·贝瑟尔：《剑桥拉丁美洲史：第六卷（上）》，当代世界出版社，2000。

[87]〔英〕莫尔顿·台德：《英国工人运动史 1770～1920》，叶周、何新等译，生活·读书·新知三联书店，1962。

[88]〔英〕张夏准：《富国的伪善——自由贸易的迷思与资本主义秘史》，严荣译，社会科学文献出版社，2009。

[89]〔英〕M. M. 波斯坦、H. J. 哈巴库克：《剑桥欧洲经济史》，王春法译，经济科学出版社，2002。

[90]〔英〕阿尔弗雷德·马歇尔：《经济学原理》，廉运杰译，华夏出版社，2004。

[91]〔英〕安迪·格林：《教育与国家的形成：英、法、美教育体系起源之比较》，王春华等译，教育科学出版社，2004。

[92]〔英〕大卫·李嘉图：《政治经济学及赋税原理》，郭大力、王亚南译，商务印书馆，1976。

[93]〔英〕克拉潘：《现代英国经济史：第一卷》，姚曾庚译，商务印书馆，1974。

[94]〔英〕亚当·斯密：《国富论》，谢祖钧等译，中南大学出版社，2003。

[95]艾丽西娅·齐卡迪、沈晓雷：《贫困与城市不平等——以墨西哥城大都市地区为例》，《国际社会科学杂志（中文版）》2017 年第 34 期。

[96]安体富、蒋震：《影响我国收入分配不公平的若干产权制度问题研究》，《财贸经济》2012 年第 4 期。

[97]安永美：《外援的政治经济学》，耶鲁大学博士学位论文，1992。

[98]白重恩、钱震杰：《国民收入的要素分配：统计数据背后的故事》，《经济研究》2009 年第 3 期。

[99]白重恩、钱震杰：《劳动收入份额决定因素：来自中国省际面板数据的证据》，《世界经济》2010 年第 12 期。

[100] 蔡昉等：《劳动力流动的政治经济学》，上海三联书店、上海人民出版社，2003。

[101] 蔡秀云、周晓君：《我国个人所得税调节收入分配效应研析》，《税务研究》2014年第7期。

[102] 曹博：《关于收入分配影响因素的DOLS实证分析》，《管理现代化》2014年第5期。

[103] 曹博：《贸易开放度、FDI、财政分权对收入分配的影响》，《经济问题探索》2015年第1期。

[104] 曹小衡、葛立祥：《台湾经济快速增长时期（快速工业化时期）的收入分配研究》，《台湾研究集刊》2008年第3期。

[105] 曾国平、王韧：《二元结构、经济开放与中国收入差距的变动趋势》，《数量经济技术经济研究》2006年第10期。

[106] 曾淑花等：《打破城镇劳动者与农村富余劳动力界限》，《中山日报》，2006年3月18日，第5版。

[107] 钞小静、任保平、惠康：《收入分配不平等、有效需求与经济增长——一个基于中国经济转型期的实证研究》，《当代经济科学》2009年第5期。

[108] 陈安平：《城乡收入差距与经济增长的关系研究》，《中央财经大学学报》2009年第6期。

[109] 陈安平：《中国经济增长与收入差距关系的经验研究》，《经济问题》2010年第4期。

[110] 陈斌开：《收入分配与中国居民消费——理论和基于中国的实证研究》，《南开经济研究》2012年第1期。

[111] 陈纯谨、李实：《城镇劳动力市场结构变迁与收入不平等：1989～2009》，《管理世界》2013年第1期。

[112] 陈江生、郭四军、朱同斌：《墨西哥的新自由主义经济改革》，《中共石家庄市委党校学报》2005年第9期。

[113] 陈婧：《贫富差距考验法国社会》，新闻晨报，http://newspaper.jfdaily.com/xwcb/html/2015-06/24/content_106237.htm.2015-06-24。

[114] 陈立泰、王明：《中国农村金融发展对城乡收入差距的影响分析——基于 1978～2005 年数据的协整检验》，《广东金融学院学报》2007 年第 6 期。

[115] 陈孝兵等：《论中国农村劳动力的流转与就业》，《学术论丛》1999 年第 2 期。

[116] 陈欣天：《台湾"国民住宅"建设的经验及其启示》，《上海城市管理职业技术学院学报》2009 年第 7 期。

[117] 陈新田、蔡玉霞：《法国第二帝国时期农业发展的特点与原因》，《湖北师范学院学报》2005 年第 3 期。

[118] 陈宇峰、贵斌威、陈启清：《技术偏向与中国劳动收入份额的再考察》，《经济研究》2013 年第 6 期。

[119] 陈宗胜、武洁：《收入分配差别与二元经济发展》，《经济学家》1990 年第 3 期。

[120] 陈宗胜、周云波：《再论改革与发展中的收入分配——中国发生两极分化了吗?》，经济科学出版社，2002。

[121] 陈宗胜：《倒 U 曲线的"阶梯型"变异》，《经济研究》1994 年第 5 期。

[122] 陈宗胜：《经济发展中的收入分配》，上海三联书店、上海人民出版社，1994。

[123] 陈宗胜等：《中国二元经济结构与农村经济增长和发展》，经济科学出版社，2008。

[124] 程磊：《收入差距扩大与中国内需不足：理论机制与实证检验》，《经济科学》2011 年第 1 期。

[125] 邓利娟、刘乐：《转型期台湾收入差距的调节手段分析》，《台湾研究集刊》2012 年第 3 期。

[126] 邓利娟：《战后台湾财政》，鹭江出版社，1993。

[127] 丁波文：《墨西哥劳动力市场与政府就业促进政策研究》，北京外国语大学博士学位论文，2015。

[128] 丁关良：《土地承包经营权流转制度法律问题研究》，《农业经济问

题》2011 年第 3 期。

[129] 丁任重、陈志舟、顾文军：《"倒 U"假说与我国转型期收入差距》，《经济学家》2003 年第 6 期。

[130] 董平：《八十年代法国经济政策的调整》，《法国研究》1990 年第 2 期。

[131] 董直庆、戴杰、陈锐：《技术进步方向及其劳动收入分配效应检验》，《上海财经大学学报》2013 年第 5 期。

[132] 樊亢、宋则行：《外国经济史（近代现代）》，人民出版社，1981。

[133] 樊勇、王蔚：《增值税与城乡居民收入分配的关联度：1995～2010 年》，《改革》2012 年第 11 期。

[134] 范志勇、宋佳音：《产品相对价格、要素禀赋与要素收入分配》，《浙江社会科学》2015 年第 2 期。

[135] 方臻旻、徐冰清：《我国居民收入分配差距对居民消费倾向影响的研究》，《江西财经大学学报》2014 年第 4 期。

[136] 付文林、赵永辉：《价值链分工、劳动力市场分割与国民收入分配结构》，《财经研究》2014 年第 1 期。

[137] 付文林：《最低工资、调整成本与收入分配效应的结构差异》，《中国社会科学》2014 年第 1 期。

[138] 高帆：《劳动者报酬占比、城乡收入分配与中国居民消费率——基于省际面板数据的实证研究》，《学术月刊》2014 年第 11 期。

[139] 高帆：《中国二元经济结构转化：轨迹、特征与效应》，《学习与探索》2007 年第 6 期。

[140] 高宏伟、王素莲：《经济增长与收入分配关系的实证分析》，《当代经济研究》2009 年第 12 期。

[141] 高亚军：《我国个人所得税调节居民收入分配的有效性研究》，《税务研究》2015 年第 3 期。

[142] 葛成：《财政支出缩减收入分配差距的经验研究——基于向量自回归模型》，《广东社会科学》2013 年第 6 期。

[143] 龚刚、杨光：《论工资性收入占国民收入比例的演变》，《管理世界》

2010 年第 5 期。

[144] 郭德宏:《中国国民党在台湾的土地改革》,《中国经济史研究》1992
年第 4 期。

[145] 郭冠男:《围绕地权赋予农民更多财产权利》,《宏观经济管理》2014
年第 3 期。

[146] 郭毅、朱鹤:《基于 LMDI 方法的城乡收入差距变化对居民总消费影
响研究》,《中国软科学》2013 年第 8 期。

[147] 国家统计局:《2016 年农民工调查监测报告》,国家统计局网站,ht-
tp://www. stats. gov. cn/tjsj/zxfb/201704/t20170428_1489334. html。

[148] 国家统计局科学研究所 "中国农村非农产业结构转换的研究" 课题
组:《非农产业结构转换的规律性与发展前景》,《经济工作者学习资
料》2000 年第 23 期。

[149] 国家统计局农村社会经济课题组:《我国农村居民收入分配差距实证
分析》,《调研世界》2006 年第 3 期。

[150] 韩琦:《墨西哥政府的深化改革难题——兼论其对中国的借鉴与启
示》,《人民论坛学术前沿》2014 年第 9 期。

[151] 贺丽娟:《19 世纪法国建设国家福利体系道路上的障碍》,《南都学
刊》2012 年第 9 期。

[152] 洪丽:《当代国外居民收入差距的实证研究及对中国的启示》,武汉
大学博士学位论文,2010。

[153] 洪丽:《韩国居民收入差距的演变及影响因素分析》,引自《"财富
的生产和分配:中外理论与政策" 理论研讨会暨中国经济规律研究
会第 22 届年会论文集》,2012。

[154] 胡才珍:《论 19 世纪末 20 世纪初德国在欧洲历史地位的巨变》,《武
汉大学学报》2001 年第 9 期。

[155] 黄泰岩、康健:《韩国国民收入初次分配的演变》,经济科学出版
社,2011。

[156] 黄先海、徐圣:《中国劳动收入比重下降成因分析——基于劳动节约
型技术进步的视角》,《经济研究》2009 年第 7 期。

[157] 黄潇、杨俊：《收入分配差距与经济增长的非线性关系再检验》，《山西财经大学学报》2011 年第 7 期。

[158] 贾大明：《我国三农问题的现状与 21 世纪展望》，《经济研究参考》2001 年第 40 期。

[159] 贾俊雪、宁静：《地方政府支出规模与结构的居民收入分配效应及制度根源》，《经济理论与经济管理》2011 年第 8 期。

[160] 蒋虹：《英国居民收入差距现状分析》，《山西财经大学学报》1999 年第 6 期。

[161] 金三林：《对"刘易斯转折"阶段进程的判断》，《学习时报》2012 年 7 月 2 日，第 3 版。

[162] 金英君：《"拉美现象"与社会公平问题研究》，《中共天津市委党校学报》2014 年第 6 期。

[163] 柯炳生：《工业反哺农业的理论与实践研究》，人民出版社，2008。

[164] 孔繁荣：《台湾经济起飞过程中收入分配均衡化的经验及对大陆的启示》，《台湾研究集刊》2011 年第 1 期。

[165] 蓝海涛：《改革开放以来我国城乡二元结构的演变路径》，《经济研究参考》2005 年第 17 期。

[166] 蓝建：《教育分化对收入不公平的影响——拉丁美洲研究》，《外国教育研究》2004 年第 4 期。

[167] 黎煦：《刘易斯转折点与劳动力保护——国际经验比较与借鉴》，《中国劳动经济学》2007 年第 1 期。

[168] 李斌、陈超凡、万大艳：《中国技术进步贡献率的估算及其与收入分配差距研究》，《湖南大学学报》（社会科学版）2012 年第 1 期。

[169] 李稻葵、刘霖林、王红领：《GDP 中劳动份额演变的 U 型规律》，《经济研究》2009 年第 1 期。

[170] 李工真：《德意志道路——现代化进程研究》，武汉大学出版社，2005。

[171] 李明德：《拉丁美洲和中拉关系——现在与未来》，时事出版社，2001。

[172] 李善同：《对城市化若干问题的再认识》，《中国软科学》2001 年第 5 期。

[173] 李绍荣、耿莹：《中国的税收结构、经济增长与收入分配》，《经济研究》2005 年第 5 期。

[174] 李实、李婷：《库兹涅茨假说可以解释中国的收入差距变化吗》，《经济理论与经济管理》2010 年第 3 期。

[175] 李实、魏众、丁赛：《中国居民财产分布不均等及其原因的经验分析》，《经济研究》2007 年第 6 期。

[176] 李香菊、刘浩：《税制、公共服务对收入分配的影响机制与实证分析》，《财经科学》2014 年第 3 期。

[177] 李晓宁、马启民：《中国劳资收入分配差距与关系失衡研究》，《马克思主义研究》2012 第 6 期。

[178] 李雅菁：《英国工业革命以来低收入阶层的生存状况》，《安徽商贸职业技术学院学报》（社会科学版），2009 年第 6 期。

[179] 李扬、殷剑峰：《中国高储蓄率问题探究——1992~2003 年中国资金流量表的分析》，《经济研究》2005 年第 6 期。

[180] 李志军、奚君羊：《中国金融发展与收入差距的倒 U 关系分析》，《上海经济研究》2012 年第 9 期。

[181] 李志阳、刘振中：《中国金融发展与城乡收入不平等：理论和经验解释》，《经济科学》2011 年第 6 期。

[182] 李仲生：《发达国家的人口变动与经济发展》，清华大学出版社，2011。

[183] 李子联、朱江丽：《收入分配与经济增长：中国经济增长模式的再解读》，《上海财经大学学报》2015 年第 4 期。

[184] 廖云珊：《关于我国当前收入分配差距扩大的分析及其影响》，《商品储运与养护》2008 年第 4 期。

[185] 林毅夫：《制度、技术与中国农业发展》，格致出版社、上海三联书店、上海人民出版社，2003。

[186] 刘坚：《消除贫困的有益借鉴——关于墨西哥、阿根廷两国消除贫困情况的考察和启示》，《农村工作通讯》2006 年第 1 期。

[187] 刘江：《21 世纪初中国农业发展战略》，中国农业出版社，2000。

[188] 刘克辉等：《台湾农业发展概论》，厦门大学出版社，1997。

[189] 刘霖、秦宛顺：《收入分配差距与经济增长之因果关系研究》，《福建论坛》（人文社会科学版）2005 年第 7 期。

[190] 刘路：《19 世纪中叶至 20 世纪早期法国农村人口迁移特点分析》，北京大学硕士学位论文，2009。

[191] 刘生龙：《收入不平等对经济增长的倒 U 型影响：理论和实证》，《财经研究》2009 年第 2 期。

[192] 刘松林：《收入分配与经济增长关系研究》，《统计与决策》2012 年第 11 期。

[193] 刘小红：《环太湖地区统筹城乡就业的实践与启示》，《人才资源开发》2010 年第 4 期。

[194] 刘学东：《墨西哥土地制度改革成效评估：从贫困指数变化的视角》，《拉丁美洲研究》2015 年第 12 期。

[195] 刘扬、冉美丽、王忠丽：《个人所得税、居民收入分配与公平——基于中美个人所得税实证比较》，《经济学动态》2014 年第 1 期。

[196] 刘怡、聂海峰：《间接税负担对收入分配的影响分析》，《经济研究》2004 年第 5 期。

[197] 刘怡、聂海峰：《增值税和营业税对收入分配的不同影响研究》，《财贸经济》2009 年第 6 期。

[198] 刘元生、杨澄宇、袁强：《个人所得税的收入分配效应》，《经济研究》2013 年第 1 期。

[199] 刘振彪、尹剑锋：《收入分配差距影响中国经济增长的实证分析》，《深圳大学学报》（人文社会科学版）2005 年第 9 期。

[200] 刘志国、刘吉恒：《政治进程与收入分配关系的国际比较研究》，《经济问题探索》2014 年第 10 期。

[201] 刘纵一：《法国 1848 年革命前夜的阶级关系和各阶级的政治态度》，《河北大学学报》（哲学社会科学版）1962 年第 12 期。

[202] 陆铭、陈钊、万广华：《因患寡，而患不均——中国的收入差距、投资、教育和增长的相互影响》，《经济研究》2005 年第 12 期。

［203］陆万军：《收入分配对经济增长的影响机理与传导机制》，《经济学家》2012 年第 5 期。

［204］陆伟芳：《19 世纪英国税收制度的演进》，《扬州大学税务学院学报》2002 年第 3 期。

［205］陆正飞、王维元、张鹏：《国有企业支付了更高的职工工资吗?》，《经济研究》2012 年第 3 期。

［206］罗莹：《德国现代化进程研究》，中国市场出版社，2004。

［207］马常艳：《中国城乡居民收入比 13 年来首次缩小至 3 倍以下》，中国经济网，http://www.ce.cn/xwzx/gnsz/gdxw/201501/20/t20150120_4384230.shtml。

［208］马胜祥：《法国现代化（下册）》，河北人民出版社，2004。

［209］马婷：《法国部长公布财产国内贫富差距大》，中国青年报，http://corner.youth.cn/xwttx/tt/201304/t20130418_3120845.htm。

［210］马万里、李齐云、张晓雯：《收入分配差距的财政分权因素：一个分析框架》，《经济学家》2013 年第 4 期。

［211］莫翠鸾：《法兰西第三共和国早期工人阶级生活状态研究》，华南师范大学硕士学位论文，2005。

［212］莫亚琳、张志超：《城市化进程、公共财政支出与社会收入分配——基于城乡二元结构模型与面板数据计量的分析》，《数量经济技术经济研究》2011 年第 3 期。

［213］聂海峰、岳希明：《间接税归宿对城乡居民收入分配影响研究》，《经济学（季刊）》2012 年第 1 期。

［214］欧叶：《基尼系数 0.61，英国家庭财富差距超警戒》，中国日报网，http://www.chinadaily.com.cn/hqcj/2009-12/14/content_9174464.htm。

［215］潘成夫：《收入分配不平等与经济增长：理论分析及对我国的启示》，《学术论坛》2006 年第 10 期。

［216］潘芳、谌园庭：《"拉美热点问题论坛"会议综述》，《拉丁美洲研究》2014 年第 2 期。

[217] 齐传钧:《巴西收入分配问题与相关政策评析》,《拉丁美洲研究》2014 年第 8 期。

[218] 钱乘旦:《英国工业革命中的人文灾难及其解决》,《中国与世界观察》2007 年第 1 期。

[219] 乔金亮:《农民增收实现"十连快"城乡居民收入差距连续四年缩小》,中国农业信息网,http://www.agri.cn/V20/SC/jjps/201402/t20140214_3762937.htm。

[220] 乔榛:《经济增长影响收入分配的机制:一个历时视角的分析》,《当代经济研究》2008 年第 3 期。

[221] 权衡:《转型时期中国经济增长的收入分配效应及其机理分析》,《上海经济研究》2002 年第 2 期。

[222] 冉光和、潘辉、吴利:《中国经济增长与收入分配变动趋势:1978~2010》,《统计与决策》2012 年第 3 期。

[223] 冉光和、潘辉:《政府公共支出的收入分配效应研究——基于 VAR 模型的检验》,《重庆大学学报》(社会科学版)2009 年第 2 期。

[224] 冉光和、唐文:《财政支出结构与城乡居民收入差距的实证分析》,《统计与决策》2007 年第 4 期。

[225] 任燕燕、姜明惠:《收入分配不平等对经济增长的影响》,《统计与决策》2008 第 6 期。

[226] 戎殿新等:《各国农业劳动力转移问题研究》,经济日报出版社,1989。

[227] 深圳国际税收研究会课题:《主要发达国家个人所得税对贫富差距的影响》,《国际税收》2014 年第 1 期。

[228] 沈桂龙、宋方:《FDI 对中国收入分配差距的影响及对策——基于多维变量基础上的实证研究》,《世界经济研究》2011 年第 10 期。

[229] 沈桂龙:《FDI 影响收入分配的微观机理与宏观传导机制》,《学习与探索》2012 年第 8 期。

[230] 世界银行:《2000~2004 年世界发展报告》,朱文晖、王玉清译,中国人民大学出版社,2000。

[231] 世界银行发展指标数据,https://data.worldbank.org.cn/country/bra-

zil。

[232] 世界银行数据库：世界发展指标，http://databank. shihang. org/data/reports. aspx？ source = 世界发展指标。

[233] 舒萍：《中小企业"质的飞跃"初论》，《南开学报》（哲学社会科学版）2000 年第 6 期。

[234] 宋善炎：《城乡教育不平等对收入分配影响的实证分析——以湖南省为例》，《湖南师范大学社会科学学报》2012 年第 5 期。

[235] 苏基溶、廖进中：《中国金融发展与收入分配、贫困关系的经验分析》，《财经科学》2009 年第 12 期。

[236] 苏琳：《全国妇联发布〈我国农村留守儿童、城乡流动儿童状况研究报告〉》，中国经济网，http://www. ce. cn/xwzx/gnsz/gdxw/201305/10/t20130510_24368366. shtml。

[237] 苏振兴：《拉美国家关于新工业化道路的探索》，《拉丁美洲研究》2003 年第 3 期。

[238] 孙炳辉，邓寅达：《德国史纲》，华东师范大学出版社，1995。

[239] 孙敬水、张岚：《德国缩小收入分配差距的基本经验及借鉴》，《现代经济探讨》2012 年第 11 期。

[240] 孙文祥、张志超：《财政支出结构对经济增长与社会公平的影响》，《上海财经大学学报》2004 年第 6 期。

[241] 孙亚南：《二元经济转型国际比较研究》，辽宁大学博士学位论文，2015。

[242] 孙兆阳：《工会发展与工资不平等：美英工会的标准化工资率策略》，《浙江大学学报》2013 年第 11 期。

[243] 孙执中：《战后日本税制》，世界知识出版社，1994。

[244] 谭崇台：《发达国家发展初期与当今发展中国家经济发展比较研究》，武汉大学出版社，2008。

[245] 滕淑娜、顾銮斋：《法国农业经济政策的历史考察》，《史学集刊》2011 年第 4 期；

[246] 田明孝：《19 世纪英国教育观念的转变》，《浙江学刊》2016 年第 2 期。

［247］田萍、张屹山、张鹤：《中国剩余劳动力人口红利消失时点预测》，《中国高校社会科学》2015年第1期。

［248］田卫民：《中国市场化进程对收入分配影响的实证分析》，《当代财经》2012年第10期。

［249］万广华、张茵：《中国沿海与内地贫困差异之解析：基于回归的分解方法》，《经济研究》2008年第12期。

［250］万莹：《我国流转税收入分配效应的实证分析》，《当代财经》2012年第7期。

［251］汪立鑫：《经济制度变迁的政治经济学》，复旦大学出版社，2006。

［252］汪同三、蔡跃洲：《改革开放以来收入分配对资本积累和投资结构的影响》，《中国社会科学》2006年第1期。

［253］王弟海：《我国收入分配格局的变迁和现状：原因、影响及其对策》，《社会科学辑刊》2012年第3期。

［254］王红云、吕志鹏、赵彦云：《金融发展对城乡收入分配作用的地区异质性和相关性分析》，《现代财经》2015年第3期。

［255］王剑锋：《流转税影响个人收入分配调节的分析研究——以我国城镇居民支出结构为考察基础》，《财经研究》2004年第7期。

［256］王莉：《财政支出公平效应的测度》，《统计与决策》2007年第7期。

［257］王林辉、赵景：《技术进步偏向性及其收入分配效应：来自地区面板数据的分位数回归》，《求是学刊》2015年第4期。

［258］王乔、汪柱旺：《我国现行税制结构影响居民收入分配差距的实证分析》，《当代财经》2008年第2期。

［259］王韧：《中国城乡收入差距变动的成因分析：兼论"倒U"假说的适用性》，《统计研究》2006年第4期。

［260］王少国：《我国城乡收入差别对居民总收入差别的影响分析》，《农村经济》2007年第3期。

［261］王少平、欧阳志刚：《中国城乡收入差距对实际经济增长的阈值效应》，《中国社会科学》2008年第2期。

［262］王宋涛、吴超林：《中国居民收入不平等的宏观消费效应研究：模

型、方法与数据》，《经济评论》2013 年第 6 期。

[263] 王小鲁、樊纲：《中国收入差距的走势和影响因素分析》，《经济研究》2005 年第 10 期。

[264] 王晓萌：《英国贫富差距创下 25 年新低，基尼系数降到 32.3%》，中国网，http://news.china.com.cn/world/2013-07/12/content_29400160.htm。

[265] 王晓易：《台湾贫富差距极度恶化最富最穷差 62 倍创新高》，网易新闻，http://news.163.com/09/0620/15/5C8U8EJH000120GR.html。

[266] 王晓映：《统筹城乡土地改革和制度建设》，社会科学文献出版社，2009。

[267] 王修华、邱兆祥：《农村金融发展对城乡收入差距的影响机理与实证研究》，《经济学动态》2011 年第 2 期。

[268] 王燕、曲东花：《美日企业分配制度及对我国企业收入分配制度改革的启示》，《黑龙江对外经贸》2005 年第 2 期。

[269] 王逸、薛平：《韩国税收制度：过去、现在与未来》，《当代韩国》2000 年第 3 期。

[270] 王章辉、黄柯可：《欧美农村劳动力的转移与城市化》，社会科学文献出版社，1999。

[271] 王章辉、孙娴：《工业社会的勃兴：欧美五国工业革命比较研究》，人民出版社，1995。

[272] 王振：《中国工业化第二条道路》，上海社会科学院出版社，1999。

[273] 王征、鲁钊阳：《农村金融发展与城乡收入差距——基于我国省级动态面板数据模型的实证研究》，《财贸经济》2011 年第 7 期。

[274] 翁杰、徐圣：《最低工资制度的收入分配效应研究——以中国工业部门为例》，《中国人口科学》2015 年第 3 期。

[275] 吴白乙：《拉丁美洲和加勒比发展报告（2010~2011）》，社会科学文献出版社，2011。

[276] 吴国庆：《列国志·法国》，社会科学文献出版社，2003。

[277] 吴红英：《巴西现代化进程透视——历史与现实》，时事出版社，2001。

[278] 吴惠林：《台湾地区的劳力短缺问题研究》，中研院经济研究所，1990 年。

[279] 吴敬琏：《当代中国经济改革》，上海远东出版社，2003。

[280] 吴易风等：《马克思主义经济学与西方经济学比较研究》，中国人民大学出版社，2010。

[281] 吴忠群、王虎峰：《单纯调整收入差距能提高消费率吗——基于因果检验的分析》，《经济理论与经济管理》2013年第1期。

[282] 夏耕：《中国城乡二元经济结构转换研究——要素流动、制度变迁、市场机制与政府作用》，北京大学出版社，2005。

[283] 夏晶、李波：《对外贸易发展与我国居民收入分配关系研究》，《统计与决策》2013年第1期。

[284] 夏庆杰等：《国有单位工资结构及其就业规模变化的收入分配效应：1988~2007》，《经济研究》2012年第6期。

[285] 肖晶、粟勤：《金融包容、金融发展及其对收入分配的影响：研究评述与展望》，《金融理论与实践》2014年第5期。

[286] 徐飞：《重温〈国民收入倍增计划〉》，《中国西部科技》2008年第12期。

[287] 徐辉，郑继伟：《英国教育史》，吉林人民出版社，1993。

[288] 徐汝峰：《农村金融发展与城乡收入差距的因应：1978~2009》，《金融发展研究》2013年第4期。

[289] 徐文丽：《墨西哥绿色革命研究（1940~1982）》，南开大学博士学位论文，2013。

[290] 徐现祥、王海港：《我国初次分配中的两极分化及成因》，《经济研究》2008年第2期。

[291] 徐永进：《我国劳动基准立法的现状与进路》，《社会科学》2014年第3期。

[292] 许平祥：《金融控制是收入分配库兹涅茨效应的原因吗？——基于省际数据的动态面板GMM分析》，《上海经济研究》2011年第5期。

[293] 颜鹏飞、唐铁昂：《我国居民收入分配差距研究——兼评库兹涅茨的"倒U"理论》，《福建论坛》2002年第3期。

[294] 杨飞虎、黄寒燕：《基于新剑桥增长模型的我国收入分配与经济增长

问题探讨》，《统计与决策》2008 年第 23 期。

[295] 杨继军：《刘易斯转折点、国民收入分配结构与中国经济内外再平衡》，《财贸经济》2015 年第 10 期。

[296] 杨俊、李晓羽、张宗益：《中国金融发展水平与居民收入分配的实证分析》，《经济科学》2006 年第 2 期。

[297] 杨俊、张宗益、李晓羽：《收入分配、人力资本与经济增长：来自中国的经验年第 1995～2003 期》，《经济科学》2005 年第 5 期。

[298] 杨立民：《巴西如何解决贫富差距：完善社保扶贫抑富》，《理论参考》2010 年第 7 期。

[299] 杨令侠：《墨美边境地区墨西哥的经济与人口变迁——基于对 20 世纪后半期的考察》，《拉丁美洲研究》2015 年第 6 期。

[300] 杨茂春：《墨西哥农村劳动力流向和农村产业结构调整》，《拉丁美洲研究》1986 年第 8 期。

[301] 杨远航：《拉丁美洲 1990 年代经济改革特点——以墨西哥经济改革为例》，《经济研究导刊》2015 年第 17 期。

[302] 杨志敏：《对 20 世纪 40～90 年代墨西哥经济发展战略的评析》，《拉丁美洲经济研究》2011 年第 7 期。

[303] 尹恒、龚六堂、邹恒甫：《收入分配不平等与经济增长：回到库兹涅茨假说》，《经济研究》2005 年第 4 期。

[304] 于洋编著《经济转轨——中国的理论与实践》，中国财政经济出版社，2002。

[305] 于宗先、王金利：《台湾人口变动与经济发展》，台湾：联经出版社，2009。

[306] 余玲铮、魏下海：《金融发展加剧了中国收入不平等吗？——基于门槛回归模型的证据》，《财经研究》2012 年第 3 期。

[307] 袁东振：《墨西哥经济改革进程中的工资问题》，《拉丁美洲研究》1999 年第 2 期。

[308] 袁霓：《居民收入分配与经济增长关系实证研究》，《商业时代》2012 年第 8 期。

［309］袁志刚、朱国林：《技术创新、收入分配和我国二元经济转型》，《天津社会科学》2001 年第 6 期。

［310］岳希明、李实、史泰丽：《垄断行业高收入问题探讨》，《中国社会科学》2010 年第 3 期。

［311］岳希明、徐静：《我国个人所得税的居民收入分配效应》，《经济学动态》2012 年第 6 期。

［312］岳云霞、史沛然：《跨越"中等收入陷阱"：巴西与韩国比较研究》，《国家行政学院学报》2017 年第 2 期。

［313］张宝宇：《巴西经济发展与社会发展关系问题》，《拉丁美洲研究》2005 年第 1 期。

［314］张凤林：《日本实施〈国民收入倍增计划〉的背景、措施及启示》，《学术交流》2011 年第 2 期。

［315］张桂文等：《统筹城乡就业促进东北地区二元经济结构转换》，经济科学出版社，2011。

［316］张桂文、孙亚南：《二元经济转型中收入分配的演变》，《中国人口科学》2012 年第 4 期。

［317］张桂文、王旭升：《二元经济结构转换的收入分配效应》，《经济学动态》2008 年第 9 期。

［318］张桂文、周健：《非均衡制度变迁对二元经济转型的影响》，《辽宁大学学报》2012 年第 4 期。

［319］张桂文：《从古典二元论到理论综合基础上的转型增长——二元经济理论演进与发展》，《当代经济研究》2011 年第 8 期。

［320］张桂文：《二元经济结构与我国现阶段宏观调控》，《当代经济研究》2008 年第 9 期。

［321］张桂文：《二元经济转型视角下的中国粮食安全》，《经济学动态》2011 年第 6 期。

［322］张桂文：《二元转型及其动态演进下刘易斯转折点的讨论》，《中国人口科学》2012 年第 4 期。

［323］张桂文：《中国城镇化进程中"农村病"和"城市病"及其治理》，

《辽宁大学学报》（哲学社会科学版）2014 年第 3 期。

[324] 张桂文：《中国二元结构转换研究》，吉林人民出版社，2001。

[325] 张桂文等：《二元经济转型、收入分配与宏观经济运行》，《经济研究参考》2013 年第 33 期。

[326] 张汉林、袁佳：《经济全球化、中国收入分配与"人口红利陷阱"》，《财经研究》2011 年第 6 期。

[327] 张宏彦、何清、余谦：《中国农村金融发展对城乡收入差距影响的实证研究》，《中南财经政法大学学报》2013 年第 1 期。

[328] 张晖：《韩国收入分配制度对我国的启示》，《江海纵横》2006 年第 6 期。

[329] 张珺：《日本收入分配制度分析》，《当代亚太》2002 年第 4 期。

[330] 张珺：《中国农村公共产品供给》，社会科学文献出版社，2008。

[331] 张立军、湛泳：《中国农村金融发展对城乡收入差距的影响——基于 1978～2004 年数据的检验》，《中央财经大学学报》2006 年第 5 期。

[332] 张庆海：《法兰西第三共和国前期的人口和社会》，《华南师范大学学报》（社会科学版）1998 年第 6 期。

[333] 张少杰、董碧松、郭雅娴：《经济增长对收入分配的影响——来自中国的实践验证》，《中国地质大学学报》（社会科学版）2007 年第 1 期。

[334] 张淑翠：《教育及经济增长对收入分配的门槛效应研究》，《商业研究》2012 年第 2 期。

[335] 张曙光：《中国转型的制度结构与变迁》，经济科学出版社，2005。

[336] 张文、许林：《金融发展与收入分配不平等：回到 G－ZG 假说》，《当代财经》2010 年第 11 期。

[337] 张文春：《个人所得税与收入再分配》，《税务研究》2005 年第 11 期。

[338] 张颖：《不完全契约视角下中国劳资关系的政府干预研究》，辽宁大学博士学位论文，2015。

[339] 张玉柯、马文秀：《比较优势原理与发展中国家的经济发展》，《太平洋学报》2001 年第 1 期。

[340] 张芝联：《法国通史》，北京大学出版社，1989。

［341］赵富慧：《德意志帝国时期养老保险制度探析》，华中师范大学硕士学位论文，2013。

［342］赵勇、张杨：《"收入分配效应"的理论与实证分析——基于"特定要素理论"》，《经济经纬》2011年第4期。

［343］赵月华、李志英：《模式Ⅰ——美国、日本、韩国经济发展模式》，山东人民出版社，2006。

［344］郑功成：《科学发展与共享和谐》，人民出版社，2006。

［345］中共中央马克思恩格斯列宁斯大林著作编译局：《马克思恩格斯全集（第二十三卷）》，人民出版社，1979。

［346］中国科学院中国现代化研究中心：《世界现代化进程的关键点》，科学出版社，2010。

［347］中国社会科学院经济体制改革30年研究课题组：《论中国特色经济体制改革道路（上）》，《经济研究》2008年第9期。

［348］中国社会科学院农村发展研究所：《1999～2000年：中国农村经济形势分析与预测》，社会科学文献出版社，2000。

［349］中国社会科学院农村发展研究所：《2000～2001年：中国农村经济形势分析与预测》，社会科学文献出版社，2002。

［350］中央编译局：《马克思恩格斯全集·第七卷》，人民出版社，1974。

［351］周红利：《中国居民收入分配的历史演变：1978～2013》，《中国流通经济》2014年第7期。

［352］周建明：《第一次世界大战前后德国生活水平探析（1880～1939年）》，《武汉大学学报》（人文科学版）2014年第6期。

［353］周文兴：《中国城镇居民收入分配与经济增长关系实证研究》，《经济科学》2002年第1期。

［354］周晓、刘建华：《收入分配差距与经济增长关系的演化研究：1990～2013》，《人文杂志》2014年第9期。

［355］周云波：《我国农村二元经济转换及其对居民收入差别的影》，《经济学家》2004年第1期。

［356］周振华：《体制变革与经济增长》，上海三联书店，1999。

［357］ 朱志鹏：《浅析墨西哥的社会保障制度》，《天津社会保险》2009 年第 3 期。

［358］ 祝跃：《墨西哥的"自由之殇"》，中国经贸聚焦，http：//news. hexun. com/2014 - 01 - 21/161624250. html。

图书在版编目(CIP)数据

二元经济转型中收入分配演变研究/张桂文等著
. -- 北京：社会科学文献出版社，2019.1
ISBN 978 - 7 - 5201 - 3667 - 9

Ⅰ.①二…　Ⅱ.①张…　Ⅲ.①中国经济 - 二元经济 -
转型经济 - 影响 - 收入分配 - 研究　Ⅳ.①F121
②F124.7

中国版本图书馆 CIP 数据核字（2018）第 232888 号

二元经济转型中收入分配演变研究

著　　者/张桂文　吴　亮　等

出 版 人/谢寿光
项目统筹/高　雁
责任编辑/高　雁　梁　雁

出　　版/社会科学文献出版社·经济与管理分社（010）59367226
　　　　　地址：北京市北三环中路甲29号院华龙大厦　邮编：100029
　　　　　网址：www.ssap.com.cn
发　　行/市场营销中心（010）59367081　59367083
印　　装/天津千鹤文化传播有限公司

规　　格/开　本：787mm×1092mm　1/16
　　　　　印　张：21.25　字　数：324千字
版　　次/2019年1月第1版　2019年1月第1次印刷
书　　号/ISBN 978 - 7 - 5201 - 3667 - 9
定　　价/98.00元